환상의 동양

: 오리엔탈리즘의 계보

GENSOU NO TOUYOU ; ORIENTALISM NO KEIHU (ZYOU)

GENSOU NO TOUYOU ; ORIENTALISM NO KEIHU (GE)

ⓒ IYANAGA NOBUMI 2005

Originally published in Japan in 2005 by Chikumashobo Ltd., TOKYO,

Korean translation rights arranged with Chikumashobo Ltd., TOKYO,

through TOHAN CORPORATION, TOKYO, and Eric Yang Agency, Inc., SEOUL.

환상의 동양: 오리엔탈리즘의 계보

2019년 2월 11일 초판 1쇄 인쇄
2019년 2월 16일 초판 1쇄 발행

지은이 | 이야나가 노부미
옮긴이 | 김승철
펴낸이 | 김영호
펴낸곳 | 도서출판 동연
등 록 | 제1-1383호(1992. 6. 12)
주 소 | 서울시 마포구 월드컵로 163-3 2층
전 화 | (02)335-2630
전 송 | (02)335-2640
이메일 | yh4321@gmail.com

ISBN 978-89-6447-429-7 93100

난잔종교문화연구소 연구총서 5

환상의 동양

오리엔탈리즘의 계보

이야나가 노부미 지음 | 김승철 옮김

동연

이번에 졸저가 김승철 선생님의 노력으로 한국어로 번역된 것을 정말로 감사하게 생각합니다.

이 책의 초판이 나왔던 것이1987년 1월이었으니, 생각하면 벌써 30년도 전의 일입니다. 이것은 제가 낸 첫번째 책이었는데, 〈현대사상〉에 1985년 1월호로부터 86년 4월호까지 17회에 걸쳐서 연재한 글을 큰 폭으로 가필한 것입니다. 연재가 끝나고 단행본을 준비하고 있던 1986년 10월에 에드워드 사이드의 『오리엔탈리즘』이 일본어로 번역되어서 (원저의 초판은 1978년) 매우 유명해졌습니다. 제 책의 부제를 『오리엔탈리즘의 계보』라고 한 것은 사이드의 저 유명한 책과 유사하게 하려는 상업적인 의도도 어느 정도는 포함되어 있었습니다.

다만 정직하게 말씀드리자면 그 시점에서 저는 사이드의 책을 제대로 읽지 않았고, 시간이 지난 후 자세하게 읽어보았더니 제가 말하려던 것과는 다른 주장도 많이 있어서, 『오리엔탈리즘의 계보』라는 부제를 붙였던 일에 어느 정도 후회하지 않을 수 없었던 것도 사실입니다.

돌아보면 1980년대의 일본은 경제적으로 크게 발전하면서 거품 경제가 최고조에 달해 있던 시기여서 "Japan as Number One" 등의 표어가 널리 회자되던 시대였습니다. 당시의 일본은 외교적으로는 '서방제국'의 대표인 미국을 추종하고 있었고, 말하자면 '극서極西'인 미국 이상으로 '서쪽으로 기울어진' 입장을 취하면서 미국마저 추월하려는 듯한 경제적 번영에 도취해 있었습니다. 그러면서도 "일본이야말로 (서구와는 다른) 동양적 가치관에 근거한 문명을 쌓아 올리고 있다"라는 오만함이 아무런 모순도 느끼지 못한 채 공존하는 기묘한 세계였습니다.

전후의 '단카이 세대団塊世代'[2차세계대전 후의 베이비붐에 속하는 세대—역자주]인 저는, '전공투 세대全共鬪世代'(1965년부터 1972년까지 전학공투회의全学共鬪会議가 중심이 되어 보안투쟁과 베트남전쟁 반대 등의 시위를 벌이던 세대— 역자주)이기도 하기 때문에, 그러한 모순에 대해서 말할 수 없는 불쾌감을 느끼고 있었습니다. 이 책을 쓴 가장 큰 동기는 그와 같은 일본의 자세에 대한 비판이었다고 생각합니다.

하지만 그로부터 수 년 후, 이른바 '소련의 붕괴'를 계기로 '동쪽의 세계'가 소멸되고, 곧 이어 세계화globalization의 흐름이 세계 전체를 크게 바꾸어 나갔습니다.

'동양 대對 서양'이라고 하는 도식은 일본에서는 19세기 후반 이후 정치와 사상을 근본적으로 규정하고 있던 것으로서, 다케우치 요시미竹內好의 말을 빌리자면 하나의 "일본 근대사의 〔본질적〕 아포리아"로써 기능하면서 1980년대까지는 매우 중요한 의미를 지니고 있었습니다. 하지만 그 후 세계화가 진행되는 가운데 세계가 '하나'가 되면서도 동시에 '각자'가 되어가자 급속히 그 의미를 상실하게 되었다고 여겨집니다.

일본 국회 도서관의 데이터베이스에서 책 제목에 '동양'과 '아시아'라는 단어가 포함되어 있는 출판물이 점하는 추이를 보면 분명히 최근 20~30년 사이에 '동양'은 줄어들고 '아시아'는 늘어나고 있는 것을 알 수 있습니다.

'동양 대 서양'이라는 일종의 가치관을 포함하는 대립은 단순히 지리적 용어인 '아시아 대 유럽(또는 서구)'라는 대립으로 변해가고 있습니다. 그러나 사실 이러한 흐름은 제2차 대전 이후부터 서서히 진행되고 있었겠지요. 사이드의 『오리엔탈리즘』이 쓰인 것도 세계 내에서 서구의 힘이 이미 상대적으로 약해져가고 있었기 때문에 그러한 문제가 의식화되었다고 생각합니다.

일본에서 '버블이 사라진' 것은 소련이 붕괴되던 1991년부터 1993년에 걸친 몇 년 동안이었습니다. 이러한 현상을 가속화한 것이 1995년 1월의 한신 아와지 대지진阪神 淡路大震災이었으며, 같은 해 3월에 일어난 옴 진리교에 의한 지하철 사린가스 사건이었습니다. 옴 진리교는 티베트 밀교와 시바교를 바탕으로 미국 서해안의 반문화counter-culture를 거치면서 형성된 '동양적 가치 찬미'의 극치를 나타내는 사례였지요.

옴 진리교 같은 '키치' 신비주의는 나치스를 희화화戱画化했다고도 할 수 있는 전체주의적 독재를 특징으로 하고 있습니다만, 그 기원으로 거슬러 올라가면 고대 말기 헬레니즘 시대의 '이교異敎 붐'으로부터 16세기의 포스텔의 신비주의에 이르는 유럽 신비주의 전통에 직접 연결되어 있다고 할 수 있습니다. 또, 옴 진리교 사건에 직면한 일본 사회 전체를 뒤덮은 일종의 종교적 패닉 상황은, 제가 이 책의 마지막 부분에 언급했던 피렌체의 사보나로라에 의한 '문화혁명'이나 뮌스터의 '새 예루살렘'의 반란에 직면한 사회의 동요와 놀라울 정도로 닮아 있습니다. '이다지도 역사는 반복하는구나' 하고 전율했던 기억이 있습니다.

그 후 일본 사회는 일종의 종교 알레르기의 시대가 오래 계속되었습니다만, 그러한 시대 흐름 속에서 자라난 지금의 젊은이들은 반대로 종교에 대해서 완전히 무지하고 무방비 상태입니다. 현금의 '여자女子'(죠시[女子]는 단순히 성性으로서의 여성이라는 의미를 뛰어넘어 하나의 문화현상을 가리킨다. 예를 들어서 죠시카이[女子會]란 여자들만 모여서 식사와 사귐의 시간을 가지는 것을 의미한다— 역자주)들에게 유행하고 있는 '연애파워스포트'로 가는 '쁘띠여행' 등은 방금 말씀드린 배경을 생각하지 않는다면 이해할 수 없습니다. 게다가 그것이 실제로는 안이한 일본 찬미로 연결되면서 대외적으로는 고압적이고 독선적이며 호전적인 태도와 연결되는 것은 분명합니다.

저는 일본의 일종의 전후 '인텔리층'과 마찬가지로 아시아 사상에 큰 관심을 가지고 있습니다(제 전공분야는 불교를 중심으로 한 아시아 종교입니다). 그럼에도 아시아의 현장에 대해서는 거의 아무것도 알지 못하고, 특히 한국에 대해서는 완전히 무지합니다. 한국의 근대에 있어서는 '동양 대 서양'이라는 대립이 일본처럼 큰 문제로 나타나지 않았다고 들은 적이 있습니다만, 실제로는 어떠했는지 그리고 만일 정말 그랬다면 무슨 이유로 그랬을까 하는 물음 등에 저는 큰 관심을 가지고 있습니다.

그와 동시에 한국과 일본의 역사를 생각한다면, 거기에는 지금도 강한 증오를 불러일으키는 잔혹한 과거가 있었음을 생각하지 않을 수 없습니다. 과거를 지워버릴 수는 없으며, 사죄는 상대방의 분노가 사그라질 때까지 언제까지나 반복하지 않으면 안 된다고 생각합니다. 비록 그 분노의 생생함이 사라졌다고 하더라도 가해자의 죄악감은 어디까지나 항상 따라다니지 않으면 안 될 것입니다.

그와 같은 것을 생각하면 현재의 일본 국가의 비열함에 대해서는 단지 송구스럽다고 말할 수밖에 없습니다. 이런 가운데 제 책이 일본에 살고 있는 한국인의 노력으로 번역되었다는 사실에 말로 다할 수 없는 감사와 함께 부끄러움과도 같은 감정이 속에서 올라옵니다.

본서가 귀국에서 어떠한 의미를 가져올 수 있는지 외경심과 기대를 가지고 지켜보고 싶습니다.

김승철 선생님께 다시 한번 감사를 드립니다.

2018년 9월

이야나가 노부미

〈난잔종교문화연구소 연구총서〉를 펴내면서

1974년에 창설된 난잔종교문화연구소南山宗教文化研究所, Nanzan Institute for Religion and Culture는 일본 나고야名古屋에 있는 난잔대학南山大學 내에 설치되어 있다. 난잔대학은 〈하느님의 말씀의 수도회神言修道會 SVD Societas Verbi Divini〉에 의해서 설립된 대학으로, 난잔종교문화연구소는 가톨릭교회의 제2차 바티칸공의회에서 천명한 기독교와 타종교와의 대화 정신을 실현해나가고 있다.

동 연구소에서는 연구회, 심포지엄, 워크샵, 출판 활동 등을 통해서 동서의 종교 간의 대화, 문화 간의 대화, 다양한 사상과 철학 사이의 대화 그리고 일본과 아시아의 종교에 대한 연구에 매진하고 있다. 해마다 국내·외 많은 연구자들이 연구소를 방문하여 연구 활동을 하면서 활발히 교류하며, 연구 성과는 저널이나 서적을 통해서 다양하게 출판된다 (자세한 내용에 대해서는 연구소 홈페이지 http://nirc.nanzan-u. ac.jp/en/를 참조하시기 바란다).

이번에 한국에서 일련의 시리즈로 계획되어 출판되는 〈난잔종교문화연구소 연구총서〉는 동 연구소가 종교 간의 대화를 실천하는 가운데 축적해온 연구 성과들을 한국에 소개함으로써, 한국과 일본에서의 종교 간의 대화를 더욱 진작, 보급시키며, 양국의 연구자들 사이의 활발한 교류를 촉진하려는 목적에서 기획되었다. 특히 일본에서 이루어지는 기독교와 불교의 대화는 일본의 불교적 전통을 바탕으로 서구의 종교와 철학을 수용하였던 교토학파京都學派의 사상을 매개로 하면서 이루어져 왔다는 특징이 있으므로, 본 〈난잔종교문화연구소 연구총서〉 시리즈에서는 난잔종교문화연구소의 연구 성과들을 번역, 출판함과 동시에, 교토학파의 대표적인 사상가들을 소개하는 일을 겸하게 될 것이다.

이러한 취지하에서 그동안 다음과 같은 책을 번역, 출판해왔다.

〈난잔종교문화연구소 연구총서 1〉
니시다 기타로西田幾多郎, 『장소적 논리와 종교적 세계관』(김승철 역,
　　　정우서적, 2013년)
〈난잔종교문화연구소 연구총서 2〉
난잔종교문화연구소편, 『기독와 불교, 서로에게 배우다』(김승철 외
　　　4인공역, 정우서적, 2015년)
〈난잔종교문화연구소 연구총서 3〉
다나베 하지메田邊元, 『참회도로서의 철학』(김승철 역, 도서출판 동연,
　　　2016년)
〈난잔종교문화연구소 연구총서4〉
난잔종교문화연구소편, 『정토교와 기독교: 종교에서의 구제와 자
　　　각』(김호성, 김승철 공역, 도서출판 동연, 2017년)

그리고 이번에 〈난잔종교문화연구소 연구총서〉 제5권으로서 이야나가 노부미彌永信美 선생의 『환상의 동양: 오리엔탈리즘의 계보』(幻想の東洋: オリエンタリズムの系譜)를 펴내는 바이다. 지금까지의 〈난잔종

교문화연구소 연구총서〉가 일본에서 이루어진 동서 사이의 대화의 성과와 그러한 대화에 대한 신학적, 불교철학적 근원을 다루었다고 한다면, 이번에 번역출판하는 이야나가 선생님의 『환상의 동양』은 그러한 대화를 '동양과 서양'이라는 훨씬 큰 틀에서 논하고, 나아가서는 그러한 '동양과 서양'이라는 도식의 '역사적' 연원을 파헤치고 있다. 이 책을 〈난잔종교문화연구소 연구총서〉에 포함시킨 이유가 여기에 있다.

〈난잔종교문화연구소 연구총서〉의 발행을 통해서 아시아와 서구의 만남, 한국과 일본, 나아가서는 아시아에 있어서의 종교 간의 대화가 보다 활발히 진행되는 계기가 되기를 간절히 바라면서, 연구자들과 독자 여러분의 성원을 부탁드리는 바이다.

이 책은 꽤 오래전 역자가 번역했엇는데, 제반 사정으로 그동안 출판할 수 없었다. 원래는 본문만을 번역해놓고 방치되어 있었는데 동연출판사의 주선으로 오근영 선생님께서 주와 사진 설명문을 번역해 주셨고, 또 본문도 수정해 주셨다. 하지만 그로부터도 또 많은 시간이 지났는데, 이번에 동연출판사 김영호 선생님의 수고로 빛을 보게 되었다. 다시 읽어보니 수정해야할 부분들이 많이 눈에 띄었으나 차후 개정할 것을 기대하면서 출간하기로 하였다. 독자분들께 죄송한 마음을 언젠가 더 좋은 번역으로 답하고 싶은 마음 간절하다.

2018년 11월
난잔종교문화연구소
김승철

차 례

그러나 어린 사랑의 푸른 낙원은,

은밀한 즐거움이 넘쳐흐르는 맑은 낙원은,

이제는 벌써 인도와 중국보다도 더 멀어졌는가?

_ 보들레르, 『악의 꽃』

일 러 두 기

* 문헌에 대해서는 '인용문헌 일람'을 참조. 주(미주)에서는 필자명만 기재했고, 동일 필자가
  쓴 여러 저술의 경우에는 출판 연도를 부기했다.

서 장

여행으로의 유혹

1. 여행의 큰 지도: 이국 취향이 주는 매혹과 저주

1572년 11월, 밤하늘을 물들인 카시오페이아 자리 중에서 지금까지 누구도 본 적이 없는 이상한 별 하나가 갑자기 밝게 빛났다. 연금술 실험실에서 집으로 향하던 중 우연히 이 별의 존재를 발견한 티코 브라헤는 그 광경에 매료되어 이 새로운 별을 연구하는 데 몰두하게 되었다. 이 순간 티코 브라헤는 근대 천문학 혁명의 영웅으로 태어난다. 그는 이 별에 대해 쓴 책에서 별의 출현이 1584년(또는 1583년) 백양궁^{白洋宮} 자리(양자리)에서 목성과 토성의 합(Conjunction, 2개 이상의 천체가 겹쳐 보이는 현상: 옮긴이)에 가깝다는 사실에 중점을 두고 그 문제를 논했으며, 여기에서 포스텔이라 불리는 문인의 논저를 인용한다.

기욤 포스텔. 16세기 프랑스 최대의 '그리스도교 신비주의자(카발리스트)'였던 포스텔은 이 새로운 별의 출현을 그리스도 재림이 임박했음을 보이는 징조로 여겼다.[1] 또한 포스텔은 당시 막 '발견'된 일본과 그곳에서 숭배되던 종교에 대해 유럽 사회에서 처음으로 언급한 사람

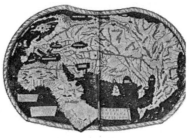

◀ 중세 유럽의 T-O형 세계지도 [그림1]

▶ 마텔루스Martellus의 세계지도, 1489년. 바르톨로메우 디아스가 '발견'(1488년 귀착)한 희망봉을 반영한 지도로 아프리카 남단이 잘렸다(마스다 요시로增田義郎[1979], 86; 후술 237-239 참조). [그림2]

이기도 했다(1553년). 포스텔은 '동방의 끝'에서 '성인'으로 숭배되던 '석가'가 바로 '우리 주 예수 그리스도'임에 틀림없다고 생각했다.

이처럼 기괴한 설은 도대체 어디에서 유래한 것일까? 지금부터 출발하려는 우리의 탐구여행은 이 물음에서 시작한다.

만일 그러한 주장이 포스텔 한 사람의 무지에서 나온 몽상에 불과하다면 굳이 힘든 여행을 떠날 필요도 없을 것이다. 확실히 '부처=그리스도 동일설'을 노골적으로 주창한 논자는 포스텔 외에는 그다지 많지 않았다.2) 하지만 중국에 그리스도교를 선교한 예수회 선교사 마테오 리치는 불교의 윤회설은 그리스 철학자 피타고라스의 설을 모방한 것이라고 생각했다(1608~1610년).3) 18세기의 아랍학자 루르 데조트레는 '부처와 이집트의 신 프타Ptha, 중국의 불佛, 피타고라스'는 모두 같은 말의 변형으로, 동일인물을 가리킨다고 주장했다(1775년).4) 나아가 쇼펜하우어는 반대로 피타고라스가 이집트에서 바빌로니아 그리고 '추측에 의하면' 인도까지 여행했으며, 거기에서 부처의 철학을 배웠다고 했다. 그뿐만 아니라 쇼펜하우어는 예수가 이집트로 피신했을 때 인도의 가르침 속에서 성장했고, 인도의 윤리를 익히게 되었다고 한다. 이 때문에 그리스도교 윤리는 본래 불교에서 유래한 것이라고 한다.5)

따라서 포스텔의 '부처=그리스도 동일설'에서 시작되어 일본과 중국, 인도, 이집트, 그리스, 바빌로니아를 거쳐 쇼펜하우어가 말하는 '그리스도교 윤리=불교 윤리설'에까지 이르게 되면 순식간에 우리는 지구를 반 바퀴 돈 셈이 되며, 그 행로의 마지막은 다시 출발점으로 되돌아오고 만다. 이것은 분명 하나의 일관된 사고패턴이지 않을까?

이와 똑같은 사고패턴은 리투아니아 출신의 미술사가이자 문화사가인 J. 발트뤼자이티스가 훌륭하게 묘사해낸 『이시스의 탐구』라는 역사책에서도 엿볼 수 있다.6) 이 저서는 중세에서부터 샹폴리옹의 신성문자 해독(1822년)에 이르기까지의 수백 년 동안, 유럽의 수많은 학자와 문인, 예술가가 이집트의 대여신 이시스 숭배의 흔적을 탐구해온 역사가 기술되어 있다. 그들은 파리와 샤르트르, 마르세유와 취리히, 아틀란티스 대륙으로 여겨졌던 북극지방, 독일 나아가 인도, 중국, 아메리카에 이르기까지 그 흔적을 찾아 헤맸다. 이 학자들이 고증에 고증을 거듭하여 꿈과 현실을 오가는 위태로운 영역에서 장대한 사변의 구축물을 쌓아올린 기묘한 정신의 역사가 상세히 기술되어 있다. 헬레니즘 시대의 역사가인 시케리아의 디오도로스가 전하는 전설에 따르면, 이시스의 오빠이자 남편이었던 오시리스(그는 여기서 에우헤미로스 설에 따라 고대 이집트의 왕으로 되어 있다)는 어느 날 세계정복을 위한 여행에 나서 동쪽으로는 인도의 끝까지 이르고, 북쪽으로는 유럽의 트라키아와 그 인접국가들 그리고 남쪽으로는 에티오피아에서 아라비아에 이르기까지 세계 각지를 거쳐 모든 장소에 문명의 빛을 전파했다고 한다.[7] 그렇다면 '파리의 노트르담 대성당은 원래는 이시스의 신전이 아니었을까?'(쿨 드 제브랑, 1773년/샤를 듀퓌, 1794년).[8] '인도에서 숭배되는 코끼리 머리에 사람의 몸을 한 이상한 신상(가네샤Ganeśa)은 짐승의 머리에 인간의 몸을 한 이집트의 수두인신獸頭人身 우상의 흔적이 아닐까?'(피뇨리아, 1615년).[9] '중국의 기괴한 상형문자는 이집트의 신성문자를 본따서 만들어진 것은 아닐까?'(아타나시우스 키르허, 1667년).[10] '멕시코의 신전은 이집트의 피라미드를 모방한 것은 아닐까?'(상동, 1652년)[11] 등. 그리고 프랑스 혁명 직전 희대의 사기꾼인 칼리오스트로가 파리에서 '지고의 이집트, 프리메이슨 결사'를 창시했고(1785년),[12] 혁명이 한창이던 1791년 9월 30일 비엔나에서는 모차르트의 프리메이슨 오페라 〈마술피리〉—이집트 태양 신전의 대신관인 자라스트로가 밤의 여왕과 싸움을 반복한다—가 초연되었다.[13]

그로부터 수년 후, 젊은 장군 나폴레옹 보나파르트가 167명의 학술단원을 이끌고 이집트 원정에 나선 것(1798~1799)도 오로지 오랫동안 감추어져 있던 이집트 비교秘教의 열쇠를 피라미드의 깊숙한 곳에서 찾아내려는 목적 때문이 아니었을까? 게다가 당시 나폴레옹은 이집트에서 인도까지의 길을 장악하여 이스탄불(콘스탄티노폴리스)을 거쳐 개선하는 몽상까지 갖고 있었다고 한다. 이것은 알렉산더의 꿈, 나아가 오시리스 전설의 꿈을 재현하려고 했던 것은 아닐까?

동쪽 끝, 일본 섬(지아판) 주민들이 믿고 있는 종교에서 그리스도교의 흔적을 찾아낸 포스텔과 세대를 거쳐 내려오면서 이상한 형상이 새겨진 이집트의 신성문자에서 비교의 열쇠를 찾아내려 했던 학자나 모험가들, 그들이 공통적으로 추구한 것은 다름 아닌 유일한 진리를 향한 꿈이었다.

동방의 몽환세계야말로 이 꿈의 무궁무진한 보물창고였다. 이집트를 여행하고 인도까지 갔을지도 모르는(?) 피타고라스, 마찬가지로 이집트에 가서(?) 아틀란티스 섬의 전설에 대해 언급했던 플라톤 등 이들 고전고대의 학자들을 시작으로 로마제국 시대에 유행의 정점에 있었던 동방(오리엔트) 비의종교秘儀宗教 그리고 그리스도교 호교론자를 통해 중세로 흘러들어간 이러한 진리 탐구의 꿈은 르네상스를 거쳐 근대, 현대에까지 계승되고 있다. 공자의 가르침 중에 "소크라테스나 플라톤과 유사한 가르침"을 그리고 "그리스도교의 희미한 빛 즉 그 그림자(陰影)"를 인정했던 예수회 선교사들이나 중국 학자들도,14) 중국의 상형문자나 『역경易經』에서 보편언어에 대한 발상을 좇던 라이프니츠도15) 그리고 예수회 자료에 근거하여 역으로 교회를 공격한 볼테르16)도 모두 동일한 흐름 속의 인물로 규정할 수 있을 것이다. 그것은 한편으로 18세기 이신론理神論의 계보로서 프랑스 혁명으로까지 이어지고, 다른 한편으로는 모든 종교의 일치를 주장한 초기 낭만주의(프리메이슨을 비롯한) 신비주의자의 사상으로, 그리고 그것을 거쳐 낭만주의의 본류 안에도 흐르고 있다. 쇼펜하우어의 범인도汎India주의는 그 배경에 뿌리 깊은 반구약성서적, 반유대적 감정을 품고 있다.17) 한편 1816년에 프란츠 보프가 정립한 인도유럽어족이라는 개념은 프리드리히 슐레겔 이후 인도게르만 민족 신화의 이론적 근거가 된다. 그것이 바그너의 〈불교 오페라〉의 구상18)으로 연결되었고, 나아가 나치의 게르만 아리아 신화로 흘러들어간 것은 지극히 당연한 일이었다. 그리고 그것은 물론 히틀러와 함께 사라진 것은 아니다. 히피적 신비주의(오컬티즘)에서부터 이른

▲ 중국의 토트=헤르메스=공자 [그림3]

▼ 중국의 이시스=푸샤(보살)(A. Kircher, *China Illustrata*, 1667) [그림4]

바 '신과학'(뉴사이언스)에 이르기까지 문명의 위기를 외치면서 '동양으로의 회귀'를 주창하는 오늘날의 논자들도—그 가운데 대부분이 전혀 의식하지 못한 채—지난 2500년 동안의 이러한 흐름을 오늘날 현대의 한복판에서 체현하고 있다.

그렇다면 우리의 여행도 인도와 중국, 일본이라는 협의의 '동양'에 한정할 수는 없다. 그것은 시대에 따라 그리고 논자의 시점에 따라 이집트, 페르시아, 유대, 바빌로니아, 혹은 인도, 중국, 일본, 중앙아시아의 비경秘境이나 아메리카, 나아가서는 미지의 아프리카 그리고 고대 이교도의 땅인 그리스에 이르기까지 광범위하게 포함되어야 한다.

이 광대한 미지의 '동양'을 향해서 우리도 걸음을 내딛어보자.

*

사람들을 여행으로 이끄는 것은 무엇일까? 그것은 우선 '여기'가 아닌 곳, 다른 곳ailleurs이 가진 이질성etrangete일 것이다. 그렇다면 이것은 '단순한 이국취향, 엑조티즘에 의한 흥미'일까? 이문화異文化에 대한 경박하고 피상적인 관심의 행태를 가리키는 엑조티즘에 의한 유혹이 없다면 사람들은 굳이 여행에 나서는 수고는 하려 들지 않을 것이다.

그럼에도 불구하고 '다른 곳'을 향해 가는 여행 중에서 '이곳'은 어떤 근원적인 역설의 장이기도 하다. 가령 아무리 멀리 가더라도 '이곳'은 '이곳', 즉 언제나 자기가 있는 장소에 지나지 않는다면, 도대체 여행에 나서는 것이 무슨 의미가 있을까?

2500년 전 옛날부터 유럽이 '동양'을 찾아, 거기에 담겨 있는 진리를 찾아 나선 여행은 거의 모두 이러한 역설 안으로 흡수되는 것으로 생각된다. 즉 그들은 '다른 것'을 찾아 땅 끝을 목표로 세계를 두루 편력했다.

그리고 유럽은 전 세계를 유럽화하는 데 성공했다. 여기에서도 고리는 닫히고 자폐의 구조가 완성된다.

하지만 그것이 '유일한 진리'를 구하는 여행이라면 당연한 귀결일지도 모른다. 왜냐하면 진리는 먼저 보편적이어야 함과 동시에, 그만큼 자기 것이지 않으면 안 되기 때문이다.

유일한 진리를 탐구하는 사람은 모든 대상에서 그 진리(그것은 스스로의 진리를 말한다)의 기호(시니에^{signe})를 본다. 그 대상이 공간적으로 멀면 멀수록,[19] 시간상 오래되면 오래될수록('시원'에 가까우면 가까울수록) 즉 이질적이면 이질적일수록 그 가운데 동일한 진리의 모습을 발견해낸다는 것은 큰 가치가 있다. '내'가 설파하려는 진리는 이처럼 이질적인 것 속에도 숨겨져 있는 것이다. 그렇기 때문에 그것은 보편적인 것, 즉 유일한 진리라 이를 수 있는 것이다.

이렇게 해서 온갖 이국적인 사물과 현상에 '숨겨진 진리'를 캐내고자 하는 해석학의 전통이 생겨난다. 이러한 해석학 전문가들─견강부회의 대가들─이 '환상의 동양'을 낳은 당사자들이고 지금부터 다루려고 하는 이야기의 주인공들이다.

인간의 모든 지혜와 지식, 기술과 예술이 유일한 원천에서 나왔고, 다시 유일한 진리로 돌아간다는 '진리의 일원론'[20]은 헬레니즘 시대에 이미 완성되었다. 그것을 만일 '정적인^{static} 보편주의'라고 부른다면, '동적인^{dynamic} 보편주의'를 만들어낸 것은 그리스도교 신학, 특히 역사신학이라고 할 수 있다. 세계 문화사상文化史上 유례가 없을 정도로 매우 특수한 역사관인 그리스도교 역사신학은 모든 인류사를 신에 의한 인간구원의 계획이라고 여긴다. 헬레니즘 시기에 이르기까지 유일한 진리를 찾던 해석학자들이 고찰의 대상으로 삼은 것은 기본적으로 인간의 사넘에 따른 소산물이었을 것이다. 그렇지만 인간의 역사를 신이 진리를 보여주기 위한 것이라고 한다면, 해석의 대상은 역사적 사실 그 자체여야 한다. 로마제국이 번영을 구가하다가 몰락하는 것도, 이슬람이 발흥하고 몽고가 습격해온 것도, 모두 '신의 섭리'에 의한 것이다. 교황 우르바누스 2세의 호소에 따라 제1차 십자군 원정에 참가한 사람들은 하나같이 "신이 그것을 원하신다!"고 부르짖었다.[21] 이것은 단순한 정당화도, 선동을 위한 수식어도 아니다. 단지 '신이 원하시기' 때문에, 즉 그것이 신의 진리 그 자체이기 때문에 십자군이라는 역사는 가능했던 것이다.

역사는 신의 섭리에 따라 '영원한 과거에서부터' 이미 정해져 있었다. 그렇기 때문에 인간은 역사주체로서 그것에 적극적으로 (자유의지로) 참여해야 한다. 이것은 그리스도교 역사관의 역설임과 동시에 놀랄 만한 성공을 가져온 열쇠이기도 하다. 역사는 단순한 과거의 것이 아니라 미래로 열려 있다. 미래의 역사는 인간이 신의 의지에 따라 만들어가야 한다. 미래의 역사란 곧 종말론을 의미한다. 그것은 최종적인 파국인가? 아니면 지복의 천년왕국인가?

2000년 전 유대 땅에 살았던 나사렛의 예수라고 불리는 한 남자의 삶과 죽음(그리고 부활)이라는 하나의 역사적 사실은 인류의 구원이라는 초월적 의미를 갖는다. 이것이 그리스도교의 기본이라면 예수가 영광 속에서 재림하는 그때가 되면 초월적인 '신의 나라'가 역사 가운데 건설되어야 한다. 그때 복음은 '땅 끝'까지 울려 퍼져서, 인류는 "한 명의 목자를 따르는 한 무리의 양"(「요한복음」 10:16)이 되어야 한다. 모든 이교도는 지상에서 모습을 감추고, 모든 나라의 백성은 한 목소리로 "신의 어린 양"을 찬양할 것이다.[22] 따라서 그리스도의 재림을 기다리는 사람들은 있는 힘을 다해 전 세계를 다스리는 그리스도의 왕국을 건설해야 하는 것이다.

그러나 그 영광의 날은 또한 분노의 날, 심판의 날이기도 하다. 그날에 "사람의 거만은 꺾이고 인간의 오만은 숙어지"(「이사야」 2:17)게될 것이다. 부당한 권력을 마음대로 휘두르는 지상의 교만한 자들은 신의 분노의 불길에 남김없이 타버릴 것이다. 이 정화의 시련을 거치고나서 비로소 신의 사랑을 받는 성도만이 지복한 신의 왕국에서 살게 된다.

그리하여 그리스도교적 종말 감각에 대한 열광은 한편으로는 '그리스도교 제국주의', 다른 한편으로는 '혁명적 천년왕국주의'라고 하는 두가지의—그러나 서로 표리일체를 이루는—정치신학사상을 태동시켰다.23) 이 양자의 격돌과 혼합, 복잡하기 그지없는 변용의 과정이 중세 후기 이래 유럽의 역사의 틀을 만들어냈다고 해도 과언은 아닐 것이다.24)

이러한 종말론의 거대한 파도 속에서 '환상의 동양'은 다시 중요한역할을 맡게 된다. 왜냐하면 '천지의 유일한 신'의 그 불가사의한 섭리의 힘이 땅 끝에 사는 백성에게도 미치지 못할 리가 없기 때문이다. 신은 '만군의 여호와'로서 부정한 이교도들을 섬멸하시거나,25) 기적의 힘으로 그들을 일거에 개종시키거나 혹은 은밀히 그들에게 이미 진리의씨앗—예를 들면 '자연이성' 혹은 (포스텔에 따르면 일본의 불교 같은) '은밀한 그리스도교'—을 심어놓으셔서 구원의 길로 인도하시거나….

여기에서 그리스도교 보편주의는 강렬한 공격성을 띠고 유럽의 세계 제패를 위한 커다란 원동력으로 작용하게 된다.

그리스도 복음의 빛을 전해야 하는 선교사들이 세계로 흩어진 시대가 유럽에서는 종교전쟁의 폭풍이 불어 닥치고, 사람들이 '최후의 날'의조짐에 두려워하던 시대였다. 생바르텔레미의 학살이 일어나고, 예수회 선교사가 누에바 에스파냐에서 포교를 시작한 그해에 포스텔은 카시오페이아 자리에 나타난 새로운 별에서 그리스도 재림의 징후를 읽어낸 것이다.

르네상스 이후 세계여행에 나서 다시금 (유대교와 이슬람 이외의) '이교도'와 만난 그리스도교 세계는 그들의 '우상숭배'를 악마의 무시무시한 활동으로 볼 것인지, 아니면 그곳에 '숨겨진 진리'를 찾아내 보일 것인지 하는 선택에 직면해야 했다. 포스텔을 필두로 하는 '비교秘敎 해석학자들'의 대부분은 후자의 길을 선택하는 데 커다란 역할을 했다. 하지만 이는 결국 이신론理神論 사상을 키우는 중요한 계기가 되었고, 그리스도교와 교회 자체의 결정적인 쇠퇴를 가져온 커다란 원인이 되었다. 하지만—교회가 설령 무력해졌다고 하더라도—유럽의 보편주의를 지탱하던 전제이기도 한 철학적 원리 즉 '진리의 일원론'이라는 원리는 그로 인해 더욱 강한 힘을 지니게 되었다. 각 민족과 각 개인은 각각의 종교와 진리를 신봉할 자유가 인정되었을 테지만, 그 자유란 궁극적인 유일한 진리('이성', 좀 더 새롭게는 '객관성', '인간성' 등)라는 원리의 틀 안에서만 허용되는 것이다.

우리는 이 진리의 왕국 안에서 기묘한 자유를 누리며 살고 있다. 그것이 가능하게 된 것은 대항해 시대—크리스토퍼 콜론(콜럼버스)의 항해(1492~1493), 마갈라잉시(마젤란)의 항해(1519~1521)—에 세계가 결정적으로 닫혀 있었기 때문에, 즉 '여기'에서 아무리 멀어져도 결국 '여기'일 수밖에 없음이 '증명'되었기 때문이다.

*

그러나 '여기'는 정말로 '여기'에 지나지 않는 것일까? 엑조티즘의 유혹은 끝끝내 우리를 진짜 '다른 곳'으로 이끄는 일은 없는 것일까?

지금까지 살펴본 커다란 흐름 속에서 우리는 고대와 중세에 기묘한 불협화음이 울리고 있다는 것을 알게 된다. 기원전 5세기, 고대 최대의 여행가이기도 했던 '역사의 아버지' 헤로도토스는 세계의 끝에 산다는 수많은 기괴한 괴물에 대한 놀라움—그리고 의심—에 가득 찬 말을 했다. 그로부터 2000년 가까이 지난 13~14세기의 (마르코 폴로를 비롯한) 대여행가들도 실크로드 저편에 헤로도토스가 말한 것과 비슷한 '기괴한 인도'라는 이미지를 그려냈다. 동방의 비경에 우글거리는 다리가 하나이거나, 개의 머리를 하고 있거나, 머리가 없는 괴물들…, 긴 꼬리를 가진 족속과 긴 귀를 가진 족속, 소인족, 혹은 땅에서 솟아난 양과 사람의 머리에 말을 하는 과실이 열리는 나무들….

이 두 시대 사이의 2000년 동안 대＊프리니우스(1세기)에서부터 세비야의 이시도르(7세기) 그리고 보베의 사제 빈첸시오(13세기)까지 이어지는 백과사전식의 전통이 괴물들에 대한 지식을 박물학의 여러 범주에 포함시켜 이미지를 고정화했다. 한편 14세기 후반에 '몽골제국'이 해체되면서 중앙아시아의 문호가 다시 닫히자, 괴물들은 새로운 박물학의 체계 속으로 그리고 알레고리의 그림(圖像) 체계 속으로 들어가고, 최종적으로는 화가인 보스와 브뢰겔의 붓에 의해 전혀 다른 생명을 부여받게 된다.[26]

그러나 여행가들이 괴물의 고향 가까이 접근했던 고대와 중세라는 예외적인 시대에, 세계의 끝은 이른바 기묘한 '존재론적 안개' 속에 묻혀 있었다. 어느 날 정든 고향을 떠나 터벅터벅 한없이 길을 걸어가는 도중에 괴물들과 '맞닥뜨렸다'고 하는 이들 여행가들(특히 '중세의 대여행가들')이 바라본 현실의 모습은 과연 어떠했을까? 그들이 남긴 기록들 대부분은 전해 듣고 쓴 기록과 실제로 자신들이 본 사물에 대한 기록이 명확하게 구별되어 있지 않는 경우가 많다. 오히려 그들이 보고 들은 것 자체가 경이의 연속이고 괴물의 존재도 그와 같은 경이로움에 매몰되어버렸던 것이다.[27]

참과 거짓, 가능과 불가능, 현실과 몽상을 구별하고 각 존재의 모습을 토대로 분류되기 이전의, 다시 말해서 박물학적·분류학적 사고가 작동하기 이전의 '경이적 일상', '일상적 경이'의 세계가 여기에 펼쳐져 있다. 여기서는 괴물들을 지知의 체계, 이해 가능성의 체계 아래 받아들이기를 거부한다. 그러므로 그것들은 완전히 무의미한 존재이다. 그럼에도 불구하고, 아니 어쩌면 바로 그렇기 때문에 그것들은 일상적 존재임을 멈추지 않는다. 그리고 그로 인해 거꾸로 일상성 그 자체가 단번에 무한한 무의미성의 모습을 드러내는 것이다.

'말해진—그러나 이해 가능성을 넘어선—단순한 사실'로서의 괴물들은 '말로 다 할 수 없는 현실'을 가리키는 지표다. 그들이 세계의 끝에 바람구멍을 뚫고 거기서 의미의 무리가 끝없이 흘러나온다. 그 너머로 엿볼 수 있는 것은 바닥없는 무의미의 심연일까? 하지만 그곳에서 비로소 참된 '다른 곳', 절대적인 '이질성'이라는 상쾌한 바람이 흘러들어오는 것은 아닐까?[28]

가르시아 마르케스를 비롯한 라틴 아메리카의 현대작가들이 반복해서 묘사하는 이른바 '마술적 리얼리즘'의 세계에도 비견할 만한 이 몽상 즉 세계를 몽상화하고, 그것에 따라 '세계의 저편'을 가리켜 보이는 이러한 몽상은 도대체 어떻게 하여 가능하게 되었을까? 그리고 그 가능성이 르네상스 이래 상실된 결정적 이유는 무엇이었을까? 세계의 모든 것을 이해 가능성의 그물 속에 집어넣는 진리의 환상이 근대 이후 흔들

콘라드 폰 메겐베르크의 『자연의 서』(Buch der Natur, Augsburg, 1478)의 괴물들 [그림 5]

림 없이 확립되어가는 과정을 낱낱이 살펴보기 위해서는 이 괴물들의 기묘한 몽상의 모습을 돌아보는 것도 필요할 것이다.

＊

이렇게 떠오르는 '환상의 동양'—엑조티즘이 부르는 소리를 원점으로 해서 유럽 전통이 애써 쌓아올린 '환상의 동양'의 역사는 그러므로 진리의 환상의 역사이며 동시에 그 환상을 산산이 부수어버릴지 모르는 세계의 저편에 이르는 길을 가리키는 또 하나의 몽상의 역사—그리고 그 몽상의 가능성이 어느 시대부터 완전히 압살되어온 역사이기도 하다. 우리 자신의 엑조티즘에 이끌려 출발한 우리의 여행은 이 광대한 몽환세계로 도착하여 그 안에서 방황하게 될 것이다.

그 세계를 조망하고 그 눈으로 통상의 유럽 역사를 되돌아보면 양자의 시대 구분이 반드시 합치하지는 않는다는 것을 알게 된다. 우선 '환상의 동양' 역사의 주류인 보편주의의 흐름을 본다면,

(1) 기원전 5세기경 그리스를 기점으로 해서 서기 2~3세기 헬레니즘까지의 시대

(2) 그 도중에 싹트기 시작해서 서기 4~5세기까지의 시대. 즉 고대 그리스도교의 성립에서 완성에 이르기까지의 시대(그 원류에는 적어도 기원전 6세기로 거슬러 올라간 고대 유대교의 보편주의가 있다.)

(3) 이것에 이어지는 수 세기 동안 중세 라틴세계는 매우 깊은 무지와 협소한 세계에 갇혀 있었으므로 보편주의는 다음의 새로운 발전을 준비하는 기간에 들어가 있었다고 할 수 있을 것이다.

(4) 11세기 말의 제1차 십자군 원정부터 유럽의 보편주의는 새로운 시대에 돌입했다. 그 후 그것은 15세기 말에서부터 17세기 초까지의 (넓은 의미의) 르네상스-대항해 시대, 18세기의 계몽주의 시대 그리고 19세기 낭만주의 시대라는, 적어도 세 번의 기회로 거대한 변용을 보이기는 하지만 그럼에도 보편주의의 기조 자체는 20세기에 이르기까지 근본적으로는 변한 것이 없다고 말할 수 있다.

여기에서는 통상의 시대 구분에서 보이는 중세와 르네상스 사이의 커다란 구분이 희석되었다. 혹은 '르네상스'가 11~12세기까지로 축소되고, 그 이후가 모두 거대한 '근대'로 접어들었다고 할 수 있을지도 모르겠다(하지만 본문에서 '근대'라는 말은 주로 15세기 후반 이후에 대해서 사용한다).

이러한 주류 뒤에 숨어 있는 '괴물의 몽상'에 대해서는 앞에서 살펴본 것처럼

(1) 소크라테스 이전에서부터 기원전 4세기경까지 고대의 세계 발견 시대

(2) 대*프리니우스에서부터 보베의 사제 빈첸시오에 이르는 백과

사전 시대

(3) 13~14세기 '중세의 대여행가' 시대

(4) 새로운 박물학과 알레고리의 도상학圖像學 시대

—라는 시대 구분을 생각해볼 수 있다. 그러나 이보다 더 중요한 것은 적어도 중세 내내 이러한 몽상의 가능성은 항상 열려 있었다는 것, 하지만 그것이 15세기 말 이후부터 급격히 그리고 결정적으로 상실되었다는 사실이다. 그런 의미에서 '근대'는 분명히 이 거대한 인식론적 혁명의 시대에서 시작되었다고 생각할 수 있다.

*

포스텔의 기괴한 주장에 대한 의문을 출발점으로 삼은 우리의 여행은 우선 기원전 5세기까지 거슬러 올라갈 것이다. 거기에서부터 험난한 길을 거쳐 다시 포스텔로 되돌아간 그곳을 일단 종착점으로 삼게 될 것이다. 그 전의 파란만장했던 4세기에 대해서는 마지막으로 극히 간단한 예비 약도를 첨가해둘 수밖에 없다.

이것만으로도 충분히 길다고 할 수 있는 여행에서 우리가 만나게 될 여러 기괴한 광경은 우리를 '여기'가 아닌 곳, '다른 곳'으로 이끌 수 있을 것인가? 아니, 우리는 매일의 일상에서 타자와 만남으로써 언제나 '다른 곳'을 경험하고 있지만, 그러나 그것에 대해 말하는 것은 불가능하다. 때문에 이 여행에 만일 효용이 있다고 한다면, 그것은 우리의 여기—그 놀랄 만한 특수성—를 바라볼 수 있는 거리를 부여해주었다는 점에 있을 뿐이다.

2. 여행이 향하는 곳: '동양'이라는 이름의 환상

여행을 떠나기에 앞서 대강의 방향 정도는 정해놓아야 할 것이다. 그렇다면 과연 우리가 가려고 하는 여행의 종착지는 어디인가?

앞 장에서 언급한 대로 '동방의 몽환세계'는 그야말로 유럽사회의 끝없는 환상의 보물창고였다. 그렇다면 이 여행이 향해야 할 곳은 '동양'이 되어야 할 것이다.

하지만 앞 장에서는 덧붙여 이런 말도 썼다. 우리는 "이집트에서 아메리카까지"를 포함해 "페르시아, 유대 등의 나라에서부터 인도, 중국, 일본, 중앙아시아의 비경秘境, 나아가 고대 이교인 그리스까지"를 고찰 대상으로 해야 할 것이라고. 이렇게 되면 '좁은 의미의 동양'은 무한대로 확장되고, 유럽-서양에서 이문화라고 인식한 모든 문화권을 포함하는 매우 거대한 '동양'으로 부상하게 된다.

'동양'은 도대체 어디에 있단 말인가.

*

리트레의 프랑스어 사전(s. v. orient)이 지적하는 대로 '동양'(오리엔트)이라는 말이 가리키는 이문화가 반드시 유럽의 동쪽만을 의미한다고 할 수는 없다. 예를 들어 "오리엔트는 피레네에서 시작된다"는 표현이 있다. 스페인은 분명 파리나 로마를 기준으로 보면 서쪽에 있다. 혹은 그리스(펠로폰네소스 반도)에서 본다면 이집트나 메소포타미아 등 이른바 '고대 오리엔트 지방'은 동쪽이라기보다는 오히려 남동쪽에 위치한다. 리트레는 Orient, oriental이 아프리카의 나라들을 가리키는 용어로 쓰이는 경우가 있는데 이것은 오용이라 피해야 한다고 말한다.

그러나 우리에게 흥미로운 것은 오히려 이러한 '오용'이 있었다는 사실이다.

'동양'이 반드시 유럽의 동쪽에 있는 건 아니다. 그런데 그것이 왜 '동양'이라고 불리는가? 그 이유는 매우 단순하다. 유럽이 '서양'이기 때문이다. 따라서 우리는 '동양'이나 '서양'이 모두 기본적으로 단순한 지리적인 불변의 실체가 아니라, 역사적·문화적 개념이며 상징이라는 사실을 우선 염두에 두어야 한다. '유럽-서양'은 이문화=타자를 '동양'(오리엔트)으로 의식화함으로써 자기를 '서양'(옥시덴트)으로 규정했다. 혹은 자신을 세계의 서쪽에 위치시킴으로써 자기 이외의 타자=이문화를 '동양'이라는 범주에 넣게 된다. 자신의 위치가 세계의 서쪽이라는 기본적인 인식으로 인해, 유럽의 방위 상징체계는 '동-서'의 방향이 강조된 반면, '남-북'이라는 방향은 그다지 중요시되지 못했다고 할 수 있다. 그 때문에 '동양'이라는 말 자체는 애초에 '유럽-서양'이라는 자기인식의 산물에 지나지 않는다는 것을 알 수 있다. 그것은 무의식적인 것으로, 그만큼 매우 뿌리 깊은 유럽의 '자문화중심주의'에 따른 세계관을 나타내는 것일 뿐이다(오늘날 '동양으로의 회귀'를 주장하는 사람들은 우선 이 문제부터 재고해보는 것이 어떨까).

이처럼 '동양'이 태어난 곳은 다름 아닌 유럽이다.

그렇다면 문제 삼아야 할 것은 '유럽'이라는 개념 자체의 역사라고 할 수 있다. 보통 근대 서구의 인문주의적 전통에서 볼 때, '유럽'은 매우 일관된 발전을 이룩해온 안정된 문화적 전통을 가진 것처럼 여겨진다. 즉 그리스에서 시작해서 로마시대에 그리스도교(그리고 그것을 통해서 히브리 전통)를 받아들이고 그리고 중세에서부터 근·현대에 이르기까

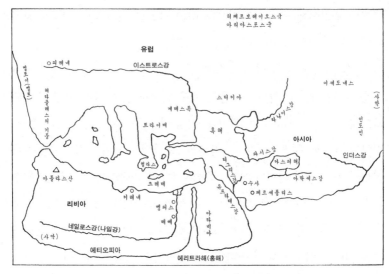

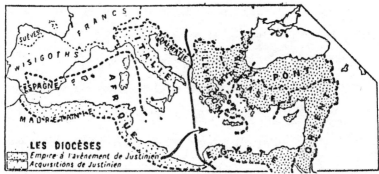

▲ 헤로도토스의 세계(오타 히데미치太田秀通, 125; Hartog, 34; Baslez, 256-257 사이의 도판 참조) [그림6]

▼ 유스티니아누스 대제 시대의 비잔틴 제국의 행정구분도(이이즈카 코지飯塚浩二, 『동양사와 서양과의 사이』,16-17에 삽입된 지도에서) [그림7]

지 연속적으로 이어온 '유럽 전통'이라는 식으로 생각하는 것이다.

그러나 실제 역사를 들여다보면 그렇게 단순하지 않다는 것을 금방 알 수 있다. 먼저 지리적인 변천부터 살펴보자. 고전고대의 아테네에서 헬레니즘 시기의 로마나 알렉산드리아(이 도시는 아프리카 대륙에 속한다)로, 나아가 중세 전기의 콘스탄티노플에서 그 후의 로마나 파리 혹은 런던으로… 그리고 현재 유럽의 중심은 대서양을 건너 뉴욕이나 샌프란시스코로까지 이동했다고 보는 설도 있다.

그 가운데에서 누가 문화를 담당하는 중심이었고, 누가 '야만족', 29) '이교도', '이문화'로 인식되어왔는가?

(1) 고전고대에서 로마시대로의 이행은 헬레니즘이라는 커다란 틀 안에서 일어났다. 따라서 거기에 두드러진 단절감은 없었을 것이다.

(2) 로마제국의 입장에서 볼 때 헬레니즘 세계에 속하지 않는 동·북방의 여러 민족은 모두 '야만족'이었다. 그러나 역대 로마황제의 가장 큰 적이었던 이들 '야만족'의 후예들이 수백 년 후에는 그 고전문화의 정통 계승자가 된다.

(3) 그리스도교가 유럽의 주류가 된 이후, 모든 비非그리스도교도가 '이교도'나 '다른 것'으로 여겨지게 된다. 이것이 '유럽 전통'의 흐름에 가장 큰 단절을 만들었다. 그리하여 고대 그리스와 로마가 (이집트나 바빌로니아와 마찬가지로) '이교도'로 말해질 가능성이 생긴 것이다. 그와 동시에 그리스도교도들은 자신들의 조상인 고대의 '야만족'(예컨대 게르만족, 켈트족)이나 아직 '복음화'되지 않은 유럽의 변경 지역에 사는 여러 민족도 모두 '이교도'의 범주 안에 끌어넣는다. 이들 '이교도'는 갖가지 두려움과 동경, 매혹과 배척이 뒤섞인 '엑조티즘'에 의해서 관심의 대상이 될 수 있었다.

(4) 이른바 '중세 라틴세계'는 800년의 샤를마뉴 즉위와 함께 성립되었다고 할 수 있다. 이 중세 라틴세계에서 비잔틴 문화는 늘 이질적으로 느껴졌을(특히 십자군 시대에 양자가 직접 접촉했을 때는 더욱) 것이다. 하지만 양자는 적어도 '공식적'으로는 하나의 '그리스도교 세계christianitas' 안에 존재했다. 구조적으로 라틴세계가 비잔틴을 보는 눈은 같은 헬레니즘 문화권에 속했던 유럽이 그리스를 바라보던 눈과 흡사했다고 할 수 있다(이후의 설명을 참조).

(5) 11~12세기 이후, 라틴세계에서 가장 큰 '내부의 타자'는 유대인들이었다. 그들 또한 엑조티즘의 대상으로 여겨졌을 수도 있지만 그 밑바닥에 흐르고 있던 것은 일종의 근친 증오(완전한 타자에게는 관대한 반면 가까울수록 오히려 미워하는 감정을 가지게 되는 것: 옮긴이)의 감정이 뒤섞인 강한 배척의 감정이었을 것이다.

이처럼 유럽은 자체적으로도 단절과 균열, 이질성이 내재되어 있다. 그러한 '유럽'은 과연 언제부터, 어떤 과정을 거쳐 자신을 '서양'이라는 위치에 두게 되었을까? 지금은 이 문제에 대해서 대강의 가설을 기술할 수밖에 없다.

(1) 고전고대 그리스에서는, 예컨대 '그리스/페르시아', '그리스/이집트'의 대립, 혹은 '에우로파/아시에'라는 대립([그림6 참조]), 좀 더 일반적으로는 '헬레네스(＝그리스인)/바르바로이Barbaroi(그리스어를 알지 못하는 사람들: '야만족')'라는 대립은 있었지만, '서/동'이라는 방위에 의한 대립을 '자/타'의 구별에 사용한 적은 없었던 듯하다.30) 고대 그리스-로마에 대립되는 것으로 '고대 오리엔트'라는 개념이 확립된 것은 아마 19세기(?) 역사학 이후일 것이다.

(2) '동양'(라틴어로 *oriens*)이라는 말을 '동방의 나라들' 일반을 지칭하는 것으로 쓴 최초의 예는―R. 슈바프에 따르면―베르길리우스(기원전 1세기)에서였다고 한다.31) 같은 고대 로마에 '빛은 동방으로부터*Ex oriente lux*'라는 유명한 문구가 있는데 여기서의 '동방'은 그리스(헬레니즘)를 가리키는 것으로, 이 문구는 '법은 서방으로부터*Ex occidente lex*'라는 말의 대구로 쓰였다. 여기서는 '동방=그리스/서방=로마'라는 대립관계가 명확하게 표현되어 있다.32) 가까운 동쪽에 '빛'의 원천인 그리스가 있고, 그것을 넘어선 훨씬 먼 동쪽에 넓은 '동방의 야만족'의 세계가 펼쳐져 있다. 로마의 이런 지리적 조건 속에서 처음으로 '유럽-서양'이라는 개념의 맹아가 나타난 것이 아닐까?

(3) 유스티니아누스 대제 시대의 비잔틴 제국(527~565년)에서 '오리엔트'란 안티오키아를 중심으로 한 지중해 동쪽 해안의 주州 이름 중하나였다(그 도판에는 '아시아'도 또 다른 주의 이름으로 나와 있다. [그림7] 참조). 비잔틴 제국에서는 일반에게 '로마이오이(로마인)/에트네(여러민족·여러 야만족)'라는 대립은 있었지만33) '서/동'이라는 대립은 명확히 인식되고 있지는 않았던 듯하다.

(4) 중세 라틴세계에서 '오리엔트'는 먼저 비잔틴을 가리키고, 다음으로는 이슬람권을 필두로 한 '동방세계 전반'을 지칭하는 말이었다. 중세 라틴세계가 자신의 독자성을 명확히 의식하게 된 것은 10~11세기 이후로 보는 것이 좋을 것이다. 프랑스어 문헌에 '오리엔트'라는 말이 최초로 사용된 문헌 중 하나가 『롤랑의 노래』(10세기 말경 작품)인데 여기에서 그 말은 후자의 의미로 사용된 것으로 보인다.34) 『롤랑의 노래』가 나온 150년 이후의 역사가 프라이징의 오토는 4세기의 그리스도교교부 에우세비오스 이후의 토포스35)('옛 시대의 제국은 동쪽에서 성립되

어 서쪽으로 이동했다'고 하는 토포스)를 발전시켜서 "인간의 모든 힘과 지식은 동쪽에서 시작해서"—즉 바빌로니아에서 시작해서 이집트로 이동하고, 이집트에서 그리스로, 그리스에서 로마로 그리고 마지막 시대에는 로마에서 프랑스, 스페인으로 옮겨가서—"서쪽에서 끝난다. 이렇듯 모든 사물은 변하고 쇠퇴해간다는 것을 분명히 알 수 있다"고 쓰면서 그의 비관적이고 종말론적인 역사관의 틀을 표명한다.36) 여기에서 '동'과 '서'는 분명히 대치되는 개념으로 쓰이고 있다. 더욱이 저자는 스스로를 세계의 '극서極西'의 인간으로 자리매김하고 있는 게 분명하다. 이러한 사실에서 볼 때, 12세기 중반경에는 라틴세계에서 '유럽-서양'이라는 개념이 거의 정착되어 있었다고 보아도 무방할 것이다.

(5) 이러한 '유럽-서양'에서 현실의 세계는 13~14세기 대여행가 시대, 그리고 15세기 이후 대항해 시대로 접어들면서 경이적으로 확대되었다. 그런데도 '유럽-서양/이문화-동양'이라는 기본적 도식 자체는 —'아메리카 발견'으로 일시적인 혼란이 있었고, 18세기에는 아메리카가 새롭게 문명의 중심으로 '극서'의 지위를 주장한 적도 있었지만(후술 159-160 참조)—12세기 이래 일관되게 변함없이 지속되었던 것으로 생각된다.

이렇게 본다면 '유럽-서양'의 개념이 확립된 시기는 앞 절에서 기술한 보편주의라는 관점에서 본 시대 구분에서 '거대한 근대'가 시작된 시기(11~12세기)와 거의 일치하고 있다는 것이 분명해진다. 이것이 우연의 일치가 아닌 것만은 분명하다.

*

'유럽-서양'에서 모든 '다른 것' 즉 엑조티즘의 대상이 된 것은 '동양적'이거나 적어도 '동양적인 것'과 결합될 가능성을 지니고 있었다.

예를 들어 인도를 보자. 인도는 적어도 중세 말까지는 모든 괴이함의 원천이라는 이미지를 갖고 있었다. 르네상스 시대에 이르기까지 인도라는 말(영어로 the Indies, 프랑스어로 les Indes, 스페인어로 las Indias처럼 복수로 쓴다)은 '극동極東'과 동의어로 사용되었다. 그와 동시에 아프리카 대륙의 남반부에 있는 미지의 제국인 에티오피아를 가리키는 말이기도 했다(후술 196-197 참조). 크리스토퍼 콜론(콜럼버스)은 극동의 지팡고(일본) 또는 망기(중국)를 찾아가기 위해 나섰지만, 그가 '발견'한 땅은 일반적으로 '라스 인디아스las Indias'라고 불리는 곳이었다. 그리고 그것이 '진짜 인도'와는 무관한 것임이 판명된 후에는 '서西인디아스'라는 호칭이 사용되었다(이 얼마나 모순된 용어인가!). 예를 들어 16세기 말에 간행된 예수회 선교사 아코스타의 『신대륙자연문화사』에 따르자면:

> … 우리의 언어습관에서 인디아스라는 말은 일반적으로, 자신들의 나라와 멀리 떨어져 있는 매우 풍요롭고 진기한 땅을 가리키는 말로 사용하고 있다. … 거기서 에스파냐인은 피르(페루), 메히코(멕시코), 지나, 말라카, 브라질 등을 구별하지 않고 모두 인디아스라고 부른다. … 인디아스라고 하면 동東인디아도 가리킨다는 것을 부정할 수는 없다 하더라도, 앞의 여러 지방이나 국가는 아주 동떨어져 있고 상호간에 커다란 차이가 있으며 또한 옛날 사람들이 인디아라는 말을 쓸 때는 매우 먼 나라의 것을 가리켰기 때문에 이렇게 부르는 것이다. 그곳에서 먼 저쪽의 새로운 나라가 발견된다면, 세계의 절벽으로 여겨질 만큼 떨어져 있기 때문에 그것 또한 인디아라고 부른다. 그리고 그 세계의 절벽에 사는 사람들을 인디오라고 부르는 것이다.37)

대항해 시대의 주요한 '발견'이 모두 끝난 이 시대에, '인도'라는 단어의 정의는 거의 그대로 (그 상징적 함의에서는) '동양'이라는 단어의 정의와 바꿔놓아도 될 것 같다. '동'이든 '서'든 관계없이 '동양'이란 '세계의 끝'을 가리키는 것이었다.[38]

다른 예로 고전고대에 대하여 살펴보자. 파노프스키에 따르면, 중세미술에서 "때때로 고전(고대)의 철학자나 시인은 유대교의 예언자와 같은 동양풍의 의상을 입고 표현되고 있으며, 또 13세기에는 로마인과 그들이 남긴 유물에 대해서 옛 이교도*pagans*나 당시의 이교도*infidels*(무슬림)를 부를 때처럼 '사라센*sarrazin*' 또는 '사라센의*sarazinais*'라는 말이 사용되었다"고 한다.[39](방점 필자)

피치노는 이집트의 헤르메스 트리스메기스토스, 페르시아의 조로아스토레스가 트라키아의 전설적 시인 오르페우스, 그리스의 현자인 피타고라스나 플라톤과 동일한 근원적 진리(그리스도교의 진리)의 계승자라고 생각했다(후술 281-283 참조). 또한 17세기의 예수회 수도사 막시밀리안 반 델 산트는 이교의 뛰어난 신비주의자로 과거의 헤르메스 트리스메기스토스, 피타고라스, 플라톤… 외에 오늘날 인도의 '나체 철학자'(귐노소피스트*gymnosophist*), 페르시아의 은둔자(아나콜레트*anachorète*), 나아가 일본의 '방주坊主'들을 차례로 거론하고 있다.[40] 이렇게 '환상의 동양'은 거의 무제한적으로 확장되고 자기증식을 반복하게 된다.

*

아메리카가 1492년에 발견되었다고 한다면, 일본도 1542년 또는 1543년에 발견되었다(포르투갈인이 다네가시마種子島에 표착). 일본이 '극동'의 나라가 된 것은 그 이후의 일이다(그 극동의 일본이 오늘날에는 '서쪽

진영'에 속한다고 한다⋯). 이러한 일본 주민이 스스로를 '동양인'이며 '극동인'이라고 전혀 의심 없이 믿는다는 것은, 말하자면 1542년 이전에는 일본은 존재하지 않았거나 미지의 존재였다고 믿는 것과 같다. '발견'이라는 말에 내포된 유럽중심주의에 대해서 오늘날 많은 사람이 강하게 반박하면서도, 자신이 '동양'에 속하는 것에 대해서는 오히려 우월감을 느끼는 사람들도 있다.

하지만 '동양'이 무엇에 대한 동東인지 물으면 당연히 '유럽-서양'에 대해서라고 답할 것이다. 중심은 어디까지나 유럽에 있는 것이다. 그런데도 유럽중심주의가 표면에 드러나지 않는 것은 '서양/동양'이라는 분류가 모종의 상대주의적 변장을 하고 있기 때문이다. 언뜻 보아서 상대주의적인 이러한 구분은 주로 고대 로마와 중세 라틴세계의 지리적 조건이라는 우연에서 기인한다. 그러나 이 변장의 속내는 실은 놀라울 정도의 보편주의이다. 만일 유럽만이 '중화中華'고 '문명사회'며 다른 모든 문화는 '야만족'의 그것이라고 한다면, 우리는 그 '야만족'이라는 호칭을 받아들이지 않을 것이다. 그러나 '서양/동양'이라고 하는 상대주의적이고 동시에 보편주의적인 구분 속에서 우리는 그 보편성의 일단을 담당하고 있는 자의 입장으로 아무런 의심 없이 안주하고 있다. 하지만 문제 삼아야 할 것은, 일체를 자기중심적으로 구분한 후 빗장을 질러놓고서, 참된 타자의 존재를 처음부터 받아들이지 않는 '보편성' 자체가 아닐까?

*

"지구가 둥글다는 것을 안 이후 동방Orian이나 서방Occidan의 의미가 없어졌다." 금세기 초의 위대한 인도 학자인 실반 레비의 이 말만큼이나[41]) '동양'의(그리고 '서양'의) 의미를 단적으로 보여주는 말은 없다.

지구가 둥글다는 사실은 저 옛날 플라톤 시대부터 추측되었다.[42]) 그런데 이상하게도 둥근 지구에 '남'과 '북'에는 절대적 극점이 있지만 '동'과 '서'는 완전히 상대적인 의미밖에 없다.

지구가 둥글다는 사실이 확실히 증명된 지 벌써 500년 가까이(마젤란의 항해) 지났음에도 오늘날까지 '동양'과 '서양'이 엄연히 존재한다. '유럽-서양'이 만들어낸 것은 '동양'에 대한 환상만은 아니었다. '동양' (그리고 '서양') 자체가 어쩔 도리가 없는 관념—보편주의라는 관념—의 산물인 것이다.

이러한 '동양'의 이전 역사로 거슬러 올라가기 위해, 우리는 먼저 고대 그리스를 향해 여행을 떠나보자.

가장 오래된 백성 · 지상 끝 세계의 괴이함

어느 세계의 산문

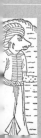

고대 그리스의 역사가 선사시대에서 헬레니즘 시대까지—그리고 물론 그 이후도—지중해 연안의 전 지역에 걸친 여러 문화와 깊은 관계를 맺으면서 발전해왔다는 사실, 그리고 그리스가 지중해 문명 가운데서도 오히려 뒤떨어진 문화권에 속했다는 사실에 대해서는 더 말할 필요도 없을 것이다. 여기서는 정치사나 경제사에서 그리스와 타문화의 교류에 대해서는 일체 생략하고, 그리스 종교에 비교적 명확하게 나타나는 이른바 '오리엔트적 영향'을 몇 가지 지적하는 것에 머물고자 한다.

그리스의 가장 오래된 미노아 문화는 아나톨리아에서 에게 해에 이르기까지 그 전역에 퍼져 있던 신석기시대 이후의 문화권 속에서 탄생했다. 그 종교의 주신主神은 같은 문화권에서 숭배되던 대모신大母神의 한 변형으로 생각된다. 역사시대부터 데메테르, 아테나, 아르테미스 등의 대여신은 이 대모신을 여러 형태로 계승한 것이었다.[1]

또한 문헌이나 고고학 자료로 전해 내려오는 그리스의 사후 영혼에 대한 관념은 이집트의 영향을 배제하고는 설명할 수 없는 부분이 있다.

예컨대 날개가 있는 새 모습의 영혼은 확실히 이집트의 다원적 영혼의 하나인 '바Ba'(심혼 또는 심장혼)의 그림에서 유래한 것이다([그림8·9] 참조). 그리고 특수한 사자死者의 혼이 머문다는 '지복자至福者의 섬'(마카론 네소이Makaron Nesoi)의 관념2)도 이집트 사자의 심판에서 오시리스 신에 의해 의로운 자로 인정받은 행복한 혼makar이 지복 속에 산다고 하는 '이아르ialu(갈대) 동산'과 상당히 명백한 연관성을 보인다(그리스어로 μάχαρ makar지복자라는 말 자체는 *maakheru*라는 이집트어를 어원으로 하고 있다고 여겨진다).3) 이것은 후에 그리스 철학과 그리스도교에서 가장 중요한 의미를 갖게 되는 '혼의 불사성不死性'의 관념을 형성하는 데―직접적이지는 않아도 어떤 형태로든―영향을 끼쳤을 것이다.4)

이들은 고대 그리스 종교에 나타난 오리엔트 세계의 현실에서 영향을 받은 흔적인데, 그렇다면 그리스인은 오리엔트 세계에 대해서 어떤 관념을 지니고 있었을까?

현존하는 고전시대 그리스 문헌 중 이문화에 대해 가장 잘 정리된 기록을 남긴 것은 헤로도토스의 『역사』(그중에서도 특히 1~4권)이다. 헤로도토스만큼 순수하게 '산문적'인 작가는 많지 않다. 생각해보면 플라톤이나 아리스토텔레스 이전에 이 정도의 산문적인 작가가 존재했다는 사실 자체가 어쩌면 하나의 경이일지도 모른다.5) 헤로도토스는 모든 자료를 하나하나 꼼꼼히 음미하고 비판을 거친 뒤에 독자에게 제공한다. 그는 남에게 들은 정보를 거의 (특히 전설적이거나 환상적인 성격이 강한 것은) 신용하지 않았다. 따라서 그는 그 내용을 기록하기는 하지만 "이렇게 전해지고 있지만 내용을 신뢰하기에는 무리가 있다"라고 써놓았다. 또 어떤 때는 단순히 암시적인 언급만 할 뿐 "이것에 대해서는 말할 것이 없다"고 쓰면서 그 내용을 생략한 것도 있다. 오늘날의 독자들은 그의 비판정신으로 인해 영원히 잃어버린 많은 정보를 생각하며 탄식할 수도 있다. 그럼에도 이 『역사*Historiae*』는 실로 다양한 이야기^{Histoire}의 보물창고다. 위대한 제왕의 악몽과 왕비와의 싸움, 신하들의 배반과 그에 대한 잔인한 형벌, 점쟁이의 점과 신비한 신탁이 제국을 뒤흔들고 민족의 생사를 좌우하며 지상의 영광과 재물의 행방을 결정한다. 그것은 역사의 옷을 걸친 신화나 전설, 비극의 단편들로 가득 찬 세계다.6) '역사의 아버지' 헤로도토스는 동시에 '서사적 산문'의 아버지이자 '산문적 이야기'의 아버지라고도 할 수 있을 것이다(이 전통이 라블레와 세르반테스를 거쳐서 오늘날의 톨킨이나 가르시아 마르케스에게도 이어지고 있는 건 아닐까…).

갈리아 지방의 할리카르나소스의 식민지에서 태어난 헤로도토스는 '오리엔트' 출신의 그리스인으로, 그러한 출신 자체가 그의 저작 전체의 주제(페르시아 전쟁의 기술)를 선택하도록 했다고 할 수 있다. 그래서 그의 생애 최대 업적, 즉 북으로 흑해 북쪽 연안에서 남으로는 나일 강 상류의 아스완까지, 동으로 바빌로니아 혹은 스사에서 서로는 리비아의 키레네 또는 발케니에 이르는 대대적인 답사여행을 이끈 동기도 자신 '안에 있는 이방인'이 부르는 소리에 따른 행위였는지도 모른다.

헤로도토스가 이경異境에 대해 적은 부분을 읽으면서 가장 놀랐던 것은 서술에서 이미 알고 있던 세계의 마지막에 이르게 되자, 그 건너편에 존재하는 세계에 대해서는 "아무도 살지 않는 땅으로 누구도 알지 못한다", "확실한 것을 아는 사람은 아무도 없다"라고 쓰면서 모른다는 사실을 명확히 인정하고 있다는 점이다.7) 즉 헤로도토스의 세계는 열려 있었다. 이미 2000년 전부터 닫혀 있었을 세계(예를 들면 아우구스티누스

▲ 네페렌페트『사자死者의 서』에 나오는 '바'의 혼, 제19왕조(기원전 1345-1200년) [그림 8]

▼ 프로크리스가 죽음을 맞이할 때 공중에서 춤추는 새 모양의 혼. 기원전 5세기의 붉은 그림 잔(아 티카) [그림 9]

의 『신국』)와 그것을 만들어낸 원리인 절대적 보편성에 길들어온 우리에게 이 헤로도토스의 무지는 거의 감동적이기까지 하다.

이 열린 산문의 세계 안에서 헤로도토스는 이민족과 이문화에 대해 이른바 동물을 보듯이, 혹은 사물을 보는 것처럼 새로운 것에 대한 경이와 냉정함, 학자다운 침착함을 담은 시선으로 바라보고 있다. 왜냐하면 그 자신이 그런 동물 또는 사물 중 하나였기 때문이다.[8] 그의 세계 속에는 애초에 절대적 보편성이라는 것이 존재하지 않기에 그리스 중심주의 사상을 인정하지 않았다는 사실은 당연한 일이다(그런 이유로 후세에 플루타르코스가 헤로도토스를 '야만인을 편드는 사람Philobarbaros'이라고 비난하게 된다). 그는 각각의 민족에 대해 일정한 평가를 내린다. 하지만 그것은 보편성이라는 기준에서 내린 평가가 아니라 언제나 그들 자신—이 시대에 대해 그런 표현이 허용된다고 한다면—그들 개인의 처지에 서서 내린 평가였다. 따라서 이문화나 이민족에 대한 시점의 공정함이라는 점에서 본다면, 헤로도토스는 유럽 전통에서 최초의 그리고 거의 유일할 만큼 우뚝 선 존재이다.[9]

*

헤로도토스는 '오리엔트 세계'를 어떻게 보고 있었는가? 우선 이집트에 관해서 쓴 몇 개의 글을 인용해야만 한다.

『역사』 제2권에서 그는 이집트의 국토 등을 개관한 후 주민의 풍습에 대해 다음과 같은 글로 시작한다.

다음으로 나는 이집트 자체에 대해서 자세하게 쓰고자 한다. 이 나라에는 경탄할 만한 사물이 지극히 많고, 글로 표현하기 힘들 만큼 뛰어난 건축물이 다른 어떤 나라보다 많이 있기 때문이다. …

　이집트인은 이 나라 고유의 풍토와 다른 곳의 하천과는 성격이 다른 강(나일 강)에 융화된 것처럼 거의 모든 면에서 타민족과는 정반대의 풍습을 지니게 되었다.10)

'다른 것'에 대한 경탄이 이 정도로 솔직하게 기술된 텍스트는 많지 않을 것이다.

　하지만 한편으로 헤로도토스는 그리스인들이 많은 풍습을 이집트에서 배웠다고 말한다. 특히 신앙과 의례 등 종교에 관한 것은 그리스가 이집트에게 빚진 것이 극히 많다. 사실 그리스 신들의 대부분은 이집트에서 전래해온 것이고11) 또 오르페우스교나 바커스교, 피타고라스학파의 계율도 이집트에서 유래한 것이다.12) 나아가 영혼불멸과 윤회전생의 설을 처음으로 주창했던 것도 이집트인들이었다고 한다.13)

　이집트의 풍습이 다른 곳과 절대적인 차별성을 지님에도 그리스의 많은 부분이 이집트에서 유래한다고 하는 표면적인 모순은 이집트 민족이 놀라우리만큼 오래된 민족이라는 사실로 설명된다. 사실 이집트의 가장 경이로운 점은 끝을 알 수 없는 오래됨 그 자체이다. 이집트인들은 인류 최고最古의 민족을 프뤼기아(프리지아)인이라고 말하지만,14) 헤로도토스는 이집트인이 인류 발상 이래 늘 존속해왔다고 여긴다.15) 그가 테바이 신전에 갔을 때 사제들은 그를 웅장한 방으로 안내하고 역대 사제장의 모습을 새긴 341개의 거대한 목상을 가리켰다. 이집트에서는 같은 수의 왕이 나라를 다스렸다.

　그런데 3세대를 100년이라고 친다면 300세대는 10000년이 된다. 거기에… 나머지 41세대는 1340년이 된다. 이리하여 합계는 11340년이 되는데, 그동안에 신이 인간의 모습을 하고 나타난 일은 한 번도 없었다고 한다. 또 이 기간 중 태양이 네 번이나 정상 궤도를 벗어나 떠올랐다고 한다. 더욱이 이집트 국내에서는 그때 아무런 이상도 일어나지 않았다고 한다.16)

이러한 서술은 솔론에게 아틀란티스 섬의 전설을 전했다고 하는 신관 사이스의 말을 글로 남긴 플라톤의 『티마이오스』의 유명한 구절을 하나 떠오르게 한다.

"아아 솔론이여! 솔론이여! 당신네 그리스인들은 언제나 어린아이다. 그리스인들에게 노인이라곤 없다. … 당신들은 모두 마음이 어리다. … 왜냐하면 예로부터 전해오는 이야기도, 시간이 지나면서 고색창연하게 된 지식도, 무엇 하나 마음에 담아두고 있지 않기 때문이다. … 그 증거로, 솔론이여, 적어도 당신네 그리스인들에 대해서 당신이 쓴 지금의 계보의 이야기도 어린아이들의 이야기와 큰 차이가 없다. 우선 첫 번째로 당신들은 지상의 대홍수를 딱 한 번 기억하고 있을 뿐이지만, 그러한 대홍수는 그 전에도 여러 번 있었다. 더욱이 인류를 통해서 가장 훌륭하고 뛰어난 종족이 당신네 나라에 있었다는 것을 당신들은 알지 못한다…."

이 '뛰어난 종족'을 노예로 삼기 위해 쳐들어간 것이 아틀란티스 섬의 강대한 세력이었다. 하지만 그 아틀란티스 섬도 고대 그리스의 전사들과 더불어 '하루만에' 사라져버리고 말았다.17)

　이제 이 가장 오래된 민족에 대한 이야기는 뒤로 하고 다음으로 땅 끝의 민족과 풍물을 살펴보기로 하자. 여기서는 헤로도토스의 기술에만 기대서는 안 된다. 특히 동쪽 끝의 인도에 관한 헤로도토스의 기술은 헤카타이오스가 쓴 글에 크게 의존한 것으로 생각되며, 헤카타이오스의 기술은 기원전 515년경 인도까지 여행한 스킬락스의 보고를 토대로 하고 있다고 한다.18) 한편 헤로도토스 이후에도 인도에 대해서 쓴 작가가 있었다. 크니도스의 크테시아스는 기원전 398년 혹은 397년 이전에 페르시아의 아르타크세르크세스 무네몬 대왕의 주치의로 왕국에 머물고 있었다. 그리고 메가스테네스는 셀레우코스 왕조의 대사 자격으로 기원전 303년경 파탈리프트라의 찬드라굽타 왕 아래에서 일했다. 그들이 만든『인도지』라는 책은 대부분 유실되고 현재는 단편적으로 전해오지만, 내용의 상세함에서 그 후 13세기에 이르기까지 이를 능가하는 작품은 없었다.19) 그들의 저작 태도를 정확히 알 수는 없지만, 적어도 헤로도토스와 같은 비판정신이나 이문화에 대한 공정함은 기대하기 어려울 것이다.20) 그러나 그들의 저작도 헤로도토스적인 산문의 전통을 계승하고 있는 것으로 보인다.

　이 세 사람의 저작에서 보이는 '땅 끝 세계'는 모두 환상과 괴이함으로 가득 차 있다. 흥미로운 사실은 헤로도토스에게서는 이들의 괴이함이 세계의 사방 끝에 퍼져 있는 데 반해, 나머지 두 작가는 모든 것이 동쪽 끝 인도에 집중되는 경향을 보인다는 점이다. 여기에서는 주로 인도의 괴이함에 대한 이들의 묘사를 몇 가지 열거해본다.21)

　크테시아스에 따르면, 인도에는 학鶴과의 끝없는 싸움으로 날이 새고 저무는 소인족(피그마이오이Pygmaioi)22)과 큰 외다리로 놀랄 만큼 빨리 달리며 그 다리를 양산처럼 쓰고 강한 햇빛으로부터 몸을 지키는 '그림자다리족'(스키아포데스Sciapodes)23) 혹은 개의 머리에 서로 개처럼 짖으며 말하는 '개머리족'(키노케팔로이cynocephaloi)24) 그리고 머리가 없이 양 어깨 사이에 얼굴이 있는 '무두족無頭族'(아케팔로이akephaloi)25)이 살고 있다. 또한 발가락과 손가락이 여덟 개이고 태어나서 30세까지는 백발이고 그 이후에 머리털이 검게 되는 민족이 살고 있는 곳도 인도이다. 그들은 등과 양 팔의 끝까지 덮는 긴 귀를 가지고 있다.26) 또 인도의 어떤 지방에는 거인족이 살고 있고, 다른 지방에는 '사티로스의 그림처럼' 긴 꼬리를 가진 민족이 살고 있다. 사자 몸에 전갈 꼬리를 가졌으며 사람 머리를 한 무서운 맹수 마르티코라스Marthicoras가 살고 있는 곳도 인도라고 한다.27) 게다가 일각수一角獸나 황금을 지키는 그리푸스Gryphus (반은 독수리이고 반은 사자인 그리핀)도 거기에 서식하고 있고, 그 외 거대한 닭이나 염소, 양도 있다고 한다.

한편 메가스테네스의 인도도 이에 못지않게 환상적이다. 거기에는 날개 달린 뱀28)과 똑같이 날개 있는 거대한 염소, 헤로도토스도 말한 적이 있는 사금을 캐는 작은 개 정도 크기의 거대하고 용맹한 개미29)가 살고 있다. 또 다리가 앞뒤 반대로 붙어 있는 사람30)과, 입이 없어 구운 고기나 과실, 풀과 꽃의 냄새를 마시면서 사는 야생의 민족31)도 인도에 살고 있다. 게다가 콧구멍이 없고 윗입술이 아랫입술보다 굉장히 크게 튀어나와 있는 민족 혹은 개의 귀를 갖고 있으면서 이마에 한 개의 눈이 달린 민족32)도 거론되고 있다.

헤로도토스의 세계 주변에는 그 밖에도 특기할 만한 괴이함이 기술되어 있다. 예를 들면 인도의 양털 열매를 맺는 야생의 나무33), 꼬리가 너무 길어서 지면에 질질 끌게 되기 때문에 작은 수레에 꼬리를 묶어서

개머리 인간. 『경이의 서』(*Livre des Merveilles*)에서(1400년경) [그림 10]

◀ 이븐 사이드(13세기 아랍의 역사가·지리학자)의 책에 그려진 '개머리의 프러시아인'. "프러시아인은 개머리이다. 이것은 그들이 매우 용감하다는 것을 의미한다."(Yule-Cordier[1929], 310, 311-312) [그림 11]

▶ 금강계 만다라의 '개머리 신'=금강면천金剛面天(Vajramukha)(그러나 실제로는 개머리가 아닌 멧돼지머리이다.) [그림 12]

걷는 아라비아의 양34), 유럽의 북쪽 끝에 살고 있다고 하는 괴조怪鳥 그리포스가 지키는 황금 그리고 그것을 뺏으려고 싸우는 외눈박이 아리마스포이족Arimaspoi35), 나아가 북방에 사는 전설의 '북극인Hyperboreoi'36), 스키타이인의 동방에 사는 대머리족에게 전해들은 산양 다리를 한 민족과 1년의 반을 잠만 자는 민족37), 아조프 해 북방에 살며 1년에 며칠씩 늑대로 변신하는 마법사 종족인 네우로이족38), 스키타이인과 사랑을 나눈 아마조네스의 여자들39), 살아 있는 것은 일체 먹지 않고 꿈을 꾸지도 않는다고 하는 리비아의 오지에 사는 아틀란티스인40) 등….

동방의 인도에는 막대한 사금이 있고41) 남방의 아라비아에는 유향乳香과 몰약沒藥 그리고 각종 향료가 넘쳐난다.42) 자오선이 서쪽으로 기우는 쪽의 세계의 끝에 있는 에티오피아에는 다량의 황금과 거대한 코끼리로 가득하고, 세계에서 가장 체격이 뛰어나고 얼굴이 아름답고 수명이 긴 인간이 살고 있다.43) 유럽의 북쪽 끝에 대해 확실히 알려진 것은 아무것도 없지만 주석과 호박琥珀이 여기에서 건너왔다는 것은 사실이며, 그리포스가 지키고 있다는 막대한 금도 숨겨져 있다고 한다.44) 스키타이인의 이야기에 따르면, 그들 나라보다 더 위인 북쪽 지방은 풍성한 날개털로 가득 메워져 있어 대륙의 끝을 뚫고 나갈 수 없다.45) 또 트라키아인에 따르면, 이스트로스 강(도나우 강) 너머 먼 곳에는 꿀벌이 밀집해 있어서 앞으로 나아갈 수 없다고 한다.46)

세계의 끝은 이렇게 '날개털'이나 '꿀벌' 무리로 가로막혀 있어 확실하지 않다. 하지만 거기에는 헤로도토스가 말하는 대로 "우리가 세상에서 가장 귀중하고 진귀하다고 여기는 것이 숨겨져 있다."47) 하지만 그곳에서 가장 풍부하게 생산되는 것은 황금이나 향료 혹은 호박이 아니다. 세계의 끝에서 무진장으로 발굴된 것은 끝을 모르는 인간의 몽상이다.

제11장

편력하는 현자들

유일한 세계 ·
유일한 진리를 향하여 1

현존하는 유일한 그리스 철학자 열전인 디오게네스 라에르티오스의
『유명한 철학자들의 생애와 가르침과 격언』은 다음과 같이 시작한다.

(1) 철학이라는 행위가 그리스인이 아닌 이민족(바르바로이) 사이에
서 발생했다고 하는 사람들이 있다. 다시 말해 페르시아인에게는 1)
마구스(주술사)[1]가, 바빌로니아인과 아시리아인에게는 2) 칼다이오
스(점성술사)[2]들이 그리고 인도인에게는 3) 귐노소피스테스(나체
철학자)[3]들이, 켈트인과 갈라타이(골)인들에게는 4) 드루이데스[4]

---

[1] 마구스. 원래 메디아의 한 부족의 이름. 메디아의 왕, 후에 페르시아의 왕 밑에서 제사,
예언, 꿈 풀이 등의 직무를 담당하던 신관계급(가쿠 아키도시加來彰俊).

[2] 칼다이오스. 바빌로니아에서 제사, 복점, 해몽 등을 담당하던 사제계급. 나중에는 점성
술사 일반을 가리키게 된다.

[3] 귐노소피스테스. '나체 철학자(소피스테스)'라는 의미. 인도의 요가 수행자 등을 일컫는
말이다.

[4] 드루이데스. 켈트인의 사제계급. 예언, 희생을 담당하고 영혼불사를 믿었다.

이집트 신전에서의 제의. Cassas,
Voyage pittoresque de la Syrie,
de la Phénicie et de la Basse
Egypte(1798년)의 상상도 [그림 13]

혹은 5) 셈노테오스[5]라고 불리는 사람들이 있었고, 그것이 아리스토
텔레스가 6)「마기코스(마구스의 가르침)」[6]에서 그리고 7) 소티온[7]
이『철학자들의 계보』제23권에서 기술하고 있는 것과 같다고 그들은
주장했다. 나아가 그들은 8) 모코스[8]는 페니키아인, 9) 자몰크시
스[9]는 트라키아인, 10) 아틀라스[10]는 리비아인이었다고 말한다.

---

[5] 셈노테오스. 직역하자면 '엄숙한 신(을 섬기는 자)' 드루이드를 가리킨다.

[6] 아리스토텔레스의 「마기코스」. 이것은 기원전 2세기에 아리스토텔레스 문하에 있던 로
도스의 안티스테네스가 쓴 것으로, 아리스토텔레스의 이름을 빌려온 것으로 보인다
(Bidez-Cumont, II, 17, n.3).

[7] 소티온Sotion. 기원전 2세기 전반의 알렉산드리아 출신 아리스토텔레스 학도. 철학사가.
'23권'은 아마 '13권'의 오기일 것이라고 한다.

[8] 모코스. 포이니키아(페니키아) 시돈의 전설적 예언자, '자연학자'. 천지창조를 말하고
또한 원자론을 주장했다고 한다(Sarton, I, 255).

[9] 자몰크시스. 또는 잘모크시스, 살모크시스라고도 한다. 트라키아의 게타이인들이 신앙

또한 이집트인들도 11) 헤파이스토스[11]는 나일의 아들로 그가 처음으로 철학을 행했다고 하는데, 그것은 신관이나 예언자들이 그를 철학의 지도자로 여기고 있었기 때문이다.

(2) 그리고 그 헤파이스토스에서 마케도니아의 알렉산드로스(대왕) 시대까지는 48,663년의 세월이 경과했고, 그 사이에 373회의 일식과 832회의 월식이 일어났다고 한다(전술 52쪽에서 인용한 헤로도토스 참조).

또 페르시아인의 조로아스토레스를 시조로 하는 마구스들의 시대에서 트로이아의 몰락까지의 기간은 플라톤 학파인 12) 헤르모드로스[12]의『수학론』에서의 기술에 따르면 5000년이었다. 그러나 리디아인인 13) 크산토스[13]는 조로아스토레스로부터 크세르크세스의 (그리스) 원정까지의 기간을 6000년이라고 말한다. 그리고 그 이후에도 14) 오스타네스,[14] 15) 아스트람프쉬코스, 16) 고브뤼아스, 17) 파자테스[15]와 같은 이름의 수많은 마구스가 대대로 나오고, 알렉산드

했던 신령(게이몬). 게타이인은 불사를 믿고, 죽은 자는 자몰크시스에게로 간다고 생각했다(Hartog, 102-125).

[10] 아틀라스. 신화에서는 하늘을 두 어깨로 떠받치고 있는 '거인'. 후에 천문학자(점성술사), 수학자, 철학자, 아틀란티스 섬의 왕 등 여러 가지 전설의 주인공이 된다.

[11] 헤파이스토스. 신화에서는 불과 대장장이의 신. 그 뒤 헬레니즘 시대의 이집트에서 태초의 왕, 철학자 등으로 여겨졌다.

[12] 헤르모드로스. 슈락사이 출신으로 플라톤의 제자, 수학자.

[13] 크산토스. 리디아 출신의 역사가. 기원전 5세기.

[14] 오스타네스. 조로아스토레스 다음으로 유명한 마구스. 조로아스토레스의 직계 제자라고도 한다. 크세르크세스의 그리스 원정에 동행했다고도 한다(Bidez-Cumont, I, Index, s. v. Ostanés).

[15] 15) 아스트람프쉬코스, 16) 고브뤼아스, 17) 파자테스 모두 전설적인 마구스의 이름.

로스가 페르시아 제국을 해체할 때까지 존속했다고 기술한다.

디오게네스 자신은 이 '야만인(바르바로이Barbaroi)을 편드는 사람'의 주장에 비판적이어서, 덧붙여 다음과 같이 쓴다.

(3) 하지만 그저 철학만이 아니라 인간의 종족 그 자체도 그리스인으로부터 시작되었음에도, 이들 저자들은 그것을 알지 못하고 그리스인의 공적을 다른 민족에게 잘못 돌리고 있다.[1]

디오게네스(아마도 3세기 초엽) 자신의 의견이 어떻든지 간에, 이것은 당시의 지식인 사이에서 널리 퍼진 '철학의 이국기원 신화'를 제대로 반영하고 있는 가장 전형적인 텍스트 중의 하나다.

디오게네스는 헬레니즘의 전통을 이어받은 '이교도' 문인이지만, 같은 형태의 신화는 그리스도교도 사이에서도 행해지고 있었다. 예를 들면 2~3세기의 알렉산드리아의 클레멘스는 이렇게 쓰고 있다.

… 이리하여 철학이라고 하는 극히 유익한 것은 태곳적부터 이민족(바르바로이Barbaroi) 사이에서 꽃피었고, 여러 나라 백성들에게 빛이 되어 주었다. 그것이 그리스에 이른 것은 그 후의 일이었다. 그것을 담당한 계급은 이집트인 중에는 예언자들, 아시리아인에게는 칼다이오스(점성술사), 갈라타이인에게는 드루이데스(사제), 박트리아인에게는 18) 사마나이오스, 켈트인 중에는 (그 땅의) 철학자, 페르시아인에게는 마

고브뤼아스는 플라톤의 대화편 『악시오코스』에서 저승행을 말하는 인물로 나온다.

구스(주술사)들(그들은 그 주술마게이아로 구세주예수의 탄생을 예언하고, 별의 인도로 유대 땅에 이르렀다) 그리고 인도에서는 나체 철학자(큄노소피스테스)와 그 밖의 철학자들이었다. 그 밖이라고 하는 것은 그들 안에 19) 사르마네스[16]와 20) 브라흐마네스[17]라고 불리는 두 종류가 있기 때문이다. 이 사르마네스 중에는 21) '숲에서 사는 사람'[18]이라고 불리는 자들이 있는데 그들은 도시에 살지 않고 집도 없다. 이 사람들은 나무껍질을 뜯고 야생의 과일을 먹으며 손으로 물을 떠서 마시며 또 결혼도 하지 않아 자식도 없다. 그들은 오늘날의 이른바 22) '엔크라테이아파'[19]와 같다. 나아가 이들 인도인 가운데에는 부처βούττα의 가르침에 따르는 사람도 있다. 그들은 이 부처의 뛰어난 성덕을 기리고 그를 신처럼 숭배한다.2)

이것은 유럽 문헌에서 부처의 이름이 최초로 언급된 것이라는 의미에서 매우 중요하며3) 또한 전반부에서 '여러 나라 백성들'의 현자 이름을 열거하는 것이 디오게네스의 기술과 흡사하다는 것을 알 수 있다.

이 기묘한 신화는 어떻게 태어났고, 그 사고의 배경이 된 것은 무엇이며 그리고 고대 정신의 역사 속에서 그것이 어떤 변천을 거쳐 어떠한 특징을 갖게 되었는지 다음의 3장에서는 이들 문제를 중심으로 생각해

[16] 18) 박트리아의 사마나이오스 19) 인도의 사르마네스 둘 다 산스크리트어의 sramaṇá 파리의 samaṇa(한자음으로는 '사문沙門')를 가리키는 것으로 보인다. '수행자', '출가자'의 의미.

[17] 브라흐마네스. 물론 브라흐만('바라문婆羅門')을 가리킨다.

[18] 숲에서 사는 사람. 아마 āraṇyaka(한자음으로는 '아란약가阿蘭若迦'를 가리키는 것으로 보인다. 숲에 사는 수행자.

[19] 엔크라테이아파. '스스로를 제어하는 자.' 초기 그리스도교의 이단적 종파의 하나로 엄격한 금욕주의를 그 특징으로 한다.

보도록 하겠다.

*

우선 처음에 지적해두어야 할 것은 이들 이국의 '철학의 시조'들이 모두 정도의 차이는 있지만 비교秘敎와 관계된 전통을 전파하는 자들로 여겨졌다는 점이다. 현실의 마구스, 브라흐만 또는 드루이드가 어떤 가르침을 설파했는지는 알 수 없다. 헬레니즘 시대의 지식인들에게 마구스는 주술(마게이아^{mageia}: 이것은 물론 라틴어의 magie, 영어의 magic의 어원이다)을 행하는 자이고, 칼다이오스는 점성술사, 귐노소피스테스는 기묘한 고행을 통해 신비한 지혜를 얻은 마술사이고, 이집트의 신관은 태고의 비법을 현재에 전하는 사제라고 여겨졌다. 이 시대에는 철학(필로소피아^{philosophia})이나 과학(에피스테메^{episteme})은 무엇보다도 먼저 '(신비스러운) 지혜'(그노시스^{gnosis})이고 비밀스러운 학문이었다.[4] 따라서 철학의 이국 기원 신화의 원천을 찾기 위해서는 우선 그리스 자체 내에서 비교秘敎적인 전통을 찾아 거슬러 올라가야 한다.

이 탐색의 도중에는 자연스레 오르페우스교와 피타고라스주의에 마주하게 된다. 흔히 말하는 '오르페우스교'라는 것이 고전시대에 어느 정도의 비중으로 실재했으며, 그것과 초기 피타고라스주의는 어떤 관계에 있었는지 그리고 초기 피타고라스주의가 실제로 어떤 교설을 주장했는지 하는 복잡한 문제는 전문가에게 맡기기로 하자.[5] 여기에서 우리의 관심사는 비교적인 전통의 가장 옛날에 속하는 시대에 몇 사람의 전설적 혹은 반半전설적인 '신인神人'(테이오이 아네레스)의 행적이 이야기되었다는 사실이다.[6]

여기에서는 이 '신인神人'들(또는 ἰατρομάντεις '주술적 치료자', '예언자

-치료자')이 그리스 현자의 계보에서 어느 정도의 위치에 속한다고 여겼는지 후세의 시각을 엿볼 수 있는 일례로 알렉산드리아의 클레멘스를 다시 인용해본다.

> 위대한 피타고라스는 미래를 예지하는 일에 늘 전념했다. 또한 그것은 북방 끝에 사는 종족(히페르보레오스)인 아바리스, 프로콘네소스의 아리스테아스, 스파르타에 머물고 있던 크레타의 에피메니데스, 메디아의 조로아스토레스, 아크라가스의 엠페도클레스, 라코니아의 포르미온, 다소스의 폴뤼아라토스, 슈라쿠사이의 엠페도티모스 그리고 특히 아테나이의 소크라테스도 마찬가지였다.7)

여기에는 기원전 7세기경 이후 그리스에서 그 존재를 믿고 있었던 반#전설적 또는 실재 '신인'들의 이름 대부분이 거론되고 있다. (그중에서 '메디아의 조로아스토레스'[조로아스터, 자라투스트라]와 '아테나이의 소크라테스'는 후대에 첨가된 것이다. 이들 외에 여기서는 클라조메나이의 헤르모티모스를 덧붙여둔다. 다소스의 폴뤼아라토스에 대해서는 자세한 내용을 알지 못한다.)8)

이들 가운데 아바리스는 '북풍의 저편'(히페르보레오스Hyperboreos)을 담당하는 아폴론의 사제. 황금화살을 손에 든—또는 그것에 올라타고 있는—그는 아폴론의 악사樂士로 북방 끝의 땅에서 왔다. 그는 음식을 섭취할 필요가 없으며, 그리스를 떠돌면서 역병을 물리치고, 지진을 예언했고 종교시를 지었다.9) 아리스테아스는 서사시 「아리마스포이 이야기Arimaspea」에서 다음과 같은 말을 했다(아리마스포이인과 그리포스에 대해서는 전술 56 참조).

◀ 철학자 피타고라스. Herculaneum의 Vila dei Pisoni에서 출토된 청동상 [그림 14]
▶ 음악을 연구하는 피타고라스(Franchino Gafori, *Theorica musice*, Milano 1492년) [그림 15]

포이보스(아폴론)에게 신 내림을 받고, 잇세드네스(헤로도토스 시대
에 카스피 해 동북방, 우랄 산맥 남방 부근에 살고 있던 민족)의 나라로
갔다는 사실. 잇세드네스인이 사는 너머에는 외눈족 아리마스포이인이
살고, 그 너머에는 황금을 지키는 괴조 그리포스 무리 그리고 그 너머에
는 히페르보레오이 사람('북극인')이 살며 바다에 당도하게 된다.10)

이와 관계된 것으로 헤로도토스의 이야기를 인용하자면, 아리스테
아스는 사람들이 보는 앞에서 '급사'했지만 그 후 다른 장소에서 모습을
드러냈다. 사람들은 그 유해를 찾았지만 어디에서도 찾을 수 없었다.
아리스테아스는 그 후 다시 모습을 감추었고 그리고 (헤로도토스에 따르
면) 240년 후에 다시 먼 이탈리아의 땅 메타폰티온에 모습을 나타냈다

고 한다.11) 크레타 섬의 크노소스에서 태어난 에피메니데스는 소년시절 양을 좇아 신의 동굴로 들어가 길을 헤매다가 그곳에서 57년간 계속해서 잠을 잤다. 동굴에서 나온 에피메니데스는 아테나이의 역병을 물리치고 많은 예언을 했으며 사람들에게 신처럼 숭배된 신인이었다.12) 그리고 엠페도클레스는 다음과 같이 노래했던 신인이었다.

> "친애하는 나의 친구들이여! 황금빛의 아크라가스의 강 언저리 커다란 마을의 성채에 살고 있는 우리 동포여! … 나는 이미 죽을 운명을 지닌 사람의 아들이 아니라 불사신으로 만인에게 그에 걸맞게 숭배되고 있으며 각지를 떠돌고 있다."13)

이탈리아의 크로톤에서 태어난 포르미온은 어느 전투에서 쌍둥이 신인 디오스쿠로이의 한 명에게 부상을 입게 되었다. 그는 스파르타에 가서 그곳에서 맨 처음으로 그를 식사에 초대하는 자에게 상처를 치료받을 수 있을 것이라는 신탁을 받게 된다. 그 신탁을 따라 스파르타로 가자, 처음으로 그에게 식사 초대를 한 자는 다름 아닌 그에게 상처를 입힌 디오스크로스였다. 상처가 치유되어 그 집을 나선 순간 그는 그것이 크로톤의 자기 집이었다는 사실을 알게 되었다고 한다.14) 또 클라조메나이의 헤르모티모스의 혼은 몇 년째 육체를 떠나 각지를 여행하면서 많은 예언을 얻을 수 있었다. 후에 그의 아내가 배신하여 혼이 분리되어 있을 때 육체를 적에게 넘겨주었고, 그들은 그것을 불태워버렸다. 그 후 혼이 돌아가지 못하게 되었다고 한다. 또한 피타고라스가 전생에 헤르모티모스로 태어났던 적도 있다고 전해진다.15) 그리고 엠페도티모스는 플라톤 만년의 제자 중 한 사람인 폰토스의 헤라클레이데스가 창작했던 가공의 인물이다. 그 이름은 아마도 엠페도클레스와 클라조메나이의 헤르모티모스의 이름을 합성한 것으로 생각된다. 플라톤의 『국가』 말미의 신화(미토스^{mythos})의 주인공인 엘과 마찬가지로 이 엠페도티모스도 한 번 '죽어' 명계를 여행했으며, 그 후 환생하여 우주와 혼의 신비에 대해서 말했다고 전해진다.16) 그러나 후세 사람들은 이 가공의 인물도 아바리스나 아리스테아스와 마찬가지로 실재했다고 믿었다.

역사 속에 확실히 실재했던 피타고라스나 엠페도클레스 혹은 소크라테스를 이들 반⁺전설적인 '신인'들과 완전히 동렬에 두고 말하고 있는 사실에 주목할 필요가 있다. 게다가 이것을 후세 사람들이 이 실존인물들을 신화화하여 생긴 결과일 뿐이라고 말하기도 어렵다. 예를 들어 엠페도클레스가 "나는 죽게 될 운명인 사람의 아들이 아니라, 불사의 신인으로 각지를 떠돌고 있다"라고 말한 것은 그 자신이 이렇게 '각지를 배회하고 여행하'는 옛 신인들의 후예임을 인식하고 있었기 때문이라고도 생각할 수 있을 것이다.

그런데 이들 일련의 신인-현자들에게 공통적인 사실은 무엇일까? 그것은 우선 탈혼(엑스타시^{ecstasy})의 기술이고 정화와 예언의 능력이며, 또 생과 사의 경계를 넘나들면서 떠도는 혼의 가르침이다. 그리고 또 한 가지 우리에게 중요한 것은 이 신인들이 모두 먼 이경異境 혹은 이계異界와 깊은 연관을 맺고 있다는 점이다. 아바리스와 아리스테아스의 '북극의 땅'과의 관계는 말할 것도 없고, 피타고라스의 이집트 편력 전설도 아주 먼 옛 시대부터 전해지고 있다(후술). 한편 에피메니데스가 태어난 크레타 섬은 그리스 종교의 가장 오래된 고향의 하나이고, 동시에 정화와 예언의 전통의 고향이기도 하다. 그러나 에피메니데스의 경우 훨씬 중요한 사실은 그가 57년간 계속해서 잠을 잤다는 동굴이 제우스 신이 사는 이데 산의 신비로운 이계였다는 점이다.[17] 그런 의미에서는 엠페도클레스도 분명히 이계와 깊이 연관되어 있으며[18] 또 병역 이외 에는 외국에 나가 지낸 적이 없었다고 하는 소크라테스도 언제나 다이 몬 세계의 목소리에 귀를 기울이고 있었다.[19] 이경異境은 혼을 이계로 인도하는 길이라기보다 양자는 명백히 같은 기능을 가진 개념이었다. 따라서 소크라테스와 동방의 이경 '메디아'의 신인 조로아스토레스가 헬레니즘 시대에 옛 신인 목록에 추가된 것도 우연은 아니다.

모이리나 도즈는 아바리스나 아리스테아스 등이 북방의 이경과 깊 이 관련되어 있다는 점에 주목하여, 이 전설들은 북방 유라시아의 샤머 니즘적 전통이 스키티아와 트라키아를 통해 그리스로 흘러들어온 결과 생겨났을 것이라고 주장했다. 그리고 클리아노는 이들 신인은 '북풍 저 편의 아폴론'(아폴론 히페르보레오스)에게 신 내림을 받은 사제로서, 그 리스에서 독자적으로 발생했다고 생각했다.[20] 이러한 추론의 진위를 떠나 이들 전설이 태어난 정신적 토양, 즉 알카이크 시대 말기의 커다란 종교적·사상적 변혁운동에는 시간에 대한 반역, 혹은 적어도 강한 위 화감이 근본적인 기조로 흐르고 있었다. 시간 속에서 변화하는 인간의 '억지스러운 고집'에 대립하는 만고불변의 '진리'(알레테이아alētheia)의 개 념이 확립된 것도 이 시대이고, 혼의 불사·윤회의 신화를 배경으로 한 플라톤의 '상기想起'(아남네시스anamnesis)설도 이런 가운데 태어났다.[21] 상 기설은 인간의 혼이 참된 지식인 이데아를 얻는 과정으로, 인간의 혼은 태어나기 전에 보아온 이데아를 되돌아봄으로써 참된 인식에 도달한다 는 주장이다. 시간을 초월한 사람은 당연히 공간도 초월한다. 시간을 초월한 신화적 공간에서의 표상表象은 이경의 출현 혹은 이계와의 교통일 것이고, 그 전설적('2차 신화적'이라고 해도 좋을 것이다)인 표상은 먼 이경으로의 순간이동일 것이다. 오르페우스나 엠페도클레스가, 혹은 엘이 이계에서 가지고 온 진리는 아바리스, 아리스테아스 혹은 조로아스토레스가 세계의 땅 끝에서 가져온 것과 같은 진리였기 때문이다.22)

*

따라서 기원전 4세기부터 피타고라스가 아바리스를 만나 그 화살을 빼앗았다는 전설이 행해졌던 것이나, 그가 아리스테아스처럼 같은 날, 같은 시각에 메타폰티온(아리스테아스가 나타났다고 하는 장소)과 크로톤(포르미온의 고향)의 다른 두 장소에 모습을 나타냈다고 전해지는 것은 지극히 당연하고 자연스러운 일이다.23)

화제를 돌려, 앞 장에서 기술한 대로 적어도 헤로도토스 이래 그리스 사람들은 그들 풍습의 많은 부분을 세계에서 가장 오래된 민족인 이집트인에게 물려받았다는 사실을 믿어 의심치 않았다. 사실 헤로도토스 자신이 오르페우스교나 바커스교, 피타고라스파의 계율도 이집트에서 유래했으며, 영혼불멸 윤회전생의 교설을 최초로 주창했던 것도 이집트인들이었다고 쓰고 있다(전술 51 참조). 이러한 설을 계승하여 기원전 4세기 아브데라의 역사가 헤카타이오스는 이렇게 기록한다.24)

이집트 신관들은 그들의 신성한 문서의 기록을 읽었는데, 옛 시대에는 오르페우스, 무사이오스('초고대'의 전설적 시인의 한 사람)25) 멜람푸스(디오니소스 제의의 창시자라고 하는 전설적 예언자·치료자)26), 다이달로스(크레타의 괴물 미노타우로스를 가둔 '미궁迷宮'을 만든 유명한 장인)27) 그리고 시인 호메로스, 스파르테의 리쿠르고스(스파르테의 법을 제정했다고 하는 전설적 입법가),28) 좀 더 최근에는 아테나이의 솔론, 철학자 플라톤이 그들을 찾아갔고 게다가 사모스의 피타고라스, 수학자 에우독소스(기원전 408~355년경),29) 아브데라의 데모크리토스 그리고 키오스의 오이노피데스(기원전 5세기의 수학자이자 천문학자)30)도 온 적이 있다고 말한다.

전설 속 인물인 오르페우스에서 플라톤의 제자인 에우독소스에 이르기까지 그리스 현자와 철학자들은 바다를 건너 이국에 사는 세계의 가장 오래된 백성에게 가서 비교秘教의 가르침을 배운 것이다.

기원전 5세기의 페르시아 전쟁 그리고 기원전 4세기의 알렉산드로스 대왕의 대원정을 거치면서 그리스에게 세계는 비약적으로 광대해졌다. 그런 과정을 거치면서 환상의 북극 낙원에서 신인神人이 찾아오는 일은 사라졌지만, 현실의 현자들이 현실에 존재하는 이경의 전설을 좇는 여행은 놀랄 만한 규모로 확대되었다. 기원전 4세기에서 기원후 4세기까지의 각종 자료에 따르면, 피타고라스는 '칼데아인' 자라토스(조로아스토레스) 밑에서 대립되는 두 개의 원리를 배우고, 이집트의 대예언자 손키스에 의해 영혼불멸설을 알고, 페니키아의 '자연학자' 모쿠스의 후예, 인도의 브라흐만, 바빌로니아의 마구스, 게다가 골인(드루이드) 아래에서도 배우며 그의 지혜를 익혔다고 한다.31) 그리고 클레멘스가 인용한 기원전 2~1세기의 문인 알렉산드로스 폴리히스트르에 따르면, 피타고라스의 스승인 '아시리아인' 자라토스(조로아스토레스)는 구약성서의 대예언자 에스겔과 동일인물이라고 말하는 자들도 있고,32) 기원전 2세기의 유대인 학자 아리스토불루스는 모세를 그리스의 전설적 시인 무사이오스라고 보고, 피타고라스와 플라톤이 말한 교설은 이 무사이오스(모세)에게 배웠다고까지 쓰고 있다.[33]

이러한 주장이 범람하는 와중에, 예를 들어 2세기경 그노시스주의의 경향이 강한 피타고라스 학도 누메니오스가 다음과 같이 쓰고 있는 것도 이상한 일은 아니다.

이 (신의) 문제에 대해서는 플라톤의 증언에 의존하는 것에 그칠 것이 아니라, 이전으로 더 거슬러 올라간 피타고라스의 가르침을 바탕으로, 거기에 지극히 명예로운 민족인 브라흐마네스, 유대인, 마구스 그리고 이집트인이 쌓아올린 모든 것을 조명하고 조합한 결과에 준거해야 한다.

그리고 다음의 유명한 구절도 또 누메니오스가 말한 것이다.

플라톤이 바로 아티카(아테네를 중심도시로 한 그리스 중동부에 있던 고대지방: 옮긴이)어를 쓰는 모세임이 분명하다.[34]

*

알렉산드로스 대왕의 꿈은 로마제국으로 실현되었다. 와타나베 긴이치渡辺金一는 이에 대해서 다음과 같이 쓰고 있다.

로마제국에 있어 국가는—우리가 오늘날의 국가에 대해 가지는 상식인—내적사항과 외적사항의 구별 같은 것이 애초에 존재하지 않았다. 왜냐하면 공화제 이후 로마의 전통적인 국가(레스 퍼블리카res publica) 철학에 내포되어 있는 임페리움이라고 하는 국가권력에 대한 독특한 사고 속에는 국가의 안과 밖의 구별 따위는 애당초 성립되어 있지 않았기 때문이다. 물론 로마도 국가인 이상 영토를 배제하고 생각할 수는 없지만, 선긋기를 통해 확정된 국경을 가진 근대국가와는 전혀 다른 존재였다. 로마에서 국가라는 개념이 지향하는 것은 역동적인 지배권(임페리움^{imperium}) 사상과 매개되어 그 외연^{外延}이 라틴어로 오르비스 테라룸^{Orbis Terrarum}, 그리스어로 오이쿠메네^{oikumene}라고 불리는 세계 자체와 합치하는 하나의 광대한 공간인 것이다.³⁵⁾

로마의 문화는 헬레니즘을 토대로 하고 있지만, '로마=세계'였던 이 시대에 주변 각지의 많은 신들이 이 중심을 향해 흘러들어왔다. 이집트에서는 이시스와 세라피스, 프뤼기아(프리지아)에서는 퀴벨레와 아티스, 페르시아에서는 미트라스³⁶⁾ 그리고 물론 팔레스티나에서는 신의 아들이면서 사람의 아들인 예수 그리스도가 저마다 영원한 생명과 정복^{淨福}의 삶을 약속하면서 신자의 수를 늘려가고 있었다. 이들 종교는 하나같이 어떤 '동양적 광기'를 감추고 있어 로마의 보수적인 권력자들은 불쾌하게 여겼지만, 그 신비로운 가르침과 비밀스러운 종교의식과 같은 의례는 다른 많은 사람이 품고 있던 엑조티즘^{exotism}에 대한 갈구를 만족시키기에 충분했다.

이 시대 혹은 그 이전부터 몇 명의 동양의 전설적인 현자 또는 종교집단의 이름이 그리스 세계와 헬레니즘 세계 그리고 '로마=세계'에 널리 퍼져 있었다. 페르시아의 조로아스토레스와 마구스들, 이집트의 토트=헤르메스(후에는 헤르메스 트리스메기스토스)와 신관들, 유대의 모세나 아브라함, 바빌론-칼데아의 점성술사들, 인도의 나체 철학자들이나 브라흐마네스, 켈트의 드루이데스 등이다.

◀ 토트=헤르메스 신으로 표현된 옥타비아누스(=아우구스투스 황제). Farnesina의 부조 스투코
(기원전 30-25년) [그림 16]

▶ 토트 헤르메스의 사제 홀. 알렉산드리아에서 출토된 조각상(1세기?) [그림 17]

▼ 예수 그리스도의 탄생을 기리기 위해 찾아온 '동방의 세 박사', 마구스들. 라벤나의 모자이크(6
세기) [그림 18]

그리고 또 이들 현자들이 썼다고 하는 수많은 책이 사람들의 관심을 끌었다. 알렉산드리아의 무세이온 도서관에는 조로아스토레스나 마구스들이 쓴 200만 행에 가까운 문서가 보관되어 있었다고 한다.[37] 물론 동방orient의 여러 종교가 기본적으로 온갖 교리를 섞어놓은 신크레틱syncretic 성격을 가지고 있는 것과 마찬가지로 이들 책의 대부분은 당시의 비교秘敎적 전통에 기초해서 창작된 위서僞書였다.[38]

'세계oikumene'가 하나라고 하면, 진리 또한 하나여야 한다. 따라서 이들 비교秘敎의 책들이 위서였다고 해도, 당시 사람들은 그것이야말로 초고대로부터 기적적으로 직접 전달된 유일한 진리의 책이라고 굳게 믿었다. 그래서 이 진리는 유일한 계보를 거쳐 오늘날에까지 전해진 것이어야 했다. 전설적인 현자들 중에서 누가 가장 오래되고, 누가 가장 원초에 가까운가? 기원전 4세기 이래, 즉 알렉산드로스 대왕 시대 이후 사람들은 많은 연대를 조사하고 계산해서 다양한 추측을 거듭해왔다. 이집트인 토트 헤르메스가 가장 오래되었는가, 아니면 그는 조로아스토레스의 가르침이나 큄노소피스테스나 모세의 가르침에서 배웠는가? 우주의 창조 그 자체를 전하는 유대인들의『성서』야말로 가장 오래되고 또한 가장 순정純正한 진리를 기술하고 있는 것인가? 조로아스토레스는 아브라함의 제자였는가? 그렇지 않으면 브라흐마네스들의 가르침을 표절한 것인가?[39]

어찌되었든 오르페우스, 호메로스, 피타고라스, 플라톤 등 모든 '아이와도 같은' 그리스 현자들은 아득한 동방 이경의 '오랜 세월을 거친 고색창연한 학문과 지혜'(앞장 52쪽에서 인용한 플라톤의『티마이오스』참조)에서 깨달음을 얻어, 처음으로 이 유일한 감춰진 진리를 전해줄 수 있었던 것이다.[40]

호메로스와 『성서』, 이집트인과 칼데아인 또는 마구스들의 비교秘教
와 플라톤이나 피타고라스… 이들 모든 가르침이 유일하고 동일한 진
리를 가르치고 있다고 주장하려면 그들을 유일한 것으로 환원하고 추
상화하는 특수한 해석의 기술이 필요하다. 다음 장에서는 이 해석의 기
술(알레고리아allegoria)과 그것이 근거로 삼고 있는 각종 전제에 대해 그
리고 '진리의 일원론'과 신약성서에 이르기까지 히브리적 전통에서 보
편주의와의 연관에 대해서 생각해보고자 한다.

제 Ⅲ 장

비교秘敎의 해석학

유일한 세계 · 유일한 진리를 향하여 2

오늘날 그리스 종교·신화를 연구하는 사람들에게 파우사니아스의 『그리스 이야기』(10권, 150년경)는 반드시 휴대해야 할 책이다. 호메로스 이후에 나온 신화 문헌의 대부분이 작자의 의도대로 해석하고 번안하고 합리화한 신화를 기록하고 있는 데 반해, 파우사니아스는 직접 그리스 각지를 돌아다니면서 각 지방에서 전승되는 수많은 원형을 수집했다. 물론 그도 문헌을 사용한 흔적은 있지만, 그 저작은 기본적으로 '필드워크Fieldwork'(현지조사)에 기초한 방대한 '신화·전설의 집대성'이라고 할 수 있다.

이렇게 정열적으로 신화를 섭렵한 파우사니아스가 이 책의 제8권(『아르카디아』)에서 다음과 같이 쓰고 있다.

예로부터 사람들은 진리의 토대 위에 가공의 이야기를 덧붙임으로써 대부분의 사람이 태고의 사건 혹은 현재에도 일어나고 있는 일을 믿는 것을 방해한다. 예를 들면 그들은 … 그리푸스(괴조 그리핀)는 표범처럼 몸에 반점이 있다고 하고, (반인반어半人半魚인) 트리톤은 인간의 목소리로 말한다고 한다. … 이런 신화화된 이야기를 즐겨 듣는 자는 그 이야기에 자신이 지어낸 황당한 이야기를 덧붙이려고 한다. 이런 식으로 그들은 진리에 허위를 뒤섞음으로써 진리 그 자체를 훼손하고 있을 뿐인 것이다.[1]

파우사니아스는 신화를 모두 '말도 안 되는' 허구라고 생각했을까? 반드시 그렇다고 할 수만은 없다. 같은 제8권의 몇 구절 뒤에 이런 문장이 있다.

이들을 탐구하기 시작할 무렵, 나는 이러한 그리스 신화는 모두 생각할 가치도 없는 경박한 믿음에 지나지 않는다고 생각했다. 그러나 이 탐구가 아르카디아에 이르렀을 때 나는 좀 더 신중해야겠다고 생각했다. 왜냐하면 고대에 현자라고 일컬어지던 사람들은 모든 것을 드러내놓고 말하기보다는 오히려 수수께끼를 담아 말했고, 크로노스에 대한 전설도 이러한 그리스 (현자의) 지혜의 한 단편이라는 생각이 들었기 때문이다.[2]

파우사니아스는 그리스의 철학적 신학의 대표적 논자도 아니고 우의allegory적 해석의 대가도 아니다. 따라서 그가 쓴 이런 말은 고대세계의 사람들이 신화(미토스mythos)[3]에 대해 품고 있던 평범하고도 일반적인 견해를 보여주는 일례로 생각하면 좋을 것이다. 위 두 문장의 뉘앙스는 얼핏 반대인 것처럼 보이지만 실은 같은 것을 전하고 있다. 즉 신화는 어느 정도 '허위'가 뒤섞여 있지만 '진리의 토대' 위에 쌓아올린 것이고, 고대의 현자들이 '수수께끼 같은' 말로 전한 비밀스러운 가르침으로 가득한 것이었다.

그 진리를 손에 넣기 위해서는 수수께끼 같은 말을 밝힐 비밀의 열쇠, 즉 해석법을 발견하기만 하면 된다.

＊

그리스의 교양과정(파이데이아^{paideia}) 중에서 호메로스는 다른 것과 비교할 수 없는 위치를 차지하고 있다. 어린이들의 교육은 호메로스를 암기하는 것에서 시작했으며, 교양인이라면 누구나 이야기 속에 적절하게 두 편의 대서사시『일리아스』와『오디세이아』의 몇 구절쯤은 암송하는 것이 보통이었다. 모두가 이구동성으로 말하는 '시인' 혹은 '성스러운 시인'이라고 하면 그것은 자동적으로 호메로스를 가리켰다.[4]

하지만 그리스 철학은 거의 초창기부터 호메로스에게 공격의 화살을 겨누었다. 예를 들어 콜로폰의 크세노파네스(기원전 6~5세기)는 음유시인으로서 시를 짓고 대중들 앞에서 암송했다. 하지만 그는 신화의 신인동형설神人同形說 Anthropomorphism을 강하게 비판했다. 섹스토스 엠페이리코스의 인용에 따르면

> 콜로폰의 크세노파네스는 호메로스와 헤시오도스를 (비난해서) 말하길, "그들은 신들이 저지른 무수한 비도덕적인 소행들 즉 도둑질, 간음, 서로를 속이는 일 등을 말했다"고 하였다.[5]

신화 작가들이나 시인들 일반, 특히 대표적 존재인 호메로스에 대한 이러한 비판은 신 개념이 추상화되고 초월적으로 되어가는 것과 더불

어 더욱 명확해졌다. 그 정점은 플라톤의 호메로스 탄핵이라고 할 수 있다. 플라톤이 말하는 '국가'는 호메로스를 필두로 하는 시인들이 나라 안에서 사람들의 "영혼의 저열한 부분을 불러일으켜 이를 키우고 강하게 함으로써 이지적 부분을 없애려고 하는" 것을 거부한다.6)

이렇게 플라톤은 그의 『국가』＝유토피아에서 호메로스나 시인 일반을 추방하는데,7) 실제 플라톤의 비판 대상은 호메로스이면서, 무조건적으로 호메로스를 숭배하는 자들이기도 하다. 그는 이렇게 쓰고 있다.

> 다음으로 비극과 비극의 지도자인 호메로스에 대해 잘 살펴보아야 한다. 왜냐하면 우리는 어떤 사람들이 이렇게 말하는 것을 듣고 있기 때문이다. 이 작가들(시인)은 온갖 기술 그리고 덕과 악덕에 관련된 인간의 모든 것, 나아가 신에 대해서까지 모두 알고 있다. … 그렇지 않고서 시 창작은 불가능하기 때문이라고 말한다.8)

여기서 플라톤이 비판하고 있는 것은 단지 그리스의 전통종교를 신봉하는 사람들만이 아니다. 오히려 호메로스에게서 모든 진리에 대한 지혜를 보고, 그 베일에 싸인 언어를 밝혀내려고 다가선 사람들, 즉 최초의 우의적 해석학자들이었다고 생각할 수 있다.

사실 우의적 해석학은 호메로스에 대한 철학자들의 비판이 시작된 것과 거의 동시에 시작되었다. 크세노파네스는 신들이 서로 속이고 있다고 말한 호메로스를 비난했지만, 레기온의 테아게네스(기원전 6세기)는 신들의 투쟁theomachy을 자연을 구성하는 여러 요소 사이의 대립을 표현한 것이라고 생각했다. 예를 들면 아폴론과 헤리오스, 헤파이스토스는 불을, 포세이돈과 강의 신 스카만드로스는 물을, 아르테미스는 달을, 헤라는 공기를 나타낸다는 것이다. 또 신들의 이름은 경우에 따라 심리적 상태나 능력을 가리키는 것도 있다고 한다. 아테나는 깊은 생각을, 아레스는 무모함을, 아프로디테는 욕망을, 헤르메스는 뛰어난 언설을 대표한다는 식이다.9)

트로이 전쟁의 전말과 아킬레우스의 분노 혹은 오디세우스가 대양을 순례하는 여행이라는 뛰어난 시적(혹은 미적) 사실을 이야기하는 호메로스에게서 '숨겨진 의도'를 읽어내고자 한 우의적 해석학10)은 그 후 플라톤에 의한 강한 비판과11) 에피쿠로스학파나 알렉산드리아의 고전 학자들의 반대에도 불구하고 더욱더 발전했다. 특히 스토아학파 학자들에 의해 확고부동한 해석학 방법론으로 체계화되어간다.

기원전후에 이러한 호메로스 해석은 몇 개의 이론서로 정리되었다. 오늘날까지 알려져 있는 것으로는, 예컨대 '웅변가 헤라클레이토스'(기원전 1세기)의 『호메로스의 알레고리아』와 플루타르코스의 작품으로 일컬어지는 『호메로스의 생애와 시』(저작연대는 분명치 않다)가 있다. 이들 책에서 볼 수 있는 해석은 주로 스토아학파의 자연학적 해석이 많지만, 그와 함께 스토아에 한정되지 않은 당시에 유행하던 여러 가지 도덕적·심리적인 해석도 적지 않다.

이렇게 하여 이른바 최초의 황금기를 맞은 흐름을 우의적 해석의 주류라고 한다면, 거기서 파생된 지류에도 중요한 발전이 있었다. 기원전 3세기의 시케리아인 에우헤메로스는 아라비아만의 가공의 섬인 팡카이아를 찾아가 제우스와 헤르메스가 쓴 '성스러운 비문'을 발견했다. 그것에 따르면 오늘날 사람들에게 신이라고 숭배되고 있는 자는 모두 태고의 왕이나 압제자 혹은 각종 기술이나 기능의 발명자였다고 한다. 제우스는 부왕 크로노스에게 왕위를 찬탈해서 동생 포세이돈에게 섬들의

신탁을 내리는 오르페우스의 절단된 머리.
아티카 양식의 붉은 그림 항아리(휴도리아)
(기원전 5세기 중반) [그림 19]

동물을 매료시킨 오르페우스. 운문『교훈
판 오이디푸스』의 삽화(1400년경) [그림
20]

통치를 맡겼고, 자신은 크레타에서 팡카이아로 거주지를 옮겨 영토의
곳곳에 자기를 섬기는 신전을 짓게 했다. 혹은 아프로디테는 여자들 중
처음으로 창부란 직업을 만들어냈고, 자기만이 남자에게 굶주린 것처
럼 보이지 않게 하기 위해서 키프로스 섬의 다른 여자들도 같은 일을
하도록 강요했다.[12]

　　스스로『성스런 비문』이라는 제목을 단 이 가공의—무신론적이고
모독적인—철학적 소설(로망roman)을 집필함으로써 에우헤메로스는 새
로운 방법으로 신과 인간의 거리를 좁히는 데 성공했다. 아리스테아스
나 엠페도클레스 혹은 피타고라스와 같은 옛 시대의 '신인'들은 스스로
생과 사의 경계를 넘나듦으로써 신들에게 가까이 다가갔지만(전술 63-
69 참조), 에우헤메로스는 신들을 천상에서 끌어내려 고대의 인간으로

바꾸어버렸다. 에우헤메로스의 이론은 반신^{半神}·영웅(헤로스^{Heros}) 신앙이나 현실 제왕의 신격화(예를 들면 알렉산드로스 대왕, 이집트의 프톨레마이오스 왕조 그리고 물론 아우구스투스 이후의 로마 황제) 혹은 좀 더 넓은 의미에서의 문화영웅^{culture hero} 신앙이라는 배경 위에 성립한 것이라고 여겨지지만, 이러한 철학자의 불신심과 짓궂은 관점은 그것의 배경인 신앙 그 자체를 순식간에 신성한 세계에서 세속 세계로 깎아내렸다.

그러나 이러한 신화의 세속화 결과는 아마도 철학자가 의도했던 이상으로 역설적인 것이었다. 예를 들어 이집트의 토트＝헤르메스는 에우헤메로스의 해석법에 따라 오시리스 신의 서기관에서 문자의 발명자 혹은 이집트인의 최초 왕이라고 일컬어졌다.13) 또 불과 대장간의 신 헤파이스토스는 헤르메스 다음으로 이집트를 다스린 어진 왕이었고, 태양신 헤리오스는 헤파이스토스의 계승자라고 한다.14) 이처럼 신들이 오랜 옛날에는 그저 인간에 지나지 않았다는 관점은 태고의 시인 오르페우스나 무사이오스, 스파르테(스파르타)의 법률을 발명한 리쿠르고스, 유대인의 법을 제정한 모세, 페르시아의 종교를 번성시킨 조로아스토레스(조로아스터) 등도 헤르메스나 헤파이스토스와 같이 '타고난 신'(혹은 '타고난 인간'?)들과 완전히 같은 반열에서 말해지게 되었다. 이렇게 해서 역사적 현실과 신들의 세계와의 경계에 전설과 환상의 안개로 묻힌 애매한 영역이 새로 생겨났고, 거기로부터 온갖 몽상이 만연하게 된 것이다.15)

에우헤메로스와 그의 계승자들이 역사와 신화 사이에 다리를 놓았다고 한다면, 신화와 지리^{地理} 사이에 우의를 이용하여 환상의 지역을 개척한 것은 주로 지리학자 스트라본(기원전 1세기～기원후 1세기)이었다. 그에 따르면 "호메로스는 경험적 지리학의 창시자"에 지나지 않으며 "호메로스는 확실히 (알렉산드리아의 지리학자 에라토스테네스가 말하는 바대로) 그의 계승자의 누구보다도 많은 허구를 기술했다. 하지만 그것은 그가 단순히 기괴한 이야기에 빠져 있었기 때문이 아니라, 사람들을 가르치기 위해서 우의^{allegoria}를 이용하여 호소하고, 이야기를 구성하여 민중의 흥미를 불러일으키고자 한 것이었다."16) 호메로스의 책 특히 『오디세이아』는 이른바 최초의 지리학 교과서이다. 시인의 우의를 해독해보면, 그가 이집트나 아라비아 그리고 에티오피아에 대해서도 참된 지식을 갖고 있었다는 것, 혹은 이베리아의 풍요로움과 서방 민족의 행복에 가득한 생활에 대해서도 깊이 알고 있었다('엘리시온의 들'이 서방으로 묘사되었던 것은 그 때문이다)는 사실을 분명히 할 수 있다.17)

호메로스에 도취되어 결국에는 트로이의 유적(?!)까지 발굴했던 슐리만18) 혹은 아라라트 산 꼭대기에서 노아의 방주 잔해를 찾아내 신문 지상을 떠들썩하게 한 오늘날의 탐험가들도 에우헤메로스나 스트라본의 먼 후예라고 말할 수 있을지도 모른다.

플라톤은 시인들을 그의 '국가'에서 추방했지만, 동시에 그의 여러 '대화편'만큼 각종의—그 자신이 직접 지어낸—신화(미토스^{mythos})로 가득한 철학서도 많지 않다. 따라서 그 학파에 속하는 사람들이 신화에 대해 깊이 사색했던 것도 결코 이상한 일이 아니다. 예를 들면 플로티노스는 플라톤의 『향연』 '에로스의 탄생' 신화(202D 이하)에 긴 주석을 달면서 다음과 같이 쓰고 있다.

신화는 그것이 진정한 '신화'(미토스)라는 이름에 걸맞게 되기 위해서는, 그 안의 내용을 시간(의 흐름 속에서) 구별해내야 하고, 수많은 존재가 서로 일체가 되어 서열과 힘에서 말고는 차이가 없는 경우라도 그것들을 따로 나누어서 기술해야 한다. 왜냐하면 언설 그 자체가 불생(불멸)의 것을 '생성'시키고, 또한 일체로 존재하는 것 안에서 구별을 만들기 때문이다. 그러나 신화가 이렇게 하여 가능한 모든 것을 가르친 후에는, 우리가 그것들을 이해한 경우에 한해서만, 따로 구별되어 있던 그 내용을 종합하는 것이 용납될 것이다.[19]

'말하는 것'이 원래 시간의 경과 속에서만 행해질 수 있는 것이라고 한다면, 신화는 시간 속의 세계에서 나올 수 없다. 즉 신화는 감각적 이미지로밖에 말할 수 없다. 하지만 신화가 의미하는 바는 그 감각적 생성계를 훨씬 초월한 불생불멸의 예지적 세계의 존재이다. 따라서 플루타르코스는 신화와 진리의 관계를 무지개와 태양의 관계에 비유했다. 무지개가 태양빛을 가지각색의 반투명한 색채로 널리 퍼지게 하는 것과 마찬가지로, 신화도 진리의 빛을 비춰 여러 가지 이미지의 광채 안에서 정착하게 하는 것이다.[20]

신화가 이렇게 예지적 세계의 실재를 감각적 세계에 중개하는 것이라면, 그것이 주로 이데아계와 물질계 사이의 중간 존재인 혼에 대해서 말한다고 해도 이상한 것은 아니다. 그러므로 예를 들어서 『오디세이아』는 '물질계＝대양大洋'에 떨어진 '혼＝오디세우스'가 그 '하늘의 고향＝이타케'에 대한 향수에 사로잡혀서 모든 '물질계의 유혹이나 마술＝마녀 키르케나 님프 칼립소 혹은 마음을 빼앗는 목소리로 노래하는 바다의 괴물 세이레네스'를 물리치고 편력을 거듭하다가 결국 그리운 자기 집으로 돌아간다는 혼의 방랑기인 것이다.[21]

『오디세이아』에 대한 이러한 우의적 해석은 아마도 기원후 2세기경의 중기 플라톤주의자와 그것을 계승한 사람들인 누메니오스, 튀로스의 막시무스, 그리스도교 교부 알렉산드리아의 클레멘스, 발렌티누스파의 그노시스 문서 『혼에 대한 해석』의 저자 등에 의해 창시되어 그후 5세기의 프로클로스에 이르기까지 끊임없이 발전을 거듭했다.[22]

후기 헬레니즘 문화 전체가 강렬한 신비주의로 경도되어가는 가운데, 호메로스는 혼의 형이상학적 편력에 대한 끝없는 진리를 이야기한 가장 오래되고 가장 순수하며 올바른 시인=철학자=신학자라고 여겨졌다.[23]

극히 자의적인 어원설을 비롯한 온갖 가지 견강부회의 방법을 동원하여 고대 시인의 신화 속에서—자신의 진리와 일치하는—유일하고도 원초적인 진리를 밝혀내려고 한 이러한 시도, 다시 말해 우의^{allegoria}적 해석에 쏟아 부은 방대한 노력을 보는 순간 우리는 아연해질 수밖에 없다. 오늘날의 신화학자는 고대인들이 무엇을 위해서 '허무맹랑한 거짓'을 말했던 것일까, 그것을 말하는 것이 그들에게는 어떤 의미가 있었을까, 또 무슨 도움이 되었는지를 살피고자 한다. 신화의 내용이 아무리 괴이함에 가득 차 있더라도 그 자체가 놀랄 만한 것은 아니다. 내용이야 어찌됐든 신화에 진실이 있다면 그것은 신화를 말하는 것에 있다(따라서 그 진실은 유일한 것이 아니다). 신화의 내용은 그것의 이해에 도달하기 위해 지나야 하는 통로에 지나지 않는다. 그런데 고대의 신화해석학자에게 문제가 된 것은 신화의 내용 자체이다. 신화가 무언가에 대해 말하는 것이라면, 그 무언가는 꼭 존재해야 한다.[24] 즉 신화적 언설이 무언가의 의미를 반영하는 거울이라고 하면, 그 의미는 반드시 존재해야 한다. 존재하지 않는 의미 즉 완전한 무無를 비추는 거울은 그 자체가 투명해서 존재하지 않는 것이기 때문이다.[25] 따라서 신화에서 그 의미를 찾아내려면 그때마다 거울의 일그러진 비율을 측정해서 그것을 교정하는, 이른바 역으로 일그러짐을 주면 된다. 이것이 우의적 해석학의 기본 원리이다. 그러므로 신화가 (해석학자 자신의) 상식에 어긋나는 것, 부조리한 것(부조리하다고 여겨지는 것)을 기술하는 경우에 해석학자는 신화적 언설의 일그러짐을 잘 살펴 그것을 교정하는 노력을 한다. 왜 이 거울이 이렇게 일그러져 있는가, 왜 신화는 기괴한 이야기로 가득한가 하는 문제는 해석자가 어떤 답을 내려야만 하는 중요한 문제였다. 그 답을 열거하자면,

— 왜냐하면 시인은 고대인(또는 대중)이 우직하고 허구를 즐긴다는 습성을 알고, 그것에 영합하려 했기 때문이다.

— 대중에게는 귀를 즐겁게 해주는 이야기를 제공하고, 선택된 사람만이 그 이면에 감추어진 의미=진리를 읽도록 의도했기 때문이다.

— 베일 안에 희미하게 감싸여 있는 진리가, 단순한 추론으로 분명해지는 '벌거벗은 진리'보다 더 아름답기 때문이다.[26]

— 숨겨져 있는 진리는 선택된 사람들의 흥미를 자극하고, 탐구하는 즐거움을 한층 더 크게 하기 때문이다.

이처럼 부정적인 것에서 긍정적인 것에 이르기까지 여러 가지가 있다.[27] 하지만 이들 답에는 하나같이 '우직한 대중/진리를 알아야만 할 선택된 인간'이라는 대립이 포함되어 있다. 다시 말해서 신화는 이 선택된 사람들에게만 진리를 밝혀주는 비교의 체계인 것이다.

테미스의 신탁을 받는 아이게우스. 무녀가 잔의 물
(또는 거울?)에 비친 신탁의 증거를 읽는다. Vulci의
붉은 그림 항아리(기원전 5세기 후반) [그림 21]

시나이 산에서 내려오는 모세. 무명작가의 동판화
(16세기 말). Martin de Vos를 모델로 한 것일까?
[그림 22]

　　'배교자' 율리아누스 황제(재위 361~363년)의 친구이면서 스스로
신플라톤학파에 속한다고 말했던 문인 살루스티우스는 그의 책『신들
과 세계에 대하여』머리글에서 대략 이렇게 기술하고 있다. "신화는 영
감에 가득한 시인, 가장 뛰어난 철학자들, 비의秘儀 예식의 창시자들 혹
은 신탁을 내리는 신들 자신에 의해 사용되고 있다. 그러므로 신화는
신적인 것이다. 우직한 사람들은 신화를 통해서 신의 존재를 알고, 현
명한 사람들은 신의 성질 그 자체를 안다. 전자는 그것으로 경건하지

못한 것을 멀리하고, 후자는 지적 태만을 경계하게 된다. 나아가 우리는 세계(우주) 자체가 신화라고 생각할 수 있다. 왜냐하면 세계 또한 보이지 않는 영혼과 예지적 존재가 눈에 보이는 물질로 뒤덮여 있기 때문이다. 그렇다면 신화가 어떤 이유로 그와 같은 기괴한 이야기를 말하는 건지도 이해할 수 있다. 왜냐하면 그것은 사람들(현자들)이 신화 속 이야기가 숨겨진 진리를 덮고 있는 껍질에 지나지 않는다는 것을 빨리 알아채도록 하기 위해서이다."28)

세계 그 자체가 보이지 않는 실재를 비춰내려고 하는 수수께끼의 거울, 즉 비교秘敎의 체계이다. 신화란 이 세계의 언어라고 할 수 있다. 언어와 사물은 신화적 언설이 만들어낸 어슴푸레한 공간에서 기묘한 혼인을 맺어 '숨겨진 진리'라는 아이를 낳으려고 한다.29) 우의적 해석학자는 이 출산의 산파 역할을 다하고자 노력할 따름이다.

그리스 종교사상에서 '수수께끼'는 매우 중요한 위치를 차지하고 있다. 신들의 계시, 비밀스러운 종교의례 혹은 꿈, 새들의 지저귐이나 비행, 별들의 운행 등 온갖 종류의 전조 그리고 영감에 사로잡힌 시인이 노래하는 신화, 이 모든 것이 수수께끼였다. 어떤 철학자-현인도 수수께끼로 가득한 상징적 언어로 말하고(피타고라스) 혹은 스스로 신화를 창작했다(플라톤). 수수께끼는 신성계神聖界가 이 세계에 던진 그림자이고 이 세계에서 신성세계로 향하는 약간 열린 험난한 교통로이다. 이오니아에서 시작된 그리스 자연학의 전통도 이 길을 거슬러 오르려는 신비주의적인 작업이었다고 할 수 있다. 생성계生成界 자체를 정말로 실재하는 이데아계의 모상이라고 하는 플라톤의 철학도 플라톤만의 독창적인 것이라기보다는 '수수께끼의 세계'라는 관념을 체계화한 것이라고 생각할 수 있다.

걸으로 보이는 현실의 저쪽에서 영원한 진리를 보는 이 철학의—특히 플라톤주의적인 철학의—기본 전제가 동시에 우의적 해석의 성립 기반이기도 했다. 그러므로 이 해석학이 늘 플라톤주의의 전통과 깊은 관계를 맺으면서 발전했던 것도 이런 까닭에서였다고 할 수 있다.

*

그런데 이러한 수수께끼의 한 형태인 '계시-예언'은 그리스 종교에서도 중요한 요소 중 하나였지만, 또 다른 민족인 유대인의 종교에서는 문자 그대로 가장 중요한 핵심을 이루고 있었다. 거기서는 인격신 여호와가 이스라엘 백성 앞에 직접 현현하여 계약을 맺고 계시를 내렸다. 예언자의 본격적인 활동은 사무엘의 시대(기원전 11세기) 이후지만, 이스라엘의 종교 자체는 시나이 산에 있는 모세 앞에 신이 현현하여 계시를 내림으로 시작되었다. 세키네 마사오關根正雄는 다음과 같이 말한다.

"거룩한 신은 높이 솟은 바위산의 위용 속에 천둥과 번개와 지진을 거느리고 나타났다. 이스라엘은 그 거룩한 실재가 눈앞에 현현하자 바닥에 엎드렸으며, 이를 통해 과거와 단절하고 새로운 출발을 이루었다. 그것이 신 여호와의 계시를 접하고 이 신과의 계약관계에 들어갔다는 것의 가장 본질적인 의미였을 것이다."[30]

예루살렘 시대의 예언자들에게 특징적으로 나타난 것은 집단적 엑스터시였다. 사무엘은 사울에게 이렇게 고하고 있다.

"네가 그리로 가서 그 성읍으로 들어갈 때에 선지자의 무리가 산당에서 부터 비파와 소고와 저와 수금을 앞세우고 예언하며 내려오는 것을 만 날 것이요 네게는 여호와의 신이 크게 임하리니 너도 그들과 함께 예언 을 하고 변하여 새 사람이 되리라 이 징조가 네게 임하거든 너는 기회 를 따라 행하라 하나님이 너와 함께 하시느니라."31)

춤과 음악으로 엑스터시 상태에 빠지고, 신의 영혼을 받아 예언을 하는 이들 예언자 집단을 모체로 해서 나온 것이 사무엘을 비롯한 옛날 의 '행동하는 예언자'라고 한다면, 아모스(기원전 8세기) 이후의 '말씀의 예언자'는 정치적으로 좀 더 냉엄한 상황에서 사회정의와 신과의 계약 준수를 요구하면서 여호와 종교에 보편성을 더했다. 그러나 이것이 정 말로 보편적인 종교라는 자각을 확립시킨 때는 바빌론 유수(기원전 587 년) 전후로 국가의 붕괴를 경험하고 절망 속에서 종말론적 사색에 깊이 빠졌던 시대였다. 예언자로 말하면 이사야, 예레미야, 에스겔, 제2이사 야로 이어지는 시대이다.

"이 시대 예언자의 활동으로 이스라엘의 신 여호와가 자기가 가장 사랑 하는 백성이라도 죄가 있다면 멸하실 수 있다는 것을 분명히 알게 되었 다. 그것은 이스라엘의 신은 자기 민족에도 얽매이지 않는 자유로운 신, 세계의 역사과정에서 오직 그 거룩한 의지를 행하기 위해 이스라엘 을 사용하는 신이라는 사실이 분명해졌다는 것을 의미한다. 다른 말로 표현한다면, 이스라엘의 신은 예언자를 통해서 단지 한 민족의 신만이 아니라 세계의 신이 된 것이다."(세키네 마사오)32)

지구를 발아래에 둔 전능한 그리스도. 머리의 양측에는 '알파'와 '오메가'(cf. 「계시록」 1:8, 21:6, 21:13), 왼손에는 '빛이 있으라'의 상징물, 다리의 양측에는 '연年'과 '일日'이 그려져 있다. 코블렌츠, 성 카스토어 교회의 성서 (11세기 초) [그림 23]

이렇게 해서 종교의 민족적 기초가 붕괴되었을 때, 그것은 개인화되고 내면화되었으며, 새로운 보편성 위에 재건되어갔다. 세계의 종말을 말하고 세계의 구원, 세계의 지복을 희구하는 예언자들의 종말론은 이러한 민족의 비참한 경험을 통해서 태어나고 묵시黙示문학으로 계승되었다. 제2이사야의 다음과 같은 문구는 이 예언자의 종교가 잠재적으로는 이미 하나의 세계종교의 성격을 갖추고 있음을 엿보게 한다.

"그는 땅 위 궁창에 앉으시나니 땅에 사는 사람들은 메뚜기 같으니라 그가 하늘을 차일 같이 펴셨으며 거주할 천막 같이 치셨고… 그(여호와)가 이르시되 네가 나의 종이 되어 야곱의 지파들을 일으키며 이스라엘 중에 보전된 자를 돌아오게 할 것은 매우 쉬운 일이라 내가 또 너를 이방의 빛으로 삼아 나의 구원을 베풀어서 땅 끝까지 이르게 하리라."33)

이들 예언자의 역할은 「신명기」에 가장 명확하게 정의되어 있다.

"내(여호와)가 그들의 형제 중에서 너(모세)와 같은 선지자 하나를 그들을 위하여 일으키고 내 말을 그 입에 두리니 내가 그에게 명령하는 것을 그가 무리에게 다 말하리라."[34]

사무엘이 사울에게 고한 말에서도 암시한 대로(하나님께서 함께 하시니 할 수 있는 일은 무엇이든지 마음대로 하시오) 예언자의 말은 그대로 외부 세계에서 실현되는 것이라고 여겨졌다.

"예레미야는 그의 입에 들어온 신의 말씀이 여러 나라의 흥망을 결정하는 것이라고 생각했다. 신의 말씀은 백성을 태워버릴 힘을 가졌다고 보았으며, 그 파괴력을 바위를 부수는 쇠망치에 비유했다. 사실 예레미야가 내뱉은 말은 그에게 반대했던 하나냐의 죽음을 불러왔다."(세키네 마사오)[35]

후의 유대교에서는 예언자의 입을 통해 가르친 신의 말씀은 '예언자 중의 예언자' 모세에게 직접 준 신의 계시 '모세오경'(이른바 '율법'[토라])으로 세계 속에 구현되었다고 여겨졌다.[36] 그와 동시에 '신의 말씀'의 주술적 창조력에 대한 신비적인 사색은 예컨대 「시편」의 다음 구절에서 나타나는 방향으로 발전하고 심화되었다.

"여호와의 말씀으로 하늘이 지음이 되었으며 그 만상을 그의 입 기운으로 이루었도다. … 여호와여 주의 말씀은 영원히 하늘에 굳게 섰사오며

주의 성실하심은 대대에 이르나이다. 주께서 땅을 세우셨으므로 땅이 항상 있사오니."37)

이러한 사변에서 「요한복음」의 서장에 표현된 것과 같은 관념에 이른 것은 실로 미미한 변화에 불과하다.

"태초에 말씀이 계시니라 이 말씀이 하나님과 함께 계셨으니 이 말씀은 곧 하나님이시니라. … 만물이 그로 말미암아 지은 바 되었으니 지은 것이 하나도 그가 없이는 된 것이 없느니라. 그 안에 생명이 있었으니 이 생명은 사람들의 빛이라."38)

이것을 썼을 때 복음의 기록자는 아마 「창세기」를 여는 첫 번째 구절을 염두에 두고 있었음에 틀림없다. 말하자면,

"태초에 하나님이 천지를 창조하시니라. … 하나님이 이르시되 빛이 있으라 하시니 빛이 있었고."39)

이 「요한복음」 서문을 읽을 때는 같은 복음서의 다른 부분을 떠올려야만 한다. 예를 들면,

"나(예수)는 세상의 빛이니 나를 따르는 자는 어둠에 다니지 아니하고 생명의 빛을 얻으리라. … 내(예수)가 곧 길이요 진리요 생명이니."40)

신의 말씀은 세계를 창조한다. 그것은 또 생명이고 빛이며 길이고

아타나시우스 키르허의 *Ars Magna*(Roma, 1646년)의 타이틀페이지. 최상부에는 YHWH로 표현된 눈으로 볼 수 없는 신, 왼쪽 상단에는 '성서', 오른쪽 상단에는 '(자연)이성', 중앙 양측에는 쌍두의 독수리를 타고 있는 헤르메스(낮), 쌍두의 공작 위의 아테나(밤), 그 아래에는 왼쪽에 '세속의 전거典據', 오른쪽에는 '감각'이 배치되어 있다. [그림 24]

진실이다(이것은 유대교에서는 '율법'으로 구현되지만, 요한에게는 성육신한 신의 아들 예수가 신의 말씀의 현현이다). 여기서는 세계와 말씀이 신에 의해 생겨나 직접 결합하게 되고, 그 혼인으로 절대적인 '진실', 유일한 구원자인 '진실'이 태어난다.

보편주의와 종말론은—구원론을 거쳐서 태어난 이 '유일한 진리'라는 관념이 기원 전후의 유대교와 초대 그리스도교 안에 있었다고 한다면—헬레니즘의 세례를 받은 알렉산드리아의 유대교인과 그리스도교도들, 예컨대 필론, 클레멘스, 오리게네스 등이 거의 유사한 인식론적 구조 위에서 발전해온 그리스의 우의적 해석학의 전통을 매우 자연스럽게 받아들여 자신들의 성서 해석에 적용했다는 것도 충분히 이해할 수 있지 않을까? 그들이 생각한 종교의 절대적 보편성은 인간에 대한 신의 절대적 초월성도 함의하고 있다. 따라서 신은 그 자체로서는 당연히 불가지不可知한 존재이다. 하지만 이 신이 고하는 말씀(예언-성서 그리고 예수 그 사람)과 세계는 신의 진리를 가리키는 수수께끼로서 인간에게 주어진다. 비교秘敎의 체계로서의 말씀과 세계41)를 해명하려는 우의적 해석학은 이렇게 하여 헬레니즘으로부터 유대교 그리고 그리스도교 안에서 계승되고 있는 것이다.

제 IV 장

은유로서의 역사

유일한 세계 · 유일한 진리를 향하여 3

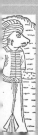

"플라톤은 아티카어로 말하는 모세가 아닐까?"

2세기의 플라톤주의자 누메니오스는 이렇게 썼다. 그것에 마치 응답이라도 하듯 기원전 2세기의 알렉산드리아의 유대인 학자 아리스토불로스가 말하길 피타고라스와 플라톤은 전설적인 시인 무사이오스에게 가르침을 받았는데, 이 무사이오스가 실은 모세라고 말했다(전술 71 참조). 동시대의 알렉산드리아의 유대인 아르타바누스는 이 설을 부연하면서 이렇게 말한다.

"이집트의 여왕 메리스는 아이를 낳지 못하는 여자였으므로 어느 유대인 여자의 아이를 모세라고 이름 짓고 길렀다. 성인이 되자 그리스인들은 그를 무사이오스라고 불렀다. 이 모세가 오르페우스의 스승이 되었다. 모세는 나이가 들면서 사람들에게 유익한 많은 것을 발명했고⋯ 또한 철학을 발견했다. ⋯ 사제들은 그를 신처럼 받들었고, 그가 거룩

로마의 여신 포르투나(=그리스의 티케Tyche 여
신)와 동일시된 이시스. 폼페이의 벽화 [그림 25]

한 문서를 해석했기 때문에 헤르메스라는 이름을 붙여주었다."[1]

언뜻 보면 대단히 평범한 이 문장을 음미하면 할수록 묘한 위화감을 주는 것은 왜일까? 이 짧은 문장은 우리의 개념구조(패러다임)에서 보자면 곳곳에 카테고리의 '혼동'으로 가득 차 있다. 헤르메스(토트)는 이집트의 신이고, 모세는 이스라엘에 실재한 종교 지도자 그리고 무사이오스와 오르페우스는 그리스(또는 트라키아)의 전설적인 시인이다. 또한 각종 기예는 더러 발명될 수 있다고 하더라도, 철학은 그처럼 발명되거나 발견되는 대상은 아니다. 게다가 '성서의 해석'은 신학에 해당되는 것으로 철학은 아니다. 즉 여기서는 역사(지리), 전설, 신화가 '혼동'되고 있으며 또한 기예, 철학, 신학, 시가 '혼동'되고 있다. 각각의 카테고리는 그 이면에 이른바 숨겨진 은유의 거울을 감추고 있어, 그것을 서로 호응시켜 최종적으로는 시간과 공간 어디에도 존재하지 않는 어떤 것을 가리키게 된다. '어떤 것'이란 기예, 철학, 신학, 시(신화적 진실) 등 모든 것을 하나로 엮은 지극히 순수한 모습인 '유일한 지知의 체계', '진리의 체계'를 말하는 것이다. 따라서 그것은 당연히 역사와 지리를 초월한 것이어야 하지만 그럼에도 '어느 때, 어딘가에서, 누군가가' 발견하는 것이라고 여겨진다. 그러한 '발견'이 일어날 수 있는 곳은 환상의 시간-공간 말고는 없으며, 또한 그러한 '유일한 진리의 체계' 자체도 환상적인 것으로 존재할 수밖에 없을 것이다. 그럼에도 또다시 여기에서 역사와 신화, 전설은 어디까지나 '혼동'되고 있다.

이러한 '혼동'을 가능하게 하는 것이 우의allegoria적 해석이다(아르타바누스의 텍스트에는 그것의 한 변형인 '에우헤메로스주의적'인 역사화·환상화의 영향이 명확하다. 전술 82-85 참조). 퀸티리아누스는 알레고리아(ἀλληγορία ← ἄλλος '다른·같지 않은' + ἀγορεύειν '말하다')를 '연속된 은유'라고 정의했다.2) 즉 다시 말해 알레고리아를 이용한 특수한 '은유적 사고'가 이 기묘한 '유일한 진리 체계'라는 환상적 개념을 성립시켰다고 할 수 있을 것이다. 그러나 그것은 반대로 말하면 이 진리의 체계라는 개념이 완전히 아 프리오리a priori로(선험적으로) 전제되었기 때문에 은유적 사고가 필요하게 되었다고 바꿔 말할 수도 있다. 은유적 사고는 원리로서의 '진리의 일원론'을 위한 방법론이다.

*

고대 그리스의 지식인은 외국어를 배우지 않았다. 당시 사람들이 인식한 세계의 대부분을 답사한 헤로도토스도 자신이 여행한 지역의 언어를 거의 몰랐던 듯하며, 혹은 인도에서 이집트까지 모든 '명예가 높은 여러 국민'을 찾아 여행하면서 지혜를 배웠다는 전설이 전해지는 피타고라스를 필두로 하는 현자들도 그 나라들의 언어를 배웠다는 흔적은 찾아볼 수 없다.3) 한편 헬레니즘 시대가 되면 그리스어는 지중해 세계의 공통어(코이네Koine)로 쓰여, 그리스 외의 많은 지식인들도 그리스어를 배워서 그것으로 자신을 표현했다. 그러나 자국어 표현을 기본으로 하면서 지식으로서 외국어(이 경우는 그리스어)를 체계적으로 배운 것은 로마의 지식인뿐이었다. 하지만 그 로마인의 지知의 구조도 기본적으로는 헬레니즘적 교양(파이데이아paideia)을 기준으로 삼고 있었다.4)

언어에 관한 이러한 상황과 닮은 경우는 좀 더 넓은 사상 특히 종교사상에서도 찾아볼 수 있다. 예를 들면 헤로도토스는 이집트 종교에 관심을 가지고 상세하게 기술하고 있지만(『역사』 제2권) 그 책에 사용된 신의 이름 대부분은 그리스 것이다. 그는 몇 군데에서 '그리스의 이오니소스와 동일한 신인 이집트의 오시리스'라든가, '그리스의 데메테르에 해당하는 이시스' 등으로 기술하고 있는데,5) 그 이외의 곳에서는 단지 '사이스 마을의 아테나 여신'(네이트 여신)이라는 식으로 쓰면서 현지 신의 이름을 완전히 무시해버린다.6) 헤로도토스는 그리스 종교의 신들이나 신앙, 습관 등 많은 것이 이집트에서 유래했다고 하는데(전술 50-51 참조) 그것은 그리스 신들 대부분이 기본적으로는 이집트의 신과 동일하다는 일종의 무반성적인(선험적인) 인식을 전제로 한다.

이러한 각지의 신들과 그리스의 신들을 조합-동일화하는 것이 이른바 '그리스적 해석interpretatio grecae'이라고 불리는 해석법이다. 이것은 신화에서 각각의 신의 역할과 기능이 닮았다는 것을 근거로 하지만, 당연히 그 방법은 매우 자의적인 것으로 그 자체가 일종의 은유적 사고에 따른 것이었다. 이 '그리스적 해석'은 에트루리아를 거쳐서 로마 신화의 신들에게 대대적으로 적용되었다. 그 결과 주지하다시피 유피테르는 제우스, 유노는 헤라, 비너스는 아프로디테, 디아나는 아르테미스와 동일한 것으로 받아들여졌으며, 이런 일이 반복되면서 로마 신화는 거의 통째로 그리스 신화에 흡수되고 만다.7) 로마 신화에서만큼 철저한 형

◀ 파라오에게 젖을 먹이는 모신으로서의 이시스. 프톨레마이오스왕조 시대 [그림 26]
▶ 배내옷으로 감싼 갓난아기 예수를 안은 성모. 뒤러 작(1520년) [그림 28]

◀ 파이윰(이집트)에서 출토된 콥트 시대의 성모자상.
호루스를 안은 이시스의 그림을 그대로 계승하고
있다. [그림 27]

태는 아니었지만 이와 같은 양상은 헬레니즘의 영향 아래의 다른 지역의 종교에서도 일어났다. 예를 들면 디오니소스는 로마의 리베르신, 이집트의 오시리스 또는 세라피스, 트라키아 혹은 프뤼기아(프리지아)의 사바지오스, 나아가 아랍인의 지방신인 바알신 그리고 유대인의 신 여호와와 동일시되었다.[8] 또는 그 반대로 이집트의 여신 이시스는 아프로디테, 튀케, 니케, 히기에이아, 아르테미스 등의 그리스 신들과 동일시되고, 나아가 페니키아의 아스타르테, 신들의 어머니 혹은 대모여신으로 숭배되었다(델로스에서).[9] 이 같은 예는 너무 많아 일일이 거론하기 어려울 정도다. 이집트의 토트는 이미 몇 차례 반복하여 살펴본 것처럼 헤르메스와 동일시되었는데, 이 헤르메스는 아누비스와도 동일시되었다. 조로아스터교의 암흑의 신 아프리만은 하데스에, 셈계의 여신 아타르가티스는 비너스(아프로디테)로 연결되었다.[10]

이렇게 해서 헬레니즘 시대 지중해 연안의 여러 문화의 신들의 체계는 서로 융합되어 독자성을 잃어버렸으며, 거의 분간이 불가능한 추상적 구조로 변질되었다.

모든 신을 받아들이는 이러한 '그리스식 해석' 방법은 모든 종교의 기본적인 동일성이라는 아 프리오리한(선험적인) 전제에 근거한 것이었지만, 그 전제는 철학자들의 사색에 의해 좀 더 이론적인 차원에서도 표현되게 되었다.

"그리스인이나 이민족(바르바로이Barbaroi)에 이르기까지 모든 인간은 신들의 존재를 믿고 있다"라는 생각은 이미 플라톤과 아리스토텔레스가 주장했고 후에 키케로와 스토아학파로 계승되었다.[11] 한편 이시스 신화를 상세히 해석하여 '이집트 신학과 플라톤 교설과의 합치'에 힘쓴[12] 플루타르코스는 다음과 같이 쓰고 있다.

우리는 나라에 따라 다른 신들이 존재한다고는 생각하지 않는다. 이국의 신들과 그리스의 신들, 남방의 신들과 북방의 신들이 존재하는 것이 아니다. 태양과 달, 하늘과 대지 그리고 대양이—민족에 따라서 다른 이름으로 불리지만—모든 인간에게 공통하는 것과 마찬가지로, 세계를 구성하는 유일한 이성(로고스), 그것을 통치하는 유일의 섭리(프로노이아pronœa) 그리고 만물에 충당된 갖가지 하위 세력(디나메이스dyna-meis)이 각 민족의 습관에 따라 다르게 숭상되고 다른 이름이 부여된 것이다.13)

그리고 오리게네스의 논적 켈수스(2세기경)는 "지고의 신을 어떤 이름으로 부르더라도, 즉 그리스인이나 인도인 혹은 이집트인이 사용하는 이름으로 불러도 변함이 없다"14)라고 했다. 아우구스티누스의 이교도 친구 마다우라의 막시무스(4세기 말)가 말하는 "지고의 유일신"의 "참된 이름을 우리는 알지 못하기 때문에" 우리는 그 신을 "많은 다른 이름"으로 부를 수밖에 없는 것이다.15)

신 혹은 신들이 이렇게 모든 인간에게 동일하다고 한다면 각 민족에게 태고 이래로 전해 내려온 신(신들)에 대한 이야기 또는 많은 철학자나 신학자의 신에 대한 사색이 서로 유사하고 궁극적으로는 유일한 "원초의 진리"16)로 거슬러 올라가는 것은 당연한 일이다. 예를 들어 바벨탑을 쌓은 노아의 자손은 오디세우스가 명계에서 본 이피메데아가 낳은 아들들인 거인 알로아다이(그들은 올림포스 산 위에서 오사 산과 펠리온 산을 쌓아올려 하늘의 신들에게 싸움을 걸었다고 한다)와 동일시되었다.17) 그리고 판도라는 이브와 동일시되고,18) 여호와 신은 주피터(유피테르)와 동일시되었다.19) 이러한 유사함이 인정된 것이 물론 그리스나 로마의 시인과 『성서』 사이에서만 한정된 일은 아니었다. 예를 들면 그리스도교 교부들이나 호교론자들에게 오르페우스교의 소의 형상을 한 디오니소스의 두 개의 뿔은 그리스도의 십자가를 잘못 표현한 것이고, 미트라 신을 낳았다고 하는 돌은 구원의 요체로서의 그리스도 자신을 나타내는 것이었다.[20] 혹은 헤르메스 트리스메기스토스는 '창조하는 말씀'으로서 신의 아들에 대해서 말하고 있고, 시빌라의 신탁은 그리스도의 성육신을 예언하고 있다.[21] 그리고 물론 동방 박사들(마구스)은 그의 별을 보고 예수의 탄생을 경배하러 왔으며,[22] 플라톤은 'X'형으로 교차하는 우주의 구조를 설명하는 가운데 자기도 모르게 그리스도의 십자가를 표상했다.[23] 또 플라톤은 두 번째 서간에서 '모든 것을 통치하는 왕'과 '제2위의 것'과 '제3위의 것'에 대해 언급함으로써 성 삼위일체조차도 암암리에 표현하고 있다.[24]

어떻게 이런 유사함이나 호응이 있을 수 있었을까? 이교도와 유대교인 그리고 그리스도교교도들은 제각각 입장은 달라도 하나의 동일한 설명 즉 표절한 설명을 반복한다. 호메로스가 모세를 훔쳤든 아니면 그 반대이든 이 표절에 의한 설명이 근거하고 있는 인식론적 기초는 큰 차이가 없다.

일반적으로 '종교의 코스모폴리티즘'에 익숙해 있었던 이교도들에게는 이들 유사함은 매우 당연한 것으로, 기껏 논쟁을 위해 '표절한 설명'에 호소하는 것 외에는 특별한 설명은 필요하지 않았다. 한편 계시와 계약의 개념을 중심에 두고, 강한 독자성을 주장하는 유대교와 거기에서 파생된 그리스도교에게 이런 여러 종교-철학 간의 유사함은 훨씬 큰 문제가 되었다. 진리는 유대교(또는 그리스도교)를 통해 전해진 것 외에 다른 방법으로 전해졌을 리 없는데도 무엇 때문에 많은 '이교도'가

▲ 묵시록에 따른 〈싸우는 종말론〉의 환시. '성인의 목을 베고 거룩한 성을 짓밟는 적그리스도와 그 군세'(『요한계시록』 11:2-9 참조), 『베아투스 주석 묵시록의 세밀화』, 11세기 중반 [그림 A]

◀ '열 왕을 무찌른 어린 양'(『요한계시록』 17:12-18 참조), 『베아투스 주석 묵시록의 세밀화』, 1086년 [그림 B]

유사한 교설을 주창하는 것일까? 이 문제를 처음으로 심도 있게 탐구한 알렉산드리아의 필론(휠론)의 해답을 다음과 같이 요약할 수 있다.

1) 호메로스를 필두로 하는 그리스 시인들과 철학자들은 모세를 표절했다.
2) 그들은 이성으로 진리를 발견했다.
3) 이스라엘의 예언자가 가졌던 것과 같은 신의 영감이 그들에게도 주어졌다.[25]

이들 세 가지 '이교도 진리의 원천'은 적용범위가 매우 넓어서 그리스도교에서도 많든 적든 인정되었다.[26] 첫 번째의 '표절설'과 두 번째의 '자연이성설'은 신약성서에 이미 암시되어 있다. 즉「요한복음」10장 8절에서 예수는 스스로를 "선한 목자"에 비유하면서 이렇게 말한다. "나보다 먼저 온 자는 다 절도요 강도니…." 이 구절의 원뜻과는 상관없이 예를 들어 클레멘스는 '표절설'의 방증으로 몇 번이고 이 구절을 인용한다.[27] 한편 '자연이성설'은 성 바울 자신이 명확하게 진술한다.

"하나님의 진노가 불의로 진리를 막는 사람들의 모든 경건하지 않음과 불의에 대하여 하늘로부터 나타나나니 이(이교도, 특히 그리스인)는 하나님을 알 만한 것이 그들 속에 보임이라 하나님께서 이를 그들에게 보이셨느니라 창세로부터 그의 보이지 아니하는 것들 곧 그의 영원하신 능력과 신성이 그가 만드신 만물에 분명히 보여 알려졌나니 그러므로 그들이 핑계하지 못할지니라 하나님을 알되 하나님을 영화롭게도 아니하며 감사하지도 아니하고 오히려 그 생각이 허망하여지며 미련

◀ 성모 마리아의 동정녀 잉태를 우의화한 '식목하는 이시스'. Christine de Pisan, *Les cent hystoires de Troye...*에서. Jean Miélot의 세밀화(1460년 작. Witt, 274 참조) [그림 29]
▶ 우주적인 십자가와 그 중심에 놓인 로고스. 두 개의 손가락을 든 오른손은 신의 말씀으로서 로고스를 나타낸다. 십자가의 중심에 태양과 달 사이에 있는 로고스. 토르체로의 대성당(중세 초기) [그림 30]

한 마음이 어두워졌나니 스스로 지혜 있다 하나 어리석게 되어 썩어지
지 아니하는 하나님의 영광을 썩어질 사람과 새와 짐승과 기어 다니는
동물 모양의 우상으로 바꾸었느니라."28)

예수나 바울의 이 말은 분명히 날이 선 칼이다. '예수 이전에 온 자',
'이교도'는 잘못을 저질렀다. 그들은 진리를 알고 있었음에도 틀린 해석
을 했기 때문에 용서받기 어렵다. 세 번째 '신이 주신 영감설'은 '진리를
얻는 것은 신의 특별한 은총으로만 가능하다'고 하는 교리가 (특히 아우
구스티누스 이후에) 확립되면서 문제화되기 시작한다. 하지만 예컨대 클

레멘스는 신과 인간 사이에 중개자로서 천사라는 계제를 끼워 넣음으로써 이 문제를 모면한다.

어느 설을 취하든 그리스도교도에게 모든 진리는 신에게 소급되는 것이어야 했다. 그러한 의미에서 클레멘스의 다음과 같은 텍스트는 그리스도교적인 '진리 계보의 신화'를 말하는 가장 전형적인 텍스트의 하나라고 할 수 있다.

> 가르침이 있다면 반드시 그것을 가르친 교사가 있어야 한다. 클레안테스는 제논을, 테오프라스토스는 아리스토텔레스를, 플라톤은 소크라테스를 교사로 인정하고 있다. 그리고 피타고라스나 페레퀴데스, 탈레스 등 (그리스인) 최초의 현인들에게도 거슬러 올라가 그들의 교사를 찾아나갈 것이다. 만일 그것이 이집트인이나 인도인, 바빌로니아인과 마구스들이라고 해도 나는 여전히 그들의 교사를 찾는 일을 멈추지 않을 것이다. 이러한 방법을 통해 우리는 인간의 창조까지 거슬러 올라가게 된다. 그곳에 이르러서도 나는 다시 '교사'를 찾게 되는데, 그것은 인간일 리가 없다. 인간은 그때 아직 가르침을 받지 못했기 때문이다. 그것은 천사일 수도 없다. 천사 또한 진리를 전해 받은 자라는 사실을 우리는 알고 있기 때문이다. 이렇게 해서 우리 자신의 한계를 초월하여 우리는 그들(천사들)의 교사를 찾아 나서는 것이다.[29]

＊

그리스도가 탄생했을 때 베들레헴 거리 위에 빛나는 별 하나가 나타났다. 이 작은 사건이 상징하는 것처럼 전 우주는 그리스도에 의해서, 이른바 그리스도의 함수函數로서 존재한다.

앞장(92-94쪽)에서도 서술했듯이, 이스라엘 종교의 보편주의적 성격은 바빌론 유수 시기에 국가 붕괴를 목격한 예언자들이 종말론적 사색에 몰두한 것과 함께 얻은 결과였다. 예언자들은 "이스라엘은 신과의 계약을 어겼고, 더욱이 부패했기 때문에 신에게 벌을 받는다"라고 말한다. 그래서 예레미야는 신의 말씀을 전하면서 이렇게 말한다. "이제 내(여호와)가 이 모든 땅을 내 종 바빌론의 왕 느부갓네살의 손에 주고 또 들짐승들을 그에게 주어서 섬기게 하였나니…"30) 이스라엘을 적대하는 느부갓네살 왕은 이스라엘 신의 종에 지나지 않는다. 그러므로 이사야는 이렇게도 말했다.

"열국이여 너희는 나아와 들을지어다 민족들이여 귀를 기울일지어다 땅과 땅에 충만한 것, 세계와 세계에서 나는 모든 것이여 들을지어다 대저 여호와께서 열방을 향하여 진노하시며 그들의 만군을 향하여 분내사 그들을 진멸하시며 살육 당하게 하셨은즉…"31)

이스라엘의 신은 동시에 세계의 신이다. 바로 그렇기 때문에 세계의 역사는 이스라엘이 신과 맺은 계약에 따라서 온갖 방향으로 요동하게 되는데, 바빌론이 흥하고, 멸한 후에는 페르시아가 흥하고, 또 로마가 흥하고…32) 그리고 '여호와의 날'의 분노의 불은 세계를 태워 없애는 것이다.

그리스도교는 신과 이스라엘의 계약에 의한 드라마의 한 궁극적 결말로 그리고 전혀 새로운 시대의 개막으로 등장했다. 그리스도는 제2의 아담, 곧 '첫 사람 아담'에 대한 '마지막 아담'이고,33) 다윗의 자손인 것과 동시에 다윗이 언약한 계약의 성취이기도 하다.34) 따라서 바울에게 그리스도 이전에 전해진 모든 경전은 '낡은 약속'이고, 그것만 따르는 자는 '여종의 아들', '지금 있는 예루살렘', '육체를 따라 난 자'이다. "무엇이든지 전에 기록된 바(구약성서)는 우리의 교훈을 위하여 기록된 것"이고, 우리는 구약에 씌어 있던 '베일'을 걷고 그 참된 의미를 읽을 때에 비로소 '자유 있는 여자의 아들', '위에 있는 예루살렘', '성령을 따라 난 자'가 된다.35) 즉 『구약성서』는 유대교인을 위해서 쓰인 것이 아니다. 그것은 그리스도교도에 한해서만 참된 '영적인' 의미를 갖는 것이다.

바빌론 유수기 이전의 동란 속에서 예언자가 예견한 대로 '옛 계약'은 이제 '그리스도의 피로 맺는 새로운 계약'으로 바뀌었다. 율법이야말로 '행위의 율법이 아니라 신앙의 율법' 즉 신이 "사람들의 가슴에 새겨줄 율법"이었다. 참으로 개인화되고 내면화된 율법이다.36) 그 때문에 바울은 소리 높여 다음과 같은 말을 할 수 있었는데, 이것이야말로 그리스도교 보편주의의 최초 선언이다.

"누구든지 그리스도와 합하기 위하여 세례를 받은 자는 그리스도로 옷 입었느니라. 너희는 유대인이나 헬라인이나 종이나 자유인이나 남자나 여자나 다 그리스도 예수 안에서 하나이니라."37)

유대 율법에 따르는 자에게 세계의 역사는 신과 이스라엘이 맺은 계약 드라마의 각본이고 세계의 나라들이 그 드라마의 등장인물에 지나지 않는다는 의미라면, 그리스도교도에게는 이 드라마, 즉 『구약성서』에 기록된 역사 그 자체는 신의 깊은 뜻인 그리스도의 업적과 복음을 암시하기 위해서 "영세 전부터 감추어졌던"38) 장대한 알레고리아의 책인 것이다. 그러므로 예수의 생애는 세세한 것에 이르기까지 "주께서 선지자로 하신 말씀"의 성취로 기술되었다.39) 그뿐만이 아니라 이스라엘 역사의 중요한 에피소드는 그리스도의 사업을 통해 처음으로 그 숨겨진 의미를 드러낸다. 예를 들어 노아시대 대홍수의 물은 곧 세례 물의 예표豫表이고,40) 유월절 제사에 흘린 어린 양의 피는 하나님의 아들을 짓밟고 자기를 거룩하게 한 언약의 피의 상징이다.41) 이스라엘의 열두 지파는 또 예수의 열두 제자를 표상한다.42)

바울은 구약성서의 이러한 기술을 여러 곳에서 '예표'(티포스typos)라고 부른다(예컨대 「로마서」 5:14의 아담은 오실 자의 모형[티포스]이다). 따라서 구약성서를 이렇게 해석하는 방법론을 '예표론豫表論 typology'이라고 부른다. 그리고 이것은 유스티누스, 클레멘스, 오리게네스 등으로 이어지면서 중세에 수용되었다.43)

"인간은 결국 신들의 손 안에서 조작되는 인형에 지나지 않는다"라는 생각이 그리스에서는 호메로스 시대부터 명확하게 표현되고 있었다. 호메로스에게 그것은 신들 사이의 투쟁을 인간이 대행한다는 형태로 나타났지만, 고전 비극 시대가 되면 인간의 모든 행동은 신들의 의지보다 더 추상적이고 보편적인 구속력을 지닌 '운명'(모이라Moira)에 이끌리는 것으로 표현되었다. 소크라테스의 '모든 것을 알고, 만물과 인간에 대한 배려에 부족함이 없는 신'이라는 신 개념은 이런 배경에서 나온 것이라고 생각할 수 있다. 다이몬의 소리를 매개로 그에게 직접 말을 건 소크라테스의 신은 일종의 인격신적인 성격을 갖고 있었지만, 그것을 계승한 플라톤의 신은 마찬가지로 세계에 대한 배려를 잠시도 잊지 않는 신이면서도 훨씬 추상적이고 초월적인 존재였다. 신의 '섭리'(프로노이아(pronoia)라는 말은 (철학적 콘텍스트에서는) 플라톤이 처음 사용했지만,44) 이 개념을 스토아학파가 물려받으면서 우주론적 숙명론의 색채를 띠게 된다.45)

유대-그리스도교적인 '신의 섭리'는 이렇게 그리스적인 섭리의 개념과는 확실히 성격을 달리한다. 유대교의 '계약', 그리스도교의 '사랑' 또는 '신앙과 은총'의 관계에서 상징하듯이, 거기에는 신과 인간의 드라마적인 관계가 기본 원리로 놓여 있다. 드라마는 언제나 불가역적, 일회적인 시간 안에서 전개된다. 즉 그것은 역사 속에서 전개된다. 하지만 동시에 드라마는 그것을 보는 관객에게 하나의 구성된 의미―폐쇄된 구조―를 제공하는 것이기도 하다.46) 즉 그 의미는 어떤 하나의 시간 속에서 '한눈에' 읽어낼 수 있는 것이어야 한다.

그리스적인 '신의 섭리'하에서 인간은 언제나 수동적인 처지에 있다(이 섭리는 궁극적으로는 영원히 불변하는 '자연의 법칙'에 수렴되는 방향성을 지닌다). 그것과 달리 유대-그리스도교적인 '신의 섭리' 안에서 인간은 두 가지 경우에 능동적인 위치에 설 수 있다. 즉 드라마의 등장인물로 그리고 그 의미를 읽어내는 해독자로.47) 하지만 그저 일반적이고 추상적으로 '인간'이라고 해서는 안 된다. 그 인간은 신의 인격성에 대응하는 특정한 인격, 주체적인 존재로서의 인격을 갖추어야 한다. 그러므로 그 인간이란 실제로 언제나 '현재의 우리'이다. 나아가 그 드라마의 최종 결말은 언제나 분명한데, 그것은 '현재의 우리'가 (미래에 받을) 구원 말고는 있을 수 없다.

따라서 신과 인간의 드라마, 즉 역사의 전 과정은 모두 이 '현재 우리'의 마지막 구원을 목적으로 짠 일련의 장대한 직물(태피스트리tapestry)이다. 과거의 모든 사건과 현재의 '우리' 이외의 인간(유대-그리스도교적

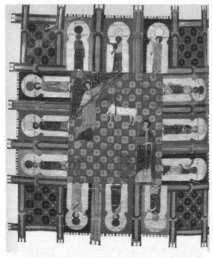

'천상의 예루살렘'. 베아투스 주석 묵시록의 수기 원고본(스페인, 11세기 전반. 「요한계시록」21:1-2 참조) [그림 31]

베르길리우스『목가牧歌』제3편의 수기 원고본 세밀화(6세기) [그림 32]

콘텍스트에서는 '이교도')에게 일어나는 모든 사건의 이야기[48]를 매개로 신은 '현재의 우리'에게 말을 건다. 이 신의 이야기는 은유의 언어로 말해진다.[49] '현재의 우리'는 그것을 모두 읽고 해석할 수 없다(그것이 가능할 때 드라마는 종결되고 '현재의 우리'는 구원된다고 한다). 하지만 그것을 가능한 한 해독해냄으로써만 '현재의 우리'는 신의 부르심에 응해서

영원한 진리＝구원＝역사의 종말을 향한 새로운 한 발자국을 내디딜
수 있는 것이다.

　그렇다면 그리스도가 태어나기 훨씬 이전에 (이스라엘 역사가 그 일
을 암시했던 것과 마찬가지로) 이교의 예언자 헤르메스 트리스메기스토
스나 시빌라가 성육신을 예언하고, 미트라 신화의 단편이, 또 호메로스
나 오르페우스 혹은 플라톤의 난해한 한 구절이, 그리스도에 의해 비로
소 현현된 영원한 진리를 '자기 자신도 알지 못하는 사이에' 말했다 하
더라도 조금도 이상할 것이 없다.

　그리고 또 그리스도가 성육신하기 42~37년 전에 로마의 시성 베
르길리우스가 동정녀 탄생을 증명하는 종말의 기대에 가득 찬 어구로
예언했다. 그것은 중세 그리스도교도들에게는 신의 만능을 나타내는
새로운 증거의 하나이긴 했지만 그렇게 놀랄 만한 일도 아니었다(예를
들면 단테의『신곡』).50) 그러나 이『목가牧歌』제4편의 몇 행을 그리스도
탄생 직전에 썼다는 사실을 알게 될 때, 오늘날의 독자는 반대로 일종의
불가사의한 감흥으로 마음이 설레는 것을 감출 수 없을 것이다.

> 쿠마에의(시빌라의) 예언이 고하는 가장 좋은 시대가 드디어 온다.
> 위대한 세기의 질서가 다시 시작된다.
> 이제야 처녀는 돌아오고, 사투르누스 왕국이 부활한다.
> 이제야 새로운 핏줄이 높은 하늘에서 파견된다.
> 더러움 없는 루키나여. 빠르게, 안전하게 아들을 낳으셨도다.
> 그 아들에 의해서 철의 종족은 마침내 끝나고 황금 종족이,
> 전 세계에 일어나리라. 당신의 형 아폴론은 이미 힘을 얻었다.
> 당신의 지도 아래, 우리의 죄는 모두 사라졌도다.

세계는 끝없는 공포에서 해방되었네.

그 아들은 신들의 생활에 더해서 영웅들이 신들과 만나는 모습을 보고,

스스로 그들과 함께 하며,

아버지의 덕이 가져다준 평화로운 세계를 다스리시네.[51]

이러한 그리스도교적인 '현재의 우리'가 헬레니즘의 보편성을 소화하고, 절대적인 보편성을 획득했을 때(그것은 시대적으로는 거의 4~5세기라고 할 수 있다) 그 이외의 것은 모두 타자, 다른 것, '이교도'로 자리 잡게 되었다. 이렇게 해서 고대의 '이교異敎' 역시 우리가 말하는 넓은 의미에서 '동양'의 범주에 포함되게 되었다.

제 V 장

세계의 종말과
제국의 부흥

세계사의 시대 1

옛날 마그나그라이키아의 고대 도시 쿠마이(오늘날의 나폴리 북방)에는 시빌라의 동굴이 있었다. 기원전 42년~37년경 베르길리우스는 그 시빌라의 이야기를 가져와, 곧 다가올 사투르누스 왕국 즉 황금시대가 다시 도래하는 꿈을 신비한 빛으로 가득찬 시구로 말했다. 여기에서 그 탄생이 칭송되고 있는 '티끌 하나 없는 루키나'의 아들은 누구를 가리키는가? 예로부터 논쟁의 대상이 된 이 문제에 분명한 결론이 내려지지는 않았다.[1] 그러나 베르길리우스가 예감한 '사투르누스의 세상'은 사실 그로부터 얼마 되지 않아 '아우구스투스의 치세'라는 모습으로 도래했다(재위 기원전 27년~기원후 14년). 끊임없는 전란과 잇따른 학살 끝에 찾아온 이 시대를 '아우구스투스의 평화pax augusta' 시대로 각인시킨 것은 베르길리우스의 힘이 크다. 베르길리우스야말로 로마제국 이데올로기를 가장 열렬히 주창한 대표자였다. 예를 들어 그는 『농경시』 제2권에서 이렇게 쓰고 있다.

이탈리아는…

싸움에 있어 용서가 없는 스키피오 일족을 낳고,

그 가운데서도 가장 위대한 사람, 카이사르(옥타비아누스)여, 그대를

낳았다.

당신은 이제 아시아의 끝까지도 정복하고

당신 앞에서 두려워 떨고 있는 인도인을 로마의 성채에서 멀어지게 했다.

영원히 번영하라, 사투르누스의 땅이여! 작물의 위대한 어머니,

용사들의 위대한 어머니여….2)

"일곱 개의 성채를 성벽으로 하나로 연결하여 세계를 놀라게 한"3) 이 로마야말로 '영원한 번영'을 약속 받은 '사투르누스의 땅'이었다.

베르길리우스의 평생의 대작인 서사시 『아이네이스』는 로마의 건설을 트로이의 영웅 아이네아스의 모험 이야기를 통해 노래한다. 이것은 호메로스의 서사시를 모델로 하여 쓴 작품이었지만, 여기에 나오는 영웅들의 공훈은 호메로스의 경우와는 본질적으로 다른 존재론적 의미를 갖고 있었다. 그리스의 옛 영웅들은 신들의 손 안에서 운명이라는 이름으로 조종되는 인형에 지나지 않았지만, 『아이네이스』의 주인공들은 신들의 결정을 지상에서 실행으로 옮기는 자, 즉 초월적 신명神命의 대행자들이었다. 그러므로 '신과 인간의 아버지이신 신' 주피터는 로마의 미래를 이렇게 말한다.

(로마라고 불리는) 그 땅의

번영에 나는 마지막과 기한을 부여하지 않는다.

국권이 무궁하도록 정해두었다.

… 운명은

이와 같이 정해졌다…

이 고귀한 혈통에서 트로이의 후예 카이사르가 나와

그 명예와 권력은 더 넓고 높이 퍼져가고

그저 태양과 별이 그 한계를 가르쳐줄 뿐이다.4)

　트로이가 함락된 옛날부터 세계(오이쿠메네*oikumene*)를 통치하는 로마, 영원한 로마의 운명은 정해져 있었다. 세계의 역사는 이 로마의 실현과 완성이라는 종극을 향할 때에만 의미가 있다.5)

　영원한 로마를 지향하는 이 신비적 로마제국주의의 풍랑 속에서―히브리적 전통과는 연관 없는 곳에서―또 하나의 역사철학이 싹트고 있었다.

　그리고 베르길리우스가 '사투르누스의 왕국'을 예언한 지 40년이 채 지나지 않아, 로마의 초대 황제 아우구스투스 치세 때에 팔레스티나의 땅, 베들레헴에서 그리스도가 태어났다. 신의 아들의 성육신과 죽음 그리고 부활이 세계의 새로운 시작, 제2의 창조라고 한다면 신은 왜 하필이면 이때를 선택하여 독생자를 세상에 보낸 것일까?

　그 물음에 대한 하나의 답이 신약성서 말미에 있는「요한계시록」이라고 할 수 있다. 황제 네로가 행한 최초의 극심한 그리스도교 박해(64년)에서부터 도미티아누스 황제 치세(81~96년) 초기까지의 사이에 쓰인 이 책은 로마제국에 대한 극심한 증오와 저주로 가득 차 있다. 그 책에서 로마는 "뿔이 열이요 머리가 일곱"인 "바다에서 나오는 한 짐승"에, "땅의 음녀들과 가증한 것들의 어미"인 "큰 바벨론"에, "물 위에 앉은 큰 음녀"에 비유되고, "성도들의 피와 예수의 증인들(순교자)의 피에

'분노의 날'. 타오르는 불가마에 던져진 세 명의 유대인. 로마, 성 프리스킬라 교회 지하묘지 벽화 (3세기 후반) [그림 33]

'머리가 일곱 개 달린 짐승에 올라앉은 큰 음녀'(『요한계시록』 17장 1절 이하 참조). 베아투스 주석 묵시록의 수기 원고본(스페인, 13세기 초엽) [그림 34]

취한" 큰 음녀가 마침내 쓰러지는 모습이 묘사되어 있다("무너졌도다 무너졌도다 큰 성 바벨론이여").6) 게다가 첫 번째 짐승 다음으로 "땅에서 올라오는" 짐승은 "용처럼 말을 하더라", "땅과 땅에 사는 자들을 처음 짐승(카이사르가 암살되고 아우구스투스가 즉위한 로마를 지칭함)에게 경배하게 하니 곧 죽게 되었던 상처가 나은 자니라." 이 짐승은 또 "모든 자… 그 오른손에나 이마에 표를 받게 하고" "이 표는 곧 짐승의 이름이나 그 이름의 수라. 지혜가 여기 있으니 총명한 자는 그 짐승의 수를 세어 보라 그것은 사람의 수니 그의 수는 육백육십육이니라." 이 '육백육십육'을 히브리어 글자에 적용해보면 '카이사르 네로'를 가리킨다고 한다(이 숫자는 중세 혹은 르네상스 때 여러 가지 의미로 해석되었다).7)

그리스도교는 팔레스티나를 중심으로 발전한 '유대교 비주류파'의 강렬한 종말사상을 배경으로 태어났다. 사해문서死海文書의 메시아 신앙을 "회개하라, 천국이 가까이 왔느니라"고 설한 세례 요한이 그리고 70년에 예루살렘 함락으로 끝난 자살적 유대전쟁을 주도했던 이른바 젤로트 당(열심당熱心黨)이 모두 종말사상에 따라 움직였던 것이다.

예수 자신이 '종말의 날'에 대하여 많은 예언을 남기고 있다.8) "어느 때에 이런 일이 있겠사오며 또 주의 임하심과 세상 끝에는 무슨 징조가 있사오리이까" 하고 제자들이 묻자 예수는 말한다. "만일 집 주인이 도둑이 어느 시각에 올 줄을 알았더라면 깨어 있어 그 집을 뚫지 못하게 하였으리라. 이러므로 너희도 준비하고 있으라 생각하지 않은 때에 인자가 오리라." "번개가 동편에서 나서 서편까지 번쩍임 같이 인자의 임함도 그러하리라."9)

이날이 언제 도래하는가는 "하늘의 천사들도, 아들도 모르고 오직 아버지만 아시"는데 초기 그리스도교도들은 그것이 그들이 살아 있는

레비아탄 위에 앉은
적(안티)그리스도. Liber floridus의
수기 원고본(1120년경. Emmerson,
117-118 참조) [그림 35]

콘스탄티누스 대제의 꿈. 콘스탄티
누스는 꿈에서 십자가 깃발 아래 싸
우라는 계시를 받고 그 계시에 따라
312년 10월 28일 로마 황제 막센티
우스와의 전투에서 결정적인 승리를
거두었다(나지안스의 그레고리우스
의 설교집 사본에서). [그림 36]

동안에 오리라는 것을 믿어 의심치 않았다.[10] 사실 신약성서에는 그들
이 이 두려운 날―그러나 동시에 예수가 재림해서 '의인'을 영원히 구원
하시는 날―을 고대하는 언어로 가득 차 있다.[11] 그러나 단지 기다리
기만 한 것은 아니었다. 신앙인들은 그것을 스스로 '앞당기지' 않으면
안 되었던 것이다. 베드로후서 3장 8-12절에는 이렇게 쓰여 있다.

"사랑하는 자들아 주께는 하루가 천 년 같고 천 년이 하루 같다는 이한 가지를 잊지 말라(후술 참조). 주의 약속은 어떤 이들이 더디다고 생각하는 것 같이 더딘 것이 아니라 오직 주께서는 너희를 대하여 오래 참으사 아무도 멸망하지 아니하고 다 회개하기에 이르기를 원하시느니라. 그러나 주의 날이 도둑 같이 오리니 그 날에는 하늘이 큰 소리로 떠나가고 물질이 뜨거운 불에 풀어지고 땅과 그 중에 있는 모든 일이 드러나리로다. 이 모든 것이 이렇게 풀어지리니 너희가 어떠한 사람이 되어야 마땅하냐 거룩한 행실과 경건함으로 하나님의 날이 임하기를 바라보고 간절히 사모하라."

'하나님의 날'이 실제로 언제 도래하는지는 무거운 비밀에 덮여 있다. 예수는 승천하기 직전에 제자들에게 이렇게 말하였다. "때와 시기는 아버지께서 자기의 권한에 두셨으니 너희가 알 바 아니요."12) 그러나 「요한계시록」의 말미에는 이렇게도 쓰여 있다.

"또 내게 말하되 이 두루마리의 예언의 말씀을 인봉하지 말라 때가 가까우니라. 불의를 행하는 자는 그대로 불의를 행하고 더러운 자는 그대로 더럽고 의로운 자는 그대로 의를 행하고 거룩한 자는 그대로 거룩하게 하라. 보라 내가 속히 오리니⋯."13)

'대☆바벨론'이자 '물 위에 앉은 큰 음녀'인 로마제국이 갈수록 번영하여 세계를 그 지배하에 두는 것처럼 보이는 것은 마지막의 때가 가까웠다는 징조이고 증거이다. "더러운 자는 그대로 더러운" 채로 내버려두고—즉 로마의 영광이 서서히 정점의 극을 향한다. "거룩한 자는 그

성처녀에게 콘스탄티노폴리스를 바치는 성인으로서의 콘스탄티누스 대제. 하기아 소피아 대성당의 모자이크, 부분(986-994년) [그림 37]

대로 거룩하게" 함으로써—즉 그리스도교도가 로마의 온갖 극악한 박해를 견딘다. 예수의 약속은 좀 더 신속하게 성취된다. 로마의 번영은 의인을 구원하는 수단이고, 신의 마음에 드는 것으로 기쁜 일이기조차 하다.

그러므로 「요한복음」과 「요한계시록」을 최대의 전거로 삼는 프뤼기아(프리지아)의 이단의 일파인 몬타누스파(2～4세기) 사람들은 250년부터 260년경의 심한 그리스도교 박해의 폭풍 속에서 스스로 로마 당국에 그리스도교도임을 알리거나, 혹은 당국을 도발하여 기꺼이 순교했던 것이다.14)

그리스도교는 세상 종말의 기대 속에서 태어났다. 그러므로 그리스도교의 역사를 돌아볼 때 그 종말론적 측면은 언제나 가장 중요한 요소로 파악되어야 한다. 그리고 그 종말에 대한 기대 속에는 언제나 그것을 적극적으로 앞당기려는 경향이 있고, 그 때문에—오늘날 일종의 혁명운동을 예로 들면 '제국주의의 모순들'이 정점에 달하는 것을 기대하는 것과 같은 의미에서—악의 번성, 적그리스도의 도래,15) '온갖 나라와 권위'의 혼란과 파멸을 기대했다는 사실도 잊어서는 안 된다. 초기 그리스도교의 반로마적 경향 속에서 로마제국이야말로 이 세상의 악의 상징 혹은 '지금 세상 그 자체'였다. 그것이 아우구스투스의 즉위로 영광의 정점으로 올라가기 시작하던 바로 그때에 '하나님 나라'가 가까웠다는 것을 알리기 위해 베들레헴의 작은 마구간에서 신의 독생자가 태어난 것이다. 이것이야말로 신의 가장 깊은 의도, 신비한 섭리가 아니고 무엇이랴….

그러나 세상의 종말은 곧 찾아오지 않았다. 그리스도교도의 자살과 같은 '용기 있는' 순교는 많은 로마 시민을 놀라게 했고, 신자 수는 빠르게 늘어갔다. 그리하여 312년 10월 28일, 콘스탄티누스 대제는 밀라노 칙령을 내리고 그리스도교도는 뜻밖의 최종 승리를 거두었다.

본래 그리스도교적인 종말론(천년왕국설)은 리옹의 주교 이레나이우스, 몬타누스파에 속했던 테르툴리아누스 또 로마의 히폴리투스 등에 의해서 깊어졌지만(2~3세기 전반), 그 후 오리게네스(3세기 중엽)가 우의적-'영적'으로 해석하면서 현실성이 희박해진다. 그래서 현실의 역사가 예기치 못한 방향으로 흘러갈 때 그리스도교는 '로마제국'의 의미를 새롭게 해석해야만 했다. 이 새로운 해석의 완성자는 오리게네스의 3대째 제자인 (팔레스티나의) 카이사레아(가이사랴)의 주교 유세비우스였다. 콘스탄티누스 황제에 대한 신임이 두터워 그를 일종의 성인으로 찬양하는 전기를 썼던 '교회사의 아버지' 유세비우스의 로마 해석은 로마 제국주의의 역사철학을 그리스도교의 종말관으로 짜 맞춘 획기적인 의미를 지니고 있었다. 이 로마 해석이야말로 이후의 '그리스도교 제국주의'의 최초 표현이고, 그 고전적인 형태이기도 하였다. 여기서는 와타나베 긴이치渡辺金一의 요약을 인용해보자.

로마제국의 초대 황제 아우구스투스는 신의 뜻에 따라 세계(오이쿠메네)를 바야흐로 베들레헴에서 그리스도가 태어날 그때에 통일하는 대사업을 달성하고, 그로 인해 그리스도의 사도들이 복음을 전파하기 위해서 그리고 모든 의견 대립을 지양하는 그리스도의 계시가 확산되도록 정치적인 틀을 준비했다. 즉 아우구스투스의 평화pax augustas는 그리스도교 평화pax christiana의 바탕이 된 것이다. 그로부터 300년 후에 콘스탄티누스 대제가 나타나서, 이 세상의 유일한 지배자로서 천상의 기적에 의해 스스로 그리스도교로 개종함과 동시에 로마제국 안에 그리스도의 가르침을 유기적으로 심었다. 이렇게 해서 전 세계를 포괄하는 그리스도가 계신 천상 제국의 불완전한 모상으로서 그리고 인류를 그리스도의 재림 때까지 통합해놓는 지상의 제국, 그리스도교 로마제국이 탄생한 것이다.16)

'바다에서 올라오는 머리가 일곱인 짐승'이라 해도, 즉 이 세상의 악의 상징이고 그 구현이라 하더라도 로마는 신의 뜻에 의해 세계 지배를 위임받은 제국이었다. 그리고 지금 로마는 천상의 제국이 지상에 표현되는 모상으로서도 그리스도의 탄생과 동시에 태어날 필연성이 있었던 것이다.17)

여기에서 우리는 유세비우스 시대(4세기 초엽)에서 단숨에 1300년의 시간을 훌쩍 뛰어넘어 파스칼이 말한 다음의 유명한 구절을 인용해보자.

신앙의 눈으로 다리우스 1세와 키루스가, 알렉산드로스와 로마인이, 폼페이우스와 헤로데 왕이 스스로도 인식하지 못하는 사이에 복음의 영광을 위해서 일하고 있는 것을 볼 때, 그것은 얼마나 위대한 광경이었겠는가?18)

*

신은 세계를 6일 동안 창조하시고, 자신의 모습을 본떠 아담을 창조하셨다. 신에게 반항한 아담의 후예를 구원하기 위해 다시 신은 독생자 예수, 즉 '최초의 아담'의 때처럼 '마지막 아담'(전술 112 참조)을 세상에 보내셨다. 그리고 이 구세주가 영광 속에서 재림할 때 세상은 종말을 고한다.

그리스도교도는 세계의 창조에서부터 종말에 이르기까지의 주요한 과정과 그 의미를 잘 알고 있었다. 역사란 신이 인간을 구원할 계획을 묘사한 장대한 두루마리 책인 것이다.

헤로도토스(기원전 6세기)에서부터 아리아노스(2세기) 혹은 유세비우스(5세기)에 이르기까지, 또는 늙은 카토(기원전 2세기)에서부터 수에토니우스(2세기)까지, 또는 암미아누스 마르켈리누스(4세기)에 이르기까지 그리스와 로마의 이교도 역사가들은 역사 기술의 고전적 전통을 만들었다. 그러나 몇 가지 예외를 제외하고는(예를 들어 시칠리아의 디오도로스) 그들의 주된 관심사는 개개의 사건 묘사나 개별 인간의 전기였다. '세계의 시작, 최초의 인간에서 오늘에 이르기까지'의 역사, 즉 세계사(또는 보편사universal history)를 쓰는 일은 그리스도교도에 의해 최초로 시작되었다.

이런 역사를 쓰려면 우선 오랜 옛 시대의 일들을—예컨대 최초 인간의 이름, 장소와 시대 등—확실히 알고 있어야만 했다. 이교의 신화에도 최초 인간에 대해 전해지는 이야기가 있다(예를 들면 프로메테우스가 인간을 창조한 이야기). 그러나 그것은 어디까지나 신화이지 확실한 역사적 사실에 대한 지식은 아니다(신화가 역사를 왜곡해서 전하는 일은 있어도 역사가가 신화를 쓰는 것은 용납되지 않는다). 그러나 성서에 기술되어 있는 천지 창조와 그 후 옛 시대의 이야기는 조금도 의심할 여지가 없는 확실한 사실을 전하고 있다. 왜냐하면 그것은 예언자 모세의 입을 빌려서 하신 신의 말씀 자체이기 때문이다.

그리고 그것 이상으로 이러한 '세계사'를 쓰는 일 자체에 의미가 있어야만 했다. 만일 역사가 과거의 사실을 정확하게 전달하는 이야기에 지나지 않는다면 그 의미는 극히 빈약할 것이다. 하지만 그리스도교도에게 그것은 가장 중요한 의미였다. 우선 예수라는 한 인간이 실제로 탄생해서, 십자가 위에서 죽고, 3일 후에 부활한 것이 역사적 사실로 확정되지 않는다면 그리스도교는 성립하지 않는다. 「요한복음」 서문에서 말한다. "말씀이 육신이 되어 우리 가운데 거하시매 우리가 그의 영광을 보니 아버지의 독생자의 영광이요"(1:14). 게다가 이 한 남자의 삶과 죽음이 단순한 인간의 그것이 아니라는 것, 단순한 예언자나 마술사의 그것도 아니라는 것, 진정한 하나님의 말씀(로고스)의 성육신이라는 것이 증명되어야만 한다. 그리고 그것을 위해서는 필연적으로 과거·현재·미래의 전 역사를 신이 행하신 인류 구원의 역사 과정으로 보아야 했다. 그 구원의 역사 가운데, 그리스도의 공적이 단 한 번 일어난 결정적 사건으로 자리매김하게 되면서, 비로소 그리스도교의 성립 기반이 마련되었다. 세계사-보편사는 그리스도교의 본질에 가장 깊이 뿌리박은 하나의 숙명이라고 해야 할 것이다.

그리스도교는 원래 역사서 위에 성립되어 있었다. 구약성서도 신약성서도 신의 말씀임과 동시에 역사서였다. 그러나 이교도와 논쟁하는 경우 성서만을 근거로 하면 논의가 '지방적local'인 것으로 빠져버릴 우려가 있었다. 그래서 성서의 역사를 이교도 역사의 틀에 대응해 이교도의 역사를 성서의 역사 속에 집어넣음으로써 성서의 역사는 보편사가 되었다.

보편사의 원형은 연대기年代記이다. 연대학은 소피스트 시대의 히피아스에서부터 아리스토텔레스, 에라토스테네스, 아폴로도로스 등에 의해 헬레니즘 시대까지의 전통이 확립되어 있었다. 거기에서는 우선 역사상 가장 오래된 올림피아 축제(기원전 776/775년)를 기준으로 하고, 좀 더 거슬러 올라간 트로이아의 함락(기원전 284/283년)을 절대적인 출발점으로 삼아 그 후의 연대가 결정되었다.[19] 또 그것과 마찬가지로, 예를 들어 디오게네스 라에르티오스의 『철학자열전』 서장에서 보듯이 이민족Barbaroi의 전승에서 보이는 반半신화적인 '초超고대'에서부터 역사 연도를 추정해서 그리스사와 합치하는 연대학도 발달했다(전술 58-61, 72-75 참조).

그리스도교 연대학에서는 두 가지 큰 동기를 생각해볼 수 있다.[20] 첫 번째는 그리스도교가―여기서는 구약성서가―전하는 진리의 역사가 그리스나 다른 민족의 것보다 훨씬 먼 시대로까지 소급된다는 것을 증명하기 위해서였다. 이것은 당시의 헬레니즘 문화에서 일반적이던 '고대지향Primitivism', 특히 '비교秘教에서의 지知의 기원' 신화에 해당하는 것으로 위의 그리스-헬레니즘 연대학의 후자 전통을 그대로 계승한 것이다. 그럼에도 이교도 문인들의 냉정하고 다소 노스탤지어에 젖은 불확실한 필치에 비해, 그리스도교 저술가들은 성서를 절대적인 증명서로 받들고, 단정적인 어조로 자신들의 전통이 오래됐음을 주장했다. 예를 들어―시대는 어느 정도 내려가지만―아우구스티누스가 말한 다음 구절은 그리스도교도의 '논증'이 어떤 '논거'에 기초해서 이루어졌는지 보여주는 전형적인 예다.

인간이 행복할 수 있는 방법을 가르친다고 공언하는 철학도 그 땅(이집트)에서 번성하였던 것은 그들이 트리스메기스토스라고 부르는 메르쿠리우스가 살아 있을 때로, 물론 그리스 성인들이나 철학자들보다는 훨씬 이전이지만 아브라함과 이삭, 야곱, 요셉 그리고 모세보다는 뒤의 일이다. 실제로 위대한 점성술사 아틀라스가 살았던 때는 모세가 태어난 무렵이라고 알려져 있다. 그는 프로메테우스의 형제로서 대* 메르쿠리우스(그 손자가 트리스메기스토스 메르쿠리우스이다)의 어머니 쪽 외조부이다.21)

그래서 이집트인은 십만 년도 더 전에 별을 측정하는 법을 알고 있었다고 말하는데, 그것은 전혀 근거 없는 자기도취에 불과하다. 2000년 전에 스승 이시스에게 문자를 배웠다고 하는 그들은 어떤 책에 그 수를 기록했다는 것일까? 이 의문을 제기한 발로는 역사에 대해 상당한 권위가 있는 인물로, 그가 말한 것은 신적 문서(성서)의 진리에서 벗어나지 않는다. 실제로 아담이라는 최초 인간으로부터 6000년도 되지 않았음에도, 시간의 간격에 대해 확실한 진리와 완전히 다른 반대의 사실을 믿게 하려는 사람들은 논박은커녕 비웃음거리에 지나지 않을 것이다. 미래—그것이 현재로 바뀌는, 즉 예언이 실현되는 것을 우리는 이미 보고 있다—에 대해서 미리 알려준 사람들 이상으로 우리가 신뢰할 만한 과거에 대해 이야기해줄 사람이 있을까.22)

그리스도교 연대학의 두 번째 큰 동기는 이 종교에만 존재하는 특수한 것으로, 즉 종말론적 사변과 직접 관련되어 있다. 세계의 종말이 언제 오는가를 알기 위해서는 세계의 '연령', 그 '수명'을 알아야만 한다. 앞의 아우구스티누스의 텍스트에서 보이는 '6000년'이라는 숫자가 그리스도교 전통 안에서 받아들여진 '표준적'인 세계 수명이다. 이 숫자의 직접적인 근거는 「창세기」 앞부분의 '엿새간의 천지창조' 이야기("하나님이 지으신 그 모든 것을 보시니 보시기에 심히 좋았더라 저녁이 되고 아침이 되니 이는 여섯째 날이니라")23) 또는 「시편」 90편 4절의 "주의 목전에는 천 년이 지나간 어제 같으며 밤의 한 순간 같을 뿐임이니이다"라는 구절이라고 한다.[24] 즉 이것에 따르면 신의 하루는 사람의 천 년에 해당한다.

이 두 개의 텍스트를 조합하면 신은 인간계의 6000년 동안에 세계를 창조한 것이 된다. "그렇다고 하면 예컨대『위僞 바르나바 서신』(2세기 초엽)은 말한다. 나의 아들이여! 이 6일간 즉 6000년 후에 세계는 종말에 이를 것이다." 다시 말해 신에 의한 6일간의 천지창조는 인간에게는 6000년이란 세계 수명의 예표(티포스^{Typos})인 것이다.[25] 그리고 신이 쉬었던 일곱 번째 날인 안식일은 다시 오실 그리스도 밑에서의 7000년째 천년왕국을 표상한다.[26]

물론 이 예표론적 사변의 배경에는 천 년 주기의 우주적 시간이라는 페르시아 기원의 관념과, 각 천 년을 일곱 개 요일의 각 혹성(이들은 각각 특정의 금속명으로 불린다)의 지배하에 두고서 '우주적 큰 주간週間'을 상정한 바빌로니아 기원의 관념이 있었다는 것이 지적되고 있다. 이 두 가지는 이른바 '헬레니즘화된 마구스$^{mages\ hellenisés}$'들에 의해서 결합되고, 특히『히스타스페스 왕의 신탁』이라는 제목의 묵시문학(기원전 1세기 후반~기원후 1세기 초엽)에서 명확히 표현되었다. 이 책은 소실되었지만 교부 락탄티우스 등이 인용한 구절을 보면 거기에는 세계의 7000년의 수명, 제7000년 기에 미트라(아폴론=황금=태양)의 도래와 그 통치하의 천 년의 황금시대 등, 후에 그리스도교의 천년왕국주의에서 전개되는 것과 유사한 묵시록적 환시^{vision}가 묘사되어 있었다는 것을 알 수 있다. 락탄티우스는 당연한 것처럼 '메디아인의 아주 오랜 왕' 히스타스페스는 신의 영감을 받아 이런 예언을 했다고 쓰고 있지만, 실제로는 오히려 그리스도교의 천년왕국주의 자체가 이러한 헬레니즘적인 점성술과 관계된 묵시문학의 전통을 자신 안에 받아들여 발전해온 것이라

고 생각할 수 있다.27)

그리스도교 연대학의 이 두 가지 전통은 2세기 후반 안티오키아의
테오필루스에 의해 이미 명확히 통합된 하나의 체계를 이루고 있다. 그
에 따르면

세계 창조에서 대홍수까지는 2242년, 대홍수에서 아브라함까지는 1063
년, 아브라함에서 모세까지는 660년, 모세에서 다윗까지는 498년, 다
윗에서 바빌론 유수까지는 518년 6개월 10일, 유수가 끝나고부터 마

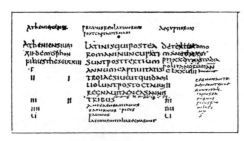

라틴어로 번역된 유세비우스의『연
대기』사본. 왼쪽 끝에 아테나이, 중
앙에 라티움, 오른쪽 끝에 이집트의
역사를 배치한 연표 형식으로 되어
있다(5세기 이탈리아 사본에서). [그
림 38]

아우구스티누스에게 그의 저서『이
교도를 반박하는 역사』를 바치는 오
로시우스(12세기 오로시우스의 사
본에서) [그림 39]

르쿠스 아우렐리우스까지가 741년으로 이 모두를 합하면 5695년이
걸리는 것이다.28)

이 계산에 따르면 트로이아 전쟁은 모세보다 900년 혹은 1000년
뒤의 일로, 그리스 시인이나 철학자가 구약성서의 예언자를 표절했다
는 것은 의심할 여지가 없다.29) 게다가 같은 계산에 따르면 그리스도
의 강림은 세계 창조 이후 5500년째에 해당한다.30)

이렇게 '천지창조의 날'에서 '종말의 날'까지 인류의 모든 역사는 신
에 의한 인간의 구원 역사라는 해석 틀 안에서 받아들여지게 되었다.
이교도이든 '신의 백성'이든 불문하고 인간인 이상 이 '창세기원'이 정해
진 그때부터 신에 의한 구원이라는 원리에 귀속되어, 이미 그곳에서 도
망친다는 것은 불가능한 일이 되었다.

이러한 보편사의 구상은 3세기의 율리우스 아프리카누스에게 계승
되었고, 카이사레아의 유세비우스에 의해 완성을 이루었다. 유세비우
스의 『연대기』(그 후반의 「연표」)는 히에로니무스(4세기 말)가 수정·보
강하여 라틴어로 번역하였고, 아우구스티누스가 『신국』(특히 제18권)
에서 대대적으로 이용하였다.31) 또 아우구스티누스는 그의 친구이자
제자인 파울로스 오로시우스에게 의뢰하여 그의 역사관을 증명하는
『이교도를 논박하는 역사』를 쓰게 했다. 그 이후 세비야의 이시도루스
(7세기 초엽)에서 베다(8세기), 생 빅토르 위그(12세기 전반), 보베의 뱅
상(13세기)에 이르기까지 중세의 세계사 전통은 그 전체적인 구상에서
모두 유세비우스-히에로니무스-오로시우스를 그대로 답습한 것에 지
나지 않는다. 게다가 동일한 구상은 파스칼의 영향도 강하게 인정되는
보쉬에의 『세계사론』(1681년)에, 혹은 뉴턴의 『개정 고대왕국연대학』

(1728년)에까지 확실히 계승되고 있다.

예를 들어 보쉬에의『세계사론』한 구절을 아우구스티누스와 비교
해보자.

트로이아의 함락(세계기원 2820년~그리스도 기원전 1184년)은 이집
트 탈출 308년 후, 대홍수 1164년 후에 일어났지만, 이 시대는 그리스
와 이탈리아의 가장 위대한 시인 두 명 호메로스와 베르길리우스가 노
래했다는 이 대사건의 중요성 때문에, 또 신화시대 또는 영웅시대라고
불리는 시대의 가장 중요한 사건 몇 개가 이때에 집중되어 있는 점에서
도 지극히 주목할 만한 가치가 있다. … 왜냐하면 프리아모스의 아버
지, 라오메돈 시대에 이아손, 헤라클레스, 오르페우스 등 황금 양모를
향해 가는 아르고선船의 모든 영웅이 등장했고, 또 이 프리아모스 시대
에는 트로이아의 최후 포위전에서 아킬레우스와 아가멤논, 메넬라오
스와 오디세우스… 혹은 로마가 그들의 시조라고 인정하는 비너스(아
프로디테)의 아들 아이네아스…와 같은 인물들을 볼 수 있기 때문이
다. … 따라서 이 시대는 신화적 시대 가운데서 가장 분명하고도 가장
놀랄 만한 일들이 일어난 시대이다.

그렇지만 거룩한 역사에서 볼 수 있는 것은 모든 의미에서 다시 주
목해야 한다. 삼손(세계기원 2887년~그리스도 기원전 1177년)의 경
이적인 힘과 그리고 마찬가지로 놀랄 만한 약함과… 혹은 나무랄 데
없는 재판관이자 왕을 성별聖別하기 위해 신에게 선택된 사무엘(세계기
원 2909년~그리스도 기원전 1095년)과… 그 무렵 아테나이의 왕 코
드로스는 그의 국민을 구하기 위해 스스로를 희생하고 그 죽음으로 국
민에게 승리를 가져다주었다.[32]

이 보쉬에보다 1300년 전의 아우구스티누스의 트로이아 전쟁 후의 서술은 어떠한가?

그 무렵 트로이아가 점령되고 파괴된 후에 아이네아스는 트로이아인 중 생존자들을 태운 20척의 배와 함께 이탈리아로 왔다. 그곳은 라티누스가 지배하고, 또 아테나이인 사이에서는 메네스테우스가… 각각 지배하고 있었다. 라티누스가 죽고 아이네아스가 3년간 다스렸는데 그 무렵… 삼손이 히브리인의 재판관이었다. 삼손은 놀라운 힘이 있어서 사람들에게 헤라클레스라고 여겨졌다. 그런데 아이네아스는 죽었을 때 모습이 보이지 않았기 때문에 라틴 사람은 그를 자신들의 신으로 삼았다. … 같은 무렵 아테나이의 왕 코드로스는 적국인 펠로폰네소스 사람이 자신을 죽이도록 하기 위해, 누구인지 알아채지 못하게 하고 몸을 내밀어 자신의 뜻대로 죽음을 맞이했다. 이리하여 그는 조국을 구했다고 여겨진다.[33]

1300년이라는 시간의 흐름은 마치 존재한 적이 없는 것처럼 느껴진다. 왜냐하면 확실한 지知는 시간이 흐른다고 낡아지거나 하는 것이 아니기 때문이다.

뉴턴은 아르고선이 출발한 해를 천문학적 계산으로 전통설보다 500년 가까이 늦게 잡아 기원전 935년으로 정했다. 그렇다고 그의 역사 인식론의 틀이 변한 것은 아니다. '그 무렵' 이집트 왕 시샤크(그리스인은 이 이름을 오시리스라고 잘못 들었다고 한다)는 예루살렘을 공격하여 동으로는 인도 끝에서 북으로는 트라키아에 이르는 세계를 정복했다고 한다.[34]

연대의 수정과 사실에 대한 비판은 기본적으로 중요하지 않다. '세계의 시초부터 오늘날에 이르기까지' 확실한 지의 체계가 역사를 가두고자 하는 한, 우리는 '그 무렵'의 역사에서 벗어날 수는 없을 것이다….

제 Ⅵ 장

동의 여명 · 서의 황혼

세계사의 시대 2

성 아우구스티누스는 이렇게 말했다.

철학자 플라톤이 아테나이의 아카데미아라고 불린 학원에서 제자들을
가르쳤던 것처럼, 그때부터 셀 수 없을 만큼 광대한, 그러나 일정한 시
간 간격을 두고 그 이전의 시대에도 역시 같은 플라톤과 같은 도시, 같
은 학원, 같은 제자들이 존재했다고 한다든지, 또 마찬가지로 셀 수 없
을 만큼 먼 미래에도 같은 일이 반복될 것이라고 한다. 이러한 것은 우
리가 가져야 할 믿음과는 한참 동떨어져 있다. 왜냐하면 그리스도는 우
리의 죄를 위해서 단 한 번 "죽은 자 가운데서 살아나셨으매 다시 죽지
아니하시고 사망이 다시 그를 주장하지 못할 줄을 알기"(「로마서」 6:9)
때문이다.

또 그는 이렇게 말을 잇는다.

아우구스티누스에 의한 세계의 6의 시대. 실낙원(왼쪽 위)에서 시작되어, 성 모자, 미사를 올리는 사제로 끝난다. 중앙의 천사는 제7시대의 도래와 시간의 종말을 알린다. 1288-1292년에 프로방스어 운문으로 적힌 백과사전을 카탈로니아어 번역. 14세기 말 카탈로니아에서 만들어진 수기 원고본 삽화 [그림 40]

이러한 (시간의) 순환 속에서 방황하는 자들(이교의 철학자들)이 입구도 출구도 찾아내지 못한다고 한들 무엇이 이상한가? 그들은 인류와 결국 죽을 수밖에 없는 우리의 상태가 어떻게 시작되고 어떤 결말로 끝날 것인지를 알지 못하기 때문이다.[1]

'영원히 움직이는 사상似像'인 시간(플라톤)[2]에 절대적인 시작과 끝을 설정함으로써 시간은 최종적인 종결, 완성을 목표로 항상 일정한 방향sense으로 진행되는 역사가 되었다. 이렇게 역사가 의미sense를 가지게 된 것과 함께 그 등장인물dramatic persona로서의 인간도 '주체적 개인'이라는 최고의 의미sense를 지닌 존재가 되었다.

영원불변의 진리(알레테이아alētheia)를 궁극의 가치로 하는 그리스 철학 전통에서 모든 질적 변화는 쇠퇴·퇴폐라는 의미로밖에 다가오지 않았다. 알렉산드로스 대왕의 전격적인 '마케도니아 제국' 건설, 즉 로마의 지중해 세계 제패라는 경험을 통해 역사의 커다란 흐름에 민감해진 헬레니즘의 지적 전통이 시대의 변화를 세계가 쇠퇴하는 표시로 받아들였다는 것도 이상할 것은 없다. 변천하는 시간 속에 놓이는 것만으로 진리는 결정적으로 사라져간다…. 이렇게 사람들은 오랜 고대 황금시대의 '원초의 지' 신화에 사로잡혀 있었다.

그리스도교가 이 신화를 물려받았다는 것은 이미 살펴본 그대로다. 그러나 그리스도교에서 황금시대의 꿈이란, 이른바 '낙원의 아담'이라는 상징적인 단 한 점에 응축되고, 그 아담이 신에게 반항하여 '인간의 역사'가 시작된 후, 인간은 종말을 향해 부단히 걸어가는 존재가 되었다. 그리스도교도에게 완전이란 완성된 것, 진행되고 있는 세계의 변천속에서 얻어지는 것이다. 따라서 역사란 그 완수*consummatio*를 위해 한 걸음씩 다가가는 오랜 진보의 과정이라고 여겨지게 된 것이다.3)

그러므로 예컨대 오귀스트 콩트가 『19세기 실증주의 문고』의 필독서 목록에 콩도르세의 『인간 정신의 진보에 관한 역사적 개관』 초고와 보쉬에의 『세계사론』(이 책에 대해서는 전장 137-138을 참조)과 나란히 아우구스티누스의 『신국』을 거론한 것도 결코 엉뚱한 것은 아니었다. 또 이 그리스도교적 역사철학이 인식론에 '응용'된다면 "인간의 지는 현재는 완전하지 않지만, 어느 때(즉 역사의 종말에는) 완전한 지에 도달할 것"이라는 지의 종말론이 형성되는 것도 충분히 예상할 수 있는 일이다.4)

콩트는 아우구스티누스보다 더 거슬러 올라가 성 바울을 인용할 수도 있었을 것이다. 바울(전술 112-113 참조)은 구약의 율법을 따르는 유대교인을 아브라함의 이집트인 첩 하갈의 아들('노예의 아들')에 비유하고, 그 율법을 뛰어넘는 그리스도의 복음을 따르는 자를 본부인 사라의 아들('자유로운 여자의 아들')에 비유했다. 그는 같은 서간에서 그리스도 이전의 인간을 율법으로 예의범절을 가르쳐야 하는 '어린아이'에, 복음을 받아들인 자를 자유로운 '어른'에 견주고 있다. 그래서 바울은 이렇게 말할 수 있었다.

> 율법이 우리를 그리스도께로 인도하는 초등교사가 되어… 믿음이 온 후로는 우리가 초등교사 아래에 있지 아니하도다. … 유대인이나 헬라인이나 종이나 자유인이나 남자나 여자나 다 그리스도 예수 안에서 하나이니라. 너희가 그리스도의 것이면 곧 아브라함의 자손이요 약속대로 유업을 이을 자니라.5)

그리고 이 비유는 아우구스티누스에 의해 계승·발전되었다. 신의 가르침—그것은 섭리에 따라, 즉 구원사로서의 역사로 인간에게 주어진다—은 개인의 발달에 맞춰 이루어지는 교육에 비유된다. '쇠퇴하는 역사'라는 헬레니즘의 상식에 정면으로 대립하는 그리스도교적인 '진보사관'을 주창하고자 할 때 가장 유효한 모델이 되었던 것이 이 개인의 성장-성숙이라는 메타포였다. 『신국』 제10권에서 아우구스티누스는 이렇게 기술한다.

> 개별 인간에 대한 올바른 훈육이 그 사람의 연령의 진전 단계에 따라 이루어지는 것처럼, 인류에 대한 올바른 훈육도 그것이 하나님의 백성에 관한 한, 일정한 시간의 경과에 따라 발달하는 것이어서 시간적인 것, 눈에 보이는 것에서부터 영원한 것, 눈에 보이지 않는 것으로 이해

의 단계를 높여가는 것이다.[6]

"그리스도께서는… 오직 자기의 피로 영원한 속죄를 이루사 단번에 성소에 들어가셨느니라."[7] 이 한 점에서 인간의 역사는 이른바 형이상학적 차원으로 단단히 고정되었고, 이제는 어떠한 후퇴도 있을 수 없다. 이 한 점이야말로 세계의 전 역사를 양분하는 절대적인 '기원紀元'인 것이다(그러므로 우리는 지금도 '기원전', '기원후'라는 말을 쓴다). '시작'과 '끝' 그리고 그 절대적인 '기원'의 존재에 의해 인류사는 비로소 시대 구분이 이루어졌다.

중세에서 현대에 이르기까지 매우 다양한 인류사의 시대 구분이 있었다. 그 가운데 중세의 라틴세계에서 가장 일반적이었던 것은, 여기서도 마찬가지로 아우구스티누스에게로 소급되는 '훈육으로서의 역사'라는 개념을 배경으로 한 시대 구분이었다. 인류사는 유년에서 노년까지에 이르는 개인사에 비유되었고,[8] 그것이 6000년의 '세계 수명'이라는 관념(전술 134-135 참조)과 결합되어 여러 가지 연대를 계산하려는 시도가 이루어졌다. 여기서는 그 대표적인 예인 세비야의 이시도루스의 '시산試算'을 인용하는 것으로 충분할 것이다(개인사 연대와의 대응은 다른 자료에 따라 추가했다).[9]

1) 유년기: 아담에서 대홍수까지 — 세계기원 2242년
2) 사춘기: 대홍수에서 아브라함의 탄생까지 — 세계기원 3184년
3) 청춘기: 아브라함의 탄생에서 다비드 치세 초년까지 — 세계기원 4124년
4) 장년기: 다비드 치세 초년에서 바빌론 유수까지 — 세계기원 4678년

5) 노년기: 바빌론 유수에서 그리스도의 수난까지 — 세계기원 5228년

6) 최노년기: 그리스도의 수난에서 세계의 종말까지…

＊

예언자 다니엘은 '바벨론 벨사살 왕 원년'에 꿈에서 기묘한 환상(비전)을 받았다.

> … 하늘의 네 바람이 큰 바다로 몰려 불더니 큰 짐승 넷이 바다에서 나왔는데 그 모양이 각각 다르더라. 첫째는 사자와 같은데 독수리의 날개가 있더니… 둘째는 곰과 같은데… 내가 또 본즉 다른 짐승 곧 표범과 같은 것이 있는데 그 등에는 새의 날개 넷이 있고 그 짐승에게 또 머리 넷이 있으며 권세를 받았더라. … 넷째 짐승은 무섭고 놀라우며 또 매우 강하며 또 쇠로 된 큰 이가 있어서 먹고 부서뜨리고 그 나머지를 발로 밟았으며 이 짐승은 전의 모든 짐승과 다르고 또 열 뿔이 있더라. 내가 그 뿔을 유심히 보는 중에 다른 작은 뿔이 그 사이에서 나더니 첫 번째 뿔 중의 셋이 그 앞에서 뿌리까지 뽑혔으며 이 작은 뿔에는 사람의 눈 같은 눈들이 있고 또 입이 있어 큰 말을 하였더라.10)

이 환시의 의미를 해독하려면 이것을 쓴 당시의 상황을 알아야 한다. 이 책의 무대가 된 것은 바빌론 유수 시대지만 실제로 기록된 것은 셀레우코스 왕조의 안티오코스 에피파네스(기원전 175~163년 재위)가 영토의 헬레니즘화를 서두른 나머지 예루살렘 신전을 파괴하고 유대교를 심하게 박해한 시대였을 것이다(그 결과 이른바 마카베오 혁명이 일어난다). 이 시대 배경이 분명해진다면 다니엘의 환상에 등장하는 네 마리

다니엘의 꿈에 나오는 네 종류의 짐승. 상
부 중앙에는 '옛적부터 항상 계신 이'(=신)
가 천사에 둘러싸여 네 짐승을 심판하고 있
다(「다니엘서」 7:9-10 참조). 『베아투스 주
석 묵시록』(1109년) [그림 41]

짐승의 의미를 거의 확실하게 추정할 수 있다. 이들 짐승은 '고대 오리
엔트' 세계를 잇달아 제패한 네 개의 제국을 의미한다. 즉 첫 번째 짐승
인 사자는 바빌로니아, 두 번째 짐승 곰은 메디아 제국, 세 번째 짐승인
네 개의 머리와 네 개의 날개를 가진 표범은 페르시아 제국 그리고 네
번째 짐승은 '마케도니아 제국'을 가리키는 것으로 생각된다. 네 번째
짐승의 '열 개의 뿔'은 알렉산드로스 대왕 이후의 셀레우코스 왕조의 왕
과 그 후보자들을 나타낸다. 그리고 열한 번째의 '작은 뿔'은 안티오코
스 에피파네스를 표현한 것임이 분명하다.11)

　　그러나 이러한 종류의 예언적 환상은 시대가 변해도 상징으로서의
힘을 잃지 않는다. 앞 장(122쪽)에서 인용한 요한계시록의 '바다에서
올라오는 짐승'이 바로 다니엘이 보았다고 하는 네 번째 짐승을 근거로

하고 있음은 두 개의 텍스트를 나란히 놓고 보면 일목요연하게 알 수 있을 것이다. 그리고 이 요한계시록에 등장하는 짐승은 알렉산드로스의 제국이 아니라 로마제국을 의미한다.

그렇다면 다니엘이 본 네 마리 짐승—고대 이래 차례로 세계를 지배했던 바빌로니아와 메디아, 페르시아, 마케도니아의 네 제국—에는 새로운 해석을 덧붙여야 한다. 이 해석은 4세기 유세비우스가 완성하였다. 즉 세계는 바빌로니아와 페르시아(메디아는 페르시아에 흡수되었다), 마케도니아, 로마가 연이어 지배한다. 더욱이 이들 제국은 시대가 흐르면서 동쪽에서 서쪽으로 위치가 이동해간다.

세계사를 이 네 제국의 지배로 나누는 시대 구분은 유세비우스에게서 그 라틴어 번역자 히에로니무스에게로 그리고 아우구스티누스에게서 오로시우스에게로 계승되어 중세 역사관의 중요한 요소가 되었다.12)

＊

이렇게 '세계 최후의 제국'이 된 로마는 동시에—이미 살펴본 것처럼 (128-130쪽)—콘스탄티누스 대제가 그리스도교로 개종함으로써 '천국을 지상에 구현한 모상'이 되었다. 이 그리스도교 제국주의를 명확히 표현한 것은 유세비우스가 최초이며, 303년부터 307～308년 무렵까지 디오클레티아누스 황제가 행한 극심한 박해의 폭풍 직후에 그리스도교가 예상 외의 '기적적인' 승리를 획득함에 따라, 이 새로운 상황을 설명하는 신학적 해석이 필요하게 되었다. 그러나 제국의 정치적 환경은 그후 (특히 서방은) 급속히 악화되어, 로마가 '그리스도의 평화pax christiana'를 가져다줄 것이라는 기대는 불가능해졌다. 동방에서는 여러 위기 시대를 거치면서도 그리스도교 제국주의는 '로마제국', 즉 비잔틴 제국이 존속한 동안에는 특수한 신권정치의 기본원리로 존속하고 발전했지만[13) 서방에서는 사정이 달랐다. 376~378년에 서고트족이 침략하여 다뉴브 강을 건너 발칸 반도를 휩쓸고 아리우스파의 황제 발렌스를 아드리아노플에서 죽인 일은 서방 사람들에게는 아직 먼 세상의 종말에 대한 하나의 징조 정도로 생각되었을 뿐인지도 모른다.[14) 그러나 410년 8월, 맹장 알라이크가 이끄는 서고트족이 로마를 포위하여 침입하고 철저하게 약탈하여, 결국 잿더미로 만들기에 이르러 '로마＝세계제국' 사상은 뿌리부터 흔들리게 되었다. 아우구스티누스의『신국』은 이 상황에 대한 그리스도교 측의 가장 깊은 사색을 통해 나온 해답이었다. 거기에서 아우구스티누스는 (기본적으로) '신의 나라'＝교회와 '지상의 나라'＝로마제국은 본래 구별되어야 한다고 주장한다. 그의 생각은 다음 '설교' 한 구절로 간결하게 요약된다.

우리를 육체적으로 만들어준 나라(로마제국)는 존속하고 있다. 신에게 감사를 올리자. 그 나라가 정신적으로도 만들어져 우리와 함께 영원하기를. 그러나 만약 우리에게 육체를 만들어준 나라가 존속하지 않는다 해도 우리를 정신적으로 만들어준 나라(교회)는 존재한다.[15)

여기에서는 유세비우스적인 단순한 '그리스도교＝로마제국' 도식은 부정되고 있다. 그런데도 아우구스티누스와 특별히 가까웠던 오로시우스조차도 '야만족'의 로마 침입이 실제로는 그 야만족을 그리스도교로 개종시켜서 '그리스도교＝로마제국'을 더욱 확대하는 결과를 가져왔다고 여겼으며, 바로 여기에 하나님의 깊은 섭리가 작용하고 있다는 것을 믿어 의심치 않았다.[16)

1623년에 아우크스부르크에서 제작된 한 장의 대형 인쇄물. 여기서는 다니엘의 꿈이 네부카드
네자르(느부갓네살) 왕의 꿈(「다니엘서」 11:31-45)과 조합되어 있다. 왕은 순금 머리, 은으로 된
가슴과 두 팔, 구리로 된 배와 허벅지, 쇠로 된 정강이, 철과 진흙으로 된 다리로 이루어진 거대한
상이 떨어지는 바위에 맞아 부서지는 꿈을 꾼다. 이 꿈도 다니엘의 꿈과 마찬가지로 세계사의 네
제국이 하나님 나라에 의해 부서진다는 것을 의미한다. 네 번째 짐승의 열한 번째 뿔은 여기서는
유럽을 위협하는 투르크 제국으로 분류되고 있다. [그림 42]

'야만족의 침입'이 신의 뜻에 의한 것이었는지 그 여부에 관계없이, 476년 게르만인 용병대장 오도아케르가 서방의 마지막 황제 로물루스 아우구스툴루스를 폐위시킴으로써 이른바 '서방 로마제국'은 사라졌다. 그렇지만 이 사건 자체는 이미 일어난 사태를 추인하고 상황을 명확하게 한 것일 뿐, 단 하나의 로마[17]는 아무런 변화 없이 콘스탄티노폴리스로 천도하여 그 후 10세기 가까이 존속했다.[18]

 로마 황제는 '열세 번째 사도', '새로운 바울', '새로운 다비드', '살아 있는 법'으로 세계에 군림했다.[19] 하지만 이 이데올로기로서의 '로마＝세계제국주의'는 특히 서방 현실과는 너무나 동떨어져 있었다. 이데올로기를 침투시키기 위한 통신 수단이 전혀 정비되어 있지 않았고(그 때문에 서방 여러 나라의 민중에게 '로마제국'은 서서히 그저 머나먼 나라가 되었다고 여겨진다), 또 그 이데올로기의 선전을 위한 최대의 제도인 로마교회가 교황권을 주장하여, 콘스탄티노폴리스의 로마 황제 사이에 있었던 이해관계의 미묘한 차이가 이러한 사태의 진전에 박차를 가했다고 말할 수 있을 것이다.

 800년 12월 25일, '새로운 다비드', '콘스탄티누스의 재림'으로서 프랑크인 왕 샤를마뉴가 바티칸의 성 베드로 성당에서 황제로 즉위할 때 제국의 역사는 새로운 일보를 내딛게 되었다. 이때 콘스탄티노폴리스의 지배자는 여황제 이레네(797~802년)였다. 이 여황제는 자신의 아들 콘스탄티누스 6세의 두 눈을 도려내고 황제의 자리를 찬탈하여 '황제'(바실레우스Basileus: 남성)를 자처하고 나섰지만 그 권위는—적어도 교황청에게는—합법적인 것으로 인정받지 못했다. 샤를마뉴는 단순히 '동로마제국'에 대한 '서로마제국'을 부흥시킨 것이 아닌, 단 하나의 로마제국을 합법적·정통적으로 계승한 자로 여겨졌던 것이다.[20]

이것은 서방의 여러 '야만족' 국가에서도 지극히 '정통적'인 그리스도교적 보편주의가 성장하고 있었음을 보여준다. 샤를마뉴가 세상을 떠나고 제국의 통일이 위기에 봉착했을 때 리용의 대주교 아고바르가 루이 1세 경건왕에게 보낸 편지(817년)에서 볼 수 있는 보편주의는 헬레니즘 시대(예를 들어 플루타르코스)의 그것(전술 106쪽 참조)에 비교해도 좋을 만큼 높은 성숙도를 보여준다.

> … 단 하나의 진리가 세계의 모든 나라마다 전달되고, 단 하나의 신앙, 단 하나의 희망, … 단 하나의 의지 … 단 하나의 기도를 신이 주셨다. 민족 차이, 신분 차이, 성별, 태생의 차이, 고귀한 가문이든 노예 신분이든, 이러한 모든 차이를 넘어서 정말로 모든 인간이 마음을 하나로 하여 그들 모두의 아버지이신 단 한 분의 신을 향해 외친다. "하늘에 계신 우리 아버지여 이름이 거룩히 여김을 받으시오며"라고 말이다. 단 한 사람의 아버지에게 그들이 바라는 것은… 단 하나의 왕국, 즉 하늘에 있는 하나님의 나라이고 그리고 하나님의 뜻이 이루어지고, 일용할 양식이 주어지고, 그들의 죄가 용서받기를 계속하여 기도하는 것이다(「마태복음」 6:9-12 참조).
>
> … 이미 이교도도, 유대인도, 야만족도, 스키티아족도, 아키타니아족도, 랑고바르드족도, … 노예도 자유인도 없다. 인간은 '다 그리스도 예수 안에서 하나'인 것이다(앞에서 인용한 「갈라디아서」 3:28 참조). … 왜냐하면 주께서 수난을 참으신 것은 그 거룩한 피로써 멀리 떨어져 있던 것이 가까워지고, 모든 분리를 없애기 위한 것이 아니었는가? … 따라서 이 하나님이 이미 이루신 통일을, 현재 행해지고 있는 각종의 다양한 법제도가 방해하는 것이 가당키나 한 일인가? 사실 단 하나의

지방, 단 하나의 도시에서조차도 … 인간에 관한 일이 하나의 정해진 법에 의해 이루어지는 일은 없다. 영원에 관한 일에서는 모든 인간이 단 하나의 그리스도의 법으로 다스려지지만 … 그렇다면 모든 다른 법을 프랑크인의 법 아래로 자리를 옮기는 것이야말로 바라는 바이다.21)

샤를마뉴의 대관식에 이어 라틴세계에서 그리스도교 제국주의의 중요한 에피소드는 말할 것도 없이 오토 대제의 대관식(962년)과 신성로마제국의 건설이다. 그러나 여기서는 이 오토 대제의 머리에 씌워진 '성스러운 왕관'에 대해서만 살펴보기로 하자. 왜냐하면 이것이야말로 그리스도교 제국주의의 이데올로기를 가장 집약적으로 응축한 일종의 신학적 결정체라고 할 수 있기 때문이다. 이 왕관은 네 장의 높은 황금판과 그보다 낮은 네 장의 황금판을 각각 한 장씩 번갈아 연결하여 팔각형을 이루고 있다. 정면의 높은 황금판에는 열두 개의 커다란 보석이 박혀 있고, 뒤쪽 황금판에도 같은 수의 보석이 장식되어 있다. 정면의 '열두 개'는 '12사도'를 나타내고, 뒤쪽의 '열두 개'는 이 12사도를 상징하는 '이스라엘의 12지파'를 나타낸다(전술 114 참조). 즉 이 두 장의 황금판에는 구약과 신약의 성서와 그 역사가 모두 들어 있다. 또 이 왕관의 각 부분을 장식하는 보석은 모두 12의 배수인데, 12의 제곱은 144로 이는 「요한계시록」에 묘사된 하늘의 예루살렘의 돌담을 장식한 보석 수와 일치한다.22) 그리고 또 이들 네 장의 높은 황금판이 만들어내는 사각형은 성스러운 도시, 즉 새로운 '네모난' 예루살렘이고,23) 낮은 네 장의 사각형은 '네모난 로마'를 의미한다. 게다가 이 낮은 네 장에는 각각 다비드와 솔로몬, 이사야와 에스겔의 모습이 보석 세공으로 묘사되어 있다. 『구약』과 『신약』은 천지창조와 종말을 그리고 예루살렘과

▶ 다비드=샤를마뉴(위) 및 샤를르 1세 대머리왕(아래). 비비안의 성서(9세기 중엽) [그림 43]
◀ '성 샤를마뉴'(1460-1470년 작 유화). 엑스 라 샤펠 대성당의 보물(제5장의 [그림 37]도 참조) [그림 45]

오토 대제의 왕관(950-962년 작. 빈, 미술사박물관 소장) [그림 44]

로마는 '신의 나라'와 '지상의 나라'를 스스로 구현하고, 지상에서의 신의 대리인으로서 세계에 군림한다. 이것이 이 성스러운 왕관의 도상에 표현된 '신성로마제국'의 황제가 된 자의 사명인 것이다.24)

'신의 나라'와 '지상의 나라'는 엄격하게 구분되어야 한다고 말한 아우구스티누스의 (정치신학적인) 근본사상은 여기서는 멋지게 배신당하고 있다. 그리고 그것은 12세기 최고의 역사가 중 한 사람인 프라이징의 오토에게도 마찬가지였다. 오토의 주요 저서 중 하나인 『두 나라의 연대기』(즉 '신의 나라'와 '지상의 나라')에서 그는 이렇게 쓰고 있다.

이때(콘스탄티누스 대제의 시대25)) 이후 모든 인간이 그리고—소수의 예외를 제외하고—모든 황제가 가톨릭의 가르침을 신봉했다는 것을 생각한다면 여기에서 내가 쓴 것은 '두 나라'의 역사라기보다는 오히려 내가 '교회'라고 부르는 오직 한 나라의 역사인 것처럼 생각된다. 왜냐하면 신에게 선택된 자와 버림받은 자가 여전히 한집에 섞여 있기는 하지만 그럼에도 우리는—지금까지 해왔던 것처럼—그것을 '두 나라'라고 부르기보다 오직 한 나라라고 불러야 하기 때문이다. 즉 그것은 '가라지'가 섞여 있기는 하지만 '좋은 씨를 뿌린 밭'26)이기 때문이다(방점 표기는 필자).27)

9~11세기에 쓰인 어떤 시는 "오 고귀한 로마, 세계의 지배자여!"라는 구절로 시작하고 그리고 붉은 수염 프리드리히 1세(1152~1190년 재위)는 샤를마뉴를 성인의 반열에 올려놓았다.28)

이러한 12세기의 그리스도교 제국주의는 물론 모두 라틴세계인 '로마'를 칭송하는 것이다. 그러면 동방에 아직 존속하고 있는 콘스탄티노폴리스 휘하의 제국은 어떻게 생각할 것인가? 이 물음에 대해 생 빅토르 위고는 간접적으로 이렇게 대답한다. "신의 섭리에 의해 맨 처음에 일어난 것은 세계 창조 때와 마찬가지로[29] 동에서 일어나고, 시간이 마지막을 향해감에 따라 세상사의 정점은 서쪽으로 이동하도록 정해져 있는 것 같다." 왜냐하면 프라이징의 오토가 썼듯이, 「다니엘서」의 네 마리 짐승, 즉 세계를 지배했던 네 제국이 동에서 서로 이동했던 것처럼, 그리스인의 제국(=비잔틴 제국)은 서쪽의 프랑크인에게로 이동하고, 프랑크인에게서 롬바르디아인에게로 그리고 또 게르만=프랑크인에게로 옮겨갔던 건 아닐까?[30]

12세기 르네상스의 정신은 이렇게 오로시우스를 통해 유세비우스로부터 나아가 「다니엘서」에까지 소급되는 토포스를 부활시켰고 그것을 연장한다. 마찬가지로 크레모나의 롤란드는 우리가 이미 몇 번에 걸쳐서 살펴보았던 '철학의 이국 기원' 신화라는 헬레니즘 시대의 토포스를 재발견하고, 그것을 '동에서 서로'라는 모델에[31] 결합시켰다. 즉 제국이 동에서 서로 이동한다면 인간의 지혜 또한 동에서 서로 이동하는 것이 된다. 세계가 최고령에 이른 오늘날 인간의 지知의 극한점도 서방의 끝에 도달했다는 말이다.

이집트의 현명한 왕(파라오)과 철학자들보다 이전에 칼데아인이 있었고, 그 칼데아인보다 더 이전에는 인도인이 있었다. 왜냐하면 지혜를 사랑하는 것은 동방에서 일어나서 칼데아인에게로 이동하고, 칼데아인에게서 이집트인에게로, 이집트인에게서 그리스인에게로 그리고 그리스인에게서 라틴인에게로 이동했기 때문이다.[32]

지의 보편주의가 여기서는 일종의 민족주의의 맹아와도 결합되어 간다. 14세기 파리(영국의 랭커셔)의 리처드에 따르면

저 놀라운 (지의 여신) 미네르바는 인간의 여러 나라를 다니면서 지상의 한쪽 끝에서 다른 쪽 끝으로 힘차게 걸음을 옮기며 곳곳에서 자신의 모습을 드러냈다고 한다. 그녀는 바로 인도인과 바빌로니아인, 이집트인, 그리스인, 아랍인, 라틴인이 사는 곳에 방문했다. 아테나이를 버리고 로마로 향하고, 파리를 거쳐서 이제 그녀는 다행히 브리튼 섬, 섬 가운데서 가장 고귀한 섬, 아니 소우주microcosmos 자체인 브리튼 섬으로 거주를 옮겼다.33)

13세기 후반 로버트 그로스테스트의 이름을 빌려와서 쓴 책인『철학대전』에 기록된 철학사 계보는 이것과 완전히 동일한 패턴을 따르고 있다. 거기에는 칼데아인이 최초의 고명한 철학자라고 불리고, 셈은 천문학-점성술의 조상, 몇몇 사람에 의해 조로아스토레스(조로아스터)와 동일인물이라고 일컬어지는 함은 자유칠과自由七科(문법, 논리, 수사, 산수, 기하, 음악, 천문의 일곱 과목: 옮긴이)의 창시자 그리고 아브라함은 이집트인에게 천문학과 수학을 전한 교사라고 한다. 그들에 이어지는 다음 인물들로 아틀라스와 메르쿠리우스 트리스메기스토스 그리고 그 한참 후에 솔로몬 왕과 호메로스가 나왔다. 인간의 지혜는 그 후 그리스로 옮겨가서 아랍인을 거쳐서 오늘날의 라틴세계에 이르렀다.34)

로저 베이컨의 지의 계보론은 이것과는 얼마간 취향은 다르지만, 기본적으로 동일한 패턴의 변형에 지나지 않는다. 다카하시 겐이치高橋憲一에 따르면 베이컨은 철학의 역사를 다음과 같이 생각했다고 한다. 철학

은 태초에 계시 형태로 아담과 족장들에게 전해졌다. "아담과 그 아들들이 600여 년의 장수를 누렸던 것은, 계시된 철학의 영광스러운 경지를 긴 경험을 통해 배워 깨우치도록 신이 그들의 장수를 배려해주신 덕분이다.35) 이 계시된 지혜의 전통이 히브리인의 전통이고, 그것은 노아와 그 자녀들을 통해 칼데아인에게, 아브라함을 통해서 이집트인에게 전해졌다. 철학자라고 칭하는 사람들의 출현은 그 이전이 아니라 그 이후의 일이다. 인도와 라틴, 페르시아, 그리스의 철학자들은 히브리인의 지혜 전통에 입각해 있으며, 그들의 철학 기원은 노아와 아브라함에게서 찾을 수 있다. 이 지혜의 역사에 베이컨은 여러 인물을 등장시킨다. 그 일단을 살펴보면 조로아스토레스(노아의 아들 함과 동일시), 이오, 미네르바, 프로메테우스, 메르쿠리우스, 아이스쿨라피우스(의술신 아스클레피오스), 테베의 왕 카드모스, 헤라클레스, 밀레투스의 탈레스를 필두로 하는 일곱 현인, 피타고라스, 아낙시만데르(아낙시만드로스), 아낙시메네스, 아낙사고라스, 데모크리토스, 소크라테스, 플라토(플라톤), 아리스토텔레스, 아비센나, 아베로에스 등이다."36)

다니엘의 꿈에 등장하는 네 마리 짐승의 후예들은 18세기에는 이미 먼 서방까지 여행했다. 1730년경 대ㅊ버클리는 신대륙 아메리카에서 개화하려는 새로운 황금시대를 찬양하면서 이렇게 썼다.

기쁨의 나라는 더러움을 모르나니…
또 하나의 황금시대를 노래하자
제국의 부흥과
선하기 그지없고 감명 깊은 영웅의 정열을

참으로 현명한 지혜를, 참으로 고상한 마음을…

가는 끝까지 시인은 노래하라

제국이 가는 길은 서방으로 향하고

처음의 4막은 이미 지나갔네

제5막은 그날과 더불어 이야기를 끝내고

시대의 고상한 열매, 최후가 되리37)

그리고 바야흐로 19세기. 헤겔은 신의 섭리 이야기로서 역사를 '보편정신'의 역사로 다시 번역하여, 그 가운데 적어도 12세기로 거슬러 올라가는 모든 패턴을 전부 통합하여 장대한 체계를 구축한다. 하지만 그가 이 체계 모두를 마치 혼자서 창안한 것처럼 쓴 일은 우리에게 어쩐지 기묘한 광경처럼 보인다. 여기에서는 『역사철학』 서론의 단 한 구절만을 인용해두겠다.

세계사는 동에서 서를 향해 진행한다. 그것은 유럽이야말로 세계사의 종결이고 아시아는 그 실마리이기 때문이다. 동방이라는 것은 그 자체로는 완전히 상대적인 것이지만, 세계사에서는 절대적인 의미에서의 동방ein Osten, kat' exochen이 존재한다. 왜냐하면 지구는 둥글지만 역사는 지구 주위를 원환을 그리면서 회전하는 것이 아닌, 오히려 역사는 일정한 동방을 가진 것으로, 이 동방이 아시아이기 때문이다. 외적인 자연의 태양도 여기에서 떠올라 서쪽에서 진다. 그러나 그 대신에 자의식이라는 내적인 태양은 서쪽에 나타나서 그곳으로부터 계속 빛나는 빛을 뿜어낸다. 세계사는 자제할 줄 모르는 자연적인 의지를 보편적인 것과 주관적 자유로 교육하는 것이다. 동양은 단 한 사람만이 자유롭다는 것을 알 뿐이고, 지금도 변함없이 그렇다. 이에 반해서 그리스와 로마 세계는 몇몇 사람이 자유롭다는 것을, 게르만 세계는 모든 사람이 자유롭다는 것을 알고 있다. 그래서 우리가 세계사에서 보는 첫 번째 형태는 전제정치Despotismus이고, 두 번째는 민주정치Demokratie와 귀족정치Aristokratie이며, 세 번째 형태는 군주정치Monarchie이다.38)

12세기 이래의 전통, 혹은 나아가 유세비우스 이래의 전통에 비추어 볼 때, 헤겔의 이 텍스트에는 단 하나의 '오류'밖에 찾아낼 수 없다. 그것은 헤겔이 '제3의 정치제도'를 '군주정치'가 아니라 '세계제국정치'라고 썼어야 하지 않았나 하는 것이다.39)

제 VII 장

종말의 예루살렘

십자군의 폭풍 속에서

1190～1191년 겨울, 영국의 사자심왕 리처드 1세는 제3차 십자군의 일익을 맡아 팔레스티나로 향하던 중 시칠리아의 항구도시 메시나에서 한 늙은 수도사를 만난다. 그 수도사의 이름은 피오레의 요아킴(1135년경～1202년)인데 그는 이상한 예언을 하는 사람으로 이미 널리 알려진 존재였다.

리처드 왕과 그 측근들이 요아킴에게 듣고 싶었던 것은 물론 이 새로운 십자군이 성공리에 성지 예루살렘을 탈환할 수 있다는 예언이었을 것이다. 그러나 노수도사가 이야기한 것은 세계가 도래한 방식과 그 행방, 구약과 신약의 숨겨진 일치가 가리키는 가공할 만한 종말에의 근접, 종내에는 다가올 적그리스도와의 우주적 투쟁에 관련된 어둡고 격렬한 예언의 말이었다. 요아킴에 따르면 「요한계시록」(13:1 이하; 전술 122 참조)에 기술되어 있는 "바다에서 나오는 한 짐승"의 일곱 개 머리 중 다섯 개는 이미 이 세상에 나타났다가 사라졌다. 그들은 각각 헤로데 대왕, 네로 황제, 콘스탄티우스 아리아누스(이단 아리우스파의 황제 콘스탄티우스 2세), 무함마드, 멜세무투스에 해당한다. 여섯 번째의 머리는 현재 예루살렘을 유린하고 있는 살라딘이고, 마지막 일곱 번째 머리인 적그리스도 그 사람은 "이미 로마에 태어났다"고 말했다.[1]

　최후의 예언자 무함마드(마호메트)에게 주어진 유일신의 진정한 계시를 기초로 했던 이슬람(610년 창시)은 불과 100년 동안에 서쪽은 대서양(스페인)에서 동쪽은 중앙아시아의 탈라스(중국 당나라의 영향 아래 있던 서역의 서쪽 끝)에 이르는 광범위한 일대 제국을 쌓아올렸다(당나라의 중앙아시아 지배를 결정적으로 약화시킨 탈라스 전투는 751년). 이 이슬람을 적그리스도와 관련시켜 생각한 사람은 피오레의 요아킴이 처음은 아니었다. 9세기 중반 우마이야 왕조 지배하의 스페인에서 반이슬람 저항운동을 전개했던 톨레도의 주교 에울로지오(859년 순교)와 그 전기를 썼던 파울루스 아르발스는 다니엘의 네 마리 짐승 꿈(「다니엘서」7장; 전술 147 참조)을 새로이 해석하여 다음과 같이 생각한다.

　네 마리 짐승은 전통설 그대로 아시리아, 페르시아, 그리스, 로마라는 네 개 제국에 해당한다. 그런데 이 네 번째 짐승의 머리 위 열 개 뿔은 로마에 침입했던 게르만인의 여러 민족을 나타내는 것이다. 나아가 「다니엘서」에 나오는 이 짐승의 머리에는,

　또 그것의 머리에는 열 뿔이 있고 그 외에 또 다른 뿔이 나오매 세 뿔이 그 앞에서 빠졌으며… 그가 장차 지극히 높으신 이를 말로 대적하며 또 지극히 높으신 이의 성도를 괴롭게 할 것이며 그가 또 때와 법을 고치고자 할 것이며 성도들은 그의 손에 붙인 바 되어 한 때와 두 때와 반 때를 지내리라. 그러나 심판이 시작되면 그는 권세를 빼앗기고 완전히 멸망할 것이요.[2]

이 열한 번째 뿔이야말로 그리스인과 아랍인과 고트인(세 개의 뿔)을 무너뜨리고 대제국을 건설한 무함마드와 그 수하임이 틀림없다. '때와 법을 고치고자' 노리는 자가 이슬람력^{曆}을 만들고 거짓의 책 꾸란을 쓴 것이다. 그렇다면 여기서 말하는 '한 때와 두 때와 반 때'(이것을 아르발스는 '삼 년 반 동안'이라고 바꾸어서 읽는다)는 이슬람이 '성도를 괴롭게 할' 정해진 시간일 것이다. 그럼 이 '한 때'의 단위는 무엇에 해당하는가?[3] 아르발스에 따르면 그것은 (인간의 일생의 표준 길이인) 70년이라고 한다. 따라서 이슬람은 그것이 태어나서부터 245년(245=70×3+(70÷2)) 동안 번영하고 그리고 '심판이 시작된' 날, 즉 세상의 종극이 도래하게 된다. 이슬람력의 기원원년(서력 622년—아르발스는 이것을 618년이라고 생각한 것 같다)을 기점으로 한다면, 심판의 날은 바야흐로 목전에 다가와 있다(618+245=863). 아르발스가 이러한 계산을 기록한 책『빛의 책』을 썼던 때가 854년이니, 세상의 종말의 때는 이미 시작된 셈이었다.

사교의 무리들^{infidelis}의 조상 무함마드를 적그리스도라고 간주하는 자료는 이뿐만이 아니다. 비잔틴에 전해지는 전설을 토대로 스페인에서 창작된 무함마드 전기에 따르면 그는 666년에 죽었다고 한다. 이 '666'이란 「요한계시록」(전술 124 참조)이 말하는 '짐승의 숫자'—"지혜가 여기 있으니 총명한 자는 그 짐승의 수를 세어 보라 그것은 사람의 수니 그의 수는 육백육십육이니라"—가 아니면 무엇이란 말인가? 따라서 무함마드야말로 적그리스도이다. 이것은 구약과 신약의 심원한 예언의 일치로 인해 이른바 수학적으로 증명된 진리 자체이다.[4]

그리스도교 라틴세계가 처음으로 조우한 참으로 '다른 것'으로서의 타자는 이렇게 그리스도교적 역사관=종말론을 구성하는 불가결한 요소로 등장하여, 그 타자성은 (존재론적 차원의) 근본에서부터 부정되었던 것이다.

＊

순수하게 정치-군사적인 관점으로만 보았을 때, 이슬람의 위협에 가장 현실적으로 노출되었던 것은 비잔틴 제국이었다. 사실 사라센군은 이미 7세기 전반부터 지중해 남쪽 연안 일대의 비잔틴 영토를 석권하였고(637년에 예루살렘을 빼앗겼고, 642년에는 알렉산드리아도 최종적으로 이슬람 손에 넘어갔다. 유명한 '도서관'의 화재는 641년 일이었다) 동세기 후반부터는 수도 콘스탄티노폴리스를 거세게 공격했다. 그 후 양 제국 간의 역학관계는 역사의 흐름에 따라 좌우되지만, 1453년에 결국 콘스탄티노폴리스가 함락되기까지 약 800년간 비잔틴은 거의 언제나 수세에 처해 있었다.

이 비잔틴의 약화에 결정적인 역할을 한 것 중 하나가 공교롭게도 라틴세계가 조직한 몇 번의 십자군이었다. 중세 유럽 역사에서 이 십자군운동만큼 불가해하고 부조리한 것도 없다. 객관적으로 본다면 이것은 한 무리의 오랑캐가 상대방의 힘도 모르면서 번성기의 대제국 한 구석을 헤집고 다닌 이른바 국지적인 사건에 지나지 않는다. 무엇이 라틴사람들을 이 돈키호테적인 운동에 달려들게 했을까? 그 설명은 아무래도 국제정치의 역사 속에서의 탐색 이상으로, 라틴세계 내부의 사회사 내지 정신사 동향 속에서 탐색해야 할 필요가 있다. 예를 들면 11세기경부터 북프랑스를 중심으로 한 급격한 인구 증가와 수공업의 발전, 그에 따르는 일종의 불안정한 '룸펜 프롤레타리아'의 발생, 혹은 서서히 깊이 침투한 그리스도교적 윤리에 억압되고 굴절되었던 기사계급의 전투성 등이 아마 가장 중요한 요인이었을 것이다. 그러나 여기에서는 종교적 상징으로서 '예루살렘'이 내포하는 복잡한 의미에 초점을 맞추어보자.

「에스겔」5장 5절은 다음과 같은 여호와의 말씀을 전한다.

"이것이 곧 예루살렘이라 내가 그를 이방인 가운데에 두어 나라들이 둘러 있게 하였거늘."

그 때문에 670년에 예루살렘을 찾았던 프랑크인 사제 알크레프는 그림자가 없는 하나의 기둥을 보고 신을 찬탄하며 "이것이 바로 예루살렘이 지상의 중심에 자리 잡고 있다는 증거"5)라고 생각한다. 그리고 14세기 초엽, 단테가 다음과 같이 쓴 것도 같은 이유에서였다([그림 46] A-B 참조).

이제 해는 그 조물주가 피를 흘리신 곳에 최초의 빛을 비출 때(이베로는 높은 천칭 아래 있고 갠제의 물결은 한낮에 불탄다)와 그 위치가 같고 낮은 이미 사라진다.6)

이 예루살렘은 또한 '하늘의 예루살렘'이라는 상징과 결합하여 종말론적 환상을 채우기에 적절한 대상이 되었다. 그리스도교 제국주의의 원류의 하나인 천년왕국설의 사변에 따르면 예루살렘은 세상의 마지막에 세계제국 최후의 황제가 그 주권을 신에게 돌려드리기로 한 장소이기도 하다. 7세기 이슬람 압제하의 시리아에서 쓰인 '메토디우스의 예언'이라고 불리는 문서에 이렇게 적혀 있다.

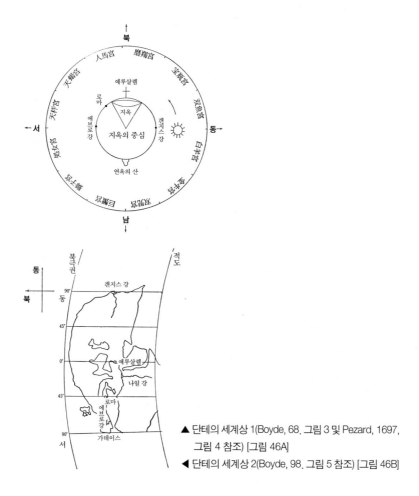

▲ 단테의 세계상 1(Boyde, 68. 그림 3 및 Pezard, 1697, 그림 4 참조) [그림 46A]
◀ 단테의 세계상 2(Boyde, 98. 그림 5 참조) [그림 46B]

단테의 시구詩句에는 간단한 해설이 필요하다. 이것이 말하는 장소는 연옥으로 단테는 이곳이 지구 위 예루살렘의 정반대에 있는 산이라고 생각한다. '조물주가 피를 흘린 곳'은 예루살렘. '이베로'는 스페인의 에브로 강. '높은 천칭'은 천칭좌로 태양이 천칭좌에 있을 때는 한밤중 12시에 해당한다. '갠제'는 인도의 갠지스 강. 즉 이 시구는 지구의 중심 예루살렘이 해가 뜰 때, 서쪽 끝 스페인은 한밤중, 동쪽 끝 인도는 한낮 그리고 예루살렘 정반대의 연옥은 일몰의 시간에 해당한다는 것을 의미한다.

멸망의 아들(적그리스도)이 나타나기 전,[7] 로마 왕은 거룩한 십자가의 나무가 세워진 골고다 언덕에 올라, 주님이 우리를 위해서 돌아가신 이 땅에서 그 왕관을 벗어 거룩한 십자가 위에 놓을 것이다. 그는 양손을 하늘로 벌려서 이렇게 그리스도의 종의 왕국을 아버지이신 하나님에게 맡길 것이다. 그리고 그때 거룩한 십자가는 그 왕관과 함께 하늘로 올라가실 것이다.[8]

이 최후의 황제는 세계에 최종적인 종교적-'영적' 통일을 가져오고, 예루살렘에서 전 세계를 통치하는 자이다. 즉 예루살렘을 다스리는 그리스도교 황제는 전 세계를 통일하고 지배하는 것이다.[9]

세계의 중심이자 종말의 땅이기도 한 예루살렘은 동시에 그리스도의 피와 눈물로 물든 영원한 성스러움을 획득한 땅이기도 하다. 예루살렘의 성 분묘를 찾은 순례자 수는 기원후 1000년을 전후하여 기하급수적으로 증가했다.[10] '기원후 천 년의 종말 공포'를 미슐레 풍으로 드라마틱하게 묘사하는 것은 바람직하지 않다. 왜냐하면 종말에 대한 공포와 기대는 그리스도교적 역사관의 근간을 이루는 것으로, 이 시대의 특유한 현상이었다고 할 수만도 없기 때문이다. 그러나 이 시대의 많은 사람이 세계의 종언에 직면했다는 실감을 안고 있었던 것은 명확한 사실이며, 이 시기를 경계로 하여 교회 전체의 대규모 개혁운동의 기운이 고조되고 있었던 것도 분명하다. 1033년, 다시 말해서 그리스도가 수난을 받은 뒤 거의 천 년째에 해당한다고 여겨지던 해에 '헤아릴 수 없을 만큼의 대군중'이 가난한 무리를 선두로 예루살렘을 목표로 길을 떠났던 것도 이러한 기운에 따른 현상 중 하나였다. 그리스도가 살고, 고난을 받아 죽고 그리고 부활한 이 땅을 직접 접하는 경험은 라틴세계의

◀ 제1차 십자군의 십자가(11세기 말) [그림 48]

▶ 우주적 십자가. 늠름한 표정으로 묘사된 수난의 그리스도의 머리 위에는 아버지인 하나님의 손, 그 좌우로는 태양과 달, 그 아래로는 탄식하는 성모와 성 요한이 배치되어 있다. 스위스 빌라르 모완느 교회(10세기 말. 제4장 그림 30도 참조) [그림 47]

▼ 십자가 위에서 죽음의 고통을 견디는 수난의 그리스도. 보크홀스트(베스트팔렌, 12세기) [그림 49]

그리스도교를 크게 변질시킨 중요한 계기 중 하나였다. 예를 들어서 십자가는 당시까지 우주의 중심이자 전능한 그리스도의 영광의 신비스런 상징이었지만, 그 시기 이후 고난을 받아 비참함 속에 죽어간 그리스도의 모습을 그린 것이 늘어났다([그림 47-49] 참조). 신의 아들의 성육신은 그리스도의 인간화와 함께 그 의미가 크게 변하게 된다. 인간이 경험할 수 있는 것은 이 인간화된 그리스도뿐이고, 따라서 그 경험을 통해서 비로소 그리스도교적 내면이 형성되어간다. 골고다 언덕에 올라 성 분묘에 엎드리는 순례 행위 자체가 '그리스도를 본받아*imitatio Christi*'라는 주제와 결합되고, 그것은 13세기의 '작고 가난한 이'—아시시의 성 프란체스코의 육체에 나타난 성흔聖痕 표시에까지 결합하게 된다(13세기 이전까지는 성흔을 받은 성인은 없었다고 한다).11)

1095년 11월 27일, 클레르몽페랑 종교회의에서 교황 우르바누스 2세가 행했던 연설의 정확한 기록은 남아 있지 않다. 하지만 그곳에서 시작된 십자군에 대한 호소가 순식간에 라틴세계로 퍼졌고, 교황의 예상을 훨씬 웃도는 열광적인 운동을 불러일으켰다는 것은 잘 알려진 사실이다. 노쟝의 기벨에 의한 이 연설의 '기록'은 1110년경에 쓰인 것으로 기록이라기보다 실제로는 창작의 요소가 크다고 생각된다. 제1차 십자군이라는 복잡한 현상의 본질적 요인을 이 '연설 기록'의 연장선상으로만 이해하고자 하는 것은 분명히 잘못된 일일 것이다. 그러나 거기에서 말한 '거룩한 예루살렘' 구출을 위한 극단적인 웅변과 격렬한 종말감각에 가득 찬 언어가 '십자군 이데올로기'의 밑바닥에 흐르고 있었던 중요한 측면 중 하나였다는 사실을 분명히 하고 있다. 그것은 이러한 '기록'이 날조되었다는 사실로도 뒷받침된다고 할 수 있다.

다음은 기벨이 우르바누스 2세가 말한 것이라고 기록한 내용이다.

··· 신의 아들이 하늘보다도, 땅보다도 거룩한 피를 흘리셨던 곳은 어디였는가? 그 육체가 발광하는 이 세상의 힘 안에서 돌아가신 후 잠들어 계셨던 곳은 어디였는가? 그 장소야말로 우리의 가장 깊은 경배를 받아 마땅한 곳이 아니겠는가? ··· 복음서 기자는 (예수께서 목숨이 다할 때 "이에 성소 휘장이 위로부터 아래까지 찢어져 둘이 되고 땅이 진동하며 바위가 터지고 무덤들이 열리며) 자던 정도의 몸이 많이 일어나되 예수의 부활 후에 저희가 무덤에서 나와서 거룩한 성에 들어가 많은 사람에게 보이리라"고 말했다(「마태복음」 27:51-53). 또한 이미 예언자도 이렇게 말하였다. "그 거한 곳이(무덤이) 영화로우리라"(「이사야」 11:10 참조).[12]

즉 이 도시는 신 스스로의 희생에 의해서 거룩해졌고··· 또한 그 성 분묘의 영광은 변함없이 머물러 있기에, 따라서 나의 사랑하는 형제들이여! 모든 이교도의 무리에게 더럽혀진 이 도시의 신성, 이 성 분묘의 영광을 너희 모두가 한 마음으로 지켜내야 하지 않겠는가. 만일 너희가 이 신성과 영광이 창조주를 향하고 또 그 지상의 족적을 보기를 원하는 지성의 마음이 있다면, 그때 신은 그대들의 군세의 선두에 서서 걸어가시고, 그대들을 위하여 싸우실 것이다.

··· 복음서의 이 외침을 들어라. "예루살렘은 이방인의 때가 차기까지 이방인들에게 밟히리라"(「누가복음」 21:24). 이 '이방인의 때'란 두 가지 의미로 이해될 수 있을 것이다. ··· 그 두 번째 의미에 따르면 '이방인의 때'란 이스라엘이 구원받기 이전에 개종되기로 (정해진) 모든 나라를 말하는 것이다. 사랑하는 형제들이여! 만일 신의 도움으로 이교도 세력이 물러나고 또 세상의 종말이 다가와 여러 나라가 주를 향하는 일을 그만두려 한다면, '이 때'가 바로 '찼다'고 할 것이다. 왜냐하면 사

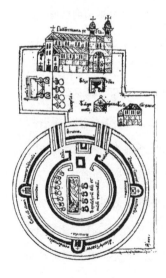

◀ 예루살렘 성 분묘교회 구내의 그림. 위쪽에는 콘스탄티누스 황제의 교회당(바실리카). 아래쪽에는 원형의 부활교회가 그려져 있다. 13세기 초의 순례자를 위한 안내서에서 [그림 50]

▲ 예표론적 구도 안의 예언과 역사. 예언자 예레미야가 설파한 예루살렘 멸망의 예언은 네부카드네자르 왕 치하의 바빌론 군세에 의한 예루살렘 공략과 바빌론 유수에 의해 실현되었다(기원전 587년). 화면 위쪽에는 예언의 서를 왼손에 들고 오른손으로 아래쪽을 가리키는 예레미야, 아래쪽에는 예루살렘 공략 장면이 그려져 있다. 역사의 퍼스펙티브(원근법: 옮긴이)는 예언의 두루마리 속에 '말려들어간 채' 그 현실성을 잃어버린다. 베리 세인트 에드먼즈(영국)의 수도사 휴에 의한 삽화가 든 성서(1135년 이전) [그림 51]

도들의 말에 이르기를 "먼저 배교하는 일이 있고 저 불법의 사람 곧 멸망의 아들이 나타나기 전에는 그 날이 이르지 아니하리니"(「데살로니가후서」 2:3, 제5장 주 15 참조)라고 하였기 때문이다. 그러나 예언자들에 따르면 이 적그리스도 도래의 때가 오기 전에 이들 (동방의) 여러 나라(이집트, 아프리카 내지 에티오피아)는 그대들의 힘으로 또는 신의 선택하신 힘으로 그리스도교 지배 아래로 돌아와야만 할 것이다. 이렇게 저 땅에 그 권력의 옥좌를 쌓는 모든 악의 세력 우두머리(=예루살렘의 신의 성소에 앉아 있는 멸망의 아들, 적그리스도)는 그가 적대하기로 (정해진) 신앙의 요소를 거기에서 찾아낼 수 있을 것이다

그대들 스스로 곰곰이 생각해보시오. 그렇게도 자주 초라해진 예루살렘의 권위를 다시 높이려고 전능하신 하나님이 그대들을 정해두셨던 것을. 나, 그대들에게 묻노니, 그대들의 뒷받침으로 거룩한 도시가 드높아지고 그리고 우리 시대 내에 예언자들의, 아니 신 자신의 말씀의 성취를 보게 되는, 이와 같은 환희를 과연 어느 마음이 참고 지켜낼 것인가? 주님 자신께서 교회에 선포하신 말씀을 떠올려보시오. "내가 너와 함께 하여 네 자손을 동쪽에서부터 오게 하며 서쪽에서부터 너를 모을 것이며"(「이사야」 43:5). 우리의 종족을 신은 동방에서 끌어내어 모으셨다. 왜냐하면 우리 교회의 싹은 두 가지 모습(신의 아들 예수와 교회)으로 이 동쪽 땅에서 태어나셨기 때문이다. 신은 이제 이 종족을 서방에서 모아 오신다. 왜냐하면 신앙의 가르침을 마지막에 받았던 자, 즉 (우리) 서방 민족에 의해서야말로 이제 예루살렘의 비참함을 되갚을 수 있기 때문이다. 이것은 신의 도우심을 받아 그대들의 힘을 통해 이제 바야흐로 성취되고자 하는 것이다.[13] (방점은 필자)

이 우르바누스 2세의 호소에 처음으로 응한 자는 왕후귀족이나 기사들이 아닌, 은자 피에르를 필두로 하는 민중적 설교사들의 언설에 고무되어 일제히 봉기한 북프랑스나 독일의 '가난한 자들pauperes'이었다. 부랑자와 실업자, 전과자, 여자아이들, 노인들과 같은 잡다한 '빈자'들의 수만을 넘는 대군중이 이렇다 할 조직도 없이 곳곳에서 혼란을 일으키며 유럽 역사상 최초의 대규모 유대인 학살을 반복하면서 동유럽을 남하해서 콘스탄티노폴리스에 이르렀고(그때 이미 많은 사람이 목숨을 잃었다), 바다를 건너 소아시아 지방에 들어가… 그리고 니카이아 도시를 앞두고 투르크군의 공격을 받아 거의 전멸했다. 3~4만 명 중 살아남은 자는 겨우 2~3천 명이었다. 이들 살아남은 자들은 나중에 오는 제후의 통솔 아래 조직된 십자군에 합류했다. 이 정식 십자군은 소아시아의 각지에서 긴 침략과 약탈전쟁을 거듭하면서 1099년 6월 드디어 목표로 했던 예루살렘 성벽에 도달한다. 그리고 1개월 반 정도의 포위전을 거치며 성내에 들어간 '그리스도의 병사들'은 피에 굶주린 흉포한 '멸망의 천사'로 변해 있었다. 성내에 남아 있던 5만 명 정도의 사람—그 대부분은 군인이 아닌 민간인이었다—은 약 1만 명 정도의 십자군 군세와 '빈자'들에 의해서 1099년 7월 15~16일 이틀 동안에 (극소수 예외를 제외하고는) 거의 전원이 학살당했다.14) 레이몽 데귈의 기록에 따르면 "솔로몬 사원 안과 주변에서는 말이 무릎까지, 아니 재갈까지 사람들의 피에 빠져 걷고 있었다. 오랫동안 하나님 아래에서 독신瀆神의 말이 울려 퍼지던 그 땅이 하나님을 모독하는 자들의 피로 뒤덮이게 된 것은 하나님의 놀라운 정의의 심판이었다"15)(콘[에가와 토루오江河徹]).

그리스도교가 두려움에 찬 신비와 영광의 이미지를 탈피하고, 인간적인 고뇌의 상으로 표현되기 시작한 시대, 즉 그리스도교가 인간화하고 사람들에게 정서적으로 깊이 뿌리내리기 시작한 시대에 처음으로 '가난한 사람들pauperes'이 그리스도교 역사 무대 전면에 중요한 역할자로 등장했다. '민중'의 대대적이고도 자연발생적인 참가가 없었다면 십자군이 이 정도까지 대규모 운동으로 발전했을지도 의심스러우며, 또한 그 '성전聖戰' 이데올로기가 이만큼 강력한 정당성을 내세울 수는 없었을 것이다. '행복하여라, 마음이 가난한 자들'이라는 그리스도교적 역설 때문에 '가난한 자'는 어떤 특수한 성스러운 임무를 맡는 자가 된다. 이 역설은 이 시대 이후 처음으로 사회적·정치적 의미를 띠게 되었으며, 유럽 역사를 움직이는 근본 이데올로기를 형성하게 되었다. 이 '민중 십자군'이 이교도 학살만이 아니라 유대인 박해 역사 최초의 큰 계기가 된 사실을 기억해두어야 할 것이다. 즉 종말의 환시=하늘의 예루살렘과 보편주의=땅의 중심으로서 예루살렘(이 두 가지는 본래 결합되어 있다)이 '가난한 자'라고 하는 촉매로 정치화되자, 그것은 때때로 폭발적인—나아가 '거룩함'까지 겸비한—배타적인 공격성을 띠며 구체화된 것이다.

제1차 십자군의 원인을 종말론만으로 설명할 수는 없다. 그러나 '민중 십자군'에 관한 한 그것이 커다란 기폭제가 되었던 것은 의심할 여지 없는 사실이다. 그리고 그 결과로 1099년 7월 15~16일에 벌어졌던 예루살렘 성내에서의 대학살이라는 바로 종말의 날 광경을 재현해낸 것이었다. 그 속에서 흡사 적그리스도 군대처럼 피의 바다에서 환희의 절규를 내지르며 광분했던 것은 '신의 가난한 자들', '그리스도의 군대' 바로 그것이었다.

　이 예루살렘에 피오레의 요아킴이 찾아온 것은 1171년 이전이었다. 이 시대에는 프랑크령 시리아의 요지인 에데사가 이슬람군에 의해 탈환되고 그에 이어 클레르보의 성 베르나르가 참가를 호소한 제2차 십자군이 비참하게 실패했다. 즉 1184년부터 1189년 사이로 예루살렘이 그리스도교 쪽에서 살라딘의 군대에게 완전히 넘어가기 일보직전의 시기였다. 그리스도교 라틴세계가 쌓아올린 '예루살렘 왕국'은 외부적으로는 이슬람군과 끊임없는 전투의 장이었고, 내부적으로는 왕위와 권력을 둘러싸고 끝없는 감정전과 음모, 심각한 부패의 수렁에 허우적대는 극도로 혼미한 상태였다. 하지만 이 지상의 예루살렘을 뒤덮은 어둠이 요아킴 사상에 어느 정도 영향을 끼쳤는지는 밝혀지지 않았다.

　원시 그리스도교 시대에서 아우구스티누스에 이르는 동안에 형성되고 확립된 그리스도교 역사신학에 대해, 요아킴은 아마도 유일하게 진정한 혁명적인 이형異形을 창출해냈다. 요아킴의 역사신학은 이중의 의미에서 '혁명적'이었다고 할 수 있다. 즉 신학에서 직접적으로 연관되는 문헌이 그 이전에는 거의 찾아보기 힘들다는 의미에서 그리고 요아킴 이후 유럽 역사에서 혁명사상이 '진보적'이냐 '반동적'이냐를 불문하고(본래 그 구별 자체가 어떤 시대 이전까지는 무의미하지만), 거의 예외 없이 어떤 형태에서건 요아킴의 영향을 받았다는 의미에서이다.

　원래 요아킴 자신은 스스로를 혁명적 인간이라고는 꿈에도 생각하지 않았을 것이다. 그는 언제나 스스로 '정통성'을 염두에 두고 있었고 교황의 승인하에 사색의 깊이를 더해가고자 하였으며, 당시 새로운 신학연구의 중심이 되기 시작했던 도시의 '스콜라 신학'에 대한 불쾌감을 드러내면서, 세속에서 떨어진 수도원 신학이야말로 가장 순수한 그리스도교라고 생각했다. 그는 본질적으로 보수적인 성서해석학자였고, 새로운 구상체계로 신학을 정리하려는 작업—그것은 토마스 아퀴나스 의『신학대전』에서 정점에 도달한다—에는 불신감을 품고 있었다.

사실 요아킴의 성서해석 방법론은 기본적으로 예로부터의 전통— 구약에 의거한 신약의 예표론像表論적 해석—을 따른 것으로 만일 거기 에 혁신적인 요소가 있다면 그것은 온갖 견강부회의 수단을 써서라도, 이 예표론적 해석에 철저히 따르려는 태도만은 인정할 만하다 할 수 있 을 것이다. 그럼에도 그의 예표론적 해석에는 매우 큰 특색이 있다. 즉 요아킴은 구약과 신약의 일치(콘코르디아Concordia)와 대응을 기초로 해 서 신약 이후의 인간 역사를 해석하고, 혹은 예언하고자 했던 것이다. 예를 들어서 이스라엘 12지파 족장은 그리스도의 12제자를 예표하고 … 여기까지는 전통적 해석이다(전술 115 참조). 그 구약과 신약의 일치 는 다가올 12명의 '의인 수도회'를 예표한다고 말했다.[16]

천지창조로부터 그리스도 탄생에 이르기까지 인간의 전 역사는 (적 어도 큰 틀에서는) 구약성서에 기록되고, 거기서 일어난 모든 사건은 그 리스도의 성육신을 준비하고 그 사업에 의해서 실현되었던 예언, 예표 라고 하는 것이 구약의 예표론적 해석의 근본 전제이다. 이 전제가 인간 의 역사를 신에 의한 구원의 역사로 간주할 수 있게 했고, 그 역사에 초월적 의미를 부여할 수 있도록 해주었다. 하지만 그렇다고 한다면 그 리스도 이후의 인류사는 어떤 의미를 지니는가? 신약시대 그리스도교 도에게 그 문제는 존재하지 않았다. 그들은 '때가 찬' 시대, 즉 역사의 문자 그대로의 종말을 살고 있다고 확신하고 있었기 때문이다(전술 124 또는 제5장 주 10 참조).

그러나 그로부터 수십 년, 수백 년이 흐르자 이것은 새로이 검토해야 할 문제가 되었다. 그러나 그리스도교가 그리스도교인 한 이 문제에 대한 해답은 저절로 결정되었다고도 할 수 있을 것이다. 즉 그리스도 이후부터 그리스도 재림(역사의 종말)에 이르기까지 인류사는 구원사적 관점으로 본다면 진정 중요한 의미는 무엇 하나 없는 셈이다. 거기에 변함없이 우리가 추측할 수 있는 어떤 의미가 있다면 그것은 단지 베드로후서 3장 9절이 말하는 대로 "주의 약속은 어떤 이들이 더디다고 생각하는 것 같이 더딘 것이 아니라 오직 주께서는 너희를 대하여 오래 참으사 아무도 멸망하지 아니하고 다 회개하기에 이르기를 원하시느니라"라고 생각할 수밖에 없을 것이다. 그것은 개인으로서 인간의 '회개'(신앙과 도덕적 진보, 향상)와 결합된 교회의 발전사일 수밖에 없다. 「마태복음」 24장 13-14절이 전하는 "그러나 끝까지 견디는 자는 구원을 얻으리라 이 천국 복음이 모든 민족에게 증언되기 위하여 온 세상에 전파되리니 그제야 끝이 오리라"는 예수의 말씀을 믿고, 땅 끝까지 '복음을 전해서' 이 세상의 고난을 '견디며' 신이 정해놓으신 때가 차기를 기다릴 뿐이다. 역사를 다스리는 신의 의도를 그 이상 깊이 파고들어가는 것은 종말의 때까지 인간에게는 허락되지 않고, 또 그러한 지복의 때가 되면 역사는 끝난다(그것은 이미 지상의 시간은 아니다). 이것이 아우구스티누스 이후 확립되어온 역사신학의 기본 견해라고 할 수 있을 것이다.

그러나 한편으로는 그리스도교가 그리스도교인 한 지금 살고 있는 역사 그리고 이제부터 살아가게 될 역사를 하나님의 의도에 의한 구원사의 일환이라고 생각하지 않을 수가 없다. 바로 그렇기 때문에 예컨대 아우구스투스의 즉위는 그리스도 강림의 준비이고, 샤를마뉴는 새로운 다비드이며(전술 129-130, 152 참조), 좀 더 일반적으로는 모든 대사건, 천재지변과 괴이함의 출현은 신의 뜻에 의한 것으로 여겨졌던 것이다.

나아가 좀 더 엄밀한 신학적 사고에 따르면 이 신의 뜻을 추측할 유일한 단서는 성서에서 찾는 길 이외에 없는 것이다. 따라서 베다는 사라센인을 아브람의 이집트인 첩, 하갈에게서 난 자손이라고 생각했고[17] 에우로기우스와 아르발스는 무함마드를 적그리스도라고 생각했다.

그렇다면 성서─구약뿐만 아니라 신약도─는 그리스도 이후의 역사도 예언하고 예표하는 것이 된다. 이것은 신학의 뿌리부터 흔드는 혁명을 의미한다. 왜냐하면 예표론은 '육체/영혼', '문자/숨겨진 참된 의미', '그림자/실체'라는 (극히 플라톤주의적인 색채가 강한) 대립=대응을 '구약/신약'이라는 시간적·구원사적 대립=대응에 적용함으로써 성립한 것이고, 그 가운데 신약은 궁극적=최종적 계시라는 의미를 가져다주기 때문이다. 만일 신약이 그 이후 역사의 예표라면 신약성서 자체는 역사에 대해 단지 '육체', '문자', '그림자'의 의미밖에 갖지 못하게 될 것이다. 그것은 즉 그리스도의 성육신과 죽음과 부활이 구원 역사 속에서 유일하고 절대적인 의미를 갖지 못하게 된다는 말이기도 하다.

고대 말기로부터 적어도 17~18세기에 이르는 그리스도교 역사관은 아우구스티누스적인 '정통적' 역사신학의 견해에도 불구하고 언제나 신약 이후를 신의 뜻에 의한 구원 역사의 과정이라고 여기고 개개의 사건을 그러한 관점으로 해석하려는 유혹에서 벗어나지 못했다. 그러나 그것이 신학에 가져다준 혁명적 의미를 명확히 전개해 내보인 것은 피오레의 요아킴 외에는 없었다.

요아킴의 역사신학은 매우 단순한 도식 위에 성립하고 있다. 요아킴에 따르면 인간의 역사는 하나님의 삼위三位에 따라 세 개의 시대로 구분된다.

피오레의 요아킴에 의한 성삼위일체 전개
로서의 역사. 아버지 하나님을 뿌리로 하고
아들인 하나님과 성령인 하나님에서 가지
를 교차시키는 '역사의 나무'는 성령의 시대
에 가장 풍성한 열매를 맺는다. 요아킴의
*Liber Figurarum*에서(13세기 초 남이탈리
아에서 제작된 사본) [그림 52]

1) 구약 시대는 아버지이신 하나님의 시대

2) 그리스도의 성육신 이후, 역사의 어느 시기까지는(현 상태의 교회
   가 존속하는 동안) 아들이신 하나님의 시대(그 최후에는 첫 번째 적
   그리스도가 출현해서 세계를 큰 혼란에 빠트린다.)

3) 그 후 세계 종말까지는 전 인류가 참된 영적 통일을 완성시키고,
   정복淨福 안에 사는 성령이신 하나님의 시대가 이어진다(그 종말
   에는 두 번째 적그리스도가 등장하고 그것의 멸망과 함께 세계 역사는
   완전히 종결된다).

전통적 신학에서도 역사를 하나님의 삼위에 따라 나누는 시대 구분
은 있었다. 그러나 거기에서는 천지창조의 '일주일간'이 아버지이신 하

나님의 시대로, 아담의 타락으로부터 그리스도의 부활까지의 속죄 시대가 아들이신 하나님의 시대로 그리고 그 이후부터 세상 종말에 이르는 교회 시대가 성령이신 하나님의 시대로 각각 배분되어 있다. 때문에 요아킴은 이 시대 구분을 이른바 한 단계 앞으로 움직인 것에 지나지 않는다. 그러나 이 작은 개변은 그리스도교의 근본 원리를 완전히 초월해버리는 것을 의미한다. 왜냐하면 요아킴의 시대 구분에 따르면 그리스도의 사업 자체가 구원사보다 중요하며 훨씬 결정적인 사건, 즉 성령 시대의 도래를 예표하고 준비하는 것에 불과하기 때문이다.

요아킴은 이 전혀 새로운 시대의 도래 그리고 그것에 앞선 첫 번째 적그리스도의 출현이 눈앞에 닥쳤다고 생각했다. 그것이 1200년인가? 혹은 1260년인가? 숫자의 정확성은 그다지 중요하지 않다. 어쨌든 세계는 문자 그대로 종말 위기 시대에 돌입했던 것이다.[18]

요아킴의 신학은 분명히 그리스도교를 초월하는 것이고 이단 이상의 이단이다. 그럼에도 종말의 목전에 서서 그 이전까지의 모든 역사를 새로운 성령 시대의 예표라고 생각하고, 직접 그 시대의 도래를 알리기 위해, 세례 요한처럼 황야에서 외쳤던 요아킴의 정신은 바로 신약성서의 정신을 그대로 부활시킨 것은 아니었을까?

그리스도교는 복음이 두 번 알려지는 것을 허락하지 않는다. 따라서 요아킴주의는 현재에도 '정통' 신학에 의해서 이단시되고 배척된다(예컨대 Lubac). 그렇지만 그리스도교적(혹은 보다 세속적) 복음을 지상에 실현하고자 했던 요아킴 이후의 거의 모든 사상은 직·간접적으로 요아킴의 영향을 받지 않은 것이 없다. 요아킴의 역사신학은 가장 강한 표현을 빌리자면 결정론에 가까운데, 지복 시대의 도래가 초역사적으로 이미 정해져 있다는 바로 그 이유 때문에 사람들은 그것을 앞당기기 위해서 매우 정열적으로 행동하는 것이다.

요아킴은 제3의 '성령 시대'를 준비하는 두 개의 수도단이 창설될 것을 예언했다. 그 첫 번째는 「요한계시록」 14장 14절이 말하는 "구름 위에 인자와 같은 이가 앉으셨는데"로 예표된 활동적인 수도승 집단으로, 세속에서 '영적 복음'을 호소해나간다. 한편 「요한계시록」 14장 17절에서 말하는 "다른 천사가 제단으로부터 나와"에서 예표하는 두 번째 집단은 세속에서 멀리 떨어진 채 '천사로서의 명상'에 힘을 쏟는 명상하는 집단이라고 한다.[19]

요아킴이 세상을 떠난 것은 1202년이었다. 아시시의 '작고 가난한 자' 성 프란체스코의 주변에 열렬한 신봉자가 모여들었던 것이 1208~1209년경이었고, 반카타리파의 이단 절멸의 투쟁 속에서 압도적인 힘을 과시했던 성 도미니코(도밍고 데 구스만$^{Domingo\ de\ Guzm\acute{a}n}$) 교단이 형성되었던 것이 1261년 이후였다. 요아킴의 예언은 보란 듯이 실현된 셈이다.

중세 후기 유럽 역사를 움직이는 핵심 존재가 되었던 이 두 교단 중에서 특히 프란체스코는 '과격'한 절대청빈주의를 내세웠기 때문에 때때로 기성 교회권력과 큰 마찰을 불러일으켰다. 그런 가운데 교단이 분열하고 교단 창시 정신을 가장 엄격하게 지켜가고자 했던 그룹이 '극단적 좌익'으로 '심령파'라고 불리며, 많은 이단운동의 모태가 되었다.

이 프란체스코회 심령파에게 요아킴의 예언은 결정적인 의미를 가지고 있었다. '아들이신 하나님의 시대'의 복음을 예고했던 세례자 요한 그리고 그 시대의 문을 열었던 것이 그리스도 자신이었다고 한다면, '성령이신 하나님의 시대'의 요한에 해당하는 것이 요아킴이고 그리스도에 해당하는 것은 '성령의 사도'로서 프란체스코라고까지 생각하게 되었다. 로마의 기성 권력은 새로운 '바빌론'이었고, 그 탄압에 저항해서 프란체스코의 가르침을 사수하는 것은 지복의 시대에 이르는 산고^{産苦}이며, 하나님에게 바치는 새로운 희생, 즉 우주적 투쟁을 승리로 이끄는 새로운 순교의 공물이었다.

이렇게 프란체스코회 심령파의 내부와 그 주변에서 요아킴의 이름을 빌려온 많은 거짓 예언자가 나왔고, 기성 교회에 반대하는 열광적인 투쟁이 반복되었다.[20]

요아킴주의를 배경으로 한 새로운 전투적인 종말론의 흐름은 르네상스 이후에도 여러 가지로 형태를 달리하면서 계승된다. 예를 들어서 르네상스의 그리스도교 카발라주의자, 예수회의 일부와 토마스 뮌처, 아나밥티스트(재세례파: 옮긴이)와 생 시모니즘, 레싱과 헤겔, 혹은 미슐레, 마르크스, 오귀스트 콩트, 나치의 복음 이데올로기, 메라 반 덴 부르크, 에른스트 블로흐, 몰트만… 그리고 그리스토퍼 콜론(콜럼버스)에 의한 '신대륙 발견'도, 프란체스코회 12인의 수도사에 의한 아메리카 인디언에 대한 선교도, 나아가 예수회에 의한 극동 선교도, 어떠한 형태에서건 요아킴주의와 관계를 고려하지 않고는 충분히 이해할 수 없다.[21] 그들 모두에게 공통된 주술적 슬로건을 상기해보면 된다. '새로운 통일과 평화의 시대를!' 그것은 초기 그리스도교 이래 '그리스도교에 의한 평화'의 희구 그리고 요아킴 이후 '성령에 의한 통일과 평화'의 희구의 울림이 현대의 지금에까지 전해지는 것임이 틀림없다.

제 VIII 장

낙원의 지리 · 인도의 지리

프레스터 요한의 전설 1

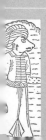

프레스터(사제) 요한은 존재하지 않았다.

실재하지 않는 인물이 사람들의 마음을 움직이고, 역사를 움직인 예는 적지 않다(예를 들면 헤르메스 트리스메기스토스 혹은 크리스티안 로젠크로이츠 등). 그러나 프레스터 요한만큼 강한 실재감을 가졌던 비존재, 역사를 크게 움직였던 비존재는 달리 없을 것이다.

*

이야기는 먼저 기원후 21년으로 거슬러 올라간다.

북서 인도의 인도 파르티아 왕국에서는 이 해에 구다파라^{Gudaphara} 왕(철자에 많은 이형이 존재한다)이 즉위했다. '왕 중의 왕'이라 일컬어지며 인도 파르티아 민족을 지배하며 최전성기를 실현한 왕이었다고 한다. 하지만 역사상 이 왕이 중요한 것은 오히려 다른 이유 때문이다. 역사의 연대를 정하는 것이 매우 애매한 인도사 중에서 이 왕에 관해서는 돌에 연시가 새겨진 명문^{銘文}이 우연히 발견되어(타프트 이 바하이 출토) 그것을 다른 명문이나 화폐와 비교하여 기원 전후 북서 인도사의 절대 연표를 정하는 기준이 될 수 있기 때문이다. 그것에 따르면 구다파라 왕은 21년(또는 19년)에 즉위해서 46년 내지 그 이후까지 재위했음을 알 수 있다.[1]

여기까지는 역사적 사실이고 지금부터 하려는 이야기는 (그리스도교의 신약외전 토마스 행전이 전하는) 전설이다. 어느 날 이 왕은 모국으로 돌아가는 시리아 상인 압바네스에게 서방의 우수한 장인을 데려올 것을 명했다. 그 무렵 예루살렘에서는 예수 승천 후 12제자가 각각 선교지를 정하기 위해 제비를 뽑았다. 예수의 쌍둥이 형제(디듀무스[Didymus])라고도 불리는 토마스가 뽑은 것은 동쪽 끝의 인도였지만 그는 그렇게 먼 곳까지 가는 일을 두려워했다. 그곳에 나타난 것이 인도 왕 군다포로스[Goundaphoros](그리스 문자로는 이렇게 표기한다)의 명에 따라 장인을 찾고 있던 압바네스였다. 망설이는 제자로 하여금 결심을 굳히게 하려고 예수는 목수의 아들 모습으로 압바네스에게 나타나 토마스를 노예로 팔아넘겼다. 토마스는 주의 명령을 받아들일 수밖에 없어 상인과 함께 해로를 통해 인도로 건너가 "왕의 궁전을 지으라는 명령을 받았다. 그러나 그는 공사에 착수하지 않고 그 비용을 가난한 사람들의 구제에 다 써버렸다. 왕은 화가 나서 이것을 질책하자 그는 천상에 왕을 위한 궁전을 건설했다고 대답한다. 그 사이에 왕의 동생 가드[Gad](인도 파르티아의 화폐에 나오는 Guda 또는 Gudana로 추정된다)가 죽었다가 다시 살아나 하늘에 그 궁전이 있었다고 알렸다. 이렇게 하여 토마스는 용서를 받고 왕과 그 이하 많은 이에게 믿음을 얻기에 이르렀다"고 한다(다카다 오사무高田修의 요약에 따름).[2] 그 후 토마스는 인도 각지에서 포교하고 도처에서 기적을 행하였으며 마지막에 미스다이 왕의 왕국에서 순교했다.

그 유해는 그의 제자들에 의해서 "옛 왕들이 묻힌 묘"에 안치되었지만 나중에 제자 중 한 사람이 "몰래 가지고 나가서 서방 지역으로 옮겨갔다"고 전해진다.3)

　3세기 중엽 이전에 시리아의 에데사에서 작성된 것으로 추측되는 이 토마스 행전은 그노시스Gnosis주의(영지주의靈知主義)적 경향이 강한 것으로 알려져 있다. 또한 아름다운 '진주의 노래'로도 유명한 토마스 행전의 전설 속에 북서 인도에 실재했던 왕의 이름이 기록되어 있다는 것은 실로 놀라운 일이다. 그러나 더욱 놀라운 일은 15세기 말~16세기 초에 인도에 왔던 포르투갈인이 남인도 서해안의 말라바르 해안을 중심으로 한 지역에 '성 토마스의 그리스도교도'라고 칭하는 그리스도교도의 무리를 발견했다는 사실이다.4) 이 그리스도교도들은 그들의 교단이 성 토마스의 포교에서 시작되었다고 믿고, 마드라스 부근의 마일라풀 무덤에 안치된—것으로 그들이 믿고 있던—성인의 유해를 지키면서 살아가고 있었다. 포르투갈인은 이 땅을 생 토메라고 부르고, 1522년에는 그 무덤을 발굴했다. 그들은 거기에서 성인이 개종시켰다고 하는 왕의 유골과 그 부근에 누워 있는 성인 본인의 성 유물을 발견하고, 그것을 고아로 가지고 가서 '성 토마스 교회'에 안치했다.5) 이 일은 그들 포르투갈인이나 인도의 그리스도교도들도 그들의 성인 유골이 비밀리에 먼 '서방 지역으로 운반되었다'는 것을 모르고 있었다는 것을 의미한다. 즉 토마스 행전에도 이미 암시되었던 매우 오래된 전승에 따르면 성인의 유골은 에데사(토마스 행전이 성립했다고 추측되는 땅)로 운반되었고, 거기에서 수많은 기적을 보였다고 한다. 그 후 1142년에는 에게해의 키오스 섬으로 옮겨졌고, 또 1258년 이후에는 이탈리아 아드리아 해안의 오르트나 아 마레 대성당에 안치되었다고 전해진다.6)

성 토마스가 순교했다고 전해지는 마일라폴의 언덕에서 출토된 십자가. 팔레비어로 명문이 새겨져 있고, 7세기경으로 거슬러 올라간다고 한다 (Yule-Cordier[1929], II, 358-359 참조). [그림 53]

　　성 토마스에 의한 인도 포교가 역사적 사실인지 아닌지는 단정할 수 없다. 많은 학자가 이 전승을 불확실한 것이라고 보면서도 그것을 부정할 만한 근거를 찾지 못한다.[7] 적어도 분명한 것은 3세기경 에데사 부근의 시리아어 지역에서 북서 인도와 연관된 어떤 정보가 알려져 있었고, 또 늦어도 5~6세기경부터 인도에 시리아어 계통의 (네스토리우스파) 그리스도교도들이 존재했다는 것이 확인되고 있다.[8] 나아가 시리아어의 오래된 성무일과서聖務日課書에 따르면 성 토마스의 포교는 에티오피아와 인도에서 중국에까지 미쳤다고 한다(이 부분은 아마도 7세기에 그 일과서를 개정할 때에 덧붙여졌을 것이라고 한다).[9] 그리고 16세기에 포르투갈인이 인도의 그리스도교도를 '발견'한 후에는 성 토마스에 의한 포교 전설은 세계적 규모로 확대된다. 예를 들어 17세기 중엽의 갈멜 수도회의 수사 빈첸초 마리아에 따르면 성 토마스의 포교는 메소포타미아에서 시작되어 박트리아에서 중국, '대무굴제국(!)의 여러 나라'와 샴에 이르고, 거기서 일단 돌아와 독일로 갔고, 나아가 남미의 브라질로, 방향을 돌려 에티오피아에 그리고 소코트라 섬을 거쳐서 인도 남부

의 말라바르 해안 및 코로만델 해안에까지 미쳤으며, 거기에서 사도使徒
는 마침내 순교했다고 한다.10) 바로크 시대 그리스도교 보편주의의 신
화는 이렇게 지구상을 종횡으로 뛰어다닌 것이다.

　이 성 토마스 전설과 관련하여 또 하나 잊을 수 없는 후일담은 그를
인도로 불러들였다고 하는 구다파라 왕의 이름에 얽힌 것이다. 이미 살
펴보았던 것처럼 예수 탄생 때에 동방의 마구스들이 갓난아이를 경배
하기 위해 찾아왔다는 전승은 마태복음 2장 1-15절에까지 소급되는
것이지만(전술 107 참조), 그들을 처음으로 '왕'이라고 불렀던 것은 테르
툴리아누스였고 그 수를 세 명이라고 했던 것은 오리게네스였다. 그리
고 6세기가 되면 그 세 명의 이름이 정해진다(현대 철자법으로는 가스파
르Gaspar[Caspar], 발타자르Balthasar, 멜키오르Melchior). 또 다른 전승에서는 성 토
마스가 그들의 본국에서 포교를 행할 때, 그들에게 세례를 베풀고 전도를
위한 보좌로 삼았다고도 한다.11) 그런데 이 세 명 가운데 처음 Gaspar는
옛 형태로는 Gathaspar 또는 Gathaspa라고 썼으며, 이것은 북서 인
도의 왕 이름 Gudaphara에서 유래된 것으로 여겨지고 있다.12)

　동방을 여행한 성 토마스와 서방을 여행한 구다파라 왕, 이 두 사람
의 전설은 엑조티즘exotism(이국취미: 옮긴이)의 빛을 뿜어내는 불가사의
한 별자리가 되어 서로 얽혀 있다.

＊

　그리고 토마스의 시대에서 1000년 이상 경과한 1144년의 에데사.
제1차 십자군에 참가했던 보두앵 드 볼로뉴 1세가 간계를 부려 아르메
니아인 왕 토로스에게 빼앗은 이후(1097년) 프랑크령 시리아의 최대
요지였던 에데사는 1144년 12월 23일에 알레포의 총독 장기의 공격에

힘없이 무너졌다. 이 마을의 수호성인인 성 토마스의 성 유물이 실려나간 지 불과 2년 후의 일이었다.

그리고 1년이 지난 1145년 11월 18일, 서구에 에데사의 함락을 보고하고, 제국의 군주들에게 원군 파병을 호소하러 온 자바라(고대 레바논의 비브로스＝게발)의 휴 주교는 이탈리아 비테르보에서 당시 교황 에우게니우스 3세(1145∼1153년 재위)를 알현했다. 이때 저명한 역사가 프라이징의 오토(전술 156 참조)도 휴를 만나 그의 말을 기록한다. 기록에 따르면 자바라의 주교는 '눈물을 흘리면서' 에데사 함락 후의 프랑크령 시리아의 위기를 호소한 다음 '극동'의 근년 상황에 대해서 주목할만한 보고를 했다고 한다. 그 보고에 따르면 수년전 '페르시아와 아르메니아보다 더 먼 극동*in extremo Oriente*' 땅에 그 국민과 마찬가지로 네스토리우스파이긴 하지만 그리스도교도인 왕, 프레스터 요한이라는 사람이 살고 있다고 한다. 그가 페르시아와 메디아의 두 사람의 형제 왕인 사미아르도스에게 싸움을 걸어서 그들(형제 왕)의 수도 엑바타나(현재의 하마단?)로 쳐들어갔다고 한다. 이 싸움은 3일간 계속되었는데 최후에는 "프레스터 요한이—그들은 이 왕을 습관처럼 이렇게 부르고 있기 때문에—승리를 거두었다"고 한다. 그 후 그는 군사를 움직여서 예루살렘 교회의 원군으로 참가하려 했지만 티그리스 강에 막혀서 성공하지 못했다. 북쪽으로 가면 강이 얼어서 도보로 건널 수 있다는 말을 듣고 그는 북으로 가서 수년간 강이 얼기를 기다렸지만 끝내 그 기회는 오지 않았고, 병사들이 피폐해져서 귀국하지 않을 수 없었다.

이 주교의 말을 기록한 후에 오토는 이렇게 덧붙인다.

그(프레스터 요한)는 복음서에서 언급된 옛 박사들(마기)의 후예로,

그들이 지배했던 것과 같은 모든 민족을 지배하고 있으며 또한 그 영광과 번영 때문에 에메랄드의 홀 이외에는 사용하지 않는다고 한다. 그는 그 선조가 구유에 누운 그리스도를 경배하러 찾아갔던 예를 따라서 예루살렘에 가고자 했지만 앞서 언급한 이유로 제지당했다고 한다. 그러나 이것에 대해서는 이상으로 충분할 것이다.[13]

프레스터 요한의 이름[14]이 문헌에 나타난 것은 이것이 처음이다. 이 텍스트는 두 개 부분으로 나뉘어 해석되어야 한다. 첫 번째는 휴 사제가 전하는 '최근의 극동 사정'에 따르면 '페르시아와 아르메니아보다 먼 극동'의 그리스도교 국가 왕이 페르시아와 메디아를 공략했다고 한다. 이것은 셀주크 투르크 제국의 마지막 술탄, 산자르Sanjar가 1141년 9월 카라키타이(서요西遼)의 왕족 예루 타시(야율대석耶律大石)와 사마르칸트에서 싸워서 패배한 역사적 사실이 왜곡되어 전해졌던 것으로 보인다('사미아르도스Samiardos'는 사본에 따르면 '사니아르도스Saniardos'라고도 기록된다. 산자르에게는 형제가 있어서 서로 패권을 다툰 것으로도 알려져 있다). 예루 타시 자신은 불교도였지만 그 진영에는 네스토리우스파 그리스도교도가 있었다는 것도 사실이다. 하지만 그렇다고 해서 이 역사적 사실에 대한 '오보'만을 프레스터 요한 전설의 기원으로 삼을 수는 없다. 즉 이 텍스트의 두 번째 부분에 해당하는 오토 자신의 기술은 휴 주교의 보고에 기초한 것이 아니라 좀 더 막연하게 전해들은 기록('…라고 전해지고 있다' 등 'fertur', 'asserunt')이고 이것은 당시―휴의 보고 이전에―이미 동방에 '세 명의 박사(마기)'의 후예인 그리스도교도인 왕이 통치하는 부유한 왕국이 존재한다는 전설이 일부에서 떠돌고 있었다는 사실을 보여준다.[15] 성 토마스를 인도에 불러들였다고 하는 '구

종말이 왔을 때 구원의 예표로서 '지상 낙원'. 낙원의 언덕에서는 네 줄기 강이 흐르고 '하나님에 목마른 영혼'의 상징인 사슴이 그 물을 마신다. 낙원의 문은 케르빔의 모습을 한 대천사 미카엘이 지키고 있다. 낙원의 생명나무에는 부활의 상징인 불사조가 머물고, 언덕의 정상에는 그 나무가 예표하는 구원의 십자가 그리고 그 위에는 불사조에 대응하는 성령의 상징인 비둘기가 생명수인 비를 내린다. 로마, 라테라노 대성당. 맨 뒤의 모자이크 (중세 초기에 제작된 그림을 13세기에 복원) [그림 54]

다파라 왕', 즉 '동방의 세 박사'의 한 사람인 Gathaspa 왕의 후예가 이렇게 해서 12세기의 '극동'에 출현한 것이다.

프레스터 요한과 성 토마스 전설의 관련은 이보다 20년 정도 전에 있었던 어떤 사건에 관계된 두 개의 자료로 간접적으로 뒷받침된다. 이들 자료(하나는 무명의 기자가 기술한 비교적 상세한 것으로 1122년이라는 날짜가 붙어 있고, 또 하나는 랭스의 생 레미 수도원장 오든의 로마에서 온 편지로 1118~1151년 것으로 보인다)는 서로 모순된 내용을 담고 있으면서도, 다음과 같은 사실을 전하고 있다. 즉 1122년 인도에서 한 고위성직자(무명의 기자는 '인도의 총대주교 요하네스', 오든은 단지 '인도의 대주교'라고 쓴다)가 종교 또는 정치상 중요한 문제에 대해서 지시를 청하려고 콘스탄티노폴리스로 찾아왔고, 그곳에서 로마 교황청을 방문하여 그의 고향의 놀라운 것들, 특히 성 토마스의 유해가 일으킨 몇 가지 기적에 대해 이야기했다는 것이다. 인도 교회와 그리스 교회는 서로 이단시하는 관계였기 때문에 실제로 인도 교회 성직자가 콘스탄티노폴리스까지 무언가 지시를 받으려고 찾아왔다는 것은 믿기 어렵다(슬레사레프나 베킹엄은 이 성직자의 출신지를 시리아 어딘가, 그중에서도 성 토마스 전설과 특히 관계가 깊은 에데사가 아닐까 추측한다).16) 어쨌든 당시 '인도'에 속한다고 여겨진 어떤 지방에서 한 사람의 그리스도교 성직자가 로마를 찾아왔고 그의 조국에 대해서 여러 가지 경이로운 일들을 전했다는 것 그리고 당시의 서구 지식인들이 그의 말—적어도 먼 동방에 그리스도교 왕국이 존재한다는 것—을 있을 수 있는 일로 믿었다는 것은 사실이다.

*

중세 라틴세계 사람들에게 인도는 어디에 위치하고 있었을까?

이 시대의 일반적인 세계지리 개념이 극히 애매모호한 것이었음은 잘 알려져 있다. 예를 들어 알퀴누스(8세기)는 세계를 유럽과 아프리카, 인도의 세 지역으로 나누었는데, 이 경우 '인도'란 전통적인 '유럽·아프리카·아시아'의 세 지역 가운데 아시아 전체에 해당하는 것이라고 생각할 수 있을 것이다.17) 한편 인도는 매우 오래전부터 에티오피아와 혼동되어왔으며, 에티오피아를 인도의 일부라고 여기기도 했다.18) 이처럼 넓은 지역에 퍼져 있는 '인도'는 당연히 어느 시기부터 세분화되는 경향을 보인다. 4세기 이후부터는 '대인도'(먼 인도)와 '소인도'(가까운 인도)의 이분법이 이루어져, 일반적으로 전자는 남인도(말라바르와 코로만델 지방)를, 후자는 북인도를 가리켰지만, 그 실제 내용은 시대와 작가에 따라 제각각이었으며 극히 모호한 것이었다(예컨대 프라이징의 오토가 말하는 '먼 인도'는 에티오피아에 해당하고, 매튜 패리스는 동일한 에티오피아를 '소인도'라고 부른다). 나아가 12세기 초 이후에는 그 이분법에 '중인도' 또는 '제3의 인도'(일반적으로는 에티오피아를 가리킴)가 추가되어 사정은 한층 복잡해진다.19) 요컨대 우리가 알고 있는 '인도'와 중세 라틴세계의 '인도'를 대응시키고자 하는 것 자체가 무의미하다. 아니 그보다 우리의 지리 개념과 이 시대의 지리 개념 자체가 본질적으로 다른 것이다. 어떤 지역을 정의하는 것은 지도상 또는 지구의상의 정확한 위치가 아니라 훨씬 막연한, 그러나 풍부한 상징적 내용을 담고 있는 이념 idea인 것이다.

그러나 일반적인 지知의 체계에서 이러한 지리 개념의 애매함이, 중세의 지식인이 어떤 종류의 매우 명확한 세계상을 그리는 일을 방해한 것은 아니었다. 예를 들어서 성도 예루살렘은 세계의 중심에 있어야만 하고(전술 168 참조), 지상의 낙원 에덴은 동쪽 끝에 위치해야만 한다. 즉 「창세기」 2장 8-14절에 따르면: "여호와 하나님이 동방의 에덴에 동산을 창설하시고 그 지으신 사람을 거기 두시니라."

이 동산에는 강이 하나 흐르고, 그것은 나중에 네 개로 갈라진다고 한다. 그 가운데 유브라데(유프라테스)와 '앗수르 동쪽으로 흐르는' 힛데겔(티그리스)은 쉽게 정의할 수 있지만, '하윌라'(아라비아로 추측됨)와 '구스'(이집트 상부로 추측됨)를 둘러싼 비손 및 기혼의 위치는 분명치 않다. 그러나 많은 신학자들은 기혼을 나일 강에, 비손을 갠지스 강에 해당한다고 여겼다. 만약 방향이 각기 다른 이 강들이 동쪽 끝의 유일한 원류에서 나온다고 한다면, 그것은 불가사의한 지하의 수맥을 거치면서 네 개로 갈라지고, 그런 다음에 비로소 사람의 눈에 보이는 큰 강이 되어 지상에 나타난 것으로 생각할 수밖에 없다.

분명히 지상에 존재하고 있지만 아담의 때 이래 일체 인간의 접근을 허락하지 않는 이 '초현실'의 낙원을 이른바 지리상으로 바꾸어놓은 천년왕국설에서의 천년왕국—지상의 것임에도 언제나 눈앞에서 멀어져 가는 지복의 왕국—과 유사한 것이었다.[20] 그 때문에 요아킴적 천년왕국설을 계승했던 크리스토퍼 콜론(콜럼버스)은 그 세 번째 항해에서 남미의 베네수엘라 해안에서 오리노코 강의 하구에 도달하여 이것이 바로 낙원에서 흐르는 네 강 가운데 하나임이 틀림없다고 확신했다. 왜냐하면 그는 서쪽의 대양을 건너서 세계의 동쪽 끝까지 도달했다고 믿었기 때문이다(후술 255-256 참조). 즉 낙원의 네 강과 현실의 강과의 대응은 어찌되었든, 에덴이 동쪽 끝에 위치한다는 것만은 고대 말기 이래 거의 일관되게 믿어져왔던 것이다. 왜냐하면 예컨대 가발라의 세베리아누스(5세기 초)가 말하기를 하늘의 별들은 모두 동에서 서로 향한다. 즉 인간의 생명은 모두 동방에 그 원천이 있고, 그러므로 지상의 낙원은 종말에 인간 부활의 상징으로 동방에 두었던 것이다. 반대로 별들이 지는 서방은 바로 죽음의 장소이다.[21]

헤겔에게 있어 '세계사에는 절대적인 동방이 존재했다'는 것과 마찬가지로(전술 160-161) 지상의 낙원도 세계의 절대적인 동쪽 저 너머, 즉 시원始原의 땅—동시에 종말의 예표로서의 땅—에 계속 존재하고 있었다.[22] 콜론은 동쪽을 목표로 하여 서쪽에서 여행한다는 놀랄 만한 역설을 과감히 실행하고, 지구상의 방위 상대화에 결정적인 기여를 했지만[23] 그럼에도 그 자신은 절대적 동방의 존재를 확고하게 믿고 있었다.

이러한 신학적 아 프리오리ª priori(어떤 기능이 선험적이고 생득적으로 부여되는 것: 옮긴이)에 기초한 세계지도는 따라서 언제나 낙원이 있는 동쪽을 위쪽에 배치하여 그렸고(왜냐하면 신은 세계의 위쪽에 앉아 계시고, 낙원은 신의 가장 가까운 곳이었기 때문이다), 또 그 형태는 '이론'과 '현실'의 대응이 곤란한 만큼, 사변적·추상적인 양상을 띠었다. 이른바 'T-O형 세계지도'는 이러한 추상화·단순화의 하나의 도달점을 가리키는 것이라고 할 수 있다(서장 [그림 1], 또는 본장 [그림 55-57] 참조).

그럼에도 이 거의 순수하게 신화적인 세계의 동쪽 끝은 결코 단순한 비존재는 아니었다. 이 땅의 바로 가까이에는 인도라고 일컬어지는 지방이 있었을 것이고, 그곳으로부터 사실 향신료나 견직물 등 온갖 종류의 감탄을 불러일으키는, 하지만 일상적인 물건들이 보내져왔다. 나아가 중세 후기가 되면 사실 그 지방을 방문했던 사람들도 결코 적지 않았고, 그들 중 어떤 사람들—상인이나 선교사들—은 그들 지역에 대해서 (적어도 부분적으로는) 매우 정확한 지식을 지니고 있었다.[24]

일체의 사실에 선행하는 신학적(또는 철학적, '고전학적') 아 프리오리$^{a priori}$에 기초한 이론적 지와 극히 애매하고 불안정한 일반적인 (예컨대 백과사전 같은 데서 볼 수 있는) 체계적 지[25] 그리고 정확하지만 부분적이고 전달이 곤란한 실천적 지, 중세 지知의 구조는 적어도 이 세 가지 차원에서 성립한다. 그리고 이들 사이에는 메우기 힘든 간극이 존재했다.

하나의 현실을 비추는 세 가지 차원의 지의 공존(이것은 물론 지리에 한해서만이 아니라 모든 지식의 분야에서도 마찬가지 상황이었을 것이다)은, 각각의 지가 독자적인 가치를 지니고 있지만, 그들은 상호간에 '공약 불가능성共約 不可能性'(각각의 우열을 비교하는 기반이 되는 중립적인 관찰언어나 공통의 평가기준이 존재하지 않는 것: 옮긴이)이며, 개별로서나 전체로서도 절대적 신뢰를 보낼 만한 '보편적 올바름'을 지닌 것으로 인정되고

헤리포드의 세계지도. 최상
부(극동)의 원형 섬은 '지상의
낙원', 중앙의 원형 성벽은 예
루살렘(1310년경, 영국) [그
림 57]

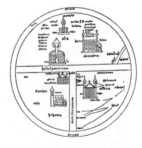

▲ 'T-O형 세계지도'(14세기, 빈) [그림 56]
◀ 세계의 동쪽 끝에 있는 '지상 낙원'(베
아투스 주석 묵시록, 12세기 말 사본 세
밀화) [그림 55]

있지 않았음을 의미한다.

이 '공약 불가능성', 즉 각각의 지의 차원 사이에 존재하는 미묘한 간극이 완전히 다른 종류의 놀라운 풍부함과 가능성을 내포한 지의 차원, 즉 '전설적 지'의 산출을 가능하게 한다.

'놀라운 가능성'이라고 했지만 좀 더 정확히 단적으로 말해 '무한한 가능성'이라고 해야 할 것이다. 왜냐하면 '전설적 지'에는 불가능한 것은 아무것도 없기 때문이다.

'보편적 올바름'을 지닌 것으로 인정되지 않는 지의 구조로는 세계를 파악할 수 없다. 온갖 곳에서 새어나오는 세계의 주변부(마르쥬marge)에 이마지네르Imaginaire(정신에 의해 위장된 이미지: 옮긴이)의 영역이 펼쳐진다. 그곳은 플라톤적인 '충만의 원리'(러브조이의 용어에 따름)가 지배하는 장소26)로 모든 괴물이 날뛰고, 온갖 가지 경이가 숨을 죽이며 기다리고 있다.

'지상의 낙원'은 '지상'이라고 말하지만 그것은 초현실적 차원에 위치하고, 그 때문에 신학자만이 머무르는 영역일지도 모른다. 그러나 거기에 근접했던 인도는 파리나 베네치아나 런던, 혹은 부르고뉴의 작은 시골마을과도 이어진 땅의, 문자 그대로 같은 지상에 존재하는 하나의 지방이다. 일상의 현실과 거침없이 증식하는 이마지네르의 영역 그리고 오로지 사변에만 의지한 초현실이 같은 지평 속에 펼쳐져 있는 세계, 그곳에서 몽상은 최대한의 실재성을 획득한다.

만일 지금, 여기에 무심코 고개를 들었더니 눈앞에 머리가 없는, 개의 머리를 한, 또는 다리가 하나밖에 없는 괴물이 서 있다고 한다면, 아니 꼭 괴물이 아니더라도 상관없이 그저 바나나피시(여울멸 – 빛의 각도에 따라 색이 달리 보임: 옮긴이) 한 마리를 본 것만으로 소리조차 지를 수

◀ 카탈로니아의 세계지도에 그려진 학과 싸우는 난
쟁이(피그미)들. 위치는 거의 중국 남부에 해당한
다(11장 그림 73 참조. 학과 싸우는 소인족의 전설
에 대해서는 전술 53도 참조). [그림 58]
▲ 헤리포드의 세계지도 각 부분에 그려진 '괴물'들
[그림 59]

없을 만큼 순수한 광기의 체험이 될 것이다.27) 이러한 '생생한 체험'의
차원에서는 중세의 이마지네르는 나타나지 않는다. 그것은 일단 저 먼
곳에 있으며, '경이'로 규정되고 그리고 무엇보다도 '말해지는' 것에 의
해 대상화된다. 바로 그렇기 때문에 이 이마지네르는 '전설적 지'의 대
상이 된다. 그러나 이 지는 완전히 자기목적적으로 '어느 장소에 이러저
러한 것이 존재한다(고 말해진다)'는 사실을 아는 것 이외에는 아무런
의미도 없고 어떤 도움도 되지 못한다. 예컨대 상인 마르코 폴로는 중국
원나라의 지폐 유통에 대해서 상당히 자세하게 기술하고 있지만, 그에
따르면 이 지폐를 만든 칸은 '최고의 연금술사'에 다름 아니라고 한다.
왜냐하면 그는 이 '뽕나무 껍질로 만들어진' 종이다발로 이른바 전 세계
까지 사들일 수 있기 때문이다.28) 이렇게 해서 중국 문화의 가장 중요
하고 실용적인 발명품의 하나도 여기에서는 인형에게 말을 하게 하는
카시미르의 요술사나 칸의 궁전 큰 테이블에서 음료를 가득 채운 잔을
주문으로 공중에 뜨게 하고 칸의 면전에까지 가져가는 마술사 바쿠시

수도에 도착하는 프레스터 요한의 배(Marco polo, *Le livre des Merveilles*, 1400년경의 사본 세밀화) [그림 60]

(몽골어 baksi, 라마승; 중국어 '박사')와 같은 이마지네르의 차원에서 수용되고 만다.29)

　'불가능'에 의해 막히는 일이 없는 중세 세계에서는 모든 사물의 의미를 자기목적성 속에서 하나로 모아 정리하고자 한다. 거기에서 사물들은 그대로 단순히 존재하고, 그 존재의 충족 속에서—이마지네르의 궁극이 보여주는 광기의 암흑 가장자리에 서서, 하지만 그렇기 때문에—걱정 없이 노닐고 있다.

＊

　그렇지만 지금까지 여러 장에 걸쳐 강조해왔던 것처럼 중세 라틴세계의 지의 구조가—특히 '이론의 지' 차원에서—놀랍도록 강고한 보편주의를 형성하고 그것에 기초한 세계상을 구축해온 것도 사실이다. 더욱이 그것은 단순히 이론적인 참고사항으로 받아들여졌던 것이 아니라 대다수 사람 정서의 심부까지 침투한 '자명한 진리'였다. 그렇기 때문에 그것은—예를 들면 십자군운동에서 보여준 것처럼—때때로 격렬한 열광의 폭풍을 불러일으키고, 사람들은 그 때문에 목숨을 던질 수도 있었던 것이다(근대는 거의 모두 중세에 의해서 준비되고 있었다).

르네상스를 거치고 대항해 시대를 거치는 가운데 이 중세적 지의 구조는 커다란 지각변동을 일으킨다. 그때까지 복수의 차원으로 나뉘어 공존해왔던 각종의 지는 튼튼한 구조 안에 재편성되고 그렇게 해서 세계는 결정적으로 막힌 것으로 변해간다(후술 248-255 참조).

12세기 초에 발단해서 16세기 초에 드디어 모습이 사라지게 되는 프레스터 요한의 환영의 역사는 이 지의 구조 변동과정의 일면을 비추는 기묘한 환등 장치에 비유할 수 있을 것이다.

그래서 다음 장에서는 이 이야기의 최초 하이라이트, 12세기 중엽 프레스터 요한에게서 온 편지 한 통에 대한 화제를 출발점으로 이야기를 시작할 것이다.

제 I X 장

비경秘境의
그리스도교 인도제국

프레스터 요한의 전설 2

12세기 중엽, 프레스터 요한이 보낸 편지 한 통은 라틴세계 사람들 사이에서 커다란 반향을 불러일으켰다.

　　극동의 땅 '인도'에서 강대한 그리스도교 제국을 지배한다고 소문이 난 프레스터 요한에게서 온 이 편지가 언제 라틴세계에 퍼졌는지는 정확히 단정할 수는 없다. 트루아 퐁텐느의 알베릭의 『연대기』에 따르면 1165년이라고 나오는데, 이것이 쓰인 것이 1232년 이후로 전적으로 신뢰하기는 어렵다. 또 1177년의 교황 알렉산데르 3세가 프레스터 요한에게 보낸 편지(후술)가 이 편지에 대한 답장이라는 설도 있지만 이것도 납득할 만한 근거는 없다. 남은 자료는 문제의 그 편지 자체밖에 없는데, 여기에는 발신 장소와 날짜에 대한 기록이 전혀 없다. 다만 발신자가 비잔틴 황제 마누엘 1세 콤네누스라고 되어 있어서 이 황제의 재위기간(1143~1180년)에 쓰인 것으로 추정할 수 있을 뿐이다.[1]

　　이 편지가 얼마나 큰 반향을 불러일으켰는가는 그 사본의 수(손다이크는 100개에 가까운 사본을 거론하지만, 그 외에 아직 조사되지 않은 것도 있다고 한다)2) 그리고 각국의 속어로 번역된 많은 것들(중세 독일어, 중세 프랑스어 등 각종 번역 이외에 스코틀랜드어, 러시아어 그리고 15세기의 히브리어 번역 사본까지 발견되었다)3)을 보더라도 충분히 상상할 수 있다. 나아가 이들 중 몇 개는 15~16세기에 인쇄된 것이기 때문에 그 유포는 마르코 폴로의 책(고사본, 고간본 합쳐서 140종 이상이 있다)에 견줄 만하다. 즉 이 문서는 중세 최대급 베스트셀러의 하나였다고 할 수 있다.4)

이 편지의 내용에 대해 여기에서는 최소한으로 요약할 수밖에 없다(아래는 라틴어의 텍스트가 아니라 앵글로노르만어 역, 내지는 오일어 역의 텍스트에 따른다. 또한 기술 순서를 꼭 원문에 따르지는 않았다).5)

"전지전능하신 왕 중의 왕, 예수 그리스도의 은총에 따라 저, 프레스터(사제: 옮긴이) 요한으로부터 폐하, 콘스탄티노플의 황제(마누엘)께!" —비잔틴 황제에게 요한은 극존대의 태도를 취하고 있다. "만일 폐하가 저의 나라에 오신다면 가령家令에게 일러 많은 재보를 드리며 원하는 때에 귀국할 수 있도록 하겠습니다." 요한은 또 마누엘의 그리스도교 신앙이 올바른지에 대해 의심하고 있다.

요한의 국토는 세 개의 인도(전술 196-197 참조)에 걸쳐 있고, 성 토마스의 무덤이 있는 곳이 직접 다스리는 영지이고, 그곳에서부터 바벨탑이 서 있는 '황야의 바빌론'을 지나 동쪽 끝까지 퍼져 있는 72국의 국왕이 전부 그의 지배 아래에 있다. "저는 전부터 (예루살렘의) 성 분묘를 사라센인에게서 탈환하려는 뜻을 품고 있었습니다." 그 국토의 광대함을 생각하면 그것이 결코 어려운 일은 아니다.

요한의 나라에서는 온갖 불가사의한 동·식물을 볼 수 있다. 코끼리, 낙타, 하마, 악어, 희거나 엷은 다갈색의 사자… 그리폰과 반인반마半人半馬(오일어 역에는 반인반마의 '사라센인'), 붉고 희고 검은 세 종류의 일각수,

피닉스 등이 있다. 그리고 많은 괴물이 사는데 뿔이 솟은 인간, 학과 싸우는 소인족, '옛날에는 40완척(1완척은 0.5미터) 정도였지만 지금은 15완척 정도의 거인', 전신이 새카만 외눈박이 등이다. 여인국도 있으며, '매우 기묘하지만 나에게 충실한 브라구만(브라흐만)'도 산다. 세상이 끝날 때에 온 땅을 뒤덮어 대학살을 자행하게 될 적그리스도의 부하, 즉 알렉산드로스 대왕이 '곡과 마곡의 산' 너머에 가뒀다는 식인귀 인종 '이스라엘'6)도 요한의 지배하에 있어 전쟁이 일어나면 풀려나 적을 두려움에 빠뜨린다. 유령과 악귀로부터 몸을 지키는 아시디오스라는 마법의 풀도, '올림포스라고 불리는 산' 기슭에 자라는 후추도 이 나라에서는 진기하지 않다. 이 영토에는 젖과 꿀이 흘러넘치고 있다.7) 지상의 낙원에서 흘러나오는 비손 강(또는 이둔누 강[인더스 강], 전술 197-198 참조)에는 다량의 보석이 채굴되고, 또한 이 낙원을 시원으로 하는 샘물을 세 번 마시면 어떤 노인이라도 서른 살의 몸으로 젊어진다. 눈먼 사람을 치유하고 몸을 보이지 않게 만드는 마법의 돌을 가진 자는 누구에게나 사랑받고, 어떤 소원이라도 이룰 수 있다.

국토의 한쪽에는 건널 수 없는 사막의 바다8)가, 커다란 파도의 물보라는 하늘까지 닿아 있다. 그 가까이에는 일주일에 3일, 돌을 흘려보내는 강이 있다. 그리고 매우 무더운 지방에는 불 속에서만 사는 샐러맨더salamander가 살고 있고, 왕과 그 근친은 그 껍질에서 얻은 섬유로 만든 불연성의 의복을 입고 있다.

이 나라에는 도둑이나 배신자, 호색한은 한 명도 없는데, 그것은 토지도 보리도 모두 셀 수 없이 많을 뿐 아니라 백성이 공유하고 있기 때문이다.

왕은 1년에 한 번 예언자 다니엘의 무덤이 있는 바빌론에 가서 참배한다. 그 여정의 사막에는 뱀과 사자, 일곱 머리를 가진 용 등의 많은 맹수가 살고 있는데, 그들로부터 몸을 지키기 위해 왕은 1만의 기사, 2천의 사수, 각각 네 마리의 코끼리가 운반하는 1백 개의 움직이는 성을 포함한 군대를 이끌고 간다. 저 땅의 거인들은 옛날 바벨탑을 쌓고 하늘에 오르고자 했던 자들로(「창세기」11:1-9 참조) 가공할 힘을 지녔지만 지금은 주의 뜻에 따라 그저 땅 경작 이외에는 아무런 일도 하지 않는다. 그중 몇 사람인가는 요한의 궁전에 족쇄로 묶여 있어서 사람들은 호기심에 그들을 구경하러 간다.

왕의 궁전은 옛날 사도 성 토마스가 군데프르Gundeffre 왕9)을 위해 건조했던 것으로(전술 188-190 참조) 큰 방에서는 결투가 벌어진다. 왕의 침대는 사파이어로 만들어졌는데, 이는 사파이어가 상쾌한 수면을 도와주고 불시에 다가올지 모르는 욕망을 막아주는 효능을 지니고 있기 때문이다. 또한 궁전에는 매우 정교하고 복잡한 대좌 위에 국내외에서 일어난 모든 사건을 비춰주는 거울이 있어서10) 그 때문에 첩자를 파견할 필요가 없다. 요한에게는 매월 교대로 자신을 섬기는 일곱 명의 왕이 있고, 궁전의 공무는 공작 42명과 백작 300명 등이 담당한다. 하루에 한 번 삼만 명을 초대해 배불리 먹일 수 있는 대식탁이 있는데, 요한의 우측에는 대주교 30명, 좌측에는 사제 11명이 앉고 거기에다 성 토마스의 대주교, 사르마간쯔Sarmaganz(사마르칸트)의 '수장'과 스사의 '수장' 세 사람이 옥좌를 둘러싸고 있다.

이만한 번영과 영광 속에 있으면서도 왕이 단지 '프레스터 요한'이라고 한 것은 오직 그 자신의 겸손에서였다. 이상의 모든 이야기는 '프레스터 요한의 불가사의함'을 설명하는 극히 일부분에 지나지 않는다. 그 번영과 부귀함을 모두 알고자 한다면 차라리 "하늘의 별을 세고 바다

중세의 '박물지博物誌'에 나온 괴물들 [그림 61]

[우상] 무두인無頭人. *Ymage du monde* de Gautier de Metz, 피카루디 지방의 사본(1277년)

[좌상] 그리폰. *Bestiaire* de Pierre le Picard(Pierre de Beauvais), 알토 지방의 사본(1285년경)

[하] 코끼리. *Bestiaire divin* de Guillaume le Clerc de Mormandie(14세기)

『알렉산드로스 로맨스』의 삽화. Jehan de Grise 제작(1344년) [그림 62]

의 모래알을 셀 수 있는지 시험해보아라." "따라서 폐하가 우리의 왕국에 오실 때, 당신의 두 눈으로 확인할 수 있기를 크게 바라는 것이다."

이 텍스트에서는 12세기경 라틴세계에서 지녔던 '인도 이념'(전술 196-197 참조)을 응축하여 표현되고 있다. 그 출처를 정확히 내세울 수는 없지만 거기에서 대략 다음과 같은 요소들을 생각해볼 수 있다.

1) 헤로도토스나 크니도스의 크테시아스로부터 대 프리니우스, 소리누스(3세기), 세비야의 이시도루스, 라바누스 마우루스(9세기) 등을 거쳐서 중세에 전해진 백과사전식 전통(전술 28-29, 32)
2) 고대 말기에 무명 기자의 『자연지가自然誌家 Physiologus』에 따라 편찬된 같은 제목의 박물지博物誌를 기초로 하여, 12세기 이래 왕성하게 제작된 '박물지'(베스티에르Bestiaire)의 전통11)
3) 3세기 초까지 거슬러 올라가는 알렉산드로스 대왕의 동방원정을 이야기하는 '전기소설傳奇小說'인 『알렉산드로스 로맨스』의 전통12)
4) '지상의 낙원' 신화(앞장 참조)
5) 인도 포교의 성 사도 토마스 전설(앞장 참조)

이들 모든 전승이 뒤섞이고, 더욱이 '토착적'-민화적인 모티브(예컨대 '몸을 보이지 않게 만드는 마법의 돌' 등)가 덧붙여지면서 이 기괴한 위서僞書가 탄생되었다고 할 수 있다.

관점을 달리해서 보면 이것은 확실히 중세의 '이계문학異界文學'에 속하는 것이고 그 속의 많은 모티브는 맨더빌의 가공의 『동방여행기』에서도 찾아볼 수 있다.13) 하지만 여기에서 결코 간과해서는 안 되는, 강조해두고 싶은 것은 이 위서의 정치적·신학적 측면이다. 우선 '예루살렘의 성 분묘 탈환' 의지와 비잔틴 황제에 대한 적의 혹은 의혹은 이 위서의 배경이 되는 십자군 정신을 분명히 한 것이다.14) 다음으로 '요한의 나라'의 대지와 그 생산물을 공유하는 제도, 즉 일종의 '공산주의적 평등'의 제도는 고대 이교철학의 '황금시대' 혹은 그리스도교 교부의 '원죄 이전의 세계'에 관한 사변에까지 소급되는 것으로, 중세 이후 종말론적 혁명사상의 중요한 모티브 중 하나로 거론된다.15) 더욱 흥미로운 것은 요한이 '사제'이면서 동시에 '왕'이기도 한 자로 묘사되고 있다는 점이다. 주지하는 바와 같이 중세 라틴세계 최대의 정치-신학상의 문제는 교황권과 황제권 사이의 모순과 상극 문제였다. '사제-왕 요한'은 이 문제에 대한 일종의 이론적 해결책을 던지고 있으며, '신의 나라'와 '지상의 나라'를 합체한 이른바 유토피아적 그리스도교 인도제국의 지배자로 묘사되고 있다.16)

여기에서 우리는 같은 12세기 프랑스에서 제작된 독특한 로마네스크 조각으로 시선을 돌려보자. 베즐레의 성 마들렌 대사원(바실리스크)의 팀파눔tympanum(건축에서 상인방 위의 아치 안에 있는 3각형 또는 반원형 부분: 옮긴이)에는 기묘한 괴물들이 조각되어 있다([그림 63-64]). 중앙에는 승천하는 영광의 그리스도, 그 주위에는 사도들이 나란히 있고, 개머리를 한 자, 돼지코를 가진 자, 난쟁이, 귀가 큰 사람 등의 괴물들은 상부의 원호 부분과 밑의 횡목 부분에 빼곡히 들어차 있다. 그리스도의 양 손에서 나오는 광선은 복음의 빛이다.

이 도상의 의미는 그리스도교의 종말론과 '땅 끝'의 상징symbolism과의

▲▲ 베즐레의 성 마들렌 대사원의 팀파눔(12세기) [그림 63]

▲ 성 마들렌 대사원의 팀파눔에서 '돼지코를 가진 자' 부분 [그림 64]

관련성을 고려함으로써 비로소 해독된다.[17)]

승천하는 그리스도가 제자들에게 남긴 최후의 가르침을 복음서는 이렇게 전한다.

"너희는 가서 모든 민족을 제자로 삼아 아버지와 아들과 성령의 이름으로 세례를 베풀고…"
"너희는 온 천하에 다니며 만민에게 복음을 전파하라."[18)]

따라서 그리스도가 지상을 떠난 뒤 그리스도교도에게 남겨진 임무는 오로지 복음의 빛을 '땅 끝'까지 미치도록 하는 것이었다. 예수 자신의 종말 예언에서 가로되,

"이 천국 복음이 모든 민족에게 증언되기 위하여 온 세상에 전파되리니 그제야 끝이 오리라."[19)]

종말의 때에는 전 세계 백성이 신 앞에 모여서 신을 찬미해야만 한다.

"이 일 후에 내가 보니 각 나라와 족속과 백성과 방언에서 아무도 능히 셀 수 없는 큰 무리가 나와 흰 옷을 입고 손에 종려 가지를 들고 보좌 앞과 어린 양 앞에 서서 큰 소리로 외쳐 이르되 구원하심이 보좌에 앉으신 우리 하나님과 어린 양에게 있도다."[20)]

이와 같이 계시록에 따르면 사도 바울 시대에 종말의 때는 이미 도래해 있다고 여겨졌다(전술 124 참조). 바울은 시편의 예언을 과거형으

로 인용한다. "그 소리가 온 땅에 퍼졌고 그 말씀이 땅 끝까지 이르렀도다."[21] 따라서 바울에게 그리스도의 유훈의 말씀은 이미 실현되고 있는 것이다. "이 복음이… 온 천하에서도 열매를 맺어 자라는도다."[22]

토마스 행전이 집필되었을 시기(3세기 중반경) 이러한 확신은 어떤 의미에서는 흔들리기 시작했다고 생각할 수 있다. 글의 첫머리에 기술된 이야기—예수 승천 후 12사도가 각각의 선교지를 정하기 위해서 제비를 뽑았다는 이야기(전술 189 참조)—에서는 복음을 전 세계에 전파하려는 노력은 지금부터 행해야 하는 것으로 묘사되어 있다(그렇다고 해도 그것은 12사도 시대, 즉 과거 시대의 이야기이고 지금은 이 이야기의 주인공 성 토마스 자신에 의해서 인도의 끝까지도 복음이 전해졌던 것이다). 복음은 이미 전 세계에 퍼져 있는가? 혹은 그 임무를 지금부터 수행해야만 하는가? 이 문제에는 그리스도교 역사신학 특유의 애매함이 늘 따라붙는다. 미래에서 현재를 돌아보는 시점(종말 예언의 시점)에서 본다면 그것은 이미 완성되어 있다. 그러나 현재에서 미래를 향하는 시점에서는 지금부터 수행해야만 하는 것으로 생각된다. 하지만 어느 시점에 서더라도 그것이 하나의 신학적 필연이라는 것에는 변함이 없다. 더욱이 그리스도교도에게 현재는 언제나 잠재적 종말이다(세상의 마지막 날은 '도적'처럼 '생각지 못한 때'에 도래한다. 전술 124-126 참조).

중세의 천년왕국설에서 모든 이교도의 개종은 '지복의 시대'=역사 종말의 도래를 알리는 가장 중요한 모티브의 하나였다. 예를 들면 티브르티나의 시빌라가 쓴 『신탁집神託集』(라틴어판. 본서 제7장 주 8, 9 참조)에 따르면 '최후의 세계 황제' 콘스탄스는,

이교도의 모든 섬과 도시를 유린하고 모든 우상 숭배의 신전을 파괴했

으며, 또 모든 이교도를 소환해서 세례를 베풀고, 모든 사원 안에 그리스도의 십자가를 세워놓았다(이리하여 이집트와 에티오피아는 황급히 신을 향해서 손을 뻗었다).23) 그리스도의 십자가를 예배하지 않는 자는 모두 칼로 벌을 받을 것이다. 그리고 120년이 지났을 때 (최후에 남은) 유대인들도 주를 향해서 개종하고, 이렇게 해서 "열방이 그에게로 돌아오리니 그 거한 곳(무덤)이 영화로우리라"24)는 예언이 성취되는 것이다.25)

복음의 파급은 말씀에 의한 것인가, 아니면 칼에 의한 것인가? 어찌 되었든 그리스도가 재림할 때까지 모든 국민은 진리의 가르침 안에서 통일되고 이교도는 완전히 제거되어야 한다.

중세 전반까지 라틴세계의 닫힌 지평 속에서 대부분의 세계는 이미 그리스도교화된 것으로 믿어졌다. 그러나 그 지평이—특히 십자군을 통해서—조금씩 열리자 오히려 그리스도교 세계가 얼마나 좁은지 실감하게 되었고,26) 이교도의 압도적인 대군에 포위되어 당장이라도 멸망하는 것은 아닌가 하는 공포로 가득한 이미지가 사람들의 마음을 지배하게 된다. 그렇기 때문에 이제 그리스도교도는 일어나서 어떤 고난을 겪게 되더라도 '땅 끝'까지 복음의 빛이 미치도록 해야만 한다. 따라서 이교도(사라센인이나 투르크인)와 유대인의 개종은 그 후의 천년왕국설, 특히 중세 후반 이후의 요아킴주의적 종말론에서 '세계의 영적 통일'을 성취하기 위해 가장 중요한 과정으로 여겨졌다.27) 칼의 힘을 따를 것인가? 말씀의 힘을 따를 것인가? 어느 쪽이든 포교야말로 그리스도의 재림을 대망하는 신자들에게는 세상의 종말을 앞당길 가장 적극적인 수단이었던 것이다.

베즐레 대사원의 팀파눔에 조각된 괴물들, 중세의 이마지네르에서 이 괴물들이 사는 곳은 말할 것도 없이 인도, 즉 '땅 끝'이었다. 여기에서 괴물이란 땅 끝에 살고 있는 '가공의 것'의 상징에 지나지 않는다.[28) 이제는 이 괴물들에게까지 복음의 빛을 전달하려고 한다. 이 도상에 그려진 것은 12세기 사람들의 마음을 감싸고 있던, 세상의 종말에 대한 절박한 희구의 이미지였던 것이다.

이 땅 끝의 약속의 땅, '젖과 꿀이 흐르는' 프레스터 요한의 인도 제국에는 온갖 괴물이 서식하고 있다. 이 괴물들도 그리스도교 지배 아래에 있으며 광대한 왕국을 원죄 이전의 공산의 평등주의 정치제도에 따라 통치하는 사제 겸 왕 요한은 이른바 땅 끝에서 홀연히 나타난 '최후의 세계 황제'였을 것이다(전술 168-170 참조). 그런 이유로 그는 성 분묘의 영광에 빛나는 예루살렘을 목표로 그리고 이교도를 섬멸하고 개종시키기 위해서 울부짖는 십자군의 광기가 들끓고 있던 12세기 라틴세계에 모습을 드러낸 것이다.

*

프레스터 요한에게서 온 기괴한 편지는 라틴세계에 큰 반향을 불러일으켰지만, 그것이 그 시대 권력중추에 있던 사람들에게 어떻게 받아들여졌는지는 확실치 않다. 교황 알렉산데르 3세는 1177년 9월 27일자로 '인도를 다스리는 요한 왕'에게 보내는 친서를 필립스에게 맡겼는데, 친서에 대한 답장으로 신임할 만한 사자가 로마에 파견되기를 기다린다는 내용을 썼다(필립스는 궁중의 시의侍醫로 동방에서 요한의 나라 사람들을 만났고, 요한이 예루살렘에 제단을 만들고 로마에 교회를 지어 그의 신민들이 그 도시에 참배하러 갔을 때, 거기에 머무르며 올바른 그리스도교 신앙을 배우기를 바라고 있다는 것을 알고 있었다고 한다). 이 친서에는 교황이 '프레스터 요한의 편지'를 알고 있었던 것 같은 문장이 보이지만, 그러나 어쨌든 이것은 그 편지에 대한 답장으로 쓰인 것은 아니다. 필립스의 사절이 그 후 어떤 운명을 겪었는지를 전하는 기록은 없지만, 이 친서의 수취인 '요한 왕'이 다스리는 '인도'는 확실히 에티오피아를 가리키는 것으로 여겨지고 있다.[29] '프레스터 요한의 편지' 내용이 그대로 당시의 권세 있는 정치가에게 믿어졌다는 흔적은 없지만, 그가 다스리는 그리스도교 인도제국의 존재는 소문으로서(신학적 사변에 기초한) 대부분 선험적(아 프리오리^{a priori})으로 믿어졌다. 또한 이 편지로 그 실재에 대한 신빙성이 한층 더해지게 되었다는 것을 충분히 생각할 수 있다.

*

프레스터 요한의 소문은 13세기 동방의 대초원에서 일어난 몽골의 폭풍과 함께 다시금 라틴세계 사람들 사이에 선전되었다. 1219년 이후 칭기즈 칸이 스스로 대군을 인솔해서 사마르칸트, 브하라를 중심으로 한 이슬람의 상업왕국 호라즘을 공격해서 철저하게 파괴한 사건은 거의 시간의 지체 없이 머나먼 서방까지 풍문으로 전해졌다. 이들 풍문은 1154년 시리아의 휴 주교를 통해 전해진 셀주크 투르크의 술탄 산자르가 패배했다는 소문과 이상하리만치 유사하다. 즉 1220년 아르메니아의 기록에 칭기즈 칸의 군대는 "(동방의 세) 박사(의 백성), 또는 그리스도교도로 (서방의) 그리스도교도를 사라센의 압제로부터 구해내기 위한 기적으로 보내졌다"고 한다. 또한 1221년 이집트의 다미에타에서 아랍어를 라틴어로 번역한 자료에는 "인도의 프레스터 요한의 아들, 다

비드 왕의 군세"라고 한다.30)

구약시대 이래 가장 중요한 메시아적 표상인 다비드의 이름이 이 새로운 '사라센의 적'에게 적용되었다는 것은 물론 우연은 아닐 것이다. 하지만 12~13세기의 중앙아시아(특히 위구르, 나이만, 케레이트의 여러 왕국)에 많은 네스토리우스파 그리스도교도가 있었고, 몽골 왕조 내에서도 커다란 세력을 형성하고 있었던 것도 사실이었다. 그리고 십자군 원정으로 그전까지 동방세계와 접촉 기회가 없었던 라틴세계 사람들에게 그의 존재에 대한 소문이 전해짐으로써 환상적 기대를 품게 되었던 것도 사실이다.31)

그러나 그 몽골군이 1237년 말, 북동 루씨(지금의 러시아: 옮긴이)를 습격하면서 동유럽 대침략을 개시하자 종말론의 색채는 메시아 출현의 희망에서 '분노의 날'의 도래라는 절망으로 반전되었다. 몽골 사람은 '타르타르=지옥'에서 솟아나온 악마의 군대, 적그리스도의 앞잡이인 곡과 마곡의 백성과 동일시되어 서구세계 사람들을 공포로 몰아넣었다(주 6 참조). 반몽골 십자군을 조직하자는 말도 나왔지만 그것은 아무런 실재성을 띠지 못한 채, 1242년 초 몽골군은 그들의 대칸인 우구데이(=오고타이)가 타계했다는 소식을 듣고 급히 병력을 돌려서 카라코람 쪽으로 철군했다. 서구세계가 몽골과의 접촉에 본격적으로 나선 것은 그 이후였다. 교황 이노센티우스 4세는 1245년 리옹에서 공의회를 소집하여 "타르타르인으로부터 유럽을 지키는 수단을 강구하자고 말하고, 또 교황의 친서를 지닌 선교사를 타르타르인 수장들에게 보내 더 이상 그리스도교도를 죽이지 말라고 설득하고 그리스도교로 개종하도록 촉구할 것을 결의했다"(사구치 도오루佐口透).32) 이 교황이 파견한 선교사들은 정식 사명을 지닌 사절이기도 했지만 그보다 오히려 동방세계의 정보를 수집하는 첩자 역할도 맡고 있었다. 그들에게 가장 중요한 의미는 중앙아시아의 네스토리우스파 그리스도교의 사정이었고, 특히 소문으로 알려진 프레스터 요한의 왕국과의 접촉—나아가 가능하다면 그 나라와 손을 잡고서 사라센인들을 서방과 동방에서 포위하여 전멸 시키는 것—이었다는 것은 상상하기 어렵지 않다.33)

이렇게 막을 올린 이른바 중세의 '대여행가 시대'는 동시에 프레스터 요한 탐색의 시대이기도 했다. 그리고 그 자체가 품고 있는 한계로 그것은 결국 환멸의 여행 시대이기도 했다. 피안델 카르피니(1247년 귀국), 루브룩(1153~1254년), 마르코 폴로(1270~1295년), 조반니 다 몬테코르비노(제2서간, 1305년), 폴데노네의 오드리코(1314~1330년)로 이어지는 여행가들은 각각의 여행 도중에 프레스터 요한의 (옛) 국토를 통과하고, 또 그의 자손이라고 칭하는 자들을 만나기도 했지만(특히 마르크 폴로는 요한을 칭기즈 칸에게 멸망당한 케레이트 부족장 트오릴 칸=완 칸[王罕]=Unc Kan과 동일시한다), 그 서술은 어느 것을 막론하고 쓰린 환멸의 목소리로 가득했다.34) 루브룩은 요한이 나이만족의 군주로 후에 왕이라고 불린 자에 지나지 않는다고 했고, 네스토리우스파 교도가 그를 "요한 왕이라고 부르고, 그에 대해서 실제의 10배 이상을 부풀려 헛소문을 퍼트렸다"라고 썼다. 한편 오드리코는 태국에서 서쪽으로 50일간 걸어서 "프레스터 요한의 땅에 도착했지만 그에 대한 소문은 백분의 일도 진실이라고 할 수 없다"라고 말했다.

어찌되었든 실재해야만 했던 프레스터 요한은—마르코 폴로가 수마트라에서 보았던 '일각수'가, 처녀에게만 붙잡힌다고 한 사람이 말하는 우아한 아름다움을 지닌 환상의 동물과는 전혀 거리가 먼 추한 짐승, 코끼리 같이 살찌고 진흙탕 물에 잠수하여 하루를 보내는 둔중한 코뿔

처녀에게 붙잡힌 일각수. *Bestiaire* de Pierre le Picard(1285년경) [그림 65]

뒤러가 그린 코뿔소. 이 코뿔소는 포르투갈 왕 마누엘 1세가 교황에게 바친 것. 여행 도중 배가 침몰되어 코뿔소는 죽고 말았다. 뒤러는 이것을 리스보아에서 온 편지의 기술과 스케치를 따라 그렸다(1515년). [그림 66]

소에 지나지 않았던 것과 마찬가지로[35)]―중앙아시아 한 구석의 가련한 작은 나라('옛날에는 대국이었다'고 마르크 폴로는 말한다!)를 다스리는 허풍선이로 네스토리우스파 소왕에 지나지 않았다.

*

물론 그것으로 사람들이 만족할 리 없다. '몽골의 평화[Pax Mongoliana]'에 의해 중앙아시아의 비밀이 더 이상 비밀이 아니게 되었을 때 프레스터 요한의 왕국, 중세의 '샹그릴라'는 사라져버렸다. 그러나 '땅 끝의 그리스도교 제국'은 이른바 신학적 필연이었고 그것과 동맹하여 사라센을 물리치고 예루살렘을 탈환한다는 것도 종말을 향한 역사가 그리고 신

크리스토퍼 콜론의 제1차 항해의 선장 후안 데 라 코사가 제작했던 세계지도의 아프리카 부분. 남쪽의 3분의 2인 거의 대부분이 '에티오피아'라고 명기되어 있다. 또한 나일 강 동쪽 강변은 '바빌로니아'로 바빌론의 탑이 그려져 있다(1500년 제작). [그림 67]

의 섭리가 요구하는 것이었다.

필연은 결국 사실이 된다. 왜냐하면 사실은 비밀의 베일 너머에서 모습을 드러내는 것이기 때문이다. 이 비밀의 베일을 걷었던 것은 라틴 세계 사람이 아니라 프레스터 요한 그 자신이었다. 1306년 '요한의 나라'에서 파견된 30인의 사절단은 스페인과 아비뇽, 로마를 방문하고 돌아가는 도중, 순풍을 기다리며 제노바에 잠시 머물렀다. 이때 제노바의 지리학자 조반니 다 카리냐노는 그들의 정보에 기초해서 에티오피아 사정을 기록한 책(지도?)을 썼다. 이것은 지금은 전해지지 않지만 1339년 제노바의 안젤리노 다 다롤트가 제작한 지도에는 나일 강 상류에 '프레스터 요한의 나라'가 명기되어 있다.36) 이보다 앞서 인도의 전도에 나섰던 주르당 드 세비락도 비슷하게 쓰고(1330년 이전) 또 조반니 다 마리뇰리도 같은 기사를 남기고 있다(1354년경).37) 그래서 14세기 초엽 프레스터 요한은 극동의 인도로부터 또 하나의 인도, 에티오피아로 거주지를 옮겼다.

나일―즉 지상의 낙원에서 흘러나오는 네 개의 강 중 하나, 기혼 강 (전술 197-198 참조)―의 원류에 위치하는 에티오피아는 아프리카 최대의 융기고원이 국토의 4분의 3을 차지하고 있는 지리적 조건 때문에, 또 아마도 그 복잡하고 지극히 독특한 문화 때문에 예로부터 지중해 사람들에게 신비의 나라로 여겨졌다. 4세기 에자나 왕(325~350년 재위)의 개종으로 그리스도교 국가가 된 에티오피아는 알렉산드리아의 콥트 교회에 속하고, 5~6세기에는 융성기를 맞이해서 홍해 양안에 세력을 떨쳤다. 그러나 7세기 이슬람의 발흥과 함께 "주위 전부가 그들 종교적 적대자에게 둘러싸여 에티오피아인들은 1천 년 가까이 외계의 것을 잊고, 외계로부터도 잊힌 채 잠들게 된다"(나가시마 노부히로長島信弘가 인용한 기번).38) 그러나 나일 강의 원류인 그리스도교국 에티오피아의 존재가 완전히 잊힌 것은 아니었다. 에티오피아 교회조직의 최고위에 해당하는 '아브나'는 언제나 이집트인이었고, 그 때문에 알렉산드리아와 접촉이 완전히 끊어진 적은 없었다. 그와 동시에 에티오피아인은 오랜 옛날부터(8세기의 기록이 있다) 예루살렘으로 순례하는 관습이 있었고, 어느 때부터는 일정한 교회당을 소유하고 거기에서 머무는 자도 적지 않았다. 거기에서 그들은 그리스도교 세계의 다른 지역 사람들, 특히 라틴세계 사람들과 접촉할 기회가 많았다.39) 이렇게 에티오피아에 관한 정보는 중세 후기에 적다고 할 수는 없지만 그럼에도 실제의 위치에 대한 개념은 극히 막연한 것이었다. 인도와의 혼동은 일반적으로 16세기 중반 이후까지 남아 있었다(예를 들면 16세기에 출판된 포르투갈인 아베이로의 『성지 순례기』는 에티오피아인을 '프레스터 요한[요한네스]의 인도인'이라고 부른다).40) 아프리카 대륙에서 에티오피아의 위치도 그 시기까지 매우 부정확하게 알려져 있었다. 일반적으로 사하라 이남의 아프리카는 희망봉(1488년 디아스가 '발견')에 이르기까지 모두 에티오피아의 국토, 혹은 그것에 직속된 속국의 국토라고 생각되었다([그림 67] 참조).41)

중앙아시아의 비밀의 나라는 이제 남쪽 끝의 광대한 대륙으로 장소를 옮겨 프레스터 요한은 그 한없는 보물들과 괴물들과 함께 나일 강 저쪽의 중인도(아비시니아의 강대한 그리스도교 제국)를 지배하고 있었다. '중세의 가을'을 보내면서 세상의 종말에 가까워졌음을 느끼고 있던 라틴세계 사람들이 이 프레스터 요한에게 한없이 매혹되어 그 나라를 찾아 끝없는 바다로 나섰던 것도 이상한 일은 아니었을 것이다.

제 X 장

그리고 대양으로

프레스터 요한의 전설 3

르노 드 샤티용은 손쓸 도리가 없는 난폭자였다. 그런 르노가 당치도 않은 것을 생각해냈는데, 그것은 홍해에 선단을 띄워 메카와 메디나를 급습하여 이슬람을 진멸시킨다는 것이었다.

시대는 다시 12세기, 제1차 십자군이 예루살렘을 점령한 지(1099년) 이미 1백 년 가까이 지난 시기였고, 문둥이왕 보두앵 4세의 병세와 마찬가지로 프랑크령 예루살렘 왕국은 거의 빈사 상태에 가까웠다. 쿠르드족 출신의 평범한 궁정 관리에 지나지 않았던 살라딘(살라흐 앗 딘 Ṣalāḥ ad-Dīn)은 1169년 이집트 파티마 왕조의 와지르(총리)로 임명되었다. 실질적인 권력을 잡자 그는 경이로운 지도력을 발휘하여 이슬람 세력을 차례차례 통합해서 1175년 이후는 마그립, 누비아로부터 서아라비아, 중부 시리아에 이르는 광대한 지배권을 구축했다. 이제 이슬람의 유일한 술탄이 된 살라딘은 카이로와 다마스쿠스의 양측에서 시리아의 프랑크령을 에워싸고 포위망을 좁히는 것만이 남았다.1) 하지만 보두앵 4세의 예상외의 완강한 저항에 부딪혀 살라딘은 1180년 일단 휴전

협정을 맺었다.

그보다 20여 년 전 안티오
키아 공국의 영주였던 르노 드
샤티용은 무방비의 비잔틴 제
국의 영토인 키프로스를 급습
하여 대약탈을 감행하여 비잔
틴 제국과 시리아 프랑크인의
동맹관계에 커다란 균열을 만
드는 외교상의 대실책을 범

살라딘의 초상(1180년경) [그림 68]

했다(1155년). 그 후 투르크군에 붙잡혀서 16년간(1160~1175년)을
알레포의 토굴에 감금되었던 르노는 출옥하여 외ʲᵃ 요르단의 알 카라크
(케라크ᴷᵉʳᵃᵏ)의 성주로서 프랑크령 시리아의 최전선 방비를 담당하고
있었다. 이 르노가 프랑크인 측의 최후 희망의 범주였던 살라딘과의 휴
전협정을 어기고 다마스쿠스에서 메카로 향하던 이슬람 대상隊商을 습
격하여 행한 광폭한 약탈(1181년)은 그의 전력을 떠올리면 당연한 수
순이었는지도 모른다. 살라딘은 대군을 거느리고 모압으로 군사를 내
보냈지만 이번에도 프랑크군의 저항에 부딪쳐 퇴각하고 만다.

하지만 르노의 광폭성은 이미 상식의 궤도를 벗어난 모험으로 그를
이끌었다. 1183년 그는 "작은 함대용 배를 몇 개 만들게 하여, 각각의
배를 분해해서 낙타 등에 싣고는 외 요르단에서 홍해의 아카바 만까지
운반했다. 이 의표를 눈치 챈 해적 무리들은 바다에 나가자 곧 이집트와
(아라비아의) 비자즈 지방 연안을 약탈하고 무슬림의 배를 빼앗고 항구
를 파괴하고 대상을 생포하여 모든 회송을 중지시켰다. 그 당시 프랑크
인 해적은 두 세력 사이에서 어부지리의 효과를 노리고 있었다. 그것은

메카 순례의 육로와 해로 모두를 차단함으로써 이슬람 세계의 중심을 제압하는 것과, 북의 아이라(아카바)와 남의 아덴을 정복함으로써 인도 양의 무역을 독점하는 것"이었다(구룻세ﾀﾁﾊﾞﾅ 사이로橘西路).2)

신을 알지 못하는 이교도—프랑크 야만인—가 메카와 메디나를 향해 쳐들어온다! 이것은 전 이슬람 세계를 뒤흔들기에 충분했다. 이슬람 역사가 엘 파델El Fadhel은 "이제 최후의 심판의 때가 도래하고, 그 징조가 나타나 대지는 사라져버린다고 사람들은 믿었다"라고 기록한다.3) 그리고 이슬람 지도자 특히 살라딘에게 아마 그 이상의 위협이 되었던 것은 르노의 두 번째 목적 즉 홍해의 상업항의 거점을 제압하여 인도양 무역의 비밀을 빼앗으려는 계획이었을 것이다. 그리하여 살라딘은 바로 이집트 함대를 홍해로 보내, 프랑크인의 원정대를 붙잡아 홍해 항로를 아는 자는 '단 한 사람도 살려 보내서는 안 된다'는 엄명을 내렸다.4) 이 명령은 아마도 문자 그대로 잘 수행되어, 이 항로의 비밀이 라틴세계에 전달되지는 않았다.

가령 르노가 살라딘에게 매수되어 의도적으로 무슬림을 자극하려고 했다 하더라도, 이 이상의 묘책을 강구하기는 힘들었을 것이라고 올덴브르는 쓴다.5) 실제로 그의 무모한 모험은 전 이슬람 세계를 결집시켜 '성전'(지하드Jihād)의 전의만을 불러일으켰다. 더욱이 그는 이런 무참한 결말에도 여전히 반성하지 못하고 1187년에 다시 카이로에서 다마스쿠스로 향하던 대상을 습격하고 약탈하는데, 이것은 같은 해 7월에 일어난 하틴 전투의 직접적인 원인을 제공했다. 프랑크군은 7월 3일 밤 결정적인 패배를 맞이하고, 르노는 붙잡혀 살라딘의 손에 직접 목을 베었다. 그리고 그해 10월 2일에는 살라딘이 군세를 정비하여 예루살렘에 무혈 입성했고, 거룩한 도시는 다시 이슬람의 손에 들어가고 말았다.

르노 드 샤티용의 이 홍해 원정은 전술적으로 그야말로 미친 짓에 불과했지만, 좀 더 넓은 전략적 관점에서 본다면 그 아이디어 자체는 결코 잘못된 것은 아니었다. 파티마 왕조(10세기 이후) 이래 이집트는 지중해 항해를 제압하고, 이어서 홍해 서안의 상업항을 지배하에 두었으며, 인도양에서 유럽에 이르는 무역의 대부분을 독점하는 데 성공했다. 11세기 중반 이후 지중해의 패권은 베네치아와 피사, 제노바 등 이탈리아의 신흥 해운공화국의 함대에게 빼앗겼지만, 그래도 인도양 무역에서 얻어지는 이윤 대부분은 이집트(살라딘 이후의 아이유브 왕조, 13세기 이후의 마무르크 왕조) 손에 들어갔다. 그 수도인 카이로와 유럽과의 창구 역할을 하던 알렉산드리아(알루이스칸다리야)는 특히 유럽에서 향신료 수요가 증대됨에 따라서 세계 경제의 중추를 담당하는 유수의 거대 상업도시로 발전했고, 전에 없는 활황을 누리게 되었다.6) 이렇게 해서 살라딘 이후 이슬람 세력의 중심은 시리아에서 이집트로 이동하게 되었으며 그 이집트의 생명선은 홍해 제해권에 있었다.

홍해를 제압하는 자가 이집트를 지배하고, 이집트를 지배하는 자가 이슬람을 지배한다. 성지 예루살렘의 최종적인 '해방'은 이교도(사라센)가 근절되는 것과 더불어 비로소 완결된다.7) 따라서 사라센의 사활이 걸린 열쇠는 홍해에 있었고, 나아가 인도양 무역에 있었다. 중세 후기의 '팔레스타인 문제'는 이집트에서 홍해로 그리고 인도양으로 확장되는 세계 규모의 문제였다.8)

이것이 라틴세계 사람들에게도 사활이 걸린 문제였던 것은 단지 향신료가 그들의 식생활에 절대불가결한 필수품이었다거나 이슬람이 그들에게 최대의 숙적이었다는 이유 때문만은 아니었다. 오히려 거기에

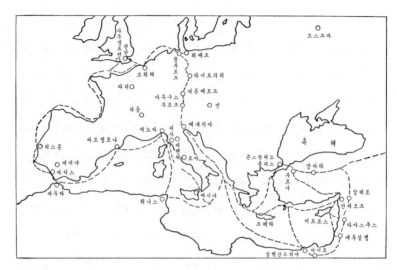

중세 후기의 레반트-유럽의 주요 통상로 [그림 69]

는 앞의 이유만큼이나 절실한 근본적인 신학적 이유가 있었다. 즉 '예루살렘을 지배하는 자는 전 세계를 지배하고', '예루살렘의 해방은 전 이교도의 개종, 또는 멸절을 부른다'(이교도의 '개종'과 '멸절'[섬멸]은 기본적으로는 거의 동일한 의미라고 할 수 있는데, 어떤 경우든 이교도가 지상에서 사라지는 것이기 때문이다. 전술 215-216 참조). 나아가 '예루살렘의 해방은 세계의 종말을 가져온다.' 그야말로 중세의 '팔레스티나(팔레스타인: 옮긴이) 문제'는 라틴세계의 경제, 정치, 신학의 세 가지 차원이 동시에 얽혀 있는 최대의 과제가 되었던 것이다(이들 신학적 명제에 대해서는 전술 68-170 내지 212-217 참조).

지고의 성스러움과 무한의 부를 상징하는 예루살렘과 인도는 여기에서도 복잡한 정치·경제·신학적 방정식을 통해 결합된다. 그리하여이 문맥 속에서 다시 환상의 프레스터 요한의 그림자가 사람들의 마음을 사로잡기 시작했다 하더라도 이상한 일은 아닐 것이다.

이슬람에게 중간 착취를 당하지 않고 무한정의 재보를 지닌 인도와 직접 거래하는 것 그리고 그 인도를 다스리는 그리스도교 제왕인 프레스터 요한과 손을 잡고 이슬람을 협공하는 것이 중세 후기 라틴세계의 기본적인 세계 전략이고, 그것에 의해 예루살렘의 최종 탈환이라는 궁극의 목적이 달성될 것이었다.9) 그 목적 달성을 위한 제일의 급선무는 우선 그 '인도'를 찾는 일이었다.

이 사업에 박차를 가했던 것이 프랑스나 이탈리아가 아닌 이베리아 반도, 특히 포르투갈이었다는 사실에는 그 나름의 이유가 있었다. 프랑스는 14세기 이후 유럽과 레반트Levant(그리스와 이집트 사이에 있는 동부 지중해 연안을 가리키는 말: 옮긴이)를 결합하는 국제 통상로에서 밀려나고 말았다([그림 69·70] 참조).10) 이탈리아 해운의 여러 공화국, 특히 베네치아는 기득권인 마무르크 왕조 이집트와 통상 유지에 전력을 다하고 있었다(그러나 제노바 사람들은 서지중해에서 대서양을 거쳐서 브리지에 이르는 프란돌 항해에 힘을 쏟았고, 포르투갈 해운 발전에 크게 공헌했다).11)

한편 이베리아 반도는 711년의 침공 이후 유럽에서 유일하게 이슬람 지배를 경험한 땅이었고, 이른바 '잃어버린 땅 회복운동'(레콘키스타 Reconquista)의 오랜 전통 속에서 독자적인 십자군 정신을 키우고 있었다. 그중에서 포르투갈인들은 일찍이 영토에서 이슬람을 일소하고(1250년) 내전으로 황폐해진 국토를 부흥하여 '유럽화'에 집중할 수 있었다. 또 한 가지 강조하고 싶은 것은 포르투갈에서 조직된 각종 수도기사단, 특히 성당기사단Templiers의 중요성이다. 제1차 십자군 아래 예루살렘에서 조직된 성당기사단을 필두로 하는 수도기사단은 포르투갈의 레콘키

중세 후기 아시아-유럽의 주요 통상로 [그림 70]

스타에서 큰 공적을 쌓고, 역대 국왕에게 토지를 기부 받아 막대한 부를 소유한 재단을 형성하고 있었다. 유럽에서 성당기사단은 프랑스 왕 필립 4세의 음모로 탄압을 받아, 재산은 몰수되고 조직이 해체된 반면, 포르투갈에서는 명칭이 '그리스도 기사단'으로 바뀌었을 뿐 재산과 조직은 건재했다(1319년). 1383년의 궁정혁명으로 아비스 왕조를 창시한 주앙 1세는 아비스의 산 벤트 기사단(1145년에 알퐁소 1세가 창시)의 단장이었고 그의 아들 엔리케 친왕은 그리스도 기사단의 단장이었다.[12] 전투적인 종교성과 부의 투자와 축적이라는 '자본주의'적 성격이 결합된 이들 수도기사단이 포르투갈의 '대항해 시대'를 구축하는 배경이 되었던 것은 주목할 만한 사실이다.

1415년 주앙 1세는 교황에게 십자군의 칙허를 받아 지브롤터 해협 남안에 위치한 이슬람의 무역항 세우타를 공략했다. 단 하루만의 전투로 끝난 이 '십자군'은 그 후 미증유의 대십자군으로, 즉 유럽에 의한 세계 제패 시대의 서막을 연 존재였다. 세우타의 공략 단계에서 이미 프레스터 요한(사제왕 요한)의 나라 탐색이라는 동기가 있었는지 여부는 분명치 않다. 하지만 세우타를 점령한 후의 (나중에 항해 왕자라고 불리는) 엔리케 친왕과 그 형 페드루 친왕을 중심으로 행해진 아프리카 서해안의 탐색과 '정복' 사업에는 분명히 그 의도가 엿보인다. 즉 1441년 아프리카 서해안의 오로 강 하구 부근에서 흑인을 '포획'하여 리스본으로 데리고 온 안탐 곤살베스에게 엔리케 친왕이 한 말을, 포르투갈의 연대기年代記 작가 아즈라라는 다음과 같이 쓴다.

단순히 땅(의 정보)뿐만 아니라 인디아스나 가능하면 프레스터 요한의
나라 등에 대해서도 지식을 얻기를 바라고 계신다는 의지를 말씀하셨

다.13)

또 아즈라라는 엔리케 친왕의 '기네 지방 탐색' 목적에 대해 이렇게 쓴다.

전하는 그리스도의 자애라는 것은 광대무변하기 때문에, 신앙의 적들 과의 전투에서 전하에게 협력해줄 만한 그리스도교도 왕후들이 저들 의 지방에 있는 것은 아닌지 알고자 하였다.14)

아프리카 서해안으로 남하하여 '인디아스'를 찾는다는 것은 너무나 도 무모한 시도처럼 생각될 것이다. 그러나 동방의 인도에 도달하기 위 해, 지중해 방면에서 홍해를 거쳐서 인도양으로 향하는 길은 모두 이슬 람에게 막혀 있었고, 그보다도 14세기 이후 오히려 프레스터 요한＝사 제왕 요한이 다스리는 '인도'는 남쪽 너머의 에티오피아, 즉 사하라 이 남의 광대한 아프리카 대륙에 펼쳐져 있다고 생각되었다(전술 223-224 참조).

혹은 당시의 관념에 따라 좀 더 도식화하여 말한다면, 세계에는 애 당초 그리스도교도와 이교도밖에 없었다. 그 이교도는 크게 사라센인 과 유대인 그리고 그 외의 것으로 분류되고 있는데, 그중에서 정치(군 사)·경제·종교적으로 참으로 중요하고 또 참된 적은 사라센인뿐이었 다.15) 그 사라센인은 700년 이후 유럽세계의 지평을 닫아버렸지만, 그 들이 유럽 이외의 모든 세계에 퍼져 있다는 것은 '신의 섭리'로 생각하 더라도 그리고 13~14세기의 대여행가들의 기록을 보아도 있을 수 없 는 일이다. 그렇다면 사라센의 영토 너머에는 그리스도교도의 왕국이 존재하지 않으면 안 된다. '인도'란 이 경우 이른바 '사라센의 영토 너머에 있는 그리스도교 국가'를 일컫는 것으로, 동쪽에 있든 남쪽에 있든 그것의 실제 위치는 애당초 이차적인 문제에 불과했다.

15세기 남인도(에티오피아)는 전설의 건너편에서 서서히 현실 세계에 부상하기 시작했다. 예를 들면 1441년(?)의 피렌체 공의회에 에티오피아 대표도 출석하고 있으며,16) 1461년에는 프랑스의 궁정과 부르고뉴 궁정에, 또 1481년에는 로마 교황청에 그 나라에서 파견된 사절이 방문했다.17) 그러나 포르투갈 궁정에 커다란 센세이션을 불러일으킨 것은 이들과 현실에서의 접촉이 아니라 아프리카가 가져다준 새로운 환영幻影이었다. 1486년(엔리케 친왕은 1460년에 세상을 떠났고 1480년에는 주앙 2세가 즉위했다) 주앙 알퐁소 데 아베이로가 니젤 강 하구의 베닌 왕국에 도착하여 그 사절을 데리고 포르투갈로 귀국했다. 주앙 2세를 알현한 이 사절은 그들이 애타게 기다리던 정보를 전했다. 즉 베닌 왕국에서 동방을 향해 20개월의 여정으로 간 곳에 지극히 권세가 높은 왕이 있고, '이 각지'(아프리카 남부)의 모든 나라에서 '우리 사이에서 교황처럼' 존경받고 있다는 것과 베닌의 왕도 즉위했을 때 막대한 선물을 지참한 사절을 보내 오가네라고 불리는 왕에게 인정받고자 했다고 한다. 왕위를 인정한다는 표시로 오가네 왕은 놋쇠로 만든 지팡이와 '에스파냐의 투구와 같은 두건'과 마찬가지로 놋쇠로 만들어진 십자가를 주었고, 이 십자가는 포르투갈의 '산 주앙 기사단(오스피탈리에hospitalier, 자혜慈惠기사단, 후의 몰타 기사단)의 성록사聖祿士commander(기사단장: 옮긴이)가 지니고 있던 십자가와 같은 형태'를 하고 있다고 한다. 또한 이것들이 없으면 왕권의 정통성은 인정되지 않는다는 것과 나아가 오가네 왕

영국의 『박물지Bestiaire』 사본(13세기)에서(C)

Psautier Louterell(1340년경)에서(D)

Psautier Louterell(1340년경)에서(E)

Heures et Recueil de Prières(아비뇽, 1360년경)에서(F)

은 그 성스러움으로 인해 사절의 알현을 허락할 때도 비단 커튼 너머에 있었고, 그 모습을 직접 드러내지 않았다고 한다.

아프리카 동부에 위치한 미지의 나라로서 사람들에게 '교황처럼' 존경을 받으며 여러 나라의 왕들 위에서 군림하면서 그들에게 왕권의 표시로 십자가를 부여하는 '여러 왕 중의 왕', 이것이 '인도의 프레스터 요한'이 아니라면 누구란 말인가? 세우타 공략으로부터 70년이 지난, 엔리케 친왕의 프레스터 요한 탐색이라는 의도가 명확해진 때로부터도 45년의 세월이 지나서야 비로소 전설의 왕은 그 모습을 드러내려 하고 있는 것이다.[18]

환상의 왕국 탐색은 드디어 마지막 단계로 나아가고 있었다. 주앙 2세는 프레스터 요한의 거처를 알아내고자 육로와 해로 양쪽에서 사자를 보냈다.

1487년 5월 리스본의 북방 마을 산타렌에서 두 명의 남자가 여행을 떠났다. 한 사람은 페로 데 쿠비양, 또 한 사람은 알폰스 데 파이바로 그들에게 주어진 과제는 다음의 세 가지로 요약할 수 있다.

1) 아프리카를 두루 주항하는 것은 가능한가?
2) 향신료는 어디에서 어떤 경로를 통해 보내지는가?
3) 프레스터 요한의 왕국은 어디인가?

바르셀로나에서 나폴리, 로도스 섬 그리고 알렉산드리아에서 카이로를 거쳐 아덴으로 갔고, 여기에서 두 사람은 후에 카이로에서 재회하기로 약속하고 헤어져 파이바는 에티오피아로 향했다. 한편 쿠비양은 계절풍을 기다렸다가 인도로 항해하여 인도 서해안의 칸나노르에서 캘리컷으로 가서 "거기에서 생산되는 엄청난 양의 생강과 후추를 보고 정향나무와 계수나무는 먼 나라로부터 온다고 들었다." 그리고 고아, 호르무즈, 자이라를 거쳐서 소파라(오늘날의 모잠비크 동해안, 남위 약 20도)에 이르러, 이 해안에 면한 바다는 '어디까지라도 항해할 수 있다'. 즉 아프리카는 남측에서 주항이 가능하다는 사실을 선원들에게 듣고서, 파이바를 만나러 카이로로 돌아왔다. 그러나 그는 파이바가 이미 카이로에서 죽었다는 소식을 듣고 귀국을 결심한다.

하지만 포르투갈 본국에서 새로운 두 명의 유대인이 카이로에 있는 쿠비양에게 새로운 정보와 지령을 전하기 위해 파견되어 있었다. 국왕에게 온 친서에는 소기의 목적을 달성했다면 귀국하고, 만일 그렇지 않다면 현재까지의 조사 결과를 두 사람의 유대인에게 넘기고, 조사를 계속하여 "특히 위대한 프레스터 요한에게 가서 그에 관한 정보를 모으는 데 힘쓰라"고 씌어 있었다. 그 친서와 함께 두 사람의 유대인은 먼저 바다길 즉 프레스터 요한의 나라를 찾으러 파견되었던 바르톨로메우 디아스가 아프리카 서해안을 남하한 끝에 폭풍에 휩쓸려 드디어 대륙 남단을 돌아서 아프리카 주항이 가능함을 증명하고 귀국했다(1487년 8월에 출발해서 다음 해인 1488년 초에 아프리카 남단을 넘어서 같은 해 12월에 귀착)19)는 정보를 쿠비양에게 전했다고 생각된다.

쿠비양은 두 사람의 유대인 중 한 명에게 보고서를 맡기고, 다른 한 명을 데리고 호르무즈로 건너갔다. 거기에서 그는 다시 혼자가 되어 지다Jiddah, 메카, 메디아를 거쳐 시나이 반도 남단의 토르에서 배를 타고 제일라로 그리고 그곳에서 드디어 육로를 통해 프레스터 요한의 나라로 들어갔다(1493년). 그리고 그대로 그의 소식은 끊어지고 말았다(알바레스가 쓴『에티오피아 왕국지』[원제『인디아스의 프레스터 요한의 나라에 대한 거짓 없는 보고』]에 따름).20)

그 와중에 포르투갈에서는 주앙 2세가 우려했던 일이 현실로 변해 있었다. "1493년 3월 4일 리스본 교외의 레스테로의 정박지에 인도에 도달했다고 알려진 콜럼버스(콜론)의 배가 입항했다. 일행은 카스티야를 목표로 했지만 폭풍으로 테주 강(타호 강)으로 피난하고, 강을 거슬러 올라가서 리스본에 도달했던 것이다. 그를 레스테로의 정박지에서 맞이했던 것은 다름 아닌 바르톨로메우 디아스였다"(이쿠타 시게루生田滋).21)

쿠비양이 유대인에게 맡긴 보고서가 리스본에 도달했다는 명확한 기록은 없지만, 그 보고서가 도착하지 않았다는 반증도 없는 한 아마 전달되었다고 해도 큰 무리는 없을 것이다.22) 어쨌든 주앙 2세는 앞의 '세 가지 과제' 중 적어도 두 가지는 간접적으로 답을 얻었음이 틀림없다. 그것은 아프리카를 주항할 수 있다는 사실과 향신료는 적어도 호르무즈보다 더 동쪽, 인도양의 동쪽에서 보내진다는 사실 말이다. 그럼에도 크리스토퍼 콜론에 의해 '인디아' 발견을 스페인에게 빼앗긴 뒤에도, 바로 새로운 탐사대가 파견되지 않았던 것은 아마도 쿠비양이 프레스터 요한의 나라에 대한 정확한 정보를 가져오기를 기다리고 있었기 때문으로 여겨진다.23) 주앙 2세는 1495년에 세상을 떠났고, 그 조카가 마누엘 1세로 즉위했다(재위 1495~1521년). 그 다음해 국가의 방침을 토론하는 회의석상에서 마누엘 1세는 결의에 찬 모습으로 인도 항로 개발 추진을 결정했다. 그리하여 등장한 사람이 바스코 다 가마이다.

1497년 7월 8일 가마가 배 4척을 이끌고 리스본을 출항하여 1499년 7월 10일에 첫 번째 배가 귀착하기까지 2년 동안의 너무나도 유명한 항해에 대해 여기에서 자세히 기술할 필요는 없을 것 같다(이 항해에 대한 기초 자료는 무명 기자가 쓴 『돈 바스코 다 가마의 인도 항해기』밖에 남은 것이 없다).24)

16세기의 캘리컷. G. Braun. *Théatre des cités du monde*에서 [그림 71]

가마 일행이 캘리컷^{Calicut}(원지명은 '코지코드')에 도착했을 때 '무엇 때문에 왔는가?'라는 질문에 '그리스도교도와 향료를 찾아서 왔다'고 한 대답은 유명하다.25) 사실 가마는 마누엘 1세가 캘리컷 왕에게 보내는 친서와 함께 프레스터 요한에게 보내는 친서를 지니고 있었다. 하지만 이것만으로 이 항해가 종교적, 신비적인 목적과 '인도'와의 직접적인 교역이라고 하는 상업적, 현실적 목적 때문이라고 이해한다면 당시 사람들을 움직이게 한 정열을 제대로 이해했다고 할 수 없다. 당시의 다른 항해와 마찬가지로 이 항해도 종교적(비합리적)인 목적과 현실적(합리적) 목적이라는 두 가지 목적을 의식하고 있었던 것은 아니다. 프레스터 요한과의 접촉은 인도양의 교역로를 확보하기 위해 꼭 필요한 일이라고 여겨졌고, 인도와의 직접 교역은 직접적으로는 유럽(혹은 좁게는 포르투갈)을 부유하게 하고, 이슬람에게 타격을 가하며, 최종적으로는 그리스도교의 세계 지배를 확립하기 위해 불가결한 것으로 생각되었다. 이 '두 가지 목적'은 서로 상보적이면서 원환을 이루는 하나의 꿈이었다.

가마의 항해에서 보이는 이 꿈의 흔적을 몇 가지 거론해보자. 아프리카 동해안의 중요한 무역항 모잠비크에 정박한 가마의 배에, "모로인 (무슬림)이 포로인 그리스도교도 인도인 두 명을 데리고 왔다." 그들은 성 가브리엘의 화상에 예배를 드렸다. 그 원주민 모로인의 이야기에 따르면,

> 프레스터 요한은 가까이에 살고 있는데, 해안을 따라 많은 항구 마을을 소유하고 있다. … 그러나 프레스터 요한은 깊숙한 곳에 거처하고 있어서 낙타를 타고 방문할 수밖에 없다. … 우리는 기쁨에 북받쳐 눈물을 흘렸으며 신에게 목적지에 도달할 수 있도록 건강을 내려주시기를 기도했다.26)

여기에서 말하는 '그리스도교도 인도인'은 아마도 에티오피아인이 었을 테지만, 다음의 마린디 항에서 만난 '인도의 그리스도교도'는 틀림없이 '진짜' 힌두교도 인도인이었을 것이다.

> 여기에서 인도 그리스도교도의 선박 4척을 만났다. 그들이 처음에 바울로 다 가마가 총사령관으로 있는 배에 왔을 때, 십자가 아래에서 그리스도를 안은 성모 마리아와 사도들의 성화를 보여주었다. 그들은 이 것을 보자 바닥에 엎드렸다. (그들은) 정향나무와 후추, 그 외의 여러 공물을 가지고 왔다.27)

이쿠타 시게루生田滋가 쓴 대로 "말할 것도 없이 오해는 쌍방에 다 있었다. 인도인들은 그리스도교의 성화를 힌두교의 성화라고 생각했으며, 포르투갈들은 그것을 예배하는 그들을 그리스도교도들이라고 생

각했던 것이다."28)

그 이후 가마 일행은 곳곳에서 '그리스도교도'를 만나게 된다. 첫 번째 목적지였던 캘리컷의 마을도 그리스도교도의 마을이었다.29) 포르투갈인은 캘리컷에 도착하자마자 그 마을 '교회'에 가서 참배한다.

> 우선 교회는 수도원 정도의 크기로 돌을 깎아서 만들었고 지붕은 타일로 되어 있었다. 정면 입구…의 꼭대기에는 수탉과 닮은 새가 앉아 있다. … 안에는 그들이 성모 마리아라고 하는 작은 상이 놓여 있다. … 총사령관은 여기에서 기도를 올리고 우리도 그것에 따랐다. (외부의) 벽에는 왕관을 쓴 많은 성인이 그려져 있었는데 그리는 방식은 제각각으로, 이가 입에서 한 치 정도 튀어나와 있기도 하고 팔이 네다섯 개씩 달린 성인도 있었다.30)

가마 일행은 그곳의 '그리스도교 왕'과 교섭했지만 일은 잘 성사되지 않았다. 그들이 가지고 온 선물은 왕의 집사들에게 웃음거리가 되었다. "이런 물건을 왕께 바치기에는 가당치 않다. 메카나 인디아 각지에서 오는 가장 가난한 상인들의 선물도 이것보다는 낫다."31)

게다가 왕은 포르투갈의 인도양 무역 진출을 우려하는 이슬람 상인의 이간질에 넘어가 일행 중 한 명을 체포했다.

> 이 소식을 전해 듣고 우리는 매우 큰 슬픔에 빠졌다. … 또한 자신의 것을 나누어 바친 우리를 이다지도 심술궂게 대하는 그리스도교도 왕 때문에 가슴이 아팠다.32)

'인디아스의 프레스터 요한'. 알베레스 저작 『인디아스의 프레스터 요한의 나라에 대한 거짓 없는 보고』(리스본, 1540년)의 안겉장 [그림 72]

이렇게 '같은 그리스도교도'가 반드시 선하지도 호의적이지도 않다는 사실에 괴로워하면서도, 그들 또한 인질을 잡고 대포를 쏜다고 협박하여 동료를 구출하고 나서는,

이리하여 우리는 돛을 올려 포르투갈로 향했다. 이토록 위대한 발견을 하게 된 행운에 모두 기뻐하면서.33)

이 무명 기자가 쓴 가마의 『인도 항해기』에는 캘리컷 남쪽의 여러 나라 이름과 생산물들에 대해 전해들은 기록이 덧붙어 있다. 거기에서 거론된 '여러 왕국' 중 그리스도교국이라고 말해지는 몇몇 나라를 현대 지명을 가져와 열거해보면 세이론(스리랑카), 수마트라, 태국, 샴 왕국의 일부, 말라카, 페구 등이다.34) '사라센의 영토 너머'에는 분명히 광대한 그리스도교권이 펼쳐져 있었던 것이다.

*

바스코 다 가마는 프레스터 요한의 나라에 매우 가까이까지 갔(다고 믿었)지만 결국 전설의 나라로는 향하지 못했다(그 이유는 우리로서는 전혀 알 수 없는 영역이다). 하지만 희망봉 주위의 인도양 무역로가 확립된 후에도 에티오피아는 여전히 중요한 전략적 위치로 여겨지고 있었다. 예를 들면 포르투갈의 '에스타도 다 인디아'Estado da India'(인도제국) 건설에 가장 큰 공적을 남긴 맹장 아르브케르케는 홍해 제압이라는 최대의 목표를 세우고 1513년에는 아덴을 공격했다. 또한 그는 에티오피아와 동맹을 맺고 그 국토에서 흐르는 푸른 나일 강에 운하를 열어 물길을 홍해로 돌려서 이집트를 그야말로 고갈시키거나, 혹은 메카를 급습하

여 신전을 약탈한다는 허황된 계획을 품기도 했다.35) 12세기의 르노 드 샤티용의 몽상은 이 근대 식민지 정책의 창시자 속에서도 살아 있었 던 것이다.36)

한편 포르투갈의 홍해 진출은 에티오피아 내부에서도 1천 년의 원 수 이슬람을 공격할 호기라고 여겨졌다. 그리고 이번에도 선제권을 쥔 것은 프레스터 요한 쪽이었다. 에티오피아의 태황태후 에레니가 보낸 밀사 마테우스는 아르브케르케를 만나게 되고, 처음으로 포르투갈의 대규모 사절단이 에티오피아에 보내졌다(1520년).37) 돈 로드리고를 정식 사절로 앞세워 입국한 포르투갈인 일행은 '프레스터 요한'의 궁정 에서 놀라운 사실을 발견했다. 30년 이상 소식이 없던 주앙 2세의 밀사 페로 데 쿠비양이 에레니의 측근으로 일하고 있었던 것이다. 입국은 했 지만 출국이 허락되지 않았던 쿠비양은 그의 경험이 높이 평가되어 궁 정에서 중시되었다. 포르투갈에 사절을 파견하도록 에레니에게 진언한 것도 다름 아닌 쿠비양이었다.

그리고 12세기 이래 그리스도교 인도제국의 대왕으로 라틴세계 사 람들을 몽골의 황야로, 혹은 희망봉의 끝으로, 나아가 인도 남단에까지 가도록 만들었던 것은 프레스터 요한(사제왕 요하네스)이었다. 전승에 따르면 그는 솔로몬 왕과 시바 여왕의 하룻밤 관계에서 태어난 메네릭 왕의 직계 후예라고 하는 에티오피아(네그스)의 황제38) 레브나 덴겔이 라고 한다. 그런 그가 '금란(금실을 씨실로 하여 무늬를 놓은, 비단의 일종: 옮긴이)과 비단 커튼'에 모습을 가린 채 처음으로 유럽인들의 눈앞에 모 습을 드러냈다. 그것은 23세의 병약하고 의심 많은 한 사람의 청년이었 다. 1520년 11월 20일, 화요일의 일이었다.39)

제 XI 장

신세계의 낙원

크리스토퍼 콜론의
천년왕국

"허풍선이 마르코의 이야기." 25년 동안 사라졌다가 갑자기 고향 베네치아에 돌아와 동방의 갖가지 신기한 이야기를 늘어놓았던 마르코 폴로의 이야기를 사람들은 이렇게 평했다고 한다.[1] 실제로 중세 후기부터 르네상스에 걸쳐 마르코 폴로와 예를 들어 완전히 가공의 『동방여행기』를 썼던 맨더빌 중 누구의 이야기가 더 신빙성이 있었는지, 사람들에게 믿어졌는지 하는 것은 애초에 그것을 결정하는 기준 여부와 상관없이 충분히 검토할 만한 가치가 있는 문제라고 생각한다.[2]

그럼에도 일부 사람들은 마르코 폴로를 신뢰할 만하다고 생각했다. 1375년 마요르카 섬에서 제작된 유명한 '카탈로니아 세계지도'에는 학과 싸우는 피그미 바로 옆에 왕좌에 앉아 있는 '카타요'의 다이칸이 그려져 있다([그림 73], 제8장 [그림 58]도 참조).[3] 마르코 폴로의 『세계에 대한 기록』 원본이 간행된 것이 13세기 후반으로 약 4분의 3세기 후 '과학적 문헌'의 세계에 단번에 이름을 올리게 된다.

이것이 좀 더 권위 있는 고대 문헌과 관련하여 논해진 것은 15세기

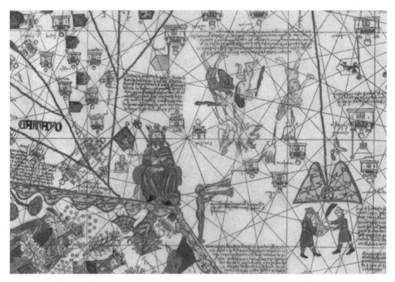

마요르카 섬의 유대인 아브라함 크레스케스가 제작한 「카탈로니아 세계지도」의 '카타요' 부분
[그림 73]

'프톨레마이오스 세계지도'. 1482년의 울름판(펜로즈[아라오 가츠미荒尾克己], 315 참조) [그림 74]

가 되어서부터였다. 비잔틴에 남아 있던 프톨레마이오스의『지리학』
사본은 1406~1410년에 라틴어로 번역되고, 1477년경에 지도가 첨
부되어 처음으로 책으로 출판된다(볼로냐판).4) 하지만 그보다 앞서
(1450년 이전?) 베네치아의 조반니 다 폰타나는 그의 백과사전식 책
(*Liber de omnibus rebus naturalibus*)에 프톨레마이오스를 기본으로 한
세계지리의 개념을 기술하고, 마르코 폴로나 오드리코 등을 인용하여
'대 칸'에 대해 기술하고 있다.5) 게다가 니콜라우스 쿠자누스를 수학과
천문학의 세계로 이끈 것으로도 유명한 당대 최고의 지성 중 한 사람인
피렌체의 파올로 토스카넬리는 "마르코 폴로와 프톨레마이오스를 비
교 검토하여 아시아 대륙은 마르코 폴로가 말한 대로 프톨레마이오스
가 생각하는 것보다 훨씬 동쪽으로 뻗어나가 있다고 생각했다. 또한 지
구의 크기를 프톨레마이오스의 견해를 따라 (실제보다도) 훨씬 작다고
생각한 결과 카나리아 제도와 마르코 폴로가 말하는 킨자이(지금의 중
국 항저우杭州)와의 거리는 대략 5000마일에 지나지 않는다고 생각했다.
토스카넬리는 이것을 가끔 피렌체를 찾아왔던 리스본의 페르난 마르틴
스에게 말했고, 마르틴스는 귀국하여 알폰소 5세에게 이 말을 전했다.
알폰소 5세는 이 이야기에 매우 흥미를 보이며, 토스카넬리에게 다시
질문을 던졌고 그 답이 왕에게 도착한 것은 1474년 6월이었다"6)(이쿠
타 시게루生田滋). 토스카넬리의 설은 크리스토퍼 콜론(콜럼버스)에게 큰
영향을 끼쳤고, 그가 '인디아스' 탐험을 위해 서쪽의 대양을 향하게 한
계기 중 하나가 되었다는 것은 잘 알려져 있다.7) (하지만 콜론과 토스카
넬리 사이에 서신 왕래가 있었다는 주장을 의문시하는 학자도 있다고 한다.)8)
　　실제 장소에서 검증이 가능한 '전설적 지知'는 그것과 거의 구분되지
않는 형태로 '실천적 지'와 뒤섞여버린다. 그래서 '허풍선이 마르코'라

고 불렸던 마르코 폴로가 프톨레마이오스로 대표되는 고전의 '이론적 지'의 틀 속으로 옮겨 들어가게 된다. 나아가 그것은 새로운 '국가적 실천'의 주체인 국왕을 위한 검토 자료로 제공되었다. 혹은 그 '국가적 실천'의 실행자인 행동인이 그것을 자신의 행동을 이끄는 근원으로 이용한다. 중세적 지의 구조는 이런 와중에 일종의 붕괴 현상을 일으켜 새로운 틀로 재편성된다(전술 199-203 참조).[9] 그리고 그 과정에서 '지' 그 자체가 전혀 새로운 성격을 획득해간다. 다시 말해 중세적 지는 기본적으로 '말해진 것'이고, 따라서 대상에 대해서 일종의 존재론적 거리, 또는 틈새를 가지고 있었다. '전설적 지'는 이 틈새가 있었기 때문에 생겨날 수 있었다. 그에 반해 르네상스에서 근대에 걸쳐 형성된 지는 무엇보다 우선 '실제 장소에서 검증되고' '참이 증명되는' 것이어야 했다. 거기에서 지와 그 대상과의 거리는 무한히 축소될 수 있다고 믿어졌다. 이 신앙이 바로 '근대의 환상'이라는 틀을 만들고 있는 것은 아닐까….

이러한 현상은 다른 장면에서도 발견된다. 예를 들면 15~16세기에 걸쳐 이루어진 프레스터 요한을 '발견'하는 과정이 그것이다. 세우타 공략(1415년)까지는 프레스터 요한(사제왕 요하네스)은 아직 기본적으로 '전설적 지'에 속하는 존재였을 것이다. 그러나 그 나라를 (아프리카 서해안에 있는) 실제 장소로 여기고 탐색하려 했던 노력과 비용이 증대될수록 그는 실재하는 존재가 되어야만 했다. 베닌의 사절이 포르투갈에 가서 말했던 '오가네 왕' 나라의 이야기는 새롭게 '말해진' 전설적 지였다. 그럼에도 그것을 들은 주앙 2세는 그 신빙성에 대해 그가 고용하고 있던 세계의 학자(코스모그라프[cosmograph])들에게 자문을 구하고, 그들은 프톨레마이오스의 아프리카에 대한 기술을 이 새로운 전설과 '비교 검토'하여 긍정적인 결론을 내렸다(1486년). 그 결과 쿠비양과 디아스라는 두 탐험가가 파견되었고, 1520년에 프레스터 요한 그 당사자가 포르투갈 사절 앞에 직접 모습을 드러냈을 때, 전설적 지의 가능성은 이미 그 뿌리부터 뽑히게 되었던 것이다(전술 235-237, 254-256 참조).[10]

혹은 뒤러가 묘사한 샴쌍둥이—일반적으로 기형의 동물이나 인간의 탄생은 고대 이래로 천변지이를 예고하는 전조로 여겨져 분류되었다. 하지만 로마네스크부터 고딕 시대에 묘사된 샴쌍둥이는 본래 형태의 가능성 중 하나를 가리키는 것일 뿐으로, 전혀 가공의 '괴물'과 같은 차원의 '전설적 존재' 이상의 것은 아니었다([그림 75-A·B] 참조). 하지만 15세기 말이 되면 사정은 달라진다. 뉘른베르크의 하르트만 세델은 『연대기』(1493년)에서 1004년에 브장송에서, 1253년에는 에스링겐에서 태어났다고 하는 '머리 두 개, 가슴 두 개'의 아이를 기술하고 '현실적인' 삽화를 그린다([그림 76-A]). 그리고 1512년 바이에른의 작은 마을에서 실제로 샴쌍둥이가 태어나자(엘리자베스와 마거릿이라고 이름 지어졌다) 뒤러는 재빨리 그 신생아를 (아마도 '실제 장소에서 관찰하여') 데생한다([그림 76-B]).[11]

나아가 좀 더 일반적으로 말하자면 르네상스 시대만큼 마술이 유행했던 시대는 유럽의 전 역사 가운데 고대 말기 이외에는 없었다(르네상스가 '부활'시켰던 고대가 기본적으로는 고대 말기이고, 또는 고대 말기를 통해서 본 고전고대였다는 사실은 이것과 연관해서 볼 때 흥미로운 사실이다). 중세에서는 주로 전설적 지에 속했던 마술이 르네상스에서는 돌연 현실화되었고—'문자 그대로' 믿어졌고—동시에 이론화되었다. 이론과 현실 또는 실천과의 접근이 여기에서도 전설적 지의 가능성을 배제시켰다. 그리고 그 대신 (코이레가 세 번이나 지적하는) 터무니없이 잘 믿는 르네상스인을 양산해냈다.[12] 모든 몽상을 현실로 바꿀 수 있는 이 마

▶ 고딕 회화에서 샴쌍둥이. *Psautier du Duc de Rutland*(1250년경)의 난외삽화 [그림 75-A]
▶ 15세기 샴쌍둥이. Hartman Schedel, *Liber chronicarum*, Nürenberg, 1493에 그린 1253년에 에스링겐에서 태어났다는 샴쌍둥이 [그림 76-A]

고딕 회화에서의 가공의 괴물. *Psautier du Duc de Rutland*의 난외삽화 [그림 75-B]

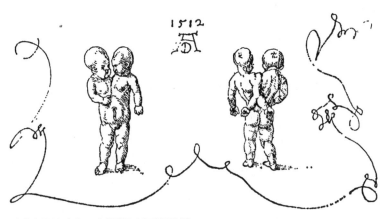

1512

뒤러가 1512년에 그린 샴쌍둥이 [그림 76-B]

술의 세계에 살고 있던 사람들이 그와 동시에 터무니없는 불안과 위기감에 몰렸던 것은 어쩌면 당연한 것이었는지도 모른다. 그리하여 예컨대『신비철학에 관하여』라는 책으로 마술을 크게 선양한 코넬리우스 아그리파는 또한 모든 학문과 기예의 근거 없음을 주장하는『예술과 과학의 허영과 불확실성에 관하여』를 썼다.13) 몽테뉴와 샬롱을 거쳐서 데카르트의 '방법론적 회의'로 굳어진 르네상스적 불안은 이 시대의 마술화된 세계의 또 다른 측면이었으며, 그것은 중세의 전설적 지를 둘러싼 '완만한 죽음'의 과정에 대응하고 있다.

지구가 구형이라는 것은 실증 불가능한 이론적—이론적이라기보다 '사변적'—가설에 지나지 않았다.14) 또한 '카타요 주州'보다 동쪽에 위치한다는 '지팡구'—거기에서는 '사원이나 왕궁이 순금 지붕으로 덮여 있으며 금과 진주와 기이한 돌이 풍부하다'고 하는—는 '허풍선이 마르코'가 이야기하는 몽상에 지나지 않았다.15) 하지만 그것을 문자 그대로 믿고, 그 믿음에 목숨을 맡긴 채 크리스토퍼 콜론은 서쪽의 대양으로 배를 타고 나갔다. 이 광기야말로 르네상스의 천재를 만들고 근대의 새벽을 알리는 것이었다.

콜론은 1차 항해 보고서에 이렇게 쓰고 있다.

이들 섬들에서 나는 오늘날까지 많은 사람이 생각하는 것과 같은 괴물은 만난 적이 없습니다.16)

'괴물'과는 만나지 않았지만 그는 인디아스의 많은 장소에서 '다량의 금'을 발견하고,17) 또한 "결국에는 그리스도교도가 되고, (이사벨, 페르난도) 두 폐하와 카스티야 왕국 전체에 대해 사랑과 봉사의 마음을

기울이게" 된 많은 원주민을 만난다.[18]

＊

콜론은 제3차 항해(1498년 5월~1500년 10월) 도중에 지리학·신학 상의 놀라운 발견을 한다. 1498년 7월 31일 현재의 남아메리카 북부의 베네수엘라 동해안에 위치한 트리니다 섬에 도착한 선단은 파리아 만을 둘러보고 북서쪽으로 나아가, 같은 해 8월 15일의 성모승천일에는 마르가리타의 섬들을 통과한다. 콜론은 이 파리아 만에서 처음으로 남아메리카 대륙 본토에 접촉했지만(8월 초), 그것은 그의 발견에서 볼 때 2차적인 것에 지나지 않았다. 이 항해 도중 콜론 일행은 파리아 만에 배를 대고, 거기에서 "세계 제일의 아름다운 땅"을 찾아낸다.[19] 그곳의 주민은 "지금까지 인디아스에서 보았던 어떤 자들보다 훨씬 희고, 얼굴 형태가 좋고 신체도 아름다웠으며, 머리털은 길고 매끈거리고 카스티야 풍으로 묶고" 있었다.[20] 또한 이 지방은 열대임에도 기후는 온화하고 겨울과 여름의 온도 변화가 거의 없다.[21] 더욱더 놀라운 일은 파리아 만 안의 해수는 "이제까지 이렇게 맛있는 물을 마셔본 적이 없을" 정도로 "청량한 담수"였다.[22] 콜론은 이러한 것들을 종합하고 나아가 "아조레스 제도에서 서쪽으로 100레구아(1레구아는 약 5Km: 옮긴이)" 정도 간 지역의 하늘 모양, 별, 공기, 해수 상태의 변화들을 비교 검토하고[23] 다음과 같은 놀라운 결론에 도달한다.

나는 지금 세계는 대지와 바다를 포함한 하나의 구형이라는 것을 책에서 읽어왔고, 또 이것은 톨로메오(프톨레마이오스)나 그 외의 학자들도 모두 마찬가지로… 권위를 가지고서 서술하고 있는 바입니다. 그러나 나는… 이 세계가 매우 일그러져 있다는 것을 발견하게 되었습니다. 나는 이 세계는… 배처럼 꼭지가 붙어 있는 장소가 솟아 있는 것을 제외하고는 아주 둥그런 형태이며, 이것을 다른 말로 표현한다면 둥그런 구의 반쪽에 여자 유방을 붙인 것과 같은 형태이라고 생각합니다. 그 유두가 있는 부분이 가장 높고 가장 하늘에 가까우며 그리고 그 밑을 적도가 통과하고 있고, 대양과 동양의 끝이 여기에 있다고 생각합니다. 내가 말하는 동양의 끝이라는 것은 모든 육지와 섬이 끝나는 장소입니다.24)

… 그래서 나는 지구는 구형이 아니라 인디아스와 대양이 포함되고 적도 아래에서 끝나는 이 (동)반구는 다른 반구와는 이미 말했던 것처럼 차이가 있다고 단언하는 바입니다. 이것은 신이 태양을 만드셨을 때 이것을 동쪽 끝에 놓으시고 그리고 이 태양은 이 지구의 가장 높은 지점인 동에서 그 최초의 빛을 비추었다는 것을 보더라도 명백한 것입니다.25)

'태양이 처음 빛을 비추었던' '하늘에 가장 가까운' '동양의 끝'은 당연히 '지상 낙원'에 가장 가까운 곳에 위치해야만 한다. 때문에 콜론은 다음과 같이 쓴다.

성서에는 우리의 주가 지상의 천국(낙원, 이하 이 말은 '낙원'으로 바꾼다)을 만드시는데, 그곳에 생명나무를 심으시고 또한 이 낙원에는 샘이 솟아나와 그것이 이 지구의 주요한 네 개의 강, 즉 인디아의 간헤스(갠지스) 강, 산의 가운데를 흘러 메소포타미아를 형성하고 페르시아로 유입하는 (원문 공백)의 티그리스와 유프라테스라는 두 개의 강, 에티오피아에서 발원하여 아레한드리아(알렉산드리아) 해로 들어가는 니로(나일) 강이라고 말씀하셨습니다. 나는 라틴어 문헌이나 그리스 문헌에서조차 지상의 낙원이 지구의 어디에 위치하는지 분명히 밝히고 있는 것을 아직 읽어본 적이 없습니다. (그러나) 생 이시도르(세비야의 이시도루스), 베다, 스트라보(스트라본) 그리고 『스콜라 학사』의 저자(페트루스 코메스토르), 생 안부로시오, 스코트(미카엘 스코트: 13세기 프리드리히 2세 치세하의 궁정학자) 등 모든 신학자는 하나같이 지상의 낙원이 동양에 있다는 점에서 일치하고 있습니다(전술 197-198 참조).

… 내가 만일 적도 아래를 통과해서 이 반구의 가장 높은 곳까지 도달하면, 가장 온화한 기온에 접하고 또 별과 물에 대해서도 더 큰 변화를 발견할 수 있을 것으로 생각합니다. 그러나 나는 이 가장 높은 곳까지 항해할 수 있다거나 그곳에도 물이 있다거나 그곳까지 오를 수 있을 것이라고 생각하지 않습니다. 왜냐하면 그 땅이야말로 지상의 낙원이며, 그곳은 신의 뜻에 의하지 않고서는 누구도 도달할 수 없다고 생각하기 때문입니다.[26]

따라서 콜론은 이 땅(파리아 반도의 남안)을 '그라치아^{gracia}'(은총) 또는 '하르디네스^{Jardines}'(동산)라고 불렀다. 8월 15일 마르가리타 제도를 통과한 후에도 그는 "4월의 발렌시아의 채소동산처럼 아름답고 푸른"[27] 이 땅을 떠올리면서 그곳이 '미지의 대륙' 일부분일 가능성도 언급한다.

다시 그라치아의 땅과 그 땅에서 발견했던 강과 호수의 이야기로 돌아갑니다만, 그 호수는 대단히 크고… 오히려 이것도 바다라고 부르는

콜론의 꿈에서 본 '신세계의 천년왕국'은 현실에서는 전율에 휩싸인 살육의 지옥이었다. 아메리카 원주민의 학살. 라스 카사스의 『인디아스의 파괴에 대한 간결한 보고』 라틴어 판(Frankfurt, 1593)에 첨부된 테오도르 브리의 삽화(주 40 참조) [그림 77]

일부 아메리카 원주민의 식인 습관은 스페인의 식민지 개척자에게 강렬한 인상을 주었다. '식인종'은 동물적·괴물적인 것으로 인간으로 간주하지 않았다. Sahagún, *Florentine Codex*(1585)에 수집된 '식인의 습관'을 그린 멕시코 원주민 삽화(주 16 참조) [그림 78]

편이 적당하다고 여겨집니다. 그리고 만일 이것이 지상의 낙원에서 흘러나오는 것이 아니라면, 오늘날까지 소식이 없는 남쪽의 무한한 대륙(프톨레마이오스의 지도에서 말하는 '남쪽의 미지의 대륙^{Terra incognita australis}'에 해당할 것이다)에서 흘러나오는 것이겠습니다만, 저는 앞에서 말씀드렸던 장소가 지상의 낙원이라고 마음속으로 확신합니다. 이것은 앞서 말씀드렸던 이유와 여러 권위 있는 주장에서 비롯한 것입니다.28)

제노바의 일개 직공의 아들로 태어난 해상海商 콜론이 전설도 기적도 아닌 이 세상에 진짜 실재하는 '지상의 낙원'에, 혹은 사람이 접근할 수 있는 한 최단거리에 도달했다. 그런 것이 어떻게 가능했는가? 그것에 대해서 콜론은 이것이 '천명'에 따른 것으로 확신하고 있었으며 스스로 이렇게 말한다. "우리 주가 창조하신 새로운 천지에 대해서는 이사야의 입으로 이미 말해졌고, 또 성 후안(요한)이 그 요한계시록에서도 기록하신 바대로입니다.[29] 신은 저를 그 사자로 삼아 어떤 곳으로 가야 할지를 보여주신 것입니다."[30] (방점 필자)

전에 없던 어려움에 직면했던 네 번째 항해(1502년 5월～1504년 11월) 도중, 그 천명에 대한 신념조차 흔들리게 되었을 때 신은 콜론에게 직접 하늘의 음성을 들려주셨다.

… 나는 극도의 피곤함에 신음소리를 내면서 잠에 빠져 있었다. 그러자 매우 다정한 목소리가 들려오면서 (이렇게 말하는 것이었다) "아, 어리석은 자여! 너의 신 …은 모이세스(모세)를 위해, 혹은 그 종 다비(다윗)를 위해서 무엇을 하셨는가? 네가 태어나면서부터 신은 언제나 너를 지켜주셨다. 그리고 신은 너의 나이를 채우시고 너의 이름을 이 지상에 울려 퍼지게 하시며, 세상에서 이렇게도 풍요로운 지방 인디아스를 너에게 주셨다. … 대양의 관문은 굳센 자물쇠로 잠겨 있지만 신은 너에게 그 열쇠를 주셨다. 신은 에히프트(이집트)에서 도망쳐온 이스라엘 백성에게, 혹은 또 양치기에서 프데아(유다야)의 왕이 된 다비를 위해서, 과연 이것 이상의 것을 이루게 하셨던가…."

저는 정신을 잃고 있었지만 이 모든 것을 들었습니다. 하지만 이처럼 분명한 말씀을 대하고는, 저 자신의 잘못을 뉘우치고 흐르는 눈물

말고는 어떤 것으로도 응답할 수 없었습니다.[31]

옛날 신의 예언자 모세나 다윗보다도 더욱더 위대한 신의 뜻을 수행하기 위해 세상에 보내진 크리스토퍼 콜론에게 맡겨진 임무는 '닫힌 대양의 자물쇠'를 열고 '새롭게 예루살렘을 하늘에서 보내는' 일(주 29 참조)을 보조하는 것으로, 즉 세계의 종말을 앞당기는 것이었다. "성 삼위일체는 이 인디아스의 사업을 추진함에 있어, (가톨릭의 두 왕) 폐하의 뜻을 움직이셨다. 또한 그 한없는 자비로움으로 저를 그 사자로 써주셨다"(가톨릭의 두 왕에게 보내는 제3차 항해 보고서의 머리글)[32]는 말은 결코 단순한 미사여구가 아니었다.

콜론과 토스카넬리 사이에 서신 왕래가 있었다는 증거는 없다(앞에서 설명함). 그러나 또 다른 이탈리아의 지식인 가스펠 고리시오 수도사와 편지 교류가 있었던 것은 확실하다. 콜론은 이 오래된 친구에게 성서 속의 '시온의 해방'[33]에 대해 적혀 있는 구절을 발췌해서 보내달라고 부탁한다. 그는 답장을 받고(1501년 2월 26일) 가톨릭의 두 왕에게 보내는 편지를 첨부하여 『예언서*Libro de las profecias*』라는 제목의 책을 썼다(미완). 그 한 구절에서 콜론은 이렇게 적고 있다.

구약에서는 예언자들의 말씀을 빌리고 신약에서는 구세주의 말씀을 빌려, 성서는 이 세계가 종말을 맞이할 수밖에 없음을 증언하고 있다.
　성 아우구스티누스는 세상의 종말은 창조의 해로부터 7000년째가 되면 일어날 것이라고 말했다(전술 135 참조). 거룩한 신학자들도 이 의견을 따르고 있고, 그중에서도 특히 페드로 데 아리아코(피에르 다

이이) 추기경도 같은 의견이다.34)

　　이 세상 혹은 아담의 창조로부터 우리의 주 예수 그리스도의 탄생
까지 5343년과 18일이 경과했다는 것은 돈 아론소 왕(알폰소 현 왕?)
의 계산으로 이것은 정확한 것으로 생각된다. … 이것에 1501년을 더
하면 합계 6845년이 된다.

　　이 계산에 따르면 7000년이 오기까지 155년밖에 남지 않은 셈이다.

　　우리의 구세주는 이 세상이 끝나기 전에 예언자가 기록한 모든 것
이 성취되어야만 한다고 말씀하셨다.35)

'예언자가 기록한 모든 것'이란 전 세계에 복음이 전파되고(적그리스
도와 그 부하들의 얼마 안 되는 무리를 제외하고), 모든 이교도(무슬림과 유
대인 그리고 그 외의 이교도)가 그리스도교로 개종하며, 거룩한 도시 예루
살렘과 성 분묘가 탈환되는 등의 것들을 의미하는 것이어야만 했다.

　'인디아스'로 가는 서쪽 항로의 발견은 이들 모두를 단번에 성취할
수 있게 하는 것이다. 콜론에 따르면(제4차 항해 보고서) 이 인디아스는,

카타요의 황제는 지난번에 그리스도교의 가르침을 배우도록 해줄 현
자를 초빙하고 있었습니다. 누가 이 일을 하려고 하겠습니까? 만일 신
께서 저를 에스파냐 땅으로 돌아가게 해주신다면 제가 틀림없이 현자
를 데리고 갈 것을 신의 이름으로 약속하는 바입니다.36)

물론 그것만이 아니다. 이미 제1차 항해 일지에서 콜론은 "이 (인디
아스) 땅에는 황금이 매우 많기 때문에 (가톨릭) 두 왕은 3년 이내에 거
룩한 집(성 분묘)을 정복하기 위한 준비를 끝내고 이것을 감행할 수 있

전설의 성인 크리스토폴은 강을 건너는 수호신으로 어린 그리스도를 어깨에 태우고 강을 건넜다. "어린이여, 너는 너무 무겁다. 세계를 전부 짊어지더라도 너보다 무겁지는 않을 것이다"라고 말하는 크리스토폴에게 그리스도가 대답한다. "세계보다 무거운 것은 이상할 것이 없다. 왜냐하면 나는 그 세계를 창조한 자, 너의 왕 그리스도이기 때문이다." 크리스토퍼(Christoferens, 그리스도를 등에 진), 즉 콜론은 그리스도의 복음을 그리고 세계를 짊어지고 바다를 건넌다. 그래서 세계는 결정적으로 그의 어깨 위에 갇히게 되는 것이다. H. Philoponus, *Nova typis transacta navigatio novi orbis Indiae Occidentalis*, Venezia, 1621의 '돈 크리스토퍼 콜론'의 그림 [그림 79]

게 되실 것이다"라고 쓰고 있다.

> 저는 두 폐하께 이번 사업의 모든 획득물을 예루살렘 정복을 위해서
> 사용해주십사 하고 말씀드리는 바입니다. 두 폐하는 이로 말미암아 웃
> 으시고 기쁘다고 말씀해주시기를, 아니 그렇지 않다고 하더라도 정복
> 을 원하시기를 간청드리는 바입니다.[37]

그리고 사실 제4차 항해에서 콜론이 발견했던 (현재의 파나마의) 베라구아 지방 금광은 매우 풍부한 것이었고, 콜론에 따르면 이것이야말

로 그 옛날 다윗 왕이 그 아들 솔로몬에게 예루살렘의 신전 건립의 자본으로 삼기 위해 남겼다고 하는 '인디아스의 광산'—플라비우스 요세푸스의 책에서 '황금(아우레아^{aurea})의 광산'이라고 불리고 있다—이 틀림없다고 말한다(구약성서 「열왕기상」에서 말하는 '황금의 산지' 오빌). "두 폐하께서 만일 그것을 희망하신다면 그것(솔로몬의 금과 보석과 은 등)을 가져오라고 명하실 수 있으십니다."[38]

유럽 동쪽의 지평을 막고 있는 이슬람을 급습하여 서쪽 항로에서 극동의 땅으로 가, 그곳에서 복음이 전해지기를 기다리는 인디아스의 순박한 이교도들[39]에게 신의 복음을 전하는 것, 그 극동의 땅에서 나는 황금의 힘으로 성지 탈환 싸움을 승리로 이끄는 것 그리고 나아가 숨겨진 솔로몬의 재보를 손에 넣어 그 금, 은, 보석으로 '시온 산'을 장식하는 것 등등 남겨진 155년 안에 이루어야 할 일은 끝이 없었다.[40]

*

솔로몬의 광산에 대해 기록한 바로 뒤에 콜론은 이렇게 글을 잇는다.

예루살렘과 시온산은 그리스도교도의 손으로 재건되어야 하는 것입니다만, 이것을 누가 해야 할 것인가에 대해서는 신이 그 예언자의 입을 빌려 시편 14편에서 말씀하고 계십니다.[41] 그리고 호아킨 수도원장(피오레의 요아킴)은 그 사람은 바로 에스파냐에서 나와야 한다고 말하고 있습니다.[42]

콜론의 열광적인 '종말감각'을 뒷받침하고 있는 것은 다름 아닌 피오레의 요아킴의 역사신학이었다(전술 178-185 참조). 만일 이 콜론의 요아킴주의가 그 한 사람만의 개인적인 신조였다면 이것은 르네상스의 정신사에서 단순히 기이한 일화 정도로 치부되었을 것이다. 예를 들면 콜론이 그의 '인디아스 사업'에서 얻은 이익을 예루살렘 정복을 위해서 사용해주십사 하고 청원했을 때 가톨릭의 두 왕이 떠올린 미소가 신하의 경건함에 대해 우선 예의를 표시한 것으로, 사실은 그의 과대망상에 대한 연민을 감추려는 것이었다고 한다면…(주 37 참조). 하지만 실제 역사는 좀 더 복잡하다. 페르난도 왕은 냉정하게 상황을 직시하는 현실적 정치가였는지도 모른다. 그러나 이사벨 여왕은 그녀 자신이 프란체스코 수도회 재속 제3회원이었고,[43] 증거자 히메네스 데 시스네로스 대주교는 스페인 프란체스코 수도회 회칙엄수파의 최대 수장이었다. 그리고 프란체스코 수도회의 회칙엄수파야말로 프란체스코 수도회 신령파의 사상을 물려받아 중세 후기부터 르네상스에 걸쳐 요아킴주의의 정신을 계승하고 발전시켰던 집단이었다.[44] 이러한 배경을 고려해볼 때 이사벨 여왕이 1492년 모든 현실적 이익을 고려하지 않고 국가의 재정을 거의 한손에 독점하고 있던 유대인의 추방을 단행했던[45] 사건의 의미가 비로소 분명해진다. 이 1492년은 이베리아 반도의 이슬람 최후 거점인 그라나다를 점령함으로써 700년 동안 지속되어온 '잃어버린 땅 회복운동'(레콩키스타^{Reconquista})이 드디어 완수되고, 또한 콜론이 제1차 항해를 단행했던 바로 그해이다. 모든 현실적 이익을 고려하지 않은 채, 이슬람을 추방하고 유대교인들을 강제적으로 개종시키며 개종하지 않는 자는 추방한다는 것은 곧 다가올 세계의 종말을 위해 반드시 이루어야 할 그리스도교 국가의 의무였던 것이다(전술 211-217 참조).

'그리스도를 짊어진 자^{Christoferens}'[46] 크리스토퍼 콜론은 1506년 5월 20일 실의에 빠진 채 세상을 떠났다. 그러나 그의 몽상이 결코 그대로 잊힌 것은 아니었다.

같은 해 추기경 히메네스 데 시스네로스Jimenez de Cisneros 집에서는 프랑스 문인 르페브르 데타플의 제자로 특이한 신비사상가였던 샤를르 드 보베르Charles de Bovelles(보빌루스Bovillus)가 머물고 있었다. 그는 "12년 후, 즉 1518년까지 사이에 예루살렘 회복과 전 그리스도교 세계의 혁신이 일어나고, 복음이 세상 구석구석까지 전파되며, 뛰어난 사도들에 의해서 교회의 기적적인 개혁이 완성된다"고 주장했다(마스다 요시로增田義郎).47)

피에르 다이이-크리스토퍼 콜론의 '155년'은 이제 '12년'으로 줄어들었다. 서쪽의 대양 너머 극동의 신세계에 '그리스도를 짊어진' 콜론에 의해서 복음이 전파되는 길이 열린 지금, 남은 시급한 과제는 성지 탈환밖에 없었다. 그 때문에 시스네로스는 새로운 그리고 최종적인 십자군 구상을 가지고 왕과 장군들을 설득한다. "북아프리카, 서아프리카를 단번에 석권하여 예루살렘도 탈환하고, 이를 위해 포르투갈 왕에게도 호소하자"(마스다 요시로).48) 이 계획은 3년 후(1509년) 에스파냐군의 오란 공략으로 실현되었다.

'현실정치'는 이 장대한 구상을 오란 공격만으로 그치고 말았지만 시스네로스에게 그것은 세계사를 최종 완성으로 이끄는 위업의 일보에 지나지 않았다. 그 때문에 원정군의 뒤를 좇아서 오란에 도착한 시스네로스는 이 작전이 '무기의 힘이 아니라 신비적 힘으로' 이루어졌다고 칭송했던 것이다. 나아가 보베르는 그의 승전을 축하하는 편지에서 "신의 말씀을 달성하기까지는 일각도 지체 말라"고 격려하며 다음과 같이 쓴다.

신이 동에서 서로 발걸음을 옮기신 후 이번에는 그 빛을 동을 향해 옮겨야 할 때가 도래했다. 시스네로스의 군대에 의해 정의의 태양은 해가

이동하는 반대 방향으로 전진한 것이다(마스다 요시로).49)

"그러나 먼저 된 자로서 나중 되고 나중 된 자로서 먼저 될 자가 많으
니라"(「마태복음」)50)는 예수의 역설적인 말씀을 근거로 피오레의 요아
킴은 교회사의 진전 방향을 역전시켜서 종말의 때에 구원은 라틴교회
와 동방교회, 마지막으로 유대인 순으로 이루어진다고 썼다.51)

4세기의 유세비우스로부터 12세기의 프라이징의 오토를 거쳐서 헤
겔에 이르기까지 이어진 '동에서 서로'의 흐름 속에(전술 147-149, 157-
161 참조) 이처럼 종말에 있어 '서에서 동으로'의 흐름이 더해진다.

근대는 종말(에스카톤eschaton)의 징후 속에서 새벽을 맞이하고 있었
다.52)

제 XII 장

적anti그리스도의 별

피렌체의 유토피아와
고대 비교의 부활

1473년 피렌체의 문인 프란체스코 다 메레토는 이스탄불(1453년의 오스만 투르크의 대공략으로 붕괴되고 만 옛 콘스탄티노플)에서 유대인들 사이에 퍼져 있는 기묘한 소문을 듣게 되었다. 그 지역의 유력한 랍비가 비밀리에 그에게 들려준 말에 따르면,

1484년에 만일 그들(유대인들)이 오랫동안 기다려왔던 구세주(메시아)가 나타난다면 우리는 모든 유대인이 그리스도교로 개종하는 것을 보게 될 것이라고 한다. 랍비는 이 비밀을 「다니엘서」에서 얻었다고 했지만 어느 구절에 근거하는지는 밝히지 않았다. 하지만 이것은 결코 그 한 사람만의 의견이 아니라, 그들의 가르침에 따르는 다른 학자들도 같은 생각을 하고 있다고 말했다.[1]

"모든 유대인이 그리스도교로 개종한다." 이것이 오랜 옛날부터 전해 내려온 세상 종말의 징표가 아니면 무어란 말인가? 1484년에 뭔가

일어날 것이다….

1484년을 둘러싼 소문은 유럽의 다른 지방에서도 들려왔다. 메레토의 본국 피렌체에서도 문제의 연도는 수년 전 유명한 인문학자 란디노가 그것에 대하여『단테의 '신곡' 주석』중에 장문의 논평을 덧붙이고 있다.『신곡』지옥편의 권두 제1곡에서 '인생 여로의 중간에서 암흑의 숲Selva Oscura'에서 헤매던 단테는 표범과 사자, 암승냥이의 세 마리 짐승과 만나고, 특히 최후의 암승냥이 때문에 길이 가로막혀 두려움에 떤다. 그 단테 앞에 나타나서 그를 구하고 승냥이의 성상性狀에 대해 말한 것은 고대의 시성詩聖 베르길리우스의 영혼이다.2) 이 한 구절에는 많은 상징이 포함되어 있다. 이 세 종류의 짐승에 대한 문헌의 출처는「예레미야」5장 6절의 "수풀에서 나오는 사자, 이리, 표범"이지만, 탐욕을 나타내는 암승냥이는 동시에 고대 로마의 상징이기도 하고, 또 단테에게는 부패한 로마 교황 아래의 교회를 의미한다.3) 이 암승냥이는「요한계시록」18장 3절의 "큰 성 바벨론"(대음부大淫婦: 로마제국)과 마찬가지로 많은 목장의 짐승과 교접한다.4) 베르길리우스에 따르면 이 암승냥이를 쓰러뜨리는 것은 사냥개(벨트로vedltro)밖에 없다. 이 사냥개는 "지와 사랑과 덕"으로 키워져 암승냥이를 지옥으로 떨어트리고5) "(지평에서) 낮은 이탈리아를 구원하게 될 것"이라고 한다.6)

베르길리우스의 예언에서 말하는 이 '사냥개'가 무엇을 의미하는가는 오랜 옛날부터 숱한 논의의 대상이 되었다. '사냥개'는 재림하는 그리스도를 가리키는가, 혹은 최후의 세계 황제를 지칭하는가? 란디노는 이렇게 쓴다.

많은 사람은 시인(단테)이 말하는 이 '사냥개'는 세상의 종말이 도래했

을 때에 심판을 위해 재림하는 그리스도를 의미하는 것이라고 생각한
다. 시인은 이때가 결코 멀리 있다고는 여기지 않았다. 왜냐하면 그는
거룩한 저자(교부)들이 말하는 세계 쇠퇴의 시대인 여섯 번째 시대(제
6천년기)에 이것을 썼기 때문이다. 그러나 나는 그 자신이 뛰어난 수학
자(천문학자: 점성가)였던 시인이 점성학적 지식으로 '탐욕'을 잘라낼
어떤 종류의 하늘의 변전이 가까운 미래에 있음을 예언한 것으로 생각
한다. 그때가 바로 '황금시대'이며, 머지않아 도래할 그것을 우리는 염
원하고 있다. '사냥개'란 바로 이 하늘과 땅 사이에서 만들어지는 (별
의) 감응력感應力을 말하는 것으로, 다시 말해 이 감응력의 원리를 의미
한다. 즉 내가 확실히 아는 바에 따르면 1484년의 11월 25일, 13시
41분에 천칭좌(리브라) 5도를 어센던트ascendant(탄생할 때의 성위星位:
옮긴이)로 하여, 전갈좌Scorpio에서 토성(사투르누스)과 목성(유피테
르)의 합치(콘융크치오Conjunction)가 일어나는데, 이것은 종교의 변경
을 의미하는 것이다.7) 목성은 토성의 상위에 서기 때문에 이 변경은
좀 더 좋은 방향으로의 변경이라 볼 수 있다. 그리고 우리의 종교보다
더 진실한 종교는 없기 때문에 나는 그리스도교 세계 전체가 이 더할
나위 없는 뛰어난 생명과 조직을 지닐 수 있는 시대에 이른 것임을 확
신하는 바이다. 이렇게 우리는 문자 그대로 (고대의 베르길리우스가 예
언했던 대로) 다음과 같은 일이 가능한 것이다(전술 117-118 참조).8)

"이제야 처녀는 돌아오고, 사투르누스 왕국이 부활한다.
이제야 새로운 핏줄이 높은 하늘에서 파견된다."

'모든 유대인의 개종', '사투르누스 왕국의 재림'⋯ 하지만 1484년의

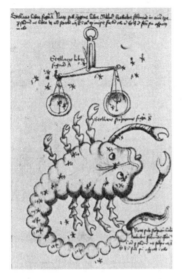

◀ 전갈좌와 천칭좌. *Liber de loci Stellarum fixarum cum ymaginibus suis*‥(15세기 후반)에서 [그림 80]

▶ 사보나롤라의 메달 '신벌神罰의 비유(알레고리)' [그림 81]

토성과 목성의 합치를 둘러싼 예언은 더욱 불길한 것이기도 했다. 네덜란드의 미델뷔르흐의 바울로는 이 해에 '거짓 소예언자'가 태어난다고 예고했다. 그를 표절했던 독일 리히텐베르크의 요하네스는 다음과 같이 말한다.

전갈좌 아래의 지상(독일)에 한 사람의 예언자가 태어나고, 그에 앞서 온갖 가장 이상하고 유례없는 현상을 하늘에서 보게 될 것이다. ⋯ 하얀 옷을 입은 한 수도승이 어깨 위에 악마를 태우고 가는 것이 보인다. 그는 넓은 소매의 긴 외투를 지면까지 늘어뜨리고, 그 뒤를 젊은 수도승이 따르고 있다. ⋯ 이 수도승은 매우 예리한 지성을 물려받았고, 박식하며 또한 큰 지혜를 지니고 있을 것이다. 하지만 그는 숱하게 거짓을 말하고 광신적인 마음을 지니고 있을 것이다. 그리고 전갈처럼—왜냐하면 이 합은 화성궁에서 일어나는 것이기 때문에—그 꼬리 끝의 독을 여기저기 뿌려서 많은 유혈의 원인이 될 것이다. 또 그의 출현이 화성을 통해 알려진다는 사실을 생각해보면 그는 (아랍의 점성술가) 메사하라Messahala=Māshā'allāh가 말하는 대로 칼데아의 율법을 널리 알리는 존재가 될 것이다.9)

또한 그 1484년에서 약 10년이 지난 뒤 점성술 전반을 신랄하게 공격한 책 『예언점성술 논박Dispuattiones adversus astrologiam dicinatricem』을 쓴 조반니 피코 델라 미란돌라는 아랍 점성술 이래 행해져온 각종 종교의 운명에 관한 예언을 인용하여 다음과 같이 쓴다. 예컨대 아랍인들은 그리스도교가 1484년에 끝난다고 말하고, 유대인들은 그들의 구세주가 1460년에 출현한다고 주장하며, 또 빌라노바의 아르날도(1235?~1312년경의 점성술사, 연금술사, 의사)는 1354년에 적그리스도가 도래한다고 예고했다.

하지만 그로부터 벌써 148년 이상 지났지만 적그리스도 같은 것은 어디에도 나타나지 않았다. … 나아가 근대에 이르러서는 상위의 혹성의 합을 근거로, 가짜 예언자의 출현을 예고하는 자가 얼마나 많았던가? 특히 10년 전 전갈좌에서 목성과 토성이 합할 때의 떠들썩했던 기억들 (논의는 신선한 기억으로 남아 있다). 하지만 사실 그들 외의 가짜 예언자는 어디에도 출현하지 않았다.10)

피코의 말에도 불구하고—가짜인지 아닌지는 잠시 제쳐두고—1484년에는 사실 예언자 한 사람이 로마 거리에 출현했다. 그해 4월 2일, 십자가 위의 그리스도를 흉내 낸 가시관을 쓰고 기묘한 옷을 몸에 걸친 한 남자가 말을 타고서 유인물을 뿌리며 로마 거리를 배회하고 있었다. 남자는 그 이름도 '코리지오의 요하네스 메르쿠리우스'(조반니 메르쿠리오)라고 하며, 스스로 메르쿠리우스(헤르메스) 트리스메기스토스에 의해서 기적적으로 다시 태어난 자라고 칭했다. 그는 이른바 '헤르메스적 그리스도의 재림'이고, 그 새로운 계시에 의해서 세계는 전혀 새로운 시대로 돌입하게 되었다.[11]

*

물론 이 요하네스 메르쿠리우스는 당시 등장했던 수많은 '소예언자' 중 한 사람에 지나지 않았다. 만일 그의 제자이고, 그에 의해 '다시 태어나게' 된 루드비코 라자렐리가 폰타노와 플라티나(바르톨로메오 드 사키)를 친구로 둔 유력한 인문학자가 아니었다면, 혹은 라자렐리가 『헤르메스의 잔*Crater Hermetis*』과 같은 흥미로운 문서를 남기지 않았다면 이 '소예언자'의 이름은 역사에 남지 않았을지도 모른다.

하지만 그것과 거의 같은 무렵, 피렌체에서는 거물인 대예언자가 나타나 문자 그대로 역사에 충격적인 변화를 주려 하고 있었다. 1452년 페라라에서 태어난 지롤라모 사보나롤라는 도미니코 수도회에서 스콜라철학을 습득한 후, 1482년 피렌체의 산마르코 수도원에 배속되었다. 작은 몸에 용모는 추했고 쉰 목소리를 내는 사보나롤라는 처음에는 사람들의 관심을 끌 만한 설교가는 아니었다. 그 일개 수도승이 1484년 하늘의 계시를 받아 세상의 종말이 다가왔음을 알게 되었다.[12] 수년간 페라라로 돌아가 지낸 뒤 사보나롤라는 1490년 다시 피렌체로 돌아왔다. 메디치가의 막대한 재산을 배경으로 번성한 인문주의와 예술의 도시 피렌체는 화려함을 뉘우치고 하늘에서 내리는 벌을 받아야만 한다. 현란왕絢爛王 il Magnifico(위대한 자: 옮긴이)라고 불리던 로렌초도 1492년 4월 8일에 피렌체 교외의 대학 병상에서 숨을 거두었는데, 그때 대학에서는 불귀신이 춤을 추고, 들에서는 늑대의 울부짖는 소리가 들렸다. 하늘에는 혜성과 유성이 꼬리모양으로 길게 끌렸고, 4월 5일에는 산타 마리아 델 피오레 대성당의 돔에 번개가 떨어졌다. 이것을 보고 사보나롤라는 환시vision를 일으켜 '신이시여, 신의 검인 번개와 같이 빠르게 땅에 떨어진다'라는 제목으로 설교를 했다고 한다. 또 같은 해 8월에는 로렌초와 깊은 관계에 있으며 사보나롤라의 공격 대상이었던 교황 이노센티우스 8세도 사망했다. 이러한 묵시록적 상황에서 사보나롤라의 격렬한 설교를 듣기 위해 운집하는 청중 수는 날마다 늘어났고 로렌초의 뒤를 이은 약관 21세의 피에로 데 메디치(피에로 2세)는 날이 갈수록 민중의 지지를 잃고, 통치 능력이 없는 군주라는 것은 누가 보더라도 명백한 사실이 되어 있었다.

결정적인 사건이 일어난 것은 1494년으로 로렌초가 죽고 2년이 지났을 때였다. 프랑스 왕 샤를 8세는 그해 8월, 군대를 일으켜 알프스를 넘어 이탈리아를 노리고 쳐들어왔다. 그리고 9월에 사보나롤라는 자신의 예언 성취가 눈앞에 다가왔음을 득의양양하게 말했다. 정화를 위한 대홍수의 날이 가까이 왔다고 지금까지 몇 번을 예고하였던가? 보라, 여기에 다가온 군대야말로 신의 징벌자이고 교활한 바빌론을 멸절시킨 키루스Cyrus(큐로스) 왕의 군세임이 틀림없다.

한편 프랑스에서는 샤를 8세를 둘러싼 또 다른 예언이 행해지고 있었다. 1470년 태어난 이 군주야말로 샤를마뉴의 재림이고, 최후의 세계 황제의 운명을 타고난 사람이라는 것이었다. 부패한 로마 교회를 정화하고, 영화로운 이탈리아의 르네상스 도시에 신의 철퇴를 내리는 것은 이교도로부터 예루살렘을 탈환하여 세계에 지복의 그리스도교 지배를 펼친다는 그에게 부여된 사명 중 겨우 첫걸음에 지나지 않는 것이었다.

이 '신의 군대'를 앞에 두고서 밀라노는 저항할 수도 없이 무혈입성을 허락하고, 피에로 2세는 너무나도 초라한 모습으로 프랑스 왕 앞에 항복했다. 피렌체 시민에게 이 행위는 용서할 수 없는 배신으로 여겨져, 피에로는 바로 추방당했고 메디치가의 재보는 약탈되었다. 1434년 이래의 메디치가에 의한 참주지배는 여기서 막을 내리고, 시민의 대표로서 사보나롤라가 프랑스군과의 교섭에 임했다.

전제군주를 추방하고 새로운 자유와 평화를 얻은 피렌체는 이제는 신의 진노를 면하고 오히려 세계를 정화하기 위해 일어선 선민選民의 공화국이었다. 이 공화국이야말로 새로운 예루살렘이고, 그 시민은 새로운 이스라엘이었으며, 그 유일한 군주로 그리스도 말고는 있을 수 없다. 그곳에는 일종의 민주제가 퍼져 있었지만 그것은 명목상의 것에 지나지 않았고, 실제로는 사보나롤라가 신권정치의 독재자로 군림하고 있었다. 빈민구제 조치가 취해진 한편, 창부들이 대중들 앞에서 죄인으로 창피를 당했고 신을 모독한 자는 혀가 잘렸으며, 동성연애자는 화형에 처해졌다. 사보나롤라는 그를 거룩한 예언자로 숭배하는 소년들을 시켜서 각 가정의 화려한 것을 알리게 하고, 모든 사치품을 몰수해서 사육제 마지막의 고해의 화요일에 '헛된 것들'로서 불살라버렸다(1497년 내지 1498년). 평화와 자유, 성덕과 전 세계−전 교회의 근본적인 개혁을 기치로 내건 새로운 공화국은 지금은 끝없는 엄격주의의 파도에 휩쓸려 공포정치의 도가니로 변해 있었다. 시내에는 기근과 페스트가 창궐했고 설상가상으로—1493년 크리스토퍼 콜론(콜럼버스)이 '인디아스'를 발견한 여행에서 돌아온 이후 스페인을 중심으로 폭발적인 기세로 유행했던—무서운 '프랑스 병morbus gallicus'(gall은 프랑스의 옛 이름: 옮긴이) 즉 매독이 발생했다.13) 또한 1497년 5월 13일에는 추기경 조반니 데 메디치(로렌초의 아들, 후의 교황 레오 10세)의 획책으로 악명 높은 보르자가의 교황 알렉산데르 6세가 사보나롤라를 파문했다. 새로운 예루살렘(피렌체)을 인솔하던 모세-사보나롤라는 역으로 이 파계의 교황을 퇴위시킬 공의회를 개최하기 위해 그리스도교 각국의 군주에게 서한을 보냈지만 정세는 이미 돌이킬 수 없을 정도로 악화되어 있었다.

이 사상 최초의 '문화대혁명'이 비참하게 극적인 결말을 맞이한 것은 아마도 당연한 결과였을 것이다. 1498년 5월 23일, 사보나롤라는 이단자로 교수형에 처해졌고 그 시체는 불태워졌다.14)

1494년 9월, 샤를 8세의 대군이 알프스를 넘어 이탈리아 침입을 개시했다는 소식이 전해졌을 때 사보나롤라는 산타 마리아 델 피오레 대성당의 설교단에 서서 이렇게 외쳤다고 한다. "나는 오리라, 나는 오리라, 나, 지상에 대홍수의 물을 뿌리리라!" 이 말에 대청중은 떨면서 일어났고, 그곳에 참가했던 미켈란젤로의 마음을 밑바닥부터 뒤흔들었다. 같은 대성당에 있었던 피코는 "온 신체에 전율이 일어나고, 머리칼이 곤두서는 것을 느꼈다. 여기저기에서 울부짖음과 외침, 기도하는 소리가 울려 퍼졌다"(Lubac).15) 같은 해 12월 프랑스군이 로마를 향해 진군한 후 피치노도 사보나롤라의 '경탄할 만한 성덕과 지혜'에 대해서

1496년 8월 1일에 의사 우르세니우스의 예언시를 붙여 인쇄한 목판화인 '매독 환자'. 뒤러의 작품이라고도 하는데 의문시하는 학자가 많다. 남자의 양 어깨에는 뉘른베르크의 문장, 발밑에는 태양이 그려져 있고 머리 위에는 '1484'의 연호와 함께 조디악이 그려져 있다(전갈좌에 네 개의 별과 태양, 달, 산양좌에 한 개의 별이 들어가 있다). 매독의 유행이 1484년의 천체의 합에 의한 것이라고 생각했던 것일까…(곰브리치[스즈키 도키코鈴木壯幾子], 235도 참조). [그림 82]

루카 시뇨렐리 작 「적그리스도의 행위」(1499-1500년)의 일부분. 오르비에토 대성당의 벽화 [그림 83]

쓰고, 그가 바로 플라톤이 말한 예언자적 광기를 신에게서 받은 인물이라고 칭송했다.16) 피치노는 이렇게 한때는 사보나롤라의 천명을 전적으로 믿었지만, 이 예언자의 실추를 목격한 후 로마 추기경회 앞으로「위선자인 군주, 적그리스도인 페라라의 지롤라모에게 속은 많은 피렌체 시민(을 옹호하는) 변명」이라는 제목의 편지를 쓰고, 거기에서 사보나롤라를 적그리스도의 사람이라고 공격한다. "점성학자나 플라톤주의자가 천체에서 각별히 불길한 운행을 관찰하고 예언했던 가짜 예언자"가 바로 페라라의 지롤라모 수도사였던 것이다. 그리고 화가 시뇨렐리가 1500년 오르비에토 대성당의 새로운 예배당 벽에 그렸던「적그리스도 행위」의 도상—그곳에서 적그리스도는 처음에는 그리스도의 모습을 한 그분 아래에 그려져 있다—은 피렌체를 무대로 한 정치적 비극의 '우주사적 의의'(사보나롤라: 적그리스도의 속임수와 그 패배)를 남김없이 표상하고 있다([그림 83]).17)

*

그럼에도 사보나롤라와 인문주의자들과의 관계가 결코 단순한 것만은 아니었다. 사보나롤라의 엄격주의는 인문주의자도 물론 그 대상으로 삼고 있었고, 그의 강고한 토미즘Thomism(토마스 아퀴나스의 사상에 토대를 둔 철학·신학의 사상 체계: 옮긴이)적 교양이 피렌체 플라톤주의에 호의적이었다고는 생각되지 않는다. 하지만 조반니 피코 델라 미란돌라는 (그를 단순히 플라톤주의자라고 치부할 수는 없지만) 사보나롤라의 가장 가까운 친구였고(1490년 그를 페라라에서 피렌체로 불러들인 것은 피코의 노력에 의한 것이었다), 피치노의 제자와 많은 벗들은 사보나롤라의 열렬한 지지자였다.18) 예를 들면 조반니 네지는 사보나롤라를 찬미하는 책(*Oraculum de Novo Saeculo*, 1497)을 쓰고, 하나의 환시幻視를 기록하고 있다. 거기에서 피렌체는 그리스도가 통치하는 '거룩한 시온'이고, 동시에 플라톤의 '국가'가 실현된 모습이기도 했다. 그의 인도에 따라 무슬림은 모두 개종해서 세계는 "한 무리가 되어 한 목자에게 있으리라"(「요한복음」 10:16)라고 베르길리우스가 예고했던 '황금시대'가 막을 올릴 것이다. 도시의 한쪽 성벽에는 피타고라스의 「황금구黃金句」가 새겨져 있고, 또 다른 성벽에는 다윗의 「시편」이 새겨져 있다고 한다.19) 이런 기묘한 혼합이 어떻게 가능할 수 있었는지 그에 대한 어떤 해답을 찾기 위해 우리는 그보다 반세기 이전으로 거슬러 올라가야 한다.

1438~1439년, 동·서 양 교회를 통일할 목적으로 소집되었던 페라라-피렌체 공의회에 비잔틴의 한 연로한 신학자가 참석했다. 그가 바로 게오르그 게미스투스 플레톤으로 본래의 성은 '게미스투스'였는데 플라톤의 이름과 흡사한 동의어 '플레톤'(둘 다 '꽉 차다'라는 의미이다)을 자신의 성으로 했다. 그는 이전부터 플라톤주의 신학자로 명망이 높았고 사람들의 존경을 받고 있었지만 실은 놀랄 만큼 위험한 사상을 감추고 있는 인물이었다. 플레톤에 따르면 그리스도교, 이슬람, 유대교의 종교 분열 사태는 한시바삐 끝내지 않으면 안 된다. 그리고 그 대신에 완전한 통일을 이룬 세계종교를 가져야 한다는 것인데, 그것에 합당한 것은 (만인에게 공통하는) 참된 이성에 기초한 신新플라톤주의적 종교라는 것이다. 구체적으로 이 종교는 고대 말기의 그리스 다신교로 예컨대 '배교자' 율리아누스 황제가 신봉했던 것과 유사한 다신교가 될 것이다. 그곳에서는 가장 오래전에 하늘의 계시를 받은 신학자이자 시인인 호메로스나 헤시오도스, 혹은 페르시아의 조로아스토레스(조로아스터)20)

가 '수수께끼 언어' 속에 숨겨놓은 진리를 깊이 탐구해야만 한다. 이 새로운 세계종교를 기반으로 비로소 전 인류가 진리 아래 통일되는 세계국가가 수립된다는 것이다.[21]

비잔틴 1천 년의 역사가 말 그대로 종말을 앞두고 있던 바로 그때, 플레톤은 헬레니즘의 마지막 광휘를 좇아 고대 비교에 빠져 있었다. 그의 이러한 계획은 비잔틴의 일부 사람들에게 알려져—그는 헬레니즘 이교의 부활을 꾀하는 비밀결사의 중심적 존재였다—격렬한 비난을 받았으며 그의 저작이 분서로 분류되기는 했지만, 그 비밀의 설교가 어느 정도까지 라틴세계 사람들에게 전해졌는가는 분명치 않다. 그러나 어쨌든 피렌체를 방문한 이 기이한 신학자는 당시 사람들, 특히 코지모데 메디치에게 강렬한 인상을 남겼다. 피렌체 아카데미아의 기원을 말하는 피치노의 다음의 말에서 어디까지 역사적 사실을 반영하고 있는지는 의심스럽지만, 이것이 중요한 상징적 의미를 품고 있음은 분명한 사실이다.

> 그리스, 라틴 양 교회를 위해서 피렌체에 공의회가 소집되었던 그 즈음, 조국의 아버지 대 코지모는 플라톤의 재림으로 착각할 만한 철학자 게미스투스 플레톤이 플라톤주의의 신비를 둘러싸고 행했던 일련의 강연을 들으러 갔다. 코지모의 진지한 정신은 이 (플레톤의) 열정적인 목소리에 바로 영감을 얻어, 가능한 한 빨리 적절한 시기에 플라톤주의 아카데미아를 설립할 생각을 갖게 했다.[22]

1453년 비잔틴 붕괴를 전후해서 이 동방의 제국에 저장되어 있던 그리스 문물은 속속 서방으로 유출되고, 코지모는 자신의 재력으로 귀중한 사본들을 수집하고 있었다. 1462년 피치노라는 뜻밖의 인재를 만난 코지모는 그에게 대학의 여러 자료를 건네 플라톤주의에 관한 모든 문헌을 라틴어로 번역하는 대사업에 착수하게 했다. 피치노의 번역 목록은 피렌체 플라톤주의의 관심 대상을 단적으로 요약하고 있다. 1454년 이후 그는 그리스어 번역 연습으로 아폴로니오스의 서사시 『아르고나우티카*Argonautika*』, 오르페우스, 호메로스, 프로클루스의 각종의 찬가, 헤시오도스의 『신통기神統記』, 조로아스토레스의 작품으로 둔갑된 『칼데아인의 신탁』 등의 라틴어 번역을 시도했다. 피치노가 최초로 공개한 번역은 헤르메스 트리스메기스토스의 『포이만드레스』와 이른바 헤르메스 문서(1462~1463년 번역, 1471년 『피만데르』라는 제목으로 정식 출간됨)였는데, 그 후 그는 플라톤과 플로티노스의 전 저작의 번역과 주석 이외에 스페우시포스, 크세노크라테스, 알키노오스 등 초·중기 플라톤주의 문헌과 피타고라스로 귀속되는 『황금구黃金句』 및 『상징』, 이암블리코스의 『이집트의 신비에 대하여』, 프로클루스의 『첫 번째 아르키비아데스 주석』 및 『제의와 마술에 대하여』, 포르피리오스의 『금언』과 『금욕에 대하여』, 쉬네시오스의 『꿈에 대하여』 등 후기 신플라톤주의의 신비적이고 마술적인 문서, 프셀루스의 『정령에 대하여』(비잔틴 플라톤주의의 문서), 나아가 위僞 디오니소스 호 아레오파기테스의 그리스도교 신비주의 저작 등을 차례로 번역해냈다.[23] 이들 가운데 조로아스토레스와 헤르메스 트리스메기스토스 및 오르페우스를 호메로스 이전의 초超고대에 실재했던 신인神人이라고 여겼고, 또 위僞 디오니소스가 성 바울의 직계 제자로서 비교秘敎적 그리스도교를 계승한 사람이라고 여겨졌음은 말할 것도 없다.

코지모는 플라톤의 번역 이전에 헤르메스 트리스메기스토스의 번

시에나 대성당의 모자이크 포장에 그려졌던
헤르메스 트리스메기스토스(1480년대의 작
품. Yates[1964, 1967], 42-43 참조) [그림
84]

역을 피치노에게 의뢰했다. 예이츠가 말하는 대로 이것은 플라톤주의
역사 가운데 가장 놀라운 순간으로 볼 수 있을 것이다. 그는 플라톤의
전 저작의 라틴어 번역이라고 하는 역사적 사업을 목전에 두고 있으면
서도, 그보다 이집트 '초고대'의 지혜를 전하는 책의 번역을 서두르고
있었다. 왜냐하면 생의 마지막 순간에 이른 코지모는 무엇보다도 우선
헤르메스의 계시를 접하고 '지복에 이르는 길'을 알고 싶어 했기 때문이
었다(코지모는 1464년 8월 1일에 세상을 떠났다).[24]

　이『피만데르』의 서문으로 쓰인 '개요argumentum'의 한 구절은 고대 말
기에 형성된 비교적 전통의 신화―피치노는 이것을 '고대신학prisca theolo-
gia'이라고 부른다―가 르네상스에서의 부활을 알리는 기념비적 텍스트
였다.

　　모세가 태어났던 시대에, 자연학자 프로메테우스의 형제이자 늙은 메
　　르쿠리우스의 외조부인 점성학자 아틀라스가 활약했는데, 이 늙은 메
　　르쿠리우스의 손자가 바로 메르쿠리우스 트리스메기스토스였다. 그는

자연학과 수학에서 신적인 것의 관점으로 돌아선 최초의 철학자였고, 신의 영광과 정령의 단계, 영혼의 변화에 대해서 사색했던 최초의 사람이었다. 따라서 그야말로 최초의 신학자이다. 그의 뒤로 오르페우스가 고대신학에서 두 번째 위치를 차지하고 있다. 아그라오페모스는 오르페우스의 비의를 전수받았다. 다음의 신학자는 피타고라스이고, 그 제자 필로라오스는 우리에게 신과 같은 플라톤의 스승이었다. 메르쿠리우스에서 시작되어 신과 같은 플라톤에 이르기까지 여섯 명의 신학자의 찬탄할 만한 서열에 의해, 유일하면서도 또 (모든 점에서) 일치하는 고대신학prisca theologia의 학파가 형성되었다.25)

그 후 피치노는 이 '여섯 사람'의 목록에서 필로라오스를 제외하고 대신 (메르쿠리우스 앞에) 조로아스토레스를 넣었다.26) 혹은 다른 텍스트에서는 "유대 예언자 또는 에세네파의 사람들, 페르시아의 철학자 또는 마기, 인도의 브라크마나에, 이집트의 수학자 또는 형이상학자, 에티오피아의 나체 철학자(귐노소피스타에gymnosophistae)"27) 나아가 "우리 가까이에서는 그리스의 리노스, 오르페우스, 무사이오스, 에우몰포스, 멜람푸스, 트로피무스, 아그라오페모스, 피타고라스 그리고 갈리아에서는 드루이데스, 로마에서는 누마, 발레리우스, 바로 등…"의 이름을 길게 늘어놓고 있다.28)

이들 이름 중 대부분은 우리가 이미 만났던 이름들이다. 고대 말기의 이교도들과 그리스도교도들 양 진영에서 똑같이 만연하고 맹위를 떨쳤던 '비교의 계보학'(앞의 II-IV장 참조)이 여기에서 거의 그대로 부활하고 있다. 알렉산드리아의 클레멘스, 아리스토불로스, 아르타파누스 등 이 계보학의 추진자들의 작품이 모두 인용된다. "메가스테네스에 따르면 (인도의) 브라크마나에(브라흐만)는 유대인의 후예라고 한다." 조로아스토레스는 아마도 오르페우스와 동일인물로, 노아의 증손자 카난을 가리키며, 피타고라스는 유대인에게 배웠고, 아리스토텔레스는 아버지가 유대인이었다고 한다. 그리고 물론 누메니오스는 "플라톤이 아티카어를 말하는 모세가 아니면 누구란 말인가?"라고 쓰지 않았던가.[29]

인도에서 페르시아와 칼데아, 그리스와 로마에 이르는 고대 세계의 모든 비교는 본질적으로 유대인의 지혜와 같고, 그들 모두는 그리스도교의 진리를 예표豫表했던 것임이 틀림없다. 그리고 이들 비교는 우의적 방법으로 해독할 수밖에 없는데, 왜냐하면 그것은 대부분 '수수께끼 같은' 신화적, 시적 언어로 말해지기 때문이다.[30]

하지만 피치노나 그 이후의 '고대신학' 논자들과 고대 말기의 그리스도교 호교론자 사이에는 결정적인 차이가 하나 있었다. 유스티누스나 클레멘스가 '비교의 계보학'에서 추구했던 것은 기본적으로 그리스도교를 고대철학과 고대사상사 속에―그 궁극적인 완성을 나타내는 것으로―자리매김하는 것이었다. 그와는 달리 피치노를 필두로 하는 르네상스인들은 1천 년 이상의 전통 속에서 배양되어온 그리스도교적 역사, 종말감각 속에서 태어나 그것을 거의 무의식적 사고의 틀로 삼고 있었다. 노아, 아브라함, 모세 시대로부터 아마도 5000년의 역사 속에서 면면히 이어져, 더욱이 지금까지 그리스도교 라틴세계에 굳게 감춰진 채 계속되어온 '유일한 비교'의 전통이 여기에서 단번에 모습을 드러낸다. 인도와 이집트에서 그리스에 이르는 인류의 진리 역사는 이제 피렌체에서 그리스도교와 통합되고, 비로소 그 참된 의미를 밝히고자 하

◀ 묵시록의 네 기사. 뒤러 작,『묵시록 연작』(1498년) [그림 85]
▶「홍수의 환상」. 뒤러 작(1525년)(주 32 참조) [그림 86]

는 것이다. 이 아득한 역사의 응축된 순간에 역사의 완성, 즉 종말이 투
시된 것은 당연한 일이었을 것이다.[31] 지금이야말로 그리스도교는 완
전히 새로운 시대 속에서 다시 태어나고, 모든 차이는 유일한 진리 안에
서 통일되어야만 한다.

　세계는 새로운 예루살렘인 피렌체의 인도에 따라 지복의 황금시대
로 돌입할 것이고, 이 피렌체가 바로 비교의 군주 플라톤이 묘사한 '국
가'를 실현할 곳이어야만 한다.

＊

　크리스토퍼 콜론이 '인디아스'의 신천지에서 지상의 낙원을 발견했
을 무렵 피렌체에서는 '고대 오리엔트'부터 이어진 '유일한 진리'의 전통
이 부활되고, 역사를 종말로 이끄는 이상국가가 건설되려 하고 있었다.
이 근대 최초의 '천년왕국'이 단 4년(1494～1498년)만에 패배한 후 유럽은 또다시 어두운 묵시록의 이미지로 가득 차게 된다. 뒤러의 목판화 『묵시록 연작』이 출판된 것이 바로 1498년 그리고 역시 뒤러가 하룻밤의 악몽에서 본 이미지인 「홍수의 환상」을 그렸던 것은 1525년,[32] 즉 독일 농민전쟁의 폭풍 속에서 토마스 뮌처가 참살당한 해였다.

제 XIII 장

추방의 밤 · 법열_{法悅}의 밤

'최후의 십자군'의 발소리

에티오피아와 인도, 아메리카 그리고 고대 이교의 비교秘敎적 전통, 르네상스가 발견한 것은 이것만이 아니었다.

1453년의 콘스탄티노플 함락은 직·간접으로 고대 이래의 그리스 문물 확산이라는 결과를 가져왔고, 이것이 서구 인문주의humanism에 의해 고대를 재발견하는 큰 계기가 되었다. 그것과 유사한 의미로 1492년의 스페인의 유대인 추방령은 유럽 근대의 새벽을 알리는 또 하나의 매우 상징적인 사건이었다고 할 수 있을 것이다.1)

유대인은 유럽에서 '내부의 타자'였고, 따라서 유럽의 형성을 생각할 때 '유대인 문제'를 피해갈 수는 없다. 이미 살펴보았던 것처럼 그리스도교 보편주의는 헬레니즘의 세계주의cosmopolitism와 유대교적 보편주의의 융합에 의해 처음으로 성립된 것이고, 또 그리스도교의 역사신학도 유대교에서 비롯된 종말사상 없이는 생각할 수 없는 것이었다(앞의 III~IV장에서 서술). 나아가 11세기 후반 이후 특히 초기 십자군운동과 함께 현저해진 '그리스도교의 인간화, 정서화'(전술 170-172 참조)도 근본을 들추어보면 유대교 특유의 '신인동형론神人同形論 anthropomorphism'까지 소급해볼 수 있을 것이다(그곳에서 신과 인간의 관계는 서로 부르면 응답하는 '사랑의 관계'로 표상된다).[2] 그럼에도 이 그리스도교 보편주의와 역사신학, 그 '정서성'은 세계 역사상 결코 유례를 찾아볼 수 없는 종교적 불관용 정신을 만들어냈으며 배제의 논리와 폭력의 장치를 산출했다. 그 최초 희생자가 다름 아닌 유대인이었다는 것(예컨대 제1차 십자군과 동반된 민중운동 중에 일어난 대규모 박해, 학살 사건[전술 176-177 참조])은 극히 역설적인 역사의 아이러니였다고 말할 수 있을지도 모른다.

유대인은 또 다른 면에서는 유럽의 선구자 역할을 담당했다. 유럽에 속하지 않으며 이슬람이나 다른 어떤 사회에도 속하지 않는 유대인은 모든 경계를 뛰어넘어 문자 그대로 표류하는 백성이었다(특히 9세기 이후). 스스로의 극단적 보편주의의 틀로 인해 무력이 아니고서는 지평을 막는 이슬람 세계에 발을 들여놓을 수 없었던 중세 유럽 사회와 달리 정보와 소통의 기호, 가치(상품, 화폐, 지식)를 지니고 경계를 오가며, 혹은 그 유통을 활성화한 유대인은 근대 자본주의 성립의 기반을 만들어냈다. 1357년 마요르카 섬에서 마르코 폴로의 정보를 빨리 받아들여 『카탈로니아 세계지도』를 제작했던 아브라함 크레스케스가 유대인이었음은(XI장, [그림 73] 참조) 결코 우연이 아니었던 것이다.

1391년 6월 9일에 스페인의 세비야에서 일어났던 반유대인 대폭동은 곧바로 코르도바에서 카스티야, 아라곤으로 확산되었고, 각지에서 약탈과 학살이 자행된 결과 약 4000명으로 추산되는 사람들이 살해되었다. 많은 유대인이 외국으로 도망갔고, 다른 사람들은 그리스도교로 개종했다(10만 내지 15만 명의 개종자[콘베르소converso]가 나왔다고 한다).

그리스도교의 확대라는 시점만으로 본다면 틀림없이 좋은 것인 이러한 개종자, '새로운 그리스도교도' 집단의 출현은 스페인 사회에 커다란 모순과 갈등의 씨를 뿌리게 된다. 경제적·지적으로 큰 실력을 가지면서도 세습적 토지 소유와 그 경영 시스템(봉건사회의 기구)의 외부에 놓여 있었던 유대인들은 개종함으로써 그 내부에서 공적인 위치를 얻게 될 것이었다. 하지만 '구그리스도교도'는 그들을 '돼지marrano'라고 부르면서 공공연히 천시하고 한편 유대교에 머무는 자들은 그들을 배교자로 간주했다. 또한 개종자들 자신도 두 개의 그룹—'진지하게' 그리스도교에 귀의한 자들과 재산, 생명을 지키기 위해서 '형식적'으로 개종하고 사실은 계속 유대교를 믿었던 자들—으로 나뉘어 격렬하게 서로를 미워했다. 또한 개종자 중 부자들은 재력을 이용하여 딸을 봉건 귀족과 결혼시켜 사회적으로 안정된 지위를 얻으려는 자들도 많았다. 전통적인 귀족들은 그러한 움직임에 대해서 강하게 반발했다(이 반발은 16세기에는 '순수한 피Limpieza De Sangre'라는 슬로건 아래 이론화되어간다).[3]

이렇게 해서 종교는 단순한 형식이나 습관이 아닌, 개인의 '진지한' 문제로 내면화되고 동시에 육체화되어간다. 아니 그것보다는 오히려 이익과 안전을 지키기 위한 '단순한 형식적·명목적 종교'라는 범주가 의식화됨으로써 그것에 대립하는 '개인적·정신적·내면적 종교'라는 범주가 창조되었고, 또한 '단순한 사회적 지위로서의 귀족'의 의식화와 동시에 그것에 대립하는 '참으로 개인적이고 육체적인 귀족성'이라는 범주가 태어났다고 해야 할 것이다. 더욱이 현실에서 국가의 중추 기능을 담당하는 고위 관리와 실업가, 지식인 중에도 '새로운 그리스도교도'가 많이 섞이게 되고, 또한 (특히 아라곤에서는) 왕족에 이르기까지 거의 모든 귀족의 가계에 그들의 피가 섞이는 사태 속에서, 사람들은 옆 사람의 눈에 보이지 않는 내면을 의심하고 자신의 피를 저주해야만 했다. 이러한 의심의 암귀와 저주로 가득한 상황에서, 극도의 심리적 긴장이 사회를 뒤덮고 패닉에 따른 폭동이 되풀이된 것도 이상한 일은 아닐 것이다.

이슬람 통치하에서 종교적 복수주의를 경험한 스페인의 유대인 사회는 비교적 후기까지 자유롭게 발전했다. 십자군 이후 북유럽에서 확대 심화되었던 반유대인 운동의 흐름은 리처드 사자심왕 이후의 영국(12세기 말)과 성왕 루이 9세 이후의 프랑스(13세기 중반), 14세기 초반 이래의 독일 등 각지에서의 주기적인 민중 폭동 혹은 국왕의 추방령으로 유대인 사회를 압박하고 있었다. 스페인에서는 1391년의 반유대인 대폭동 이전까지 이 흐름이 본격화되지 않았지만, 그 이후 다른 지역을 훨씬 능가한 대규모 개종자 집단의 출현으로 문제는 한층 복잡해졌다. 1392년 신그리스도교도에 의한 유대교인의 압박과 포학, 1411년 이후 새로운 집단 개종의 파도, 1449년 톨레도에서 벌어진 신그리스도교도에 반대하는 분쟁, 1467년 역시 톨레도에서 발생한 구그리스도교도와 신그리스도교도 사이 무력 충돌, 1473년 코르도바에서 발발한 반유대인 폭동 등. 이러한 흐름이 1478년 (이사벨 여왕의 주도로) '수상쩍은' 신그리스도교도 탄압을 목적으로 한 이단 심문소 설립이라는 사태에 이르게 한 것도 당연한 일이었을 것이다.[4]

13세기 카타리파 탄압을 계기로 창설된 도미니코회가 여기에서도 '진리'의 수호자로 등장하고, 토마스 데 토르케마다와 디에고 데 데사 등 스스로 개종자의 가계에 속하는 심문관이[5] 밀고와 고문 조직의 최선봉에 서서 동포들을 화형의 불 속으로 몰아넣었다. 근대를 준비하는 여러 요소 가운데 이렇게 하여 '마음의 경찰'이 더해진다.

"그 때에 새벽 별들이 기뻐 노래하며 하나님의 아들들이 다 기뻐 소리를 질렀느니라"(「욥기」 38:7)의 성경 구절에 기초해서 카발라주의자(유대교 신비주의자: 옮긴이)들은 히브리 문자를 수직으로 바꿔놓는, 신비적 해석(게마트리아Gematria)에 따라 '새벽 별들이 노래하는' 세상의 종말은 1492년(일설에는 1490년)에 도래한다고 예언했다. 그리고 그 1492년 3월 31일 가톨릭 진영의 두 왕은 스페인 전 국토에서 유대인을 추방하기로 결정했다. 모든 유대인은 개종해서 세례를 받든지, 아니면 4개월 이내에 나라 밖으로 나가야만 했다. 크리스토퍼 콜론(콜럼버스)이 이끈 세 척의 배가 팔로스 항에서 서쪽의 대양으로 출발했던 것이 1492년 8월 3일로 유대인 추방령의 기한은 이미 3일 전에 끝나 있었다. 그 이후 스페인의 유대인들은 북아프리카, 포르투갈, 이탈리아 등으로 이주해갔다. 그리고 그 이후 카발라 신비주의는 그때까지 없었던 격렬한 종말론의 색채를 더욱 심화하게 되었다.6)

*

　중세 후기부터 벌어진 이러한 유대교와 그리스도교 사이의 접촉과 마찰을 전제하지 않고는 르네상스기에 활짝 개화했던 히브리학과 그리스도교 카발라의 기원을 이해할 수 없을 것이다.

　15세기 말～16세기 초부터 라틴세계의 성서학은 근본적인 질적 변화를 이루었다. 예정된 수순대로 그리스어, 히브리어, 그 외의 동방orient 여러 언어의 성서연구가 시작되어, 이른바 원전주의 성서학이 첫발을 내딛게 된 것이다. 여기에서는 그리스어와의 연관은 일단 제쳐두고 히브리어와의 관계에 중점을 두고 이야기를 진행하고자 한다. 유대인을 위한 히브리어(히브리 문자에 의한) 인쇄는 1470년경부터 이탈리아와

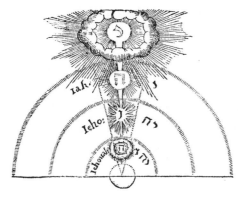

로버트 프러드의 IHVH의 네 문자로 이루어진 대우주Macrocosm. Yod는 지상에 있고 그곳에서 모든 것이 흘러나간다. 다음의 He는 태양이 위치하는 가장 높은 하늘. Vau는 에테르계, 마지막 He는 네 원소로 이루어진 물질계를 나타낸다(Fludd, *De Praeternaturali utrisque mundi historia*, Frankfurt, 1621, 6). [그림 87]

스페인에서 거의 동시에 시작되었다. 스페인에서 유대인 독자를 겨냥한 출판은 당연히 1492년 이후 폐지되었지만, 그래도 최초의 '복수어 성서Biblia Poliglota'(히브리어, 그리스어, 라틴어 등을 병기하여 인쇄한 성서)가 출판된 것은 스페인뿐이었다. 이 성서는 추기경 히메네스 데 시스네로스의 주창으로 인문학자 안토니오 데 네브리하(그도 개종자의 계보였다)의 총지휘 아래 막 개종한 뛰어난 유대인 학자들을 동원하여 완성한 것이었다(1514~1517년, 아르칼라에서 출판).[7] 이 출판은 교황 레오 10세의 원조까지 받았던 국가사업이었지만, 거의 동시대에 이탈리아의 인문학자 아고스티노 주스티니아니가 교정 출판한 『복수어 시편』(1516년, 제노바)은 전적으로 개인의 주도 아래 만들어진 것이었다.[8] 1555년 비트만슈타트가 빈에서 출판한 『시리아어 신약성서』에는 한때 프랑스의 카발라주의자 기욤 포스텔이 협력했다. 나아가 알칼라의 『복수어 성서』의 뒤를 이은 안트베르펜의 『복수어 성서』(1572년, 펠리페 2세의 국가사업으로 계획되었고 아리아스 몬타누스의 총감수로 출판되었다)에도 포스텔의 제자인 기 르 페브르 드 라 보드리가 협력한다.[9]

　주스티니아니는 그리스도교 카발라의 영향을 강하게 받고 있었고,

비트만슈타트도 추기경 에지디오 다 비테르보와 깊이 연관된 사람으로 그리스도교 카발라주의자의 일원으로 꼽을 수 있다.[10] 또 16세기 후반의 중요한 히브리어 문법서를 썼던 학자 가운데 예를 들어 로이힐린은 유명한 그리스도교 카발라주의자였고, 또 유대인 에리아스 레비다는 에지디오 다 비테르보의 카발라 연구 협력자였다.[11] 이처럼 르네상스의 히브리학 전통은 그리스도교 카발라와 절대 끊을 수 없는 관계에 있었던 것이다.

그렇다면 그리스도교 카발라 전통의 기원은 어디에서 찾을 수 있을까? 숄렘에 따르면 그리스도교를 카발라적 해석학의 수법으로 세상에 드러내려고 했던 최초의 흔적은 아브라함 아불라피아(13세기 스페인 최대의 유대인 카발라주의자의 일원)가 그의 저서에서 언급하는 자신의 '배교자' 제자들 속에서 확인할 수 있다고 한다.[12] 즉 그리스도교 카발라의 최초 표현은 당연히 본래 유대교 카발라의 전문 지식을 가지고 그리스도교로 개종한 유대인에게서 찾을 수 있다는 것이다. 13세기부터 15세기 사이에 그리스도교로 개종한 유대인이 카발라로 그리스도교의 정당성을 증명하고자 한 예는 증가한다. 예를 들면 14세기 전반의 부르고스의 아브넬(개종해서 바리아드리의 알폰소라고 개명한다)은 신의 '속성'과 세피로트의 이론에서 '삼위일체'론을 '증명'하고 혹은(특히 메르카바 신비주의에서 중시된) 대천사 메타트론을 '아들이신 하나님'과 동일시한다. 한편 정통적 유대교 카발라주의자는 반대되는 주장을 제기하게 되는데, 즉 그리스도교란 카발라의 가르침을 잘못 해석한 데 지나지 않는다는 것이다[13](당시에는 물론 카발라 신비주의는 그리스도교 이전으로 거슬러 올라간다고 여겨졌다). 게다가 15세기에 개종한 카발라주의자들은

카발라 문헌을 라틴어로 번역하고 거기에 그리스도교의 교의에 합치하는 것처럼 고의로 가필하기도 했다.14)

그리스도교 카발라의 창시자라고 말해지는 조반니 피코 델라 미란돌라는 아래와 같이 쓴다.15)

이것이야말로 최초이자 진정한 카발라이다. 나는 라틴 사람으로서 그것에 대해서 처음으로 명확하게 말하는 자라고 확신한다.

'라틴 사람' 즉 본래의 그리스도교도로서 그리스도교 카발라를 전개했던 것은 분명 피코가 처음이었지만, 그러한 교설은 그 이전에도 많은 개종자들이 준비하고 있었다. 피코에게 히브리어를 가르치고, 또 그를 위해 카발라 문헌을 라틴어로 번역했던 플라비우스 미트리다테스도 시칠리아 아그리젠토 출신의 유대인 개종자였다.16)

그래도 그리스도교 카발라의 발전에서 조반니 피코의 기여는 결정적이었다고 할 수 있다. 단순한 유대인 개종자가 아니라 고귀한 가계를 자랑하는 귀족 가문에서 태어나 당대에 뛰어난 인물로 이름을 날리던 피코가 "마술과 카발라만큼 그리스도의 신성에 대해서 우리에게 확신을 주는 가르침은 없다"라고 단언했던 일이17) 당시의 사람들에게는 얼마나 충격적이었을까. 그뿐만이 아니라 피코는 피치노가 강력하게 주장했던 '고대신학'의 계보 속에 카발라를 집어넣음으로써 카발라를 그리스도교를 증명하는 가장 중요한 무기임과 동시에 '고대신학' 그 자체에 일찍이 없었던 권위와 신비성을 부여하는 데 성공했다.

피코에 따르면 카발라란 신이 모세에게 직접 부여하신 비교이고, 에스라 시대에 이르기까지 오로지 구전으로만 전승된 매우 깊은 뜻이다.18)

베르니니 작품「아빌라의 성 테레사의 법열」(1644-1646년). 신의 뜻을 전하는 천사가 실신하여 쓰러지려는 성녀의 가슴을 황금 화살로 관통시킨다. 이 세상에는 존재하지 않는 관능성⋯ [그림 88]

피코는 플라비우스 미트리다테스가 번역한 카발라 문헌을 '상상을 초월하는 큰돈을 주고' 입수했다.[19]

최대한 생각을 집중하고, 지치지 않는 근면함으로 정독했을 때 나는 그 가운데에서—신이 증인이시지만—모세의 종교보다 오히려 그리스도교를 발견했습니다. 거기에는 '삼위일체의 깊은 뜻', '말씀의 성육신', '구세주의 신성'이 있었습니다. 거기에서 나는 '원죄', '그리스도에 의한 그 속제', '천상의 예루살렘', '악마의 타락', '천사의 위계', '연옥', '지옥의 벌'에 대해서 우리가 바울과 디오니소스, 또 히에로니무스와 아우구스티누스(의 저작)에서 매일 읽던 것과 같은 내용을 보았습니다. 그러나 철학에 관련된 부분에서 당신은 피타고라스와 플라톤의 언어를 직접 듣는 것 같이 느낄 것입니다. 그들(피타고라스와 플라톤)의 여러 원리는 그리스도교 신앙과 대단히 깊은 관계에 있으므로 우리의 아우구스티누스는 플라톤주의자들의 책을 입수하였을 때 신에게 헤아릴 수 없이 감사를 드렸던 것입니다.[20]

피코는 이 카발라가 '유랑민족'에 의한 "가공의 쓸데없는 이야기나 지어낸 이야기"가 아니라는 것 그리고 이것을 아는 것이 "히브리인의 성가신 간계로부터 (우리의) 종교를 지키려고 싸우는 '우리의 동포'(그리스도교도)에게 얼마나 필요한 일인가?"를 강조하고 있다.[21] 유대인 자신의 무기를 빼앗아 그리스도교가 유일한 진실임을 증명하는 것 그리고 마찬가지로 페르시아의 마기의 종교도, 이집트의 헤르메스의 설교도, 그리스의 이교의 철학도 나아가 플라톤과 아리스토텔레스도 모두 유일한 진리(그리스도교)를 '수수께끼 같은 언어'로 말하고 있다는 점에서 일치하고, 이 보편적 일치 위에 비로소 '영원한 평화'가 구축된다고 피코는 역설한다. 이 '영원한 평화' 사상이 르네상스 시대 종말론을 배경으로 한 일종의 초자연적-마술적 방법에 의한 '전 우주의 개혁'을 목표로 하는 혁명적 유토피아 사상에 직결된다는 것을 사보나롤라의 혁명이(그리고 그것을 지지하는 요아킴주의적 기조가) 우리에게 가르쳐주고 있다(앞장 참조). 르네상스의 '고대신학' 사상은 근대 초기 '비교적 절충주의'의 가장 전형적인 표현이고, 이 절충주의는 타자의 타자성을 말살하는 과격한 전투성을 이면에 둔 그리스도교 보편주의(정치적 국면에서는 그리스도교 제국주의)의 새로운 양상에 지나지 않았던 것이다.

피코의 그리스도교 카발라의 영향은 피치노에게도 보이고, '요하네스 메르쿠리우스'의 제자 루드비코 라자렐리의 『헤르메스의 잔』(전술 273 참조) 또한 헤르메스주의적이고 동시에 카발라적이기도 하다.[22] 그 이후 그리스도교 카발라의 영향은 피렌체의 플라톤 아카데미의 그것과 거의 겹치는 시기에 유럽 전역으로 확산된다. 이탈리아의 에지디오 다 비테르보와 프란체스코 조르지, 독일의 로이힐린과 코르넬리우스 아그리파, 프랑스의 포스텔과 르 페브르 드 라 보드리 형제, 영국의 존 디와 로버트 프래드 등. 이렇게 형성된—프란시스 예이츠가 말하는 바대로—'헤르메스주의적: 그리스도교 카발라적' 신비주의[23]의 조류는 한편으로는 예수회의 일부(예를 들면 유명한 아타나시우스 키르허)에게, 또 한편으로는 장미십자회적-프리메이슨적 유토피아주의로 흘러들어 '천계파의 계몽주의'(뤼미에르 데 주이류미네)의 시대를 거쳐 전기 낭만주의의 원천을 이루게 된다.

'고대신학' 사상에 포함된 카발라는 유럽에서 또 하나의 '동양[orient]'이었다.

*

그럼 여기에서 다시 16~17세기, '황금시대'라고 불린 스페인으로
돌아가 보자. 15세기 내내 주기적으로 반복된 반유대인, 반'신그리스도
교도' 폭동으로 높아진 종교적·사회적 긴장은 이단 심문소의 창설 이
후 정점에 도달했다. 1492년 유대인 추방령으로 유대인은 (적어도 이론
적으로는) 단 한 사람도 남아 있지 않았고, 그런 스페인의 최대 과제는
종교 내면화의 문제였다.

추기경 히메네스 데 시스네로스를 수장으로 하는 프란체스코회를
시작으로 각 수도회는 점차 대규모 개혁운동에 나서게 된다. 전 유럽에
퍼져나간 종말사상이 스페인에서는 프란체스코회 엄수파 속에서 특히
농후한 요아킴주의적인 색채를 띠고, 크리스토퍼 콜론의 '인디아스의
발견' 사업으로 그리고 오란 공략으로 구체화된 십자군 정신의 앙양과
결합되었다는 사실은 앞서 살펴본 그대로이다(전술 263-265 참조). 이
렇게 외계를 향한 새로운 에너지는 동시에 종교의 순화, 정신화를 지향
하는 새로운 내계로의 에너지를 동반한다. 그 당시 기성 교회의 부패는
눈뜨고 볼 수 없을 정도였을 것이다. 그러나 그것을 탄핵하는 목소리가
날로 늘어나고 강해갔던 것은 부패라는 사실 이상으로 중요하다. 모든
허식을 떨쳐버리고 '외면적인 의례'에서 자유롭게 될 때, 비로소 온 몸
과 영혼을 신에게 맡기는 지순한 신앙생활을 할 수 있게 된다. 교회 조
직의 권위나 번잡한 교의는 이 '영적 생활'의 속박일 뿐이다. 부단한 기
도와 진리에 대한 사색으로 신에게 몸을 바치는 것, 그것 외에 이제는
어떤 종교적 실천도 무의미하다. '외면적 선행'은 신에 대한 전적이고

절대적인 순종을 방해할 뿐이다. '혼이 어두운 밤'의 깊숙한 곳에 몸을 묻고, 존재의 고뇌 밑바닥을 꿰뚫을 때, 사람은 비로소 '법열의 밤' 가운데에서 자신을 볼 수 있을 것이다. 신은 계시나 견신見神 vision, 법열法悅 ecstasy에 의한 실신 상태, 혹은 '내면의 목소리'를 통해서 개인에게 직접 말을 걸어오실 것이다. 스페인 가톨릭주의는 '신그리스도교도'를 중심으로 천상적 광기의 시대에 휩쓸려 들어간다.[24]

1512년경 홀연히 나타나 스페인 전국토를 순례하고 회개를 설교했던 수도사 멜초르도 이러한 하늘의 계시를 받은 사람 중 하나였다. 부르고스의 개종한 유대인의 부유한 상인 집안 출신이었던 멜초르는 영국 궁정에서 양육되고 그곳에서 신의 음성을 듣는다. 계시 내용은 너무나도 이상했다. 그는 '피에드라이타의 독신녀篤信女 beata'라고 불리며 존경을 받던 마리아 데 산트 도밍고를 찾아가 그 내용을 확인했다고 한다. 그리고 그는 민중에게 세상 종말의 도래는(보베르가 쓴 '12년'보다 더 가까운[전술 265 참조]) 5년 후라고 말했다.[25] 그때까지 "로마제국은 멸망해야만 한다. 스페인, 프랑스, 아니 전체 유럽의 모든 왕은 죽어야만 한다. 그리고 그들의 왕국은 멸망한다. 교황의 자리는 무너지고, 교황도 주교들도 사제들도 목이 잘려야만 한다. 교회는 예루살렘의 땅으로 옮겨져, 약속의 땅에서 인간은 지복의 생활을 보낼 것이다"[26](마스다 요시로增田義郎).

이렇게 신의 목소리에 응답해서 일어선 열광적인 종교운동은 일루미니즘, 즉 '천계주의' 또는 '광명주의'라고 불렸으며 거기에 참여한 사람들은 '천계자天啓子 alumbrados'라고 불렸다. 여기에서 주목할 점은 그 중심 역할을 담당한 것이 때때로 '독신녀篤信女 Las Beatas'라고 불리던 여성들이었다는 것이다.[27] 멜초르가 찾아갔다는 '피에드라이타의 독신녀' 마리아 데 산트 도밍고는 "때때로 황홀 상태에 빠지고 그리스도의 아내라고 말하며 신의 말씀을 설하고 다니는" 혹은 "후안 데 라 크루스라는 여성은 새로운 구세주를 낳을 사명을 띤 자라고 불리며, 이 사람도 황홀 상태에 빠지는 것으로 유명했다"[28](마스다 요시로).

일루미니즘에 있어 이들 여성들의 활동은 이 운동 자체에 강한 관능적 색채를 부여했다. 이 관능성은 종교의 내면화 · 육체화 · 개인화를 극한까지 몰고 갔고, 동시에 그러한 경향을 가장 단적으로 표현한 기호라고 할 수 있을 것이다. 일루미니즘에서는 종말론마저도 내면화 · 육체화 · 개인화되어간다. 이 운동의 역설적인 도덕적 방종(안티노미즘Antinomism)의 경향—신에게 몸을 맡긴 자는 어떤 행동을 하더라도 이미 죄가 되지 않는다는 생각[29]—은 여기서는 정치적 · 집단적 '세상의 종말' 이상으로, 원죄에 각인된 것으로서 개인의 종말이 우주적 종말(참된 구원)에 직결된다고 생각했음을 보여준다.

이러한 도덕적 방종이 얼마만큼 현실적으로 실천되었는지는 분명치 않다. 하지만 그것이 이단 심문소의 흥미를 돋우는 각별한 재료가 되었다는 것은 상상하기 어렵지 않다. 이단 심문이 이단을 만들어냈다는 이 역사의 법칙은 여기에서도 훌륭하게 실증된다. 1525년 많은 '신그리스도교도'를 포함한 알룸브라도스가 이단으로 선언되고, 그 후 17세기 중반에 이르기까지 각지에서 탄압이 되풀이되었다.[30]

그 이전, 히메네스 데 시스네로스의 시대부터 스페인은 이탈리아와 프랑스의 인문주의 운동에 지대한 관심을 기울였다. 그래서 1516년 카를 5세(카를로스 1세)가 즉위하자 스페인은 네덜란드와 독일 각지의 인문주의나 교회개혁운동(특히 에라스무스의 여러 저작), 신비주의(에크하

라 스토르타에서의 견신見神. 로마 교외의 라 스토르타에서 로욜라는 신의 모습을 생생히 본다.
아버지 하나님은 십자가를 짊어진 그리스도를 가리키며 '내가 로마에서 너희를 돕겠다'는 말을
그의 마음에 새긴다(Vie de Saint Ignace, Anvers, 1602). [그림 89]

르트, 타울러, 로이스브루크 등)의 영향을 직접 받게 된다. 16세기 후반의
성 후안 데 라 크루스(십자가의 성 요한)와 아빌라의 성 테레사 등, 스페
인 황금시대의 유명한 신비주의자들은 스페인의 일루미니즘 전통을 계
승하면서 이러한 북방 신비주의자들의 저작에 자극되어 그 사상과 체
험을 깊이 했다는 것을 추측할 수 있다.31)

　　1426년 알칼라의 대학에 재학 중이던 스페인 바스크 지방 출신의
퇴역 군인 귀족이 일루미니즘이라는 혐의로 이단 심문에 걸려들었다.
카탈로니아의 순례지 모트세라트 산에서, 또 만레사의 동굴에 들어가
혹독한 수행을 쌓고, 팔레스타인 순례 길에서는 그곳의 이교도들에게
포교를 시도하려고 했던 이 남자, 이니고 데 로욜라32)에게 씌워진 혐
의는 곧바로 풀렸다. 하지만 그 후로도 로욜라는 여러 차례 이단 심문을

받아야만 했다. 1527년에는 살라망카에서 '에라스무스주의자'로 혐의를 받았고 파리와 베네치아, 로마에서도 의심을 받았다. 게다가 1537년 가을 충실한 동지들과 함께 처음으로 로마에 들어가려 했던 로욜라는 교외의 마을 라 스토르타에서 견신을 받고 스스로 '신의 아들과 함께 있다'는 것을 확신하고 "로마에서 우리는 십자가에 못 박힐지도 모른다"는 말을 했다고 한다.[33]

로욜라는 요아킴주의자도, 에라스무스주의자도, 또 알룸브라도스도 아니었다. 그러나 그가 접했던 견신을 비롯한 많은 신비 체험은 당시의 내면화하고 '육체화'한 ('몸으로 경험한다'는 것으로서의) 신비주의를 반영하고 있으며, 그가 창설한 예수회의 최대 특징인 '절대순종' 정신은 (후안 데 라 크루스 등까지 포함한 넓은 의미에서) 일루미니즘 특유의 '전적 · 절대적 믿음과 순종' 정신과 깊은 관계가 있음을 알 수 있다.[34] 또한 로욜라가 후세에 남긴 최대 유산인 영적 무장에 관한 지침서 『영성수련 *Exercita spiritualia*』은 만레사에서의 고행 생활의 결실이었지만, 거기에는 토마스 아 켐피스가 썼다고 하는 『그리스도를 본받아』, 혹은 J. 몬바르 (1502년 사망. 주저는 *Rosetum exercitiorum spiritualium et sacrarum meditationum*) 등 네덜란드의 이른바 '근대적 헌신'(데보티오 모데르나[devotio moderna])의 영향이 현저하게 나타난다.[35] 로욜라의 『영성수련』에서 중요한 역할을 하는 예수 생애의 '장면의 상기想起'에 기초한 관상법觀想法 (composición viendo el lugar '장소를 보는 것에 의해 구성')은 분명히 중세 기억술의 전통을 따른 것으로, 그와 같은 기억술에 의한 관상법은 몬바르의 저작에서 훨씬 명확하게 표현된다([그림 90 · 91] 참조).[36]

그러나 이러한 개개의 '영향' 이상으로 중요한 것은 15세기 말 이래 유럽 전역에 확산된 절박한 종말감각이었을 것이다. 로욜라는 1521년

5월 팜플로나 성의 전투에서 입은 상처 치료 중에 '회심回心'하게 되는데, 그 당시 최초 목적은 예루살렘에 가서 이교도들을 개종시키는 것이었다. 1534년 8월 15일의 성모승천축일에 파리의 몽마르트에서 일생을 '그리스도의 병사'로 봉사할 것을 맹세한 동지 일곱 명의 최초 목적도 역시 성지에서 포교에 헌신하는 것이었다(이 계획은 당시의 긴박한 '중동 정세' 때문에 실행되지 못했다).37)

히메네스 데 시스네로스가 이끈 십자군의 성과는 1509년의 오란 공략 하나로 나머지는 전부 실패했다. 오스만 투르크는 15세기 이후 파죽지세로 세력을 넓혀갔는데, 1526년 오스트리아를 침입하고 1529년에는 빈을 포위했다. 중세 초기 사라센 제국의 전성기나 13세기 몽골군의 대침공 때에도 이렇게까지 서구 전체에 위기감이 팽배하지는 않았을 것이다. 더욱이 유럽 내부에서는 루터의 '95개조'(1517년)에서 시작된 종교개혁의 바람이 불어 닥치고, 1524~1525년 독일 농민전쟁, 1527년 독일군에 의한 로마 약탈, 1534년 잉글랜드 국교회 성립 등 여러 나라를 뒤흔드는 대사건들이 줄을 잇자 교회는 사분오열되고 시대는 혼미의 극을 달리게 된다. 파올라의 성 프란체스코에 의해 왕위에 오를 것이 예언된 프랑스 지방귀족의 아들 앙굴렘 백작 프랑수아는 사실 '기적적'인 과정을 거쳐 프랑수아 1세로 즉위했고(1515년 1월 1일), 요아킴 포스텔은 그가 바로 예루살렘을 탈환하여 최후의 세계 황제가 될 사람이라고 말했다(후술 333 참조). 한편 스페인의 페르난도 5세와 신성로마제국의 막시밀리안 1세에게 두 나라를 물려받아 전 유럽에 걸친 합스부르크 왕가 대제국을 구축하게 된 카를 5세는 샤를마뉴의 재림으로, 역시 최후의 세계 황제가 될 사명을 띤 자로 예언되었다.38) 최후의 세계 황제 후보자가 된 이 두 사람은 이탈리아를 무대로 격렬한 사투

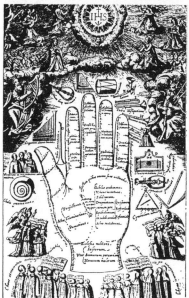

◀『영성수련』에서 '바빌로니아의 야영지에서
불꽃과 연기에 휩싸인 주교의 자리에 앉은
루시퍼'의 관상. '장면의 상기에 의한 관상'
의 예(*Méditation sur les Exercises Spiri-*
tuels, Anterpiae, 1676) [그림 90]

▶1606년 로마 간행,『영성수련』의 표제 [그림
92]

▼ J. Mombaer, *Rosetum exercitiorum spi-*
*ritualium et sacrarum meditationum*의 16
세기의 간행본. 왼손의 손목, 손바닥, 손가
락의 각 관절이 수도자에게 관상의 주제를
상기시킨다. 이 그림은 이러한 관상이 즉 인
간, 성인, 천사의 순서대로 신을 찬미하는 대
합창이라는 것을 나타내고 있다. 이것은 '장
소에 의거한 상기' 기억술의 응용이다. [그
림 91]

를 반복한다(1521~1544년). 그런 와중에 '그리스도를 유일한 수장'으로 하는 '예수의 군단Compañía de Jesús'(compañía는 '중대中隊')이 창설되었다 (1540년 9월 27일 교황청의 인가를 받음).

최후의 전쟁은 이제 막 시작되려 하고 있었다. 『영성수련』은 2주째의 수도자에게 다음의 장면을 상기하여('보고') 관상할 것을 요구한다. "예루살렘 전역을 포함한 광대한 야영지에는 선인들과 함께 지고의 대장, 우리의 주 그리스도가 앉아 계신다. 다른 바빌로니아의 야영지에는 루시퍼가 적들을 다스린다."39) 『부연敷衍된 헌장Constitutions 초안』에는 예수회의 창립 목적이 이렇게 규정되어 있다. "십자가 깃발 아래 신의 병사로서, 오직 주(그리스도)와 그 신부인 교회를 위한 병사된 자로서 싸우고 지상의 그리스도 대리자인 로마 교황에게 복종하고 봉사한다."40)

"다섯째 천사가 나팔을 불매 내가 보니 하늘에서 땅에 떨어진 별 하나가 있는데…." 로욜라의 죽음의 순간, 예수회의 사도 오소리우스는 「요한계시록」 9장 1절의 이 구절을 인용하면서 로욜라를 '다섯째 천사'에, 루터를 '하늘에서 땅에 떨어진 별'(루시퍼)에 비유했다고 한다.41)

'최후의 십자군', 서구에 의한 세계 제패의 첨병으로서 신의 뜻을 수행하는 데 몸을 바치는 '예수 군단'의 병사들이 인도, 일본, 중국, 아메리카 등의 전 세계로 흩어지려 하고 있었다.42)

제 XIV 장

동양의 사도와
'이성적 일본'의 발견

'진리'에 의한
세계 제패를 향해서

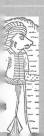

… 이리하여 우리의 주主께서 당시에 이미 알려져 있고, 발견되었던 많은 뛰어난 나라들을 뒤로 미루시고… 일부러 이 나라(일본)를 찾으신 것은 주의 고매한 판단이 계셨기 때문이다. 즉 이 나라가 이렇게 먼 곳에 있음에도 영원한 옛날부터 주에게 선택되었는데, 그것은 이 나라의 선택된 백성들을 구원하고 동방의 끝에서 거룩한 신앙으로 개종한 엄청난 수의 신자들을 가진 교회의 동산을 만들고자 하셨기 때문이며, 이 동산에는 머리가 뛰어난 순교자들의 피가 뿌려졌다. 그리고 도처에서 주 자신과 그 정배淨配(에스포사esposa: 새색시)인 가톨릭교회의 가장 빛나는 영광이 달성되고, 그와 동시에 이단자들에 의한 혼란도 생겨났다. 즉 그 영광이 태양이 떠오르는 지방에 비치기 시작함과 동시에 이단자들은 태양이 지는 서쪽 끝에서 새로운 오류와 이단을 가지고, 혹은 그때까지 지옥(인페르노infemo)의 바다에 묻혀 있던 옛 이단을 다시 되살려 그 영광에 싸움을 걸었던 것이다.[1]

일본이 "영원한 옛날부터 주에게 선택된" 나라인지 어떤지는 알 수 없다. 하지만 "동쪽 끝에 신의 영광이 비치기 시작하자, 서쪽 끝에서는 새로운 이단", 종교개혁의 폭풍이 몰아쳤다고 말한 로드리게스의 이 기술은 옳았다. 태양이 떠오르는 동쪽 끝에서 태양이 지는 서쪽 끝까지라는—크리스토퍼 콜론(콜럼버스)에게서 보았던 것과 마찬가지의—그리스도교 보편주의 표현법을 사용하여2) 예수회 수도사 로드리게스가 이 문장을 썼던 1620년대의 서구 그리스도교 지식인은 확실히 세계사의 관점을 갖추고 있었다. 동시대 세계의 다른 어떤 민족의 누가 이러한 문장을 쓸 수 있단 말인가?3) 그와 동시에 이 세계사는 하나의 거대한 신의 섭리의 역사이고, 인간 구원의 역사였다. 콜론이 탄 카라베라호가 파로스 항을 떠나고 1백 수십 년이 지난 뒤, '최후의 십자군', 서구에 의한 세계 제패의 첫 번째 단계는 이미 완료되었다고 생각해도 좋을 것이다. 그리고 그 초창기의 가장 중요한 첫걸음은 여기에서 로드리게스가 말하고 있는 '인도의 사도' 프란치스코 하비에르의 일본 도래로 나타난 것이다.

꿇어앉아 이그나티우스 데 로욜라에게 편지를 쓰는 인도의 프란치스코 하비에르. 16세기의 판화 [그림 93]

로드리게스에 따르면 신은 "참으로 놀랍고 특이한 수단과 방법으로" 예수회 수도사 하비에르를 "영원한 옛날부터 선택하신" 지상의 동쪽 끝 땅으로 인도하셨다. 그 이유를 로드리게스는 다음과 같이 말한다.

(하비에르는) 포르투갈인이 인디아스를 발견했던 같은 해인 1497년에 태어났고, 또한 포르투갈인이 일본인을 발견한 것과 같은 1542년에 인디아에 도착했으며, 그 후에 곧바로 그는 거룩한 복음의 빛을 일본에 전했던 것이다.4)

하지만 이 주장은 유감스럽게도 하비에르가 인도에 도착했던 해 (1542년 5월 6일)를 제외하고는 모두 정확하다고 할 수 없다. 바스코 다 가마의 캘리컷 도착은 1498년 5월 2일, 하비에르의 생일은 1506년 4월 7일(로드리게스는 투르세르니의 잘못된 정보에 근거하여 쓰고 있다. 1497년에는 프란치스코의 두 번째 형 후안이 태어났다),5) 게다가 표류하던 포르투갈인이 다네가種子 섬에 상륙한 시기에 대해서는 서구의 자료(주로 안토니오 갈반)에는 1542년, 일본의 자료(주로『철포기鐵砲記』)에는 1543년으로 서로 다르게 나와 있어 어느 쪽이 옳다고 단정할 수 없다.6)

'신의 섭리'에 대해서 말한다면, 로드리게스는 예컨대 프란치스코의 형들이 프랑스-나바레 연합군에 가세해서 1520년 5월의 팜플로나 성의 전투에서 이니고 데 로욜라를 포함한 합스부르크 왕가의 스페인군과 일전을 벌였던 것(이니고는 이때 받은 상처를 치료하던 중 '회심回心'한다), 또 프란치스코가 파리의 생트 바르브 대학에서 유학생활을 하던 중 이니고와 같은 방을 쓰면서 감화를 받았다는 것(여기서 두 사람은 후에 예수회의 중심인물 중 한 사람이 되는 피에르 파브르와도 같은 방을 쓴다),

또한 1540년 3월 포르투갈의 교황청 대사인 마스카레냐스가 인도 선교를 위해 모국으로 데리고 가려고 예정되어 있던, 로마의 예수회 수도사 보바디야가 열병에 걸려서 갑자기 프란치스코가 대신 갈 것을 명받았다는 것 등을 거론할 수도 있을 것이다.[7]

그러나 이러한 개별적인 사실보다 중요한 것은 당시의 여러 가지 국제상황이었다. 가마가 '인도를 발견'한 이후 50년 가까이 포르투갈은 국력을 동원하여 '에스타두 데 인디아'Estado da India'(인도제국, 포루투칼령 인도: 옮긴이)의 확대와 완성을 위해 노력했다. 캘리컷과 고아, 호르무즈와 말라카를 점령하고 1538년에는 오스만 투르크의 대함대를 디우에서 어렵게 물리친 뒤에 인도양 제해권은 거의 대부분 포르투갈인의 손에 들어갔다. 그래서 에스타두 데 인디아, 즉 몰루카 제도에서 말라카, 고아, 호르무즈를 통해 보내진 대량의 후추와 향료로 얻은 막대한 이익을 배경으로 포르투갈의 경제구조는 순식간에 변해갔다. 농업인구는 도시로 집중되고 또 많은 사람이 해외로 빠져나갔다. 궁정의 지출은 해마다 늘어났고 국고는 독일과 오스트리아의 은행에 대한 채무에 쫓겨 바닥을 보이고 있었다. 세계 규모의 해양제국을 이루어낸 바로 그 순간 포르투갈은 이미 사양길로 접어들고 있었다. 군사적 확장 시대가 끝나고 몰락하기 직전, 일시적 안정 시대에 등장했던 것이 예수회였고 프란치스코 하비에르였던 것이다.

한편 일명감합무역(일본 무로마치室町 시대에 명나라 조정이 왜구와 구별하기 위해 무역허가증인 감합勘合을 사용한 일명 무역: 옮긴이)은 1547년에 끝나고, 그 후 1550년대 후반까지 동중국해는 이른바 후기 왜구('왜구'라고 해도 실제로는 대부분 중국 연안의 상인들이었다)가 날뛰는 세계였다. 포르투갈 상인들은 중국과의 교역이 유리하다고 판단하고 문호를 두세 번 두드렸지만 명나라 정부의 강경한 해금海禁정책은 (1555년 란파카우Lanpacau에서 공식적인 무역이 시작될 때까지) 두꺼운 벽으로 가로막혀 있었고 그들은 왜구에 섞여 밀무역을 할 수밖에 없었다. 또한 이미 1515년경 토메 피레스가 아마도 중국인이 전하는 말에 따라 "잔퐁 섬은… 상품이나 자연산물이 풍요롭지 않다"고 써서 남겼던 것처럼 포르투갈 상인들에게 당시의 전국시대 말기의 혼란 중에 있던 일본은 처음에는 그다지 매력적인 통상 상대로 여겨지지 않았다.[8]

1536년 스페인에서 대거 도망쳐온 개종 유대인을 대상으로 이단심문을 시작한 자로도 알려진 '신앙심 깊은' 포르투갈 왕 주앙 3세(재위 1521~1557년)가 새로운 '투쟁하는 교회'의 첨병 예수회 수도사들에게 심취하여 에스타두 데 인디아에서 강력한 선교정책을 추진했던 것은 이러한 상황 속에서였다. 인도 서해안에서 몰루카 제도에 이르는 광대한 지역 안에서 하비에르는 그다지 노골적인 군사력의 배경 없이[9] 그의 이상주의적인 포교활동을 전개할 수 있었고, 또 후에 그가 포교를 시작했던 일본도 포르투갈의 군사-상업적 확장주의의 직접적인 대상은 아니었기에 정치적 야심을 떠나 훨씬 '순수'한 선교가 가능했다.[10]

그럼에도 하비에르의 에스타두 데 인디아에서 선교는 심각한 환멸의 연속이었다. 포르투갈을 떠나기 전 궁중 사람들은 하비에르 일행이 "영혼의 구원 외에는" 바라지 않기 때문에 "몇 년 혹은 몇 개월 지나지 않아 두세 개의 우상숭배 왕국이 그리스도교로 개종하게 될 것을 확신한다"고 말하며 그들에게 큰 희망을 품게 했다. "인디아에서 몇 명의 왕의 마음을 돌린다"는 것은 그들의 열의로 본다면 결코 어려운 일은 아니라고 사람들은 생각했다.[11] 포교가 '위로부터' 시작되는 것이라는 발상은 (하비에르 자신을 포함해서) 당시 사람들이 확신하고 있던 강한 고정 관념이었다.[12] 하비에르가 실제로 포교했던 것은 민중을 대상으로 한 것이 훨씬 많았고, 왕족·귀족 포교에 효과를 보기 위해서는(당시의 동아시아에서는, 아마도 중국을 제외하고는 극히 힘들었다) 정치적·문화적인 일정한 안정, 통일, 중앙집권적 구조가 전제되는 경우에 한해서만이었다. 게다가 이들 땅 위의 권력자들에게 어떤 현실적인 이익이 없이, 단지 '영혼의 구원만을' 목적으로 '회심回心'을 요구하는 것은 분명한 모순이거나, 적어도 환상에 지나지 않는 것이었다. 하지만 하비에르는 남인도의 소왕들과의 접촉에 애쓰고, 일본에서는 미야코에서 국왕과 만나고자 했으며 학문적 권위자를 '회심'시키기 위해서 대학에서 토론할 것을 바랐고, 또 일본인의 종교가 지나China에서 왔다는 사실을 알고 나서는 지나의 황제를 '회심'시키는 것이 급선무라고 생각했다. 그의 생애에서 중요한 선택은 거의 대부분 이러한 반무의식적인 권위주의를 바탕으로 하고, 이 권위주의는 나아가 기본적으로 '진리의 일원론' 위에 성립한 것이었다.[13]

인도에 도착하자 하비에르는 곧바로 미지 세계에서의 선교 격무에 쫓겨, 상황을 천천히 판단할 여유조차 없었다. 인도 남단에서 진주를 채집하는 주민의 신생아들이 세례를 받지 않고 죽어서 "지옥에 떨어지는" 모습을 그는 차마 볼 수 없었다. 하지만 당시 포교의 진짜 장해물은 "놀랍게도 우리 포르투갈인" 자신과 그들의 정치적·상업적 야심이라는 것이 분명해졌다.[14] 포르투갈인의 개입으로 일어난 인도 소왕들의 싸움은 하비에르로 하여금 "살아 있는 것은 고통이고, 신의 가르침과 신앙을 증명하기 위해서 죽는 편이 더 낫다"고 생각할 정도로 그를 슬프게 했다. 그는 "이러한 것을 듣지 않기 위해서 프레스터 요한의 나라(에티오피아)에 가고 싶다"고 고백할 정도였다.[15] 인도 내지 동남아시아 포교의 최종 결론은 포르투갈 왕이 "여기에 계시는 총독, 혹은 그곳에서 임명되신 총독에게 (선교의 임무를 받들도록 직접) 명령하시는 것입니다"[16]라고 하비에르는 말한다. 다시 말해 이것은 예수회를 필두로 하는 선교사들이 아무리 노력한들 정치적 강제력의 배경 없이, 순수한 선교만으로는 효과가 없다는 거의 절망적 인식에 봉착했음을 의미하는 것이다.

*

이렇게 하비에르가 고아와 코친을 기지로 삼고 인도 남해안의 빈민을 상대로, 또 말라카를 기지로 삼아 안봉에서 모로타이 섬까지의 '향료제도'(몰루카 제도)의 주민들을 상대로 동분서주하며 비창한 노력을 기울이고 있을 무렵(1542년 5월~1549년 4월), 일본의 남단 가고시마鹿児島에서는 한 남자가 "어떤 이유로 사람 한 명을 죽이고 (관리의 손에서) 달아나 일본의 수도자 승원(그들이 있던 인도의 교회와 같은 것)으로 도망쳐" 왔다. 이 남자는 야지로 또는 안지로라고 불렸다(이하 '야지로'로 통일한다). 직업과 신분은 확실치 않고 한학과 불교학에 소양은 없지만 상당한 교양을 갖춘 인물로 당시(1546년 가을부터 겨울까지) 33~34세(1512~1513년 무렵 태어남)였으며, 포르투갈 상인들과 친분이 있었기 때문에 아마도 가장 초기의 무역상이었다고도 추측된다. 사람을 죽이고 사원에 도피했던 야지로는 옛 친구인 포르투갈 선장 알바로 바스의 권고에 따라 시종 두 명을 데리고 조르제 알바레스가 이끄는 배를 타고 말라카로 향했다. 그는 포르투갈인이 몹시 칭찬하는 '메스트레 프란치스코 수사를 만나', '세례를 받는 것'으로 죄를 용서받고자 했다. 처음 야지로가 말라카에 도착했을 때 하비에르는 몰루카 제도에 가고 없었고, 다른

일본의 기리시탄(일본에 처음으로 전래되었을 무렵의 천주교, 또는 그 신도를 일컬음: 옮긴이)의 「마리아 15현의도호義圖」. 중앙은 '장미의 성모' 그림. 마리아는 왼손에 장미를 쥐고, 어린 아기 그리스도는 왼손에 십자가가 세워진 지구를 안고 있다. 그 오른손은 축복을 건넨다. 중앙 아래는 왼쪽에 성 이그나티우스, 오른쪽에 성 프란체스코. 두 사람은 1622년 성인의 대열에 올랐고, 그 소식은 다음해인 1623년 박해 아래에 있던 일본 기리시탄에게 전해졌다. 이 그림은 그것을 축하하며 교토 오사카 지방에서 그려진 것이다. [그림 94]

파르미자니노 작 「장미의 성모」(1527년 이후). 어린 아기 그리스도는 지구위에 누워 있고, 마리아는 양팔로 그 위에서 십자가 모양을 만들고 있다. [그림 95]

사제는 그가 고국으로 돌아가 이교도의 처와 지낸다면 세례를 주지 않겠다고 했다. 어쩔 수 없이 야지로는 지나를 거쳐서 귀국하려고 했지만 일본을 눈앞에 두고 폭풍을 만나 다시 지나의 항구로 돌아오고 말았다. 거기서 우연히 알바로 바스를 다시 만나게 되고, 그는 말라카로 다시 돌아갈 것을 결심한다. 이렇게 해서 1547년 12월 초 야지로는 선장 조르제 알바레스를 따라서 말라카의 '언덕의 성모교회'에서 결혼식을 집례하고 있던 하비에르를 처음으로 만나게 된다. "메스트레 프란치스코 수도사는 나를 보더니 끌어안으며 매우 기뻐하였습니다"(1548년 11월 29일자 고아 발신, 일본인 바울로[야지로]가 로마의 로욜라 및 예수회의 사제, 수도사에게 보낸 서간).17)

이때부터 야지로와 하비에르의 운명 그리고 어떤 의미에서는 세계의 운명이 변했다.

하비에르는 한눈에 야지로의 탁월한 재능을 알아보고 그를 고아의 성신대학聖信大學(성 바울 대학)으로 보내고(1548년 1월 초), 한편으로는 알바레스에게 일본의 상황에 대해서 보고서를 쓰도록 의뢰했다.18) 야지로와 두 사람의 시종은 고아에서 이탈리아인 파드레, 니콜로 란치로트 밑에서 그리스도교 교의를 배우고 같은 해 성령강림절인 5월 10일에는 고아 주교 알브케르케에게 세례를 받는다. 이때 야지로에게는 '성신의 바울로Paulo de Santa-Fé'라는 세례명이 주어진다(두 명의 시종은 '조안'과 '안토니오'). 예수의 열두 사도의 포교를 기념하는 성령강림절에 선택되고, 나아가 '이교도의 사도'인 바울의 이름이 주어진 것은 야지로의 개종에 얼마나 큰 기대를 가졌는지를 대변해준다.

사실 하비에르는 야지로와의 만남을 보고한 1548년 1월 20일 서간(고친 발신, 로마의 예수회 회원 수신)에서 이미 일본에 갈 가능성을 내비

「구세주(살바토르 문디)의 상」, 16세기 말~ 17세기 초 일본인 기리시탄 화가의 작품. 그 리스도 왼손의 지구는 십자가 아래 통일되 고, 그 오른손에 의해 축복된다. [그림 96]

『기리시탄의 교리문답서』(1592년 아마쿠사 天草 간행)의 표제. [그림 96]과 같은 '살바토 르 문디'의 상 [그림 97]

치면서, 그 생각은 일본에 대한 정보가 늘어날수록 더욱더 간절해진다고 쓴다.

야지로는 하비에르를 만난 처음부터 "어느 정도 포르투갈어를 말했고" 그 후 고아에서 읽고 쓰기도 배워서 "8개월 사이에 완전히 읽고 쓰고 말할 수 있게 되었다." 사실 그는 1548년 11월 29일에는 로마의 로욜라 앞으로 포르투갈어로 편지를 쓴다(앞에서 인용). 하비에르는 란치로트에게 야지로의 입을 통해 직접 일본의 지리, 풍속, 정치, 종교 등의 상황에 대해서 듣고 그것에 기초해서 일종의 '일본사정보고서'를 만들도록 의뢰했다(1548년 말).[19] "우리의 신앙에 새롭게 귀의한 일본인, 이전에는 안지로라고 불렸던 그 섬의 바울로가 말하는 일본에 관한 정보" (*Información de la isla de Japón dada por Paolo, que antes se llamava Angero, nuevamente convertido a nuestra fee, natural de la misma isla*)라는 제목의 이 문서는 하비에르의 1549년 1월 중순~하순의 편지와 함께 유럽으로 보내졌다.[20] 이 편지들 속에서 하비에르는 로욜라에게 자신은 절대 포기하지 않겠다는 결심을 밝히고 있다(1549년 1월 12일 내지 14일자, 코친 발신).[21]

"지금까지 한 번도 만난 적이 없는 큰 위기에 봉착하게 될 것이 확실하다고 하더라도, 우리의 거룩한 신앙을 저 땅에 널리 퍼지게 하기 위해, 주 하나님을 향한 큰 희망을 품고 있기 때문에 마음속의 온갖 생각을 정리하고 (결의하여) 저는 일본으로 가는 것을 포기하지 않겠습니다."

그리고 같은 해 1월 26일자로 코친에서 포르투갈 왕 주앙 3세에게 보내는 편지에서는 아래와 같이 꾸밈없는 어투로 인도 포교의 총결산

을 내리고 포르투갈 세력이 떨어진 곳에서 신의 포교를 전개할 결의를 표명한다.[22]

　"폐하께, 저는 이곳에서 일어난 일을 알고 있기 때문에 (분명하게 말씀 드립니다만) 이 인도에서는 그리스도교를 위해서 (폐하가) 명령하신 훈령이나 칙령이 실시될 희망이 전혀 보이지 않습니다. 그래서 더 이상 시간을 낭비하고 싶지 않기 때문에 저는 일본으로 탈출합니다."

　하비에르의 일본 포교는 이 시점에서 결정되었다. 같은 해(1549년) 세례자 요한의 축일(6월 24일)에 하비에르와 두 명의 예수회 수사, 신부 코스메 데 트레스와 수도자 후안 페르난데스 그리고 세 사람의 일본인 (야지로와 두 명의 시종 안토니오와 조안)을 태우고서 말라카를 떠난 지나의 해적선은 성모의 축일(8월 15일)에 가고시마의 항구에 도착했다.[23]

＊

　일본인 세 명을 만난 시점부터 하비에르의 편지 내용에는 큰 변화가 보인다. 인도 도착 후부터 이때까지 그의 편지에는 이상하게도 '인도인 들은 이러이러한 사람들'이라고 하는 일반적인 인상, 평가를 쓴 구절이 눈에 띄지 않는다. 기껏해야 몰루카 제도에 포교하러 갔을 때, 그곳 주민에 대한 인상을 적는데(1546년 5월 10일) 거의 혐오감을 직접 말로 내뱉는 어투로, 냉정한 판단에 기초했다고는 생각되지 않는다. 예를 들어 아래에 같이 표현한다.

　"이 섬들의 주민들은 극히 야만적이고 배신 행위는 다반사로 합니다.

그들의 피부는 검다고 하기보다 (오히려) 황색이 섞인 갈색이며, 은혜라는 것을 전혀 알지 못합니다. 이 지방의 섬들에서는 다른 부족과 전쟁에서 사람을 죽이는 경우, 살해한 사람의 고기를 먹습니다. … 그 섬의 사람들이 신자가 되고 싶다고 말하기에 나는 (몰로타이) 섬에 갑니다. 그들 사이에서는 음란하고 꺼림칙한 깊은 죄악의 풍습이 있고, 그것은 당신들이 상상도 할 수 없을 정도여서 나도 쓸 용기가 나지 않습니다."[24]

그것 말고는 인도 도착으로부터 야지로 일행과 같은 일본인들을 만나기까지 5년여 동안(1542년 5월~1547년 12월) 하비에르의 편지에는 자기가 포교하고자 하는 상대방 사람들이[25] 어떤 민족이고 어떤 풍속과 습관을 가지고 있고, 어떤 사고방식을 지니고 있는지 등을 냉정하게 알고 분석하고자 하는 흔적이 거의 보이지 않는다. 그는 오히려 나날의 상황에 매몰되어, 그곳에서 단지 필사적으로 암중모색을 하고 있는 것처럼 보인다. 이 시기에 하비에르는 생생한 생활의 차원, 일상의 차원에서는 인도인, 동남아시아의 주민과 접촉했지만 지의 차원에서는 그들과 전혀 만나지 못하고 있다.

하지만 일본인을 만나 일본에 대한 정보가 모여들었던 시점, 즉 1549년 1월 일본 포교 결심을 표명하는 시점부터 하비에르는 갑자기 '인도인'(에스타두 데 인디아, 특히 남인도 내지 동남아시아의 섬 주민)에 대해서 말하기 시작한다(1월 12일 로욜라에게 보내는 편지).

"첫째, 이 지방의 인도인은 제가 보기에는 일반적으로 말해 극히 미개합니다. 예수회 회원은 이미 신자가 된 사람들과 새롭게 신앙에 접어든

사람들을 매우 고심하여 인도하고 있습니다. … 왜냐하면 신을 알지
못하고 죄 안에서 생활하는 습관에 젖어 있기 때문에, 이성을 따르지
않는 사람들을 인도해야 하는 일이 얼마나 힘든 일인지 알아주셨으면
합니다.

　　… 제가 지금까지 만났던 이 땅의 인도인은 무슬림이건 이교도이
건 극히 무지합니다.

　　… 저의 유일한 아버지(로욜라)시여, 이 땅에서 경험했던 일로부
터 판단하건데 이 땅의 인도인에게 맡겨두어서는 우리의 모임이 항구
적으로 계속될 수 없다는 것은 분명한 일입니다. 인도인 안에 그리스도
교가 존속하는 것은 현재 여기에 있는 우리와 (장차) 그곳으로 파견될
선교사들이 살아 있는 동안만일 것입니다. 그 이유는 그리스도교 신자가
된 자는 끊임없이 무수한 박해를 견디지 않으면 안 되기 때문입니다."26)

　그로부터 약 1년 전 하비에르는 야지로를 처음 만났던 일을 보고하
는 편지에서 이미 야지로를 통해 일본인 일반에 대해서 추측하여 이렇
게 쓴다.

"만일 일본인 전체가 야지로(하비에르는 Angero라고 썼지만 여기에서
는 '야지로'라고 통일한다)처럼 지식욕이 왕성하다면, 새롭게 발견된
여러 지역 가운데에서 일본인은 가장 지식욕이 왕성한 민족이라고 생
각합니다. … 그는 나에게 여러 가지를 물었습니다. 그는 지식욕에 불
타고 있는데, 그것은 매우 진보한 표시이며 또한 단시일 내에 진리의
가르침을 인식하기에 이를 것입니다.

　　… 저는 야지로에게 만일 제가 그와 함께 일본에 간다면 일본 사람

들이 신자가 될 것인지 물었습니다. 그는 그의 고향 사람들이 바로 신자가 되지는 않을 것이라고 대답했습니다. 그리고 또 (일본인은) 우선 처음에 저에게 여러 가지를 묻고 제가 답한 것으로 저에게 어느 정도의 지식이 있는가를 관찰할 것이고, 특히 저의 생활(태도)이 제가 이야기하는 것과 일치하는가를 볼 것입니다. 그리고… 반년 정도 저를 시험해 본 후에… 그리스도교 신자가 될 것인지 어떤지 생각하고 판단할 것이라고 (말했습니다). 그가 말하기를 (일본인은) 이성에 의해서만 인도될 사람들이라는 것이었습니다(1548년 1월 20일 로마의 예수회 회원에게 보내는 편지)."27)

다시 1년 후의 편지(1549년 1월 12일)로 돌아간다. 최신 정보를 바탕으로 하비에르는 다음과 같이 쓴다.

"일본은 지나(중국: 옮긴이)에 가까운 섬입니다. 그곳의 모든 사람은 이교도로, 무슬림도 유대인도 없습니다. 사람들은 지식을 갈구하고 있고 신에 대해서도, 그 외 자연현상에 대해서도 새로운 지식을 얻기를 끊임없이 바라고 있다고 합니다. 저는 내심 기뻐하면서 일본에 갈 것을 결심했습니다. 이처럼 (지식욕에 불타는) 일본인 사이에서 저희들 예수회 회원이 살아 있는 중에 영적인 성과를 거둔다면 그들은 자신들 스스로 힘으로 (예수회의 생명을) 지속해나갈 것이라고 생각합니다."28)

포르투갈 세력에서 '벗어나는' 것이 하비에르가 일본행을 택한 소극적 이유였다고 한다면 여기에 인용된 몇몇 문장에서 그 적극적 이유를 분명히 하고 있다.

숨어 있는 기리시탄이 그린「구세주(살바토르 문디)의 상」. 그리스도는 좌선하는 달마에 가까운 모습이고, 십자가가 서 있는 지구도 선화禪畵에서 '무無'를 나타내는 원에 닮아 있을 정도로, 또는 유럽 중세의 'T.O.형 세계지도'에 닮아 있을 정도로 단순화·추상화되어 있다. [그림 98]

    하비에르에게 '인도인'은 무슬림도 유대인도 아닌 처음 대하는 진짜 이교도였다. 이른바 절대적 이교도를 눈앞에 두고서 어떤 기준이 될 만한 실마리도 참조할 수 없었던 하비에르는 그들을 평가할 길이 없었다. 하지만 그곳에, 이 '인도인'들과는 이질적인 새로운 이교도가 등장한다. 더욱이 이 '새로운 이교도'가 '이성을 따름'으로써 서구인＝그리스도교도와 본질적인 동질성을 공유한다고 하비에르는 생각한다. 이것에 의해 그는 양자를 비교하고 비로소 지의 차원에서 이교도들을 파악할 수 있게 되었다. 그 결과를 요약해서 열거해보면,

인도인: 미개, 무지 / 일본인: '신이나 자연현상'에 대한 지식욕이 왕성
인도인: 이성을 따르지 않는다 / 일본인: 이성에 의해서만 행동한다

인도인: 선교사가 없어지면 그리스도교는 사라진다. / 일본인: '영적인 성과를 거둔다면' 스스로의 힘으로 그리스도교를 계속 믿는다.

이 마지막 결론에 도달하기 위해서는 사실 다음과 같은 전제가 필요하다. 즉 '이성에 이끌려서' '지식을 구하는 자'는 '단시일 내에 진리의 가르침(그리스도교)을 인정한다'는 것 말이다.29)

＊

'이성 → (지식) → 진리＝그리스도교'라는 하비에르에게 있어 증명이 불필요할 정도의 자명한 '공리公理', 이것이 바로 하비에르를 일본으로 이끈 원동력이었다.

일본인이 '이성을 따르는 국민'이라는 최초의 인상은 일본에 온 후에도 기본적으로 변하지 않았다.

일본 상륙을 보고하는 첫 번째 편지(1549년 11월 5일 고아의 예수회 회원에게 보내는 편지)에서 하비에르는 일본인에 대해 최대의 찬사를 보낸다.

"첫째로 저희들이 교제를 통해 알아낸 바로는, 이 나라 사람들은 지금까지 발견된 국민 중에서 최고이며, 일본인보다 우수한 사람들은 이교도 가운데에서는 찾아볼 수 없을 것입니다. 그들은 친근하며, 일반적으로 선량하고 악의가 없습니다.

그들은 신에 대한 이야기를 몹시 반겨 듣습니다. 특히 그것을 이해했을 때에는 매우 기뻐합니다.

그들은 도리에 맞는 것을 듣는 것을 즐깁니다. 그들 안에서 행해지는 악습과 죄에 대해서 이유를 들어서 그것이 나쁘다는 것을 보여주면, 도리에 맞는 것을 해야 한다고 생각합니다."[30]

이러한 생각은 2년 정도 일본에 머문 뒤 코친으로 돌아와서도 바뀌지 않는다(1552년 1월 29일).

"일본인은 매우 훌륭한 재능이 있고, 이성을 따르는 사람들로서 이것이야말로(그리스도교의 가르침이야말로) 진리라고 생각하고, 신자와 신자가 아닌 사람들도 그리스도교의 숨은 뜻을 즐겨 듣습니다. 그들이 신자가 되지 않는 것은 영주(의 명령에 반하는 것)를 두려워하기 때문이며, 신의 가르침이 진리이고 자신들의 종교가 잘못된 것임을 이해하지 못하기 때문은 아닙니다."(유럽의 예수회 회원에게 보내는 편지)[31]

그렇다면 하비에르가 이다지도 중요하게 생각한 '이성'이란 도대체 무엇을 의미하는 것이었을까? 그것을 나타내는 좋은 재료는 하비에르와 일본인(특히 승려들)이 벌인 다음의 매우 흥미로운 논의에서 찾아볼 수 있다(위의 동일한 편지).

"… 나아가 그들(승려들)은 (저희들이 말하는 것처럼) 신이 인류를 만들었다는 것이 진실이라고 하면 그렇게도 나쁜 악마가 인간을 악으로 유혹한다는 것을 알고 있으면서 어째서 악마의 존재를 허락했는가라고 말했습니다. … 그리고 신은 이렇게 끔찍한 지옥을 만들고 (우리가 말하는 바에 따르면) 지옥에 가는 자는 영원히 거기에 있어야만 한다는 것에서 볼 때, 자비의 마음을 가진 자가 아니며, 따라서 만물의 기원인

(신을) 선이라고 인정할 수는 없다고 말했습니다.[32]

신의 자비를 보다 깊이 설명함에 있어, 저는 일본인이 한층 더 이성에 따르는 사람들이며, 이것은 지금까지 만났던 미신자에게서는 결코 볼 수 없었던 것이라고 생각했습니다.

… 야마구치山口의 (일반의 일본)인들은 저희들이 일본에 가기 전까지는 (신이) 일본인에게 모습을 나타내지 않았기 때문에, 신은 자비가 깊지 않다고 (말했습니다.) 만일… 신을 예배하지 않는 사람이 모두 지옥에 간다는 것이 사실이라고 한다면, 신은 일본인의 조상들에게 자비심을 가지지 않은 것이 됩니다.

저희는 이유를 들어서 모든 종교 안에서, 신의 가르침이 가장 먼저 사람들에게 (각인되었다는 것을) 증명했습니다. 즉 지나로부터 일본에 여러 종파가 도래하기 이전부터 일본인은 살인과 절도, 위증 그 외에 십계명에 위배되는 행위가 나쁘다는 것을 알고 있었습니다. 전 인류의 창조주(이신 그분이 모든 사람의 마음속에 새겨놓으신) 신의 법도를 다른 누구에게서 배우지 않고도 (태어나면서부터) 사람들은 알고 있다고 설명했습니다.

만일 이것에 대해서 다소 의심을 느낀다면 산 속에서 자라, 지나로부터 온 가르침을 알지 못하며 읽고 쓸 줄도 모르는 사람에게 물어보면 알 수 있습니다. … 미개한 상태에 있는 사람의 대답에 의해서 다른 사람에게 배우지 않아도 똑같이 신의 법도를 알고 다는 것을 알 수 있습니다. … 따라서 법률이 기록되기 이전에 (이미) 신의 법도가 있어, 사람들의 마음속에 각인되었습니다.[33] 이 도리를 모든 사람이 충분히 이해하고 대단히 만족했습니다. 그 의문을 없애는 것이 그들이 신자가 되는 데에 큰 도움이 되었습니다."[34]

물론 이것이 일본인의 물음에 대한 답이 되지는 않았다. 일본의 신자들이 그들의 조상이 영원한 지옥에서 고통당해야만 한다는 것을 알고 울부짖는 모습을 보고 하비에르 자신이 "슬픔의 정을 자아내게 합니다"라고 쓰고 있기 때문에(위와 같은 편지)[35] 이것은 거의 일종의 사기적 설명이라고도 말할 수 있다. 그러나 하비에르의 자연이성에 대한 신념의 성실함을 의심할 여지는 없다. 그는 그것을 믿었기에 목숨을 걸고서 일본에 왔기 때문이다(다른 한편에서, 그는 '미개한 사람들'에게서 '배신행위는 일상적'이라고 쓰면서 그 모순은 깨닫지 못하고 있다).

*

'이성 → 진리=그리스도교'라는 공식은, 인간의 '이성적 영혼'이야말로 '하나님이 자기 형상 곧 하나님의 형상대로' 창조하신 것(「창세기」 1:26-27)이라고 하는 고대 말기의 플라톤주의적 교부에까지 소급해갈 수 있다.[36] 그러나 하비에르의 이성론은 17세기 그리스도교 합리주의 사상에 가깝고, 좀 더 근대적인 색채를 띠고 있다고도 할 수 있을 것이다.[37] 중국 선교에서 서구적 과학기술을 포교의 최대 무기로 삼고자 했던 마테오 리치와 그 제자들은 하비에르의 직계 후계자이고, 이 예수회의 합리주의가 나중의 자연법 사상이나 이신론理神論을 자신도 모르는 사이에 키워내고 있었음은 분명한 사실이다.

그러나 16세기 중반의 시점에서 그것 이상으로 중요한 것은 하비에르가 '일본인의 이성'을 발견했다고 하는 것, 그것에 의해 그때까지 절대적 타자였던 '무슬림도 유대인도 아닌 이교도'가 단번에 지적·이성적 이해의 대상이 되었다는 사실이다. 이때부터 세계는 유일한 이성(보편적 진리)—그것은 적어도 18세기에 이르기까지의 150년간 강고하게 계속해서 그리스도교였다—아래 통일되었다.

'이성적 일본'이 발견되었던 그때에 인식론적 차원에서 서구에 의한 세계 제패는 결정적인 첫걸음을 내딛었다. '진리'의 진군나팔이 울려 퍼지면서 세계는 그 대공세의 파도 속으로 서서히 휩쓸려간다.

제 XV 장

천사교황의 꿈

말씀과 사물의 엑스타시

파리의 센 강 왼쪽 물가, 몽 생 쥬네비에브 언덕에 세워진 생트 바르브 대학1)이 바로 예수회의 발상지이다. 1520년대 후반부터 30년대 전반에 걸쳐서 여기에 모여들었던 몇 명의 젊은이, 즉 자보우 출신의 피에르 파브르와 나바라 출신의 프란치스코 하비에르, 포르투갈에서 온 시몬 로드리게스 등이 이곳에서 이그나티우스 로욜라의 정열과 만나지 않았다면 그리고 그 성심에 감응하지 않았다면 지금의 예수회는 존재하지 않았을 것이다. 16세기 말에 유럽을 뒤덮고 전 세계로 퍼져나간 이 새로운 가톨릭주의의 군단은 이 기숙학교의 구석방에서 비밀스럽게 태동하고 있었다.

1529년 10월, 몬터규 대학에서 여기 생트 바르브 대학으로 이적했던 로욜라는 후에 그에게 평생 충성을 맹세하게 될 이 젊은이들 외에 또 한 명의 기묘한 인물과 만나게 될 것이었다. 이미 여러 해 전부터 여기에서 하인으로 살면서 일하고 있던 이 남자, 기욤 포스텔은 천한 신분이나 어린 나이에도 불구하고 대학에서 정식 교육을 받은 그 누구보다도 깊은 학문을 갖춘 자로 사람들의 입에 오르내리고 있었던 것이 틀림없다.

1510년 북프랑스 노르망디의 한촌에서 태어난 포스텔은2) 8세에 고아가 되었고 13세에 교구학교의 교사로 재직하다가, 후에 파리로 가서 15세부터 생트 바르브 대학에서 살게 되었다.3) 그곳에서 그는 독학으로 라틴어, 그리스어, 이탈리아어, 에스파냐어, 포르투갈어, 히브리어 등 각국 언어를 익히고 거기에 아랍어의 기초까지 익혔다고 한다.4) 1530년 문학사 자격을 받은 포스텔은 이미 그 비범함이 세상에 널리 알려져 있던 존재였다. 아라스의 사제 장 라키에에게 인정을 받아 1535년 프랑수아 1세의 사절 장 드 라 포레와 함께 오스만제국의 콘스탄티노플(이스탄불)에 부임했다.5) 이것이 포스텔의 공적 생활의 시작이었다고 말해도 좋을 것이다.

투르크와 그리스를 거쳐 시리아를 둘러본 이 여행에서 아랍, 투르크, 콥트, 아르메니아의 언어까지 습득한 포스텔은6) 돌아오는 도중 베

기욤 포스텔의 초상화. A. Thevet, *Les vrais pourtraits et vies des hommes illustres...*, Paris, 1584, 588에서. 테베는 유명한 여행가이자 *Le Cosmographie universelle...*, Paris, 1575의 저자로서도 유명한데, 그는 또한 포스텔의 오랜 친구이기도 했다(예를 들면 Secret [1969 B], 35 참조). [그림 99]

네치아에 머문다. 그곳에서 뛰어난 출판가인 다니엘 봄베르크(안트베르펜 출신으로 히브리어 문헌, 특히『탈무드』출판으로 유명하다)[7]의 회합에 모인 학자들, 예컨대 엘리아스 레비타, 비트만슈타트(전술 293-294)의 시리아어 교사, 테제오 암브로지오 등과 친분을 쌓았다.[8] 그리고 당시의 가장 뛰어난 동방 각국어(특히 아랍어) 필사본의 컬렉션을 가지고 파리로 돌아온 포스텔은 1538년 오늘날의 꼴레주 드 프랑스의 전신에 해당하는 '왕립교수단'에서 '수학 및 동방 각국어를 시강하는 관리'로 임명되었다.[9]

『12개국어 입문』과 유럽 최초의 아랍어 문법서 그리고『투르크인의 나라에 대하여』(출판은 1560년) 등을 차례로 저술한 포스텔은[10] 나바르의 왕비 마르그리트의 비호 아래 있었고, 또한 인문학자 기욤 뷔데와 대법관 기욤 포와이에의 원조를 받아,[11] 최초의 유럽 동양학 최고권위자로의 길을 순조롭게 밟아가고 있었다. 프랑스의 급진적 인문주의 편에서 큰 역할을 맡게 될 루터파에 강하게 끌리고 있던 포스텔은 몇 년 후(1543년) '복음주의자'인 라블레를 통렬하게 비판하게 된다.[12]

영광의 절정에 있던 포스텔의 운명을 뒤흔들기 시작한 것은 먼저 한 정치사건이었다. 1542년 앙느 드 몽모란시의 실각에 포와이에가 연루됨과 동시에 포스텔도 국왕의 총애를 잃게 된다. 그리고 같은 해 10월 어느 날 갑자기 그는 하늘이 고하는 소리를 듣게 된다. "포스텔아, 신의 심판을 보라!"

두려움에 떨면서 망설이다가 마침내 일체를 버리고 오직 천명에만 따를 것을 결심한 포스텔, 이때 그에게 전해진 천계의 내용을 포스텔 자신은 자세히 말하지 않는다. 그러나 그것은 이후 그의 저작과 행동으로 분명을 드러난다.

그해의 남은 2개월 동안 경이적인 속도로 집필한 대작『세계 개화론 *De orbis terrae concordia*』을 시작으로 그리고 1543년에 출판된 여러 권의 저서13)를 통해 포스텔의 기이한 정치-종교사상은 서서히 형성된다. 1543년 옛 친구의 주선으로 프랑스 왕실은 포스텔을 왕실도서관을 위한 동방 여러 국가의 책 수집 여행에 보낼 것을 계획한다. 새로운 망설임…, 오랜 기도와 극기의 기간을 거쳐서 '오직 신의 섭리 실행에만 따르는 세계시민cosmopolite'이 되기로 다시 결심을 다진 포스텔은 국왕 프랑수아 1세에게 놀라운 천계를 전하러 퐁텐블로의 궁전에 찾아간다(1543년 12월경). 국왕이 진실로 신을 따르고 성심으로 성체를 모신다면 그가 예루살렘을 수도로 한 '세계제국'의 수장이 될 수 있으리라는 것과 그게 아니라면 그 지위는 금방 다른 사람이 대신할 것이라는 내용의 계시였다. 이 예언에는 실은 숨겨진 측면이 있었다(뒤에 설명). 하지만 국왕은 4000에큐의 보수가 약속된 임무를 차버리고 이 터무니없는 예언을 전하는 이 '전 국왕의 시강관리'를 미치광이로 취급했다.

프랑수아 1세에게 깊이 실망한 포스텔은 같은 해 크리스마스에는 폭설을 헤치고 혼자 로마를 향한 여행길에 나섰다. '영원의 도시'에서 그는 교황의 정식 승인(1540년 9월)을 받아서 바로 예수회에 입회한다.14) 로욜라와 파브르 등 예수회의 지도자들과 친교가 있었던 포스텔은 처음에는 환대를 받았을 것이다. 그러나 프랑스 국왕이야말로 세계제국의 수장이 되어야 할 자라는 그의 '계시'는 로마 교황에게 절대적 충성을 맹세한 예수회와 첨예하게 대립하게 되었다. 예수회의 지도자들은 그의 깊은 학식과 전 세계의 개종을 노리는 열정15)을 높이 평가하여, 그 '광신'을 버리게 하려고 노력했지만 천명에 대한 포스텔의 확신은 오히려 더욱 깊어만 갔다.16)

1545년 예수회에서 쫓겨난 포스텔은 잠시 로마에 머문 뒤(예수회 체재 중에 그는 필리포 아르킨토에게 사제 서품을 받는다)[17] 베네치아로 이주한다. 1546년부터 1549년 사이에 포스텔은 이 후기 르네상스가 개화한 관능의 마을에서[18] '생 조반니 에 파올로 무료진료소'의 사제로 '빈곤과 경멸, 고뇌'[19]의 나날을 보내게 된다.

포스텔은 이 무료진료소에서 그의 생애를 결정짓게 한 불가사의한 인물을 만났다. 그가 '어머니(메르^{mère}) 잔느', '베네치아의 처녀'라고 부른 이 여성은 무료진료소의 부엌에서 시중꾼으로 일하는 쉰 살 정도의 노파였다. 그녀는 세상에 전혀 알려지지 않은 존재였는데, 그녀에게는 성흔聖痕으로 인한 표시가 새겨져 있고, 투시의 능력이 있으며 그리고 성체를 받을 때에는 '마치 열다섯 소녀인 것처럼' 빛나는 젊음을 되찾는 '독신녀篤信女 Las Beatas'였다('독신녀'에 대해서는 전술 300-301도 참조).[20] 그녀의 고해를 들어주는 사제로서 그 영혼의 지도를 담당했던 포스텔은 오히려 그녀의 초자연적 지혜에 이끌려 유대 신비주의의 심오한 뜻을 가장 잘 표현한 책인 『조하르』(그「창세기」주석 부분)를 번역한다. 나아가 초기 카발라의 주요 텍스트인 『바히르』와 신약성서 외전인 「야곱의 원복음서」 등의 라틴어 번역 그리고 「룻기」와 「요한계시록」의 주석 등 중요한 저작이 이 시기에 집중되어 있다.[21]

1549년부터 1551년까지 포스텔은 봄베르크의 부탁으로, 성지에서 새로이 귀중한 필사본을 가져오기 위해 두 번째로 동방편력 여행길에 오른다.[22] 하지만 그 여행에는 실은 또 하나의 목적이 있었다. 예언에 따르면 1550년에 이슬람은 종언을 고하고 프랑스 국왕이 세계 황제로 예루살렘에 입성한다는 것, 그 역사의 전환점에 프랑스 왕을 대표하는 자로 입회할 것을 포스텔은 바라고 있었다.[23]

1551년 포스텔은 8년 만에 파리로 돌아온다. 그 귀로에서 메르 잔느가 임종했다는 소식을 들은 포스텔은 새로운 중대한 종교적 위기를 경험한다. 1551년의 크리스마스 또는 다음해인 1552년의 현현절epipha-ny에 포스텔은 마침내 자신의 '불역화不易化 Immutation' 또는 '회복Restitution'을 세상에 알렸다.24) '새로운 이브'인 '베네치아의 처녀'와 그의 남편 '새로운 아담' 그리스도의 장자로서 '재생'된 포스텔은 '제2의 카인'에서 바야흐로 불사의 제2의 카인이 된다(후술 368 또는 주 70도 참조).25) '교회의 제4시대'가 개막되었다는 사실을 증명하기 위해서 그는 대중이 보는 앞에서 화형의 시련을 받기로 약속한다. 하지만 이것은 물론 실행되지 않았고,26) 포스텔은 자신이 일으킨 스캔들에서 벗어나기 위해 다시 파리를 떠나야만 했다. 보르도에서 '요하네-카인'으로 이름을 바꾸고 '광인'된 자로 머리를 삭발했고, 툴루즈에서는 '재림한 복음 기자 요하네'로 자칭하면서 또다시 화형의 시련에 도전하려 했던 것도 아마 이 시기였을 것이다.27)

브장송과 바젤, 베네치아를 거쳐 포스텔이 다음으로 모습을 드러낸 것은 1554년 빈에서였다.28) '빈 아카데미' '국왕의 동방 각국어 및 수학의 고문교수'가 된 포스텔은 비트만슈타트의 『시리아어 신약성서』 간행을 돕고29) 페르디난도 1세를 만났다. 여기에서 그는 먼저 프랑수아 1세에게 했던 예언을 되풀이하는데, 하지만 세계 황제로 신의 선택을 받은 자가 이번에는 프랑스 왕이 아닌 신성로마제국 황제라고 말한다.30)

다음해인 1555년에 숙명의 마을 베네치아를 방문한 포스텔은 또다시 심각한 위기에 직면한다. 교회당국이 그의 저작을 금서로 규정한 것이다. 그 이유를 알기 위해 이단 심문소에 출두한 그는 혹독한 심문을 받았고, 스스로 미친 것처럼 가장하여 겨우 사형을 면할 수 있었다. 이

때 그는 지금까지처럼 화형이 아니라 익사형의 시련에 도전했다고 한다(이 심문소의 심문관에 옛 지인인 필리포 아르킨토가 포함되어 있었던 것도 그에게 유리하게 작용했을 것이다). 광인으로서 종신형을 선고받고 로마의 감옥에 보내진 포스텔은 1559년 8월 교황 바울로 4세의 서거를 기화로 일어난 소란사건을 틈타 겨우 출옥할 수 있었다.[31]

그 후 그는 개신교 땅에서 희망을 찾기 위해 바젤로 갔다. 혹은 (완전히 바뀌어 반종교개혁에 참가한) 트리엔트에도 나타나 공의회에 모인 장로들에게 자신의 뜻을 호소했지만(1561년) 그의 정열에 응해주는 사람은 없었다.[32]

마침내 프랑스로 돌아온 포스텔은 리용에서 짧은 옥살이를 한 뒤 1562년 파리에 나타났다. 하지만 그것도 길지는 못했다. 같은 해 말에 파리 최고법원은 포스텔의 체포를 명했고, 심리 결과 생 마르탱 드 샹 수도원에 연금하도록 결정했다. 처음에는 일시적 조치였던 이 연금도 1564년 이후에는 종신 조치로 바뀌었고, 포스텔은 만년의 17년을 여기에서 보내게 된다.[33]

실제로 이 연금은 신상 감시 정도의 경미한 것으로, 그 목적은 위험한 사상가 포스텔의 보호였다고 여겨진다. 그에게는 어느 정도 외출도 허락되었고, 면회와 집필 그리고 제한적이긴 했지만 저작의 간행까지도 허락되었다. 사실 포스텔의 활동은 제자인 쟝 블레즈와 기 그리고 니콜라 르 페브르 드 라 보드리 형제 등을 통해서 중단 없이 계속되었다. 1566년 피칼디 지방의 도시 란에서 15~16세의 악마가 씐 소녀 니콜라 오브리의 퇴마가 행해졌을 때, 몬타규 대학의 히브리어 교수 블레즈는 그것을 대대적으로 선전하려고 노력했다.[34] 한편 라 보드리 형제는 포스텔의 대리인으로 안트베르펜의 『복수어 성서』 간행에 힘썼다(1572

년, 전술 293 참조). 1572년 사람들을 놀라게 한 신성의 출현은 포스텔에게 새로운 테마를 제공한다. 포스텔에 따르면 이 신성은 1584년(또는 1583년) 백양궁에서 목성과 토성의 합을 예고하는 것이라고 한다. 그리스도 탄생 6년 전에도 또 샤를마뉴가 즉위할 때에도 나타났던 이 합이 다시 나타나는 것은 바로 우리 안의 그리스도의 재림의 때임이 틀림없다. 케플러의 스승 티코 브라헤(전술 18)에게도 큰 영향을 끼쳤던 이 예언에 포스텔은 또다시 실재하는 여성을 등장시킨다. 그는 마리 비르누즈라고 불리는 광기의 과부가 '성령을 잉태한' 것을 사람들에게 알리며 다니는 것을 보고, 이것이야말로 이 예언의 확실한 증거가 아닌가 하고 반문한다.35)

이러한 추문적인 언동에도 불구하고 그가 국정의 실력자들이나 왕실의 신용을 완전히 잃은 것은 아니었다. 카트린느 드 메디시스는 그 아들 에르퀼 프랑수아 드 발로아의 교사로 포스텔을 들이고자 하고, 재무장관 가로는 자신의 저서 서문을 포스텔에게 부탁한다. 1579년에 그는 『그리스도교 유클리드의 초보적 원론*Premiers elements d'Euclide chrestien*』의 출판을 허가받는다(이것이 포스텔 생전에 마지막으로 출판된 저서이다).

그러나 이 '불역不易'이면서 '불사'인 포스텔에게도 결국 최후의 날은 찾아왔다. 1581년 9월 6일 '밤 9시에 태어나서 76세(71세) 3개월과 9일째'에 포스텔은 생 마르탱 드 샹 수도원에서 숨을 거두었다.36)

희대의 학자요 희대의 예언자 그리고 희대의 '광인'의 생애는 이렇게 끝났다. 온갖 과대망상과 말 바꾸기retractación, 광적인 열정과 냉철한 계산, 도착적인 관능과 지순의 성덕으로 채색된 이 '석학이면서 광기'에 찬 포스텔의 신비사상은 그 괴이함에도 불구하고 오래도록 깊은 영향을 미쳤다. 직계 제자인 기 르 페브르 드 라 보드리(그는 피치노와 피코 등의 저작을 프랑스어로 번역해, 프랑스 '고대신학' 사상의 대표 존재가 되었다)와 장 블레즈 등은 물론이고, 16~17세기 프랑스 그리스도교 카발라주의자들은 거의 모두 이 거장의 영향 아래 있었다. 그리고 예컨대 19세기 신비주의자인 엘리파스 레비도 포스텔에 기초해서 카발라를 연구한다.[37] 프랑스 르네상스의 밤하늘에 기묘한 빛을 뿜었던 별, 기욤 포스텔은 영원히 그 빛이 사그라지지 않았다.

*

생전에 66권 이상의 책과 단면 인쇄물을 출판했다고 하며, 그 외 "셀 수 없이 많은 초고 필사본"[38]을 남긴 포스텔의 사상 전모를 아는 것은 대단히 어려운 일이다. 더욱이 그가 이상하리만치 빠른 속도로 써 내려간 문장은 동시대인에게 "거의 이해 불가능한 것이었고, 아마 그 자신도 이해하지 못하고 있었을 것이다"라고까지 말해진 유명한 악문으로[39] 그 사상 파악을 더욱 힘들게 한다. 여기에서는 그 두세 가지 측면을 거론하는 정도로 그칠 수밖에 없다.

포스텔의 사상 전반을 지배한 배경은 말할 것도 없이 르네상스 플라톤주의이다. 원래 개개의 교설에 대한 영향 이상으로 중요한 것은, 넓은 의미에서의 사고 형식일 것이다. 그것은 지극히 철저한 '상징주의 세계관'이면서 동시에 강렬한 '역사 감각'이라고 할 수 있다. 이 양자는 모두 포스텔의 카발라에 대한 깊은 관심과 결합되어 있다. 이 관심 자체는 조반니 피코 델라 미란돌라 이후의 카발라 연구가 없었다면 존재하지도 않았을 것이다. 따라서 포스텔이 르네상스 플라톤주의로부터 계승한 최대의 것은 다름 아닌 이 카발라에 대한 관심이었다고 말할 수도 있을 것이다.

포스텔의 기괴한 상징주의의 원형은 카발라의 신비주의적 언어론에서 볼 수 있다. 이 언어론의 기본적 주장을 숄렘은 다음과 같이 요약한다. 즉 "창조와 계시란 무엇보다 먼저 그리고 본질적으로, 신의 자기 제시이다. 따라서 그 속에는 신적인 것이 신성의 무한성과 호응하면서 담겨 있는 것이고, 자기 제시는 모든 창조된 것의 유한성과 피규정성 속에서는 오직 상징으로만 전달될 수 있다고 생각한다. 이것은 더 나아가 세계의 본질은 언어라는 이해와 직접적으로 연관된다."40)

유대교 신비주의의 옛 문헌 『예치라의 서Sepher Yetzirah』41)(『창조의 서』, 기원 2~3세기)에 따르면 세계는 세피로트라고 불리는 10개의 근원 수와 히브리어의 22개 알파벳을 원소로 하고, 그들의 조합을 통해 형성된 것이라고 한다.42) 「창세기」의 앞 구절에 "하나님이 가라사대 '빛이 있으라' 하시매 빛이 있었고"에서 밝히는 대로 세계 창조는 본질적으로 신의 언어활동이다(따라서 「요한복음」에서 "태초에 말씀이 계시니라"라고 말한다. 전술 95 참조). 즉 세계 자체가 신의 표상이자 계시이고, 그와 동시에 신의 계시는 거룩한 책에 기록되어 사람들의 마음에 새겨진다. 그것은 예컨대 『조하르』에서 강조하는 "모든 율법(토라)은 유일하고 거룩한 (신의) 이름이다"라고 하는 사변으로 결정結晶되어간다.43) 때문에 이 신비적 언어론에 따르면 세계와 말씀은 신의 진리 안에서 완전한 동일체여야만 한다.

이 사변은 그리스도교 카발라에 의해 그대로 계승된다. 푸코의 뛰어난 분석에 따르면, 16세기 유럽 언어론의 에피스테메épistémè44)는 포스텔을 시작으로 하는 카발라주의자들에 의해서 형성되었고, 또 그들에게서 가장 전형적으로 표현되었다. 예컨대 포스텔로부터 3대째에 해당하는 프랑스의 카발라주의자 끌로드 듀레에 따르면,

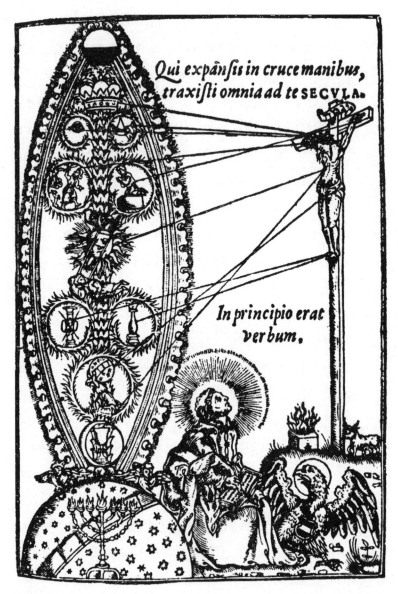

Widmanstadius, *Novum Testamentum Syriace*, Vienna, 1551, "태초에 말씀이 계시니라…"
(요한복음 1:1) [그림 100]

히브리인의 매우 오래된 책 『예치라의 서』혹은 『조하르의 서』에 따르면 세계는 히브리어 22개의 문자로 만들어졌다고 한다. 거기에는 세 요소가 있는데, 즉 12는 황도대(조디악) 12궁도에 해당하고 7은 천계의 7혹성 그리고 3은 (세 개의) 원소(에테르, 물, 불)에 해당한다. …카발라주의자에 따르면 히브리어를 장단과 강약에 맞춰 바르게 발음하는 사람은 천계의 조화를, 나아가 천계를 넘어선 세계의 조화도 표상한다고 한다.

… 세계의 모든 피조물은—성서의 의미가 암호로 어두움 속에서 빛나는 것과 마찬가지로—그 속에 은밀하게 숨겨진 창조주의 표시, 부적 혹은 문자인 것이다.[45]

사물과 말씀의 이 완전한 합치는 아담의 원죄 이후 그리고 특히 바벨탑 이후에는 순수한 형태로 드러나지 않게 되었다. 따라서 다가올 '회복의 세계'에서는—포스텔에 따르면—"모든 표상은 사라지고 사람들은 비유^{Parabole}가 아니라 사물 그 자체로 이야기하게 될 것이다"(방점은 필자).[46]

따라서 최초로 '회복된' 인간인 포스텔에게 주어진 첫 번째 임무는 말씀의 참된 의미를 '회복'하는 일이었다. 그래서 그는 잘못된 '사투리'에 기초한 그리스어의 '어원학'(에티몰로지^{étymologie})이 아니라 진실(히브리어의 Emeth['Emet])의 어의를 밝히는 에미톨로지^{émithologie}('진의학'이라고 번역한다)를 창안한다. 그것에 따르면 모든 말씀은 인류의 원 언어인 히브리어의 어원으로 환원되어야만 한다.[47] 예컨대 Postel이라는 이름은 Pus(Pos)+Tal(Tel)=Rorispergius 즉 '이슬을 주는 자'가 되고, Jeanne이라는 이름은 Jecho-Hanna '주의 은총'으로 '회복'된다.[48]

말씀과 사물은 진리의 표상으로 완전히 동등하기 때문에 세계와 세계의 역사에서도 말씀과 마찬가지로 '숨겨진 참된 의미'가 존재한다. 세계와 그 역사는 모두 그 '참된 의미'의 '희미한 형상'[49]에 지나지 않는다. 이렇게 해서 사물(세계)은 그 실체성을 잃고(아담의 원죄에 의해 왜곡되어 거의 해독이 불가능해졌다) 기호의 체계로 변해버린다. 하지만 그와 동시에 사물은 반대로 ('숨은 진리로' 되기는 하지만) 절대적 가치를 지닌 기호로서의 의미를 부여받기도 한다. 예컨대 포스텔이 성체에 부여한 가치 혹은 인간의 도덕적 행위에 부여한 가치는 이러한 관점에서 비로소 이해될 것이다(그것 때문에 포스텔은 많은 합치점을 가지면서도 개신교와는 결코 상용할 수 없었다).[50]

그것과 마찬가지로 포스텔에게 지구상의 지리적 방위나 인간의 역사도 모두 이 절대적 의미 체계 속에 자리매김되어야 했다. 세계의 모든 현실은 신의 섭리의 표현으로, 말하자면 끊임없는 기적의 연속인 것이다(따라서 세계사는 단적으로 말해 '교회사'에 등치된다).[51] 프랑스 국왕이 세계 황제의 수장이 되어야 한다는 그의 평생의 집념도 이 의미 체계를 기준으로 삼을 때 비로소 이해될 수 있다. 또한 반대로 프랑스에 현실적 희망이 보이지 않는다는 것을 깨닫자, 너무도 간단히 동일한 예언의 대상을 신성로마제국의 황제로 바꾸었던 것도 이 '의미'와 '사물' 사이의 관계가 실제로는 매우 '희미하고' 자의적일 뿐(혹은 '사물'에는 실체성이 없다)이라는 사실에 근거한 것으로 생각된다.

*

말씀의 의미를 해명하는 것을 에미톨로지^{émithologie}라고 한다면 세계의 의미를 해명하는 것은 예언이다. 예언은 기본적으로 성서 안에 기록되어 있지만 그것은 동시에 신이 주신 영감을 받은 사람이 전하는 것이다. 예를 들면 「창세기」 10장 1~2절에 나오는 노아의 장자 야벳의 장자의 이름은 고멜인데, 그 고멜은 유대인 역사가 플라비우스 요세푸스에 따르면 갈리아인의 조상이라는 것이다.[52] 그것 때문에 이 갈리아인의 나라 프랑스가 바로 홍수 후의 인류의 조상, 노아의 직계 장자권을 계승한 존재로 세계에 군림하게 될 것이라는 것이다.

물론 이 신비적인 프랑스 세계제국주의를 포스텔이 처음 거론한 것은 아니다. 그것은 단테와 동시대(14세기 초) 법학자인 피에르 뒤부아가 이미 명확하게 언급했던 내용이다. 뒤부아에 따르면 '지고의 그리스도교 군주Rex Christianismus'인 프랑스 국왕은 샤를마뉴 대제의 참된 후예로 세계를 통일한 후, 성지 예루살렘을 수도로 삼고 전 세계를 통치해야만 한다는 것이다.[53]

같은 사상은 1356년경 요아킴주의자인 로크타이야드의 장(Jean de Rupescissa라고도 함)의 폭발적 전투성을 띤 종말신화에서도 핵심 역할을 한다. 바야흐로 "비천한 자가 존귀한 자에게 교만할 것이며"(「이사야」 3:5) 정의의 여신은 "두 배로 시퍼렇게 칼날을 세운 칼을 가지고" 모든 오만한 자들을 쓰러뜨릴 것이다. 태풍과 홍수, 지독한 역병이 덮치고 유대인과 사라센인, 타타르인이 로마의 '서쪽 적그리스도'와 예루살렘의 '동쪽 적그리스도'의 선동 아래 전 그리스도교 세계를 포위하고 습격할 것이다. 그러나 이 고난이 최고조에 달할 때 '위대한 개혁자reparator orbis'가 등장하여 교황이 되고 동시에 프랑스 왕이 로마제국의 황제로 선택된다. 이 성스러운 교황과 위대한 황제는 협력해서 모든 사라센인과 유대인과 타타르인을 개종시키고, 분리파인 그리스인을 로마교회와 화해시킬 것이다. 아시아와 아프리카를 포함한 전 세계를 정복하고, 예

'다이도지大道寺 창건 면허장'. 1552년, 야마구치山口의 영주 오우치 요시나가大內義長가 하비에르와 동행한 예수회 수도사 코스메 데 톨레스에게 준 교회건설 면허장. 이것은 1570년 코인브라 간행의 예수회 연보에 포르투갈어 번역을 덧붙여 목판으로 인쇄되었다. 유럽에서 그대로 인쇄된 일본의 고문서 중 최초의 것이다. [그림 101]

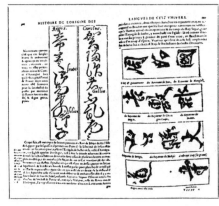

Claude Duret, *Thresor de l'histoire des Inagues...*, Cologny, 1613(916-917). 이 917쪽의 한자는 '다이도지大道寺 창건 면허장'의 머리글 부분에 해당한다. [그림 102]

루살렘에 중심을 둔 이 왕국은 그들의 사후에도 1천 년 동안 지복의 평화 속에서 번영할 것이다.[54]

포스텔의 중요한 전거 중 하나이기도 한 이 예언은[55] '최후의 세계 황제' 신화의 한 변형Variant이지만, 거기에 나타난 '위대한 개혁자'로서 교황이라는 주제는 로저 베이컨의 시대로 거슬러 올라간다. 베이컨이 1260년경 교황 클레멘스 4세에게 보낸 문서에 다음과 같은 구절이 나온다.

지금부터 40년 전, 이 시대에 한 사람의 교황이 나와서 법학자의 궤변과 속임수로부터 교회법과 신의 교회를 정화하고, 소송의 소음 없이 모든 곳에서 정의가 실현될 것이라는 예언이 행해지고, 또한 이것을 보여주는 수많은 환시^{vision}가 일어났다. 이 교황의 선량함과 진실, 정의로움에 의해 그리스인들은 로마 가톨릭의 권위 아래로 돌아오고, 타타르인의 대부분은 (참된) 신앙으로 개종하며, 사라센인들은 파멸될 것이라고 한다. 예언자의 말씀대로 (인간은) "한 무리가 되어 한 목자에게"(「요한복음」 10:16) 있게 될 것이라는 것이다. 계시를 통해 이것을 보고 말했던 어떤 한 사람에 따르면 이러한 경이는 그가 사는 시대 중에도 볼 수 있을지도 모른다고 한다. 사실 신과 교황이 원하신다면 이러한 것들은 1년 혹은 보다 빠른 시일 안에 실현될 수도 있을 것이다.56)

강대화한 권력을 배경으로 화려함을 쫓아 부패해간 13~14세기 교황청은 동시대의 복음주의자들이나 천년왕국주의자들에게는 이미 '지상에서 신의 대리인'으로 생각되지 않았다. 청빈한 은둔 수도승 케레스티누스 5세가 교황에 천거되었을 때 사람들은 오랫동안 기다려온 거룩한 교황이 출현했다고 기뻐했지만 그는 겨우 6개월 재위한 후 스스로 자리를 버렸다(1294년 7~12월). 그 뒤를 이은 교황, 특히 마술에 대한 이상한 공포로 알려진 요하네스 22세(재위 1316~1334년)는 프란체스코회 심령파의 요아킴주의자를 탄압하여, 그들에게는 적그리스도로서 두려움의 대상이었다(요아킴 자신이 적그리스도는 이미 로마에 태어났다고 예언하지 않았던가?).57)

교회 자체가 '바빌론'이 되어버린 지금, 교황이 적그리스도가 되어버린 지금, 지금이야말로 진실로 거룩한 교황의 출현을 기대할 수 있는 때이다. '천사교황'(papa 혹은 pastor angelicus)이라고 불리는 이 신비적 교황이야말로 '최후의 세계 황제'임과 동시에 극도로 혼란한 이 세상의 마지막에 갑자기 나타나 온갖 죄와 더러움을 정화하고 참으로 빛나는 지복의 시대, 즉 성령이신 하나님의 시대를 맞이하게 할 것이다.58)

백년전쟁(1338~1453년)의 전란과 무시무시한 흑사병 유행(1347~1351년)이 한창인 가운데 하나의 시대가 요란하게 붕괴하려 할 때, 로크타이야드의 장을 필두로 요아킴주의 천년왕국주의자들은 이 '천사교황'과 '최후의 세계 황제'의 기적적인 출현을 갈구하고 있었다.

이 로크타이야드의 장과 그것과 거의 동시대에 거의 동일한 내용의 코첸차의 텔레스포루스에게 귀착되는 예언(이것도 포스텔이 인용한다)59)에서의 격렬한 전투성은 종교개혁 시대의 새로운 천년왕국운동 속에서 끔찍한 현실로 부활하게 된다. 로마 가톨릭과 프로테스탄트는 서로 상대를 적그리스도라고 부르고, 루터는 그 신봉자들에게 '천사교황'이라고 불렸다.60) 루터의 추종자로 등장했던 토마스 뮌처는 얼마 지나지 않아 그의 최대 적 중 하나가 되고, 루터를 '영을 갖지 못한 유약한 육에 속한 자'라고 매도했다. '살아 있는 그리스도', '영적인 그리스도'를 자신의 영혼 속에 받아들인 자는 하나님이 맡기신 종말론적 사명을 완수하도록 이 세상에 보내진 자이다. 뮌처에 따르면 "이 세상 여러 제국의 최후의 것이 이제 종언에 다가가고 있다. 세계의 실태는 이미 악마의 제국과 다름없고, 그곳에서는 성직자라는 뱀들과 세속의 지배자, 영주라는 구더기들이 서로 뒤엉켜 몸부림치면서 악취를 풍기고 있다. 지금이야말로 (사람이) 신의 종이 될 것인지, 악마의 종이 될 것인지를 선택해야 할 시기이다. … '수확의 때에는 신의 포도원에서 잡초를 솎아내야만 한다. … 그러나 그 일을 위해서 큰 낫을 갈고 있는 천사들은 바로 신의

레이덴의 요하네(얀 복켈슨Jan Bockelson) 왕. 왼쪽 위의 세계를 나타내는 구체에는 두 개의 검이 꿰찌르고 있다. 이것은 원래 교황과 황제가 각각 한 개씩 가지고 있던 검으로, 복켈슨이 세속 권력과 종교 권력을 모두 자신에게 집중시킨 '모든 것에 군림하는 유일한 정의의 왕'(구체 위에 선 십자가에 새겨진 어구)이라는 것을 가리킨다. 복켈슨은 이 메달을 금사슬로 목에 걸고 있다. 이것은 또한 '신예루살렘'인 뮌스터의 표시이기도 했다(1563년, 대영박물관 소장. 콘/에게와 츠루江河徹, 284 참조). [그림 103]

충실한 종이다. … 불신앙의 무리는, 선택받은 자를 제외하고는 살 권리가 없기 때문이다'"(1524년 7월의 작센 제후에 대한 설교를 인용한 콘/에가와 츠루江河徹).61)

인문주의자 울리히 폰 후텐이 말한, 인류는 '그리스도에게로, 자연으로, 낙원으로' 돌아갈 것이라는 예언을 근거로 원초의 평등주의적 공산체제하의 천년왕국을 꿈꾸던 뮌처는62) 그것에 이르기 이전에 모든 불신앙의 무리, '악마의 종'을 섬멸해야 한다고 말한다. 독일 농민전쟁의 선두에 서서 그는 이렇게 외친다.

불의 열기 속에서 그들(불신앙의 무리, 영주들)을 노려라, 그들을 노려라! 여러분의 칼을 식히지 말라! 칼을 쓸모없게 만들어서는 안 된다! 니므롯의 철 탁자에서 망치로 쳐서 울려라! 그들의 탑을 땅에 무너뜨리자! … 그들이 여러분을 통치하는 한 우리는 여러분에게 신에 대해서 말할 수 없다. 해가 빛날 때 그들을 노려라!63)

뮌처가 1525년 5월 농민들의 피의 바다 속에서 참수되고, 루터가 제후의 격렬한 탄압에 기름을 붓는 격으로 "… 그러므로 그들에 대항해 미쳐 날뛰는, 우리를 구하시고, 우리를 불쌍히 여겨, 그 자들을 모두 죽이시고, 그 숨통을 단숨에 끊어주십사!"64)라고 절규한 지 10년이 지나지 않아(1534년) 독일의 뮌스터가 새로운 참극의 무대가 되었다. 뮌처의 정신을 계승한 아나밥티스트(재세례파: 옮긴이)의 예언자들, 얀 마테이스와 그 제자 얀 복켈슨('레이덴의 요하네') 등은 이 도시를 '새로운 예루살렘'으로 선언하고 죄의 회개를 외치면서 거리를 돌아다녔다. 공황 상태의 열광 속에서 그들은 도시의 통치권을 장악하고, 그들과 주장을 달리하는 자를 '신벌'로서 공개 처형하는 피의 공포정치를 행했다. 일종의 절대적 공산제(재산의 공유제)가 실시되고, 성서 이외 일체의 책은 금지되고 불태워졌다. 도시가 교회 권력의 군세에 포위되고, 마테이스가 이른 시기에(같은 해 3월) 전사하자 복켈슨은 더욱 놀라운 개혁에 착수했다. 살인이나 절도뿐만 아니라 허언, 탐욕, 싸움마저도 사형에 처했으며, 재산의 공유제는 성적인 면에까지 이르러―「창세기」 1장 28절의 "생육하고 번성하여"라는 구절에 따라―일부다처제가 실시되었다. '재산의 공유제'는 실제로 독재자와 그 주변의 추종자들에게 부의 무제한적 집중을 허락하고, '일부다처제'는 일종의 야만적인 성적 방종을 허락했다(복켈슨은 20세도 안 된 소녀들을 15명이나 '처'로 삼았다고 한다).
복켈슨은 '종말 날의 메시아', '새로운 다비드', '모든 것에 군림하는 유일한 정의의 왕'으로 1년 이상 '새로운 예루살렘' 뮌스터를 지배했다.

그리고 1535년 6월 말 포위군의 돌격으로 이 '신에게 사랑받는 성도들의 왕국'은 마침내 붕괴되었다. 수일간 계속된 학살에서 살아남은 200~300명의 마지막 아나밥티스트도 거의 한 명도 남김없이 죽임을 당했다. 복켈슨이 고문 끝에 처형된 것은 다음해인 1536년 1월의 일이었다.[65]

히틀러의 먼 선조이기도 한 뮌처와 마테이스, 복켈슨이라는 열광적인 혁명가들은 또한 로크타이야드의 쟝과 코첸차의 텔레스포루스의 먼 후예이기도 했다.[66] '암흑의 중세'를 뿌리째 뽑아버린 종교개혁… 아니, 근대의 여명을 피로 물들인 종교개혁 시대의 이 광기는 중세로부터 들어온 빛, 즉 세계의 종말과 천년왕국이라는 꿈의 빛에 의해 달궈진 것이었다. 그리고 포스텔 또한 이러한 동시대의 광기 속에서 살다간 인간이었다.[67]

15세기 말 또는 16세기 초부터 '천사교황'의 전설은 이탈리아에서 새로운 열광을 불러일으켰다. 프란체스코회 엄수파의 개혁자로 알려진 복음의 아마데우스가 썼다고 하는 『아포칼립시스 노바*Apocalypsis Nova*』(『신묵시록』)는 강대한 제왕과 제휴하여 투르크인을 멸하고 세계를 유일한 '영적 통일'로 이끌 '천사교황'이 이미 사람들 몰래 태어난 것을 알렸다.[68] 저명한 그리스도교 카발라주의자인 페트루스 갈라티누스는 이 천사교황이 바로 자신이고, 카를 5세가 그와 함께 세계를 다스릴 제왕이라고 생각하여 황제에게 직접 쓴 『묵시록 주석』을 헌정했다. 포스텔은 최초의 종교 위기 시대(1542~1543년)부터 갈라티누스의 저작을 가까이 했고, 또한 『아포칼립시스 노바』도 읽었다. 그가 프랑수아 1세에게 세계 황제의 예언을 알렸던 것은 실은 자신이 바로 숨겨진 '천사교황', '제2의 베드로'라고 확신하고 있었기 때문이다.[69]

그 확신은 '베네치아의 처녀'와 만나면서 더욱 굳건해졌다. 메르 잔느는 '예루살렘, 참으로 교회가 사람으로 화한 것이라 불릴' 뿐만 아니라, 그녀는 바로 '자신 안에 잉태한 신랑 때문에' '천사교황이라고 불리는' 것이다. '처음에 강림한 그리스도'가 아버지의 모습으로 나타났다면, 메르 잔느는 '세계의 어머니'임이 틀림없다. 그녀에 의해서 '재생'되고 '회복'된 포스텔은 실은 단순한 '천사교황' 이상의 존재이다. 왜냐하면 그가 바로 '제2의 아담'이기 때문이다.[70]

'제2의 아담'이란 신약 시대부터 역사적 그리스도를 나타내는 표상이었다(전술 112-123 참조). 그러나 포스텔의 종말론적 역사신학에서 문제는 더욱 복잡해진다. 포스텔은 '교회의 역사'(세계사)를 '네 개 시대'로 나눈다.

1) 자연 규칙의 시대: 아담에서 모세까지
2) 기록된 규칙의 시대: 모세에서 그리스도까지
3) 은총 규칙의 시대: 그리스도에서 1550년경(또는 좀 더 정확하게는 1547년)까지
4) 만물 회복의 시대: 1550년경(1547년) 이후[71]

첫 번째 '자연 규칙의 시대'는 기본적으로 '낙원의 아담 시대'와 '아담 타락 이후 시대'로 나눌 수 있다. 네 번째 시대에서 '회복'되는 것은 바로 이 '낙원의 아담' 세계이다. 이 최후 시대의 막을 여는 자라는 의미에서 포스텔은 '제2의 새로운 아담'인 것이다.[72]

포스텔의 저작에 여러 차례 등장하는 대문자인 '이성^{Raison}' 혹은 '회복된 자연이성$^{Raison\ naturelle\ restituée}$'이라는 말은[73] '낙원의 아담'의 지혜 그

앙투안 카롱Antoine Caron 작품「아우구스투스와 시빌라」(1571년경?). 샤를 9세와 왕비의 파리 입성 의식(1571년 3월)이 행해질 때에 제작된 것으로 추측된다. 아우구스투스에 비유된 샤를 9세는 그리스도의 강림을 예언하는 시빌라(오른쪽 상단 하늘의 성모자상을 가리킨다) 앞에 꿇어앉아 있다. 이것은 물론 베르길리우스의『목가牧歌』제4편에 근거한 것이다(전술 117-118). 이 두 사람의 왼쪽, 포도 넝쿨에 휘감겨 뒤틀린 원기둥은 예루살렘의 솔로몬 신전을 나타낸다. 예루살렘의 신전을 계승하는 아우구스투스=샤를 9세가 바로 그리스도의 재림을 앞두고 세계를 통치하는 '최후의 세계 황제'이다(Yates[1975, 1977], 145-146; Secret[1964], 230 참조). [그림 104]

자체를 의미한다. 신이 아담에게 하셨던 말씀, 아담이 모든 피조물에 이름을 붙일 때 사용한 말씀74)은, 다시 말해 사물과 완전히 동일한 것으로서 말씀=절대적 지혜를 얻은 포스텔은 세계를 지복의 시대로 인도할 새로운 '회복자Restituteur'인 셈이었다.75)

*

'자연의 규칙'에 대응하는 참된 이성, 이것과 거의 같은 어구를 우리는 '동양의 사도' 프란치스코 하비에르에게서도 찾아볼 수 있다(전술 321-328 참조). 그러나 하비에르의 '자연이성' 개념이 명확히 근대 합리주의를 지향한 것인 데 비해, 그리스도교 카발라와 요아킴주의에 기초한 포스텔의 현란한 사변적 환상에서 직조해낸 '회복된 자연이성'은 어쩐지 이질적인 것으로 느껴진다. 그럼에도 우리는 이 양자가 거의 동일한 토양에서 생겨난 것임을 확인해둘 필요가 있다.

하비에르가 말라카에서 만난 일본인 야지로의 구술을 바탕으로 이탈리아인 파드레 란치로트가 기록한 『일본사정보고서』(전술 314-319 참조)가 어떤 경로를 통했는지 신기하게 포스텔의 수중에 들어왔다. 포스텔과 예수회의 깊은 관계를 생각하면 이것이 꼭 이상한 일만도 아니다. 이 『보고서』를 재빨리 프랑스어로 번역하고, 인쇄물의 형태로 출간한 사람은 다름 아닌 포스텔이었다.

그때까지 유럽에는 일본에 관한 단편 정보는 들어와 있었지만, 하나로 종합된 정보가 널리 일반에게 제공된 것은 아마도 이것이 처음일 것이다. 전대미문의 극동 땅과 그 사람들, 그들의 종교에 대해 '제2의 아담', '천사교황'인 포스텔은 어떤 몽상을 떠올렸을까? 우리는 다음 장에서 그 일단을 살펴보게 될 것이다.

제 XVI 장

알레고리로서의 '지아판 섬'

'천사교황'의 부처론

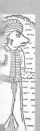

『세계의 경이, 그중에서 특히 인도와 신세계에서의 경탄할 만한 것에 대하여 - 이들 나라에 실제로 체재하거나 혹은 최근까지 그곳에서 살다 돌아온 가장 믿을 만한 사람들의 기록 발췌 그리고 지상의 낙원이 있는 곳을 밝힌 역사서^{Histoire}』. 기욤 포스텔이 그의 '회복^{Restitution}'을 공표한 다음 해(1553년) 파리에서 발간(집필은 그 전 해에)한 책의 제목이다.[1] '베네치아의 처녀' 어머니(메르) 잔느에 의해 타락 이전 아담의 상태로 '회복'된 포스텔에게 '지상 낙원'의 위치는 생애에 걸친 중요관심사였다. '지상 낙원'이 단지 시원의 열락(황금시대)에 대한 정서적 동경의 대상인 것만은 아니다. 왜냐하면 이 요아킴주의적 종말론자에게 시원의 장소는 어떤 의미에서 종말의 장소에 대응되는 것이어야 했기 때문이다.

하지만 이 책의 기술에서는 '지상 낙원'의 구체적 위치는 밝히지 않고 있다.[2] 포스텔은 예를 들어 이렇게 말한다.

주 예수가 소유한 땅은 유대에 있고, 따라서 지상 낙원은 이 동방의 땅,

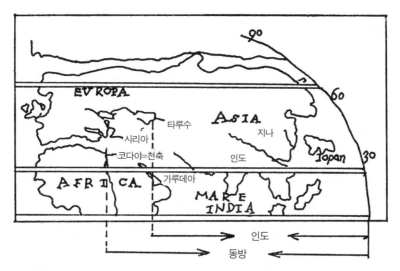

포스텔의 아시아 관(주로『세계의 경이, 그중에서 특히 인도와 신세계에서의 경탄할 만한 것에 대하여』9ʳ-40ʳ의 기술에 따름). 지도는 오르텔리우스의 지도첩(1624년판)에 따른 것이다. [그림 105]

즉 유대와 동방 시리아의 땅에 있다(후술 361-362 참조).

　… 아브라함이 소유한 땅은 분명히 동방에 있고, 그곳은 세계에서 가장 크고, 또한 이상적인 지복이 펼쳐져 있다.

　또는 "낙원이 있는 칼데아의 동쪽 끝(*poinct oriental de la Chaldée*)의 땅에 세계의 지고한 정령이 머문다"라는 제목의 장을 쓰기도 한다.[3]

　그러나 그가 말하는 '낙원의 자오선meridien paradisiake'의 실제 장소는, 그의 세계지리에 대한 개념이 명료하지 않은 것과 마찬가지로 매우 애매하게 파악될 수밖에 없다. 예를 들면 그는 이 '낙원'과 '인도'를 같은 표현 속에 병렬하기도 하고("*ceste Indiane et Paradisiake histoire*"), 다른 곳에서는 '카타이'(마르코 폴로의 원나라 중국)와 '3명의 마쥬 왕의 나라

탈루스'가 이웃하며, 또 이 '마쥬 왕의 나라'와 '천축Cengcio'(포스텔에 따르면 유대의 땅) 내지 '예루살렘'과 '여기'(프랑스, 또는 유럽)가 서로 이웃해 있다고 한다.4) 요컨대 포스텔에게 중근동보다 더 동쪽의 땅은 모두 '동방적Oriental', '낙원적Paradisiake' 혹은 '인도적Indian'이라고 여겨지고 있었다고 해도 크게 무리는 없을 것이다([그림 105] 참조).

이러한 지리개념의 불명료함이 반드시 무지에서 기인한다고 말할 수만은 없다. 왜냐하면 포스텔 생애의 고정관념은 갈리아(골의 국왕)가 같은 나라에서 나온 천사교황 즉 포스텔 자신과 함께 전 세계를 정복하고 세계 황제의 수장이 되어야 한다는 주장이었는데, 이 갈리아 위치에 대한 그의 기술이 늘 일관된 것은 아니었다. 대부분의 경우 그것은 물론 프랑스를 의미했지만, 때로는 노아 홍수 이후에 지표에 드러난 모든 땅이 갈리아일 수도 있고, 때로는 베네치아를 포함한 파리를 수도로 한 불명확한 단위가 갈리아일 수도 있었다. 마찬가지로 포르투갈도 사이비 어원학의 조작에 의해 '갈리아 항구Portu-Gal, port gauloys'가 되고, 대항해 시대에 이룬 이 나라의 위업이 바로 신의 섭리를 따르는 것이라 했다.5)

이러한 어원학의 사용은 고대 이래 우의적 해석의 상투적인 수단이었다(전술 87-88 참조). 이것은 다시 말해 포스텔이 현실 세계를 철저히 은유적인 기호로 해석하고자 했음을 보여준다. 즉 포스텔에게 현실이란 장대한 신학적 기호체계에 지나지 않았던 것이다. '동-서'의 상징에 관한 그의 아래 문장은 이 특수한 세계관을 극명하게 드러내고 있다고 할 수 있다.

… 왜냐하면 스스로의 영광을 위해서 그리고 첫 번째로 그 어떤 피조물보다도 인간에게 유용하고 인간을 이롭게 하기 위해 전 우주를 창조하

신 유일한 신이 존재한다. 따라서 신은 필연적으로 동방에서 서방으로 향하는 하늘의 남성적 · 형상적 · 최초의 운동에 따라 유일한 집에서 전 세계로, 동방에서 시작하여 주로 서방으로 인류의 발생을 확장하신 것이 틀림없다. 그것과 마찬가지로 신은 반드시, 서방에서 동방을 향한 하늘과 실질적으로 같은 여성적 · 분별적distingué · 가시적 운동에 따라 다른 누구도 아닌 세계의 장자인 씨족(갈리아 족)에게 왕관을 부여하고, 그 세속적 국가치세 아래 전 세계를 모이게 함으로써 신적 섭리의 위세와 지혜, 인자함을 나타내실 것이다. … (그렇기 때문에) 세계의 모든 것이 그곳에서 흘러나오고, 그곳에서 뻗어나간 민족—동방에서 세계의 모든 기억을 소유한 민족(?)—즉 (세계의) 장자인 갈리아 민족이 전 세계를 유일한 무리로 통일하도록 인도하지 않는다면, 이 신적 섭리의 운명이 현현될 수 없다. 이 신적 질서 때문에 (예언자) 이사야는 43장에서 이렇게 쓰고 있는 것이다. "두려워하지 말라 (이스라엘이라 불리는 야곱이여!) 내가 너와 함께 하여 네 자손을 동쪽에서부터 오게 하며 서쪽에서부터 너를 모을 것이며…."6)

현실의 지구상의 '동-서'는 언제나 상대적인 의미를 지닐 뿐이다. 하지만 기호체계 내의 '동-서'는 절대적 의미를 지니고 있다. 따라서 자기 자신보다 조금이라도 동쪽에 있는 것은 모두 '동방적'이고, 그것은 '절대적 동방'의 현현으로 인식된다. 이 '절대적 동방'의 현현으로서 포스텔 앞에 홀연히 모습을 나타냈던 '세계 동쪽 끝의 땅' 일본(지아판) 섬을 그는 어떻게 이해했는가?

*

　일본인 야지로의 구술에 기초해서 란치로트가 제작한『일본사정보고서』는 1548년 12월 26일자로 발신은 코친, 수신은 로마의 로욜라로 운송장과 함께 유럽으로 보내졌다. 이『보고서』에 대한 논문인「야지로 고찰」을 썼던 에비사와 아리미치海老澤有道는 다음과 같이 평가한다.

　실제 이 보고서는 일본의 지리, 풍속, 정치, 종교 등 모든 방면에 걸쳐

　있지만, 심각한 오류로 가득하다. … 사실 그(야지로)는 일본 남쪽 구

　석의 일개 해상에 지나지 않았고, 또한 이것을 듣는 파드레도 아직 일

　본을 몰랐으며, 발견 후 불과 몇 년이 지나지 않은 포르투갈 상인들에

　게 전해들은 지식 정도였기 때문에, 기록에 오해와 몰이해가 꽤 포함되

　었을 것이다. … (그러나) 당시에는 이것만이 가장 신뢰할 만한 일본

　지식이었을 터이다. 그리고 이것이 마르코 폴로 이래 간접 지식이 아니

　라 일본인이 구술한 직접 지식에 기초해 정리된 최초 문헌이라는 의의

　를 인정해야 할 것이다.7)

　'오류'의 많고 적음을 떠나, 이것은 16세기 중엽의 '일본 남쪽 구석에 살던 일개 해상'(야지로는 한문을 읽을 줄 몰랐다)이 자신의 문화를 어떻게 이해, 또는 표상했는가를 나타내는 귀중한 사료이며, 동시에 초창기 예수회 선교사들이 이문화를 어떠한 태도로 대했는지 명확히 보여준다는 점에서도 대단히 중요한 사료인 것임에는 틀림없다.

　이 보고서의 내용은 실로 다방면에 걸쳐 있는데 거기에서 가장 큰 위치를 차지하고 있는 것은 일본의 종교 즉 불교(신도神道와 신령에 관한 언급이 전혀 없는 것을 주목할 만하다)에 대한 기술로 불교의 교의와 전설,

승려의 풍속과 습관 등이 나온다. 이것은 선교사들의 질문이 그것에 집중했던 것에 기인하기도 하지만, 동시에 야지로 자신의 관심 분야에 따른 것이기도 했을 터이다. 어쨌든 그때까지 서구에 알려진 불교에 대한 극히 단편적인 지식(그 대부분은 13~14세기의 '대여행가'들을 근거로 하고 있었다)8)은 이 보고서로 단번에 비약적으로 넓어진 것이었다. 그 내용 안에 얼마나 많은 오해가 있었는지는 별개로, 서구인은 이 보고서를 통해 비로소 처음으로 지의 대상으로서 이종교를 만났다(혹은 적어도 그 가능성을 지니게 되었다)고 말할 수 있게 되었다. 이것은 당시까지 서구인이 만났던 유대교와 이슬람 이외의 이종교(아프리카 내지 아메리카의 원주민의 종교 내지 힌두교 등)를 막연한 자연종교로밖에 인식하고 있지 않았다는 걸 고려해볼 때 그들에게 그렇게 여겨졌을 것이다.

포스텔은 28장, 96폴리오(두 개로 접힘) 페이지부터 『세계의 경이, 그중에서 특히 인도와 신세계에서의 경탄할 만한 것에 대하여』의 전반 대부분(9ʳ-40ʳ)을 할애하여 일본에 대해서 기술한다. 그곳에서 그는 하비에르가 야지로와의 만남을 처음으로 보고한 서간 일부를 프랑스어로 번역해서 인용하고(1548년 1월 20일자 코친 발신, 로마의 예수회원에게 보낸 편지. 그 일부는 전술 318에서 인용했다), 다음으로 야지로(란치로트)의 『보고서』의 전문을 프랑스어로 번역해서 그것에 독자적인 해석을 부기한다. 이 텍스트는 크게 네 부분으로 나뉜다(「 」안은 각 장의 제목).9)

1) 도입부. 제5장의 말미 내지 제6장「세계의 동쪽 끝의 땅인 지팡구리 섬의 모습」
2) 하비에르의 서간을 발췌한 프랑스어 번역. 제7장「지아판 섬에서

주목해야 할 것에 대한 프랑수아 시아피에[François Schiabier]의 서간 사본,10) 먼저 지아판 사람 오제[Auger](＝야지로)11)에 대해서 증언하는 서간」

3) 야지로(란치로트)의 '보고서'의 프랑스어 번역과 더불어 포스텔의 코멘트(이 코멘트는 두 종류가 있다. a) 〈 〉안의 **볼드체**는 '보고서'의 프랑스어 번역 곳곳에 이탤릭체로 코멘트가 삽입된 것 b) 《 》안의 **볼드체**는 1553년 간행 후, 포스텔이 난외에 자필로 써넣어 부기한 것(BN. *Rés*. D² 5267에 의함). 제8장「세계의 가장 묘한 종교 – 그 창시자, 즉 그 이름조차 알지 못하는 예수 그리스도(가 창시자인 것)도 알지 못한 채 계속 지켜지고 있는 종교에 대해서. 인도의 성신학원[聖神學院](고아의 성 바울학원) 원장이자 프랑수아의 협력자인 폴(야지로)12)에 의해서 제작되어, 스페인어에서 라틴어로 번역된 것(보고서)의 사본」

4) 포스텔의 결론 – 제8장의 말미

다음으로 우리는 이 텍스트의 (특히 불교에 연관된) 주요부분을 두세 개 번역하여 그것에 짧은 코멘트를 덧붙이기로 하자.13)

도입부에서

이들 세계의 네 부분 외에 자브 제도[les laves], 사마트라[la Samatra] 등 놀랄 만큼 큰 섬들이 있지만, 그들 모든 것 중에서 (가장) 놀라운 것은 이전에는 지판지[Gipangi] 또는 지팡구리[Gipangri]라고 불리던 지아판(섬)이다.14) 나는 주로 이 섬에 대해서 쓸 것이다. 왜냐하면 이 섬은 지금까지 사람들

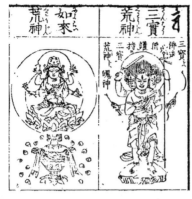

민간불교에서 '삼보황신三寶荒神' 및 '여래황신如來荒神'. 기노 슈신紀秀信 그림 『불상도휘佛像圖彙』(1783년판)에서 [그림 106]

금강계 만다라에서의 대일여래大日如來(교토 다이고지醍醐寺 소재, 국보) [그림 107]

에게 알려지지 않았고, 또한 이곳은 동방의 끝으로 세계에서 가장 놀라운 것이 들어 있기 때문이다.

＊

… 그러나 이(하비에르의) 서간을 재기록하기에 앞서 나는 독자에게 동방의 것들에 대해 관심을 가지고 진지하게 접근할 것을 당부하고 싶다. (왜냐하면) 이들(동방의 것)은 매우 뛰어나고, (따라서) 카타이에 접한 타르스 지방의 3명의 마쥬 왕에게 신이 일찍이 자연(의 가르침)과 점

성술에 의한 무수한 예언으로 구제된 유대인보다 더 이전에, 유대인의 왕이면서 우리 아버지인 주 예수의 탄생에 관한 일을 미리 알려주었을 정도인 것이다.[15] (즉) 주 예수 소유의 땅은 유대에 있고, 그 때문에 지상의 낙원은 이 동방의 땅, 즉 유대와 동방 시리아의 땅에 있는 것이다. 분명 서방에서 우리가 가지고 있는 모든 것은 (신의) 불가사의한 솜씨로 만들어진, 뛰어난 동방(의 사물)의 환상(*umbre* '그림자')에 지나지 않는 것이다. 그 때문에 지아판 사람들에게서 보이는 외면의 참된 시민 생활과 종교질서의 실천[16]은 바로 그리스도교가 시작됐을 때에 제정되고, 그 옛날에 실제로 행해졌던 모습 그대로인 것이다. 만일 지금 그들이 행하고 있는 것이 유대인의 왕이면서 세상의 구세주(주 예수 그리스도)의 이름으로 이루어지는 것이라면 그들이야말로 세계에서 가장 완전한 인간(이라고 불리기에 합당할) 것이다.[17] 그들을 이와 같이 두신 것은 하나님의 깊은 의도에서였다.

＊

'보고서'의 번역과 포스텔의 코멘트에서

야지로(란치로트)의 '보고서'에 따르면 일본에는 많은 승려가 있는데, 그들은 민중에게 다음과 같은 것을 설교한다고 기록한다. 즉 만물을 창조한 유일신이 있고, 또 천국, 지옥과 연옥이 존재한다고 한다. '보고서'는 승려의 풍속에 대해 기술하고 난 후 이렇게 잇는다.

〈(… 그들 중에는 종파에 따라 차이가 있다)고는 하지만, 그들은 모두 유일신을 알고 그것을 숭배하며 그들의 언어로 Denichi(大日)라고 부른다는 것 그리고 그것을 몸 하나에 머리가 셋인 모습으로 그리는 것에 있어서는 공통적이다. 이(머리가 셋인) 경우 그들은 그것을 Cogi(荒神)라고 이름붙이고, Denichi와 Cogi는 유일한 힘이고 유일한 신이라고 말한다. (다만) 이 머리 세 개인 것에 대해서 그들은 아무런 설명도 하지 못한다. 〈이것은 누가 봐도 알 수 있는 것처럼 삼위이면서 일체인 신을 나타낸 모습이다.[18] 단지 마르크 폴이 이들 지팡구 사람들과 그들의 우상에 대해서 쓴 것을 여기에 인용함이 적절할 것이다. 즉 그의 시대에 이미 이러한 똑같은 모습의 머리가 하나인 것, 두 개인 것, 세 개인 것, 네 개인 것 그리고 그 이상의 것이 있으며 또 팔과 손도 그와 마찬가지이다. 그들(일본인)은 많이 갖춘 것일수록

박해받는 기리시탄의 '자안관음상子安觀音像'(성모자聖母子)과 세 성인의 상. 성모는 초승달 위에 앉아 있고, 그 아래 오른쪽에 하비에르, 왼쪽에는 로욜라가 양손을 뻗고 있다. 어린 그리스도의 왼손에 있는 별 모양을 한 식물은 아마도 원래는 장미(혹은 십자가?)였을 것이다(그림 94 참조). [그림 108]

커다란(이로운) 힘을 갖는다고 믿고, 마침내 옛 전설의 브리아레오스처럼 1백 개의 팔을 가진 상마저 만든 것이다.[19] 이것은 고승들의 무지와 과오에서 비롯된 것으로, 그들은 민중이 그리스도교의 올바른 교리에서 허구fable[20]인 우상숭배로 회귀하는 것을 허락해버렸다. 이것은 일찍이 이 땅에 가까운 탈스의 세 왕이 그들을 개종시키고, 나아가 성 토마

스에 의해서 (그 가르침이) 확인된 (사실21)이 있음에도) 그 후 그들은 서서히 예수(에 대해)의 진실을 다음에서 말하는 시아카의 이야기fable로 완전히 고쳐놓고 말았다.〉

(이것에 이어지는 구절에서 '보고서'는 서구에 최초로 전해진, 비교적 상세하게 기술된 부처의 행적을 적는다. 여기에 덧붙인 포스텔의 논평은 특히 흥미롭다.)

그들은 〈이라고 오제(야지로)는 말했다.〉 그들 중 성인으로 숭배된 어떤 인물에 대해 다음과 같은 이야기를 전하고 있다. 〈즉 지나의 저쪽에 있는 어느 나라에 한 왕이 있었다고 한다. 지나의 저쪽이란 즉 아시아이고, 그들에게는 서방에 해당한다. 왜냐하면 지나 지방은 대륙의 '우리 쪽에서 본다면' 동방의 가장 끝에 있기 때문이다. 이 동방의 땅에서 세 명의 왕이 유대까지 왔던 것은 나의 『야곱의 원복음서』 저술에서 상세하게 증명했던 그대로이다.22) (동방 여러 나라의 위치관계는) 이와 같기 때문에 유대의 땅은 (여기에서 전하는) 주장이 비롯된 지나의 저쪽에 있는 것이다. 그리고 이 왕이란 의심할 바 없이 처녀인 어머니(마리아)의 남편, 요셉을 가리킨다.〉 이 서쪽 지방은 Cengico(천축)라고 불린다. 즉 유대의 땅인 것이다. 이 왕은 정반대왕淨飯大王 Iambondaino이라고 하고 왕비는 마야부인摩耶夫人 Magabonin이라고 불리고 있었다. 〈요셉Iosef과 마리Marie의 첫 글자(가 남아 있는 것)에서 이들의 이름(의 원래 형태)을 추측할 수 있다.〉 이 왕 즉 〈요셉 혹은 유대 또는 아브라함의 교회23)에게 꿈에서 이것은 요셉에 대한 복음서의 이야기(그대로)이다.24)〉 누구도 만난 적이 없는 어린아이가 〈"이것은 꿈에 나타난 천사"라고 한다. 옛 사람의 말에 따르면 세루바이아^{Cherubaia}(케르빔), 즉 **어린아이**(모습을 한 천사)**와 같은데, 신이 내려 보낸 신의 이름으로 인간에게 미래의 일을 예언한다.**〉(이 어린아이가) 꿈 또는 환상으로 나타나서 "나, 너의 아내를 통해 태어나길 바란다"고 말했다. 〈**이 '너의 아내'란 처녀**(마리아)**를 가리킨다.**〉 그리고 이 환상은 세 번이나 반복되었기 때문에 왕은 매우 놀라며 이것을 왕비에게 말한 뒤 그 달에는 〈**그리고 그 후에는 영원히**〉 왕비와 잠자리를 갖지 않기로 정했다. 그리하여 왕비는 사람의 행위에 의하지 않고 잉태하게 되었다. 〈**이것이 마쥬 왕의 천문학으로 알려진 신성한 신탁**(의 이야기)**이다. 그들**(마쥬 왕)**과 이** (일이 일어난) **장소는 여기**(프랑스 또는 유럽)**가 예루살렘에 인접해 있는 것과 마찬가지로 인접해 있었던 것이다.**〉 그리고 왕비는 아이를 낳고는 세상을 떠났다. 〈**이와 같이 잘못된 설이 진실과 조합되어 있는 것이다. 구약성서에서 말하는 신성한 사실이 《그리스, 라틴, 에티오피아의》 허구**^{fable}**로 고쳐진 것과 같은 것이다.**〉 그것(왕비의 죽음)을 본 왕은 어린아이를 (왕비의) 여동생에게 보내 양육을 맡겼다. 그는 시아카^{Schiaca}라는 이름을 얻었다. 탄생 직후에 두 마리 거대한 뱀이 다가와서 그에게 많은 양의 물을 끼얹었다. 〈**이것은 세례의 기억**(일본인들은 모두 세례를 받는다…)**을 혼동한 것이고 또 뱀이라는 것은 사탄의 기억에서 나온 것이다. 사탄은 처음 뱀의 형태로 나타났고,** (신에 의해서) **뱀의 이름으로 저주를 받았던 것이다.**[25]〉 (이 때문에) 그의 사지는 매우 튼튼해지고 3개월째에는 똑바로 일어서서―〈**이것은 그의 신성을 나타낸다**[26]〉―한쪽 손을 하늘에, 또 다른 손을 땅을 향해서 뻗고 "나는 하늘과 땅의 유일한 제왕이다"라고 말했다. 〈**이것은 "하늘과 땅의 모든 권세를 내게 주셨으니"라고 한** (주 예수의) **말씀**[27]〉 **그대로인 것이다.**〉

그가 19세 때, 부왕은 그를 결혼시키려고 했지만 그는 인간 세상의 비참함을 보고서는 이 일에 대해 아버지의 뜻을 따르려고도 여자를 알려고도 하지 않았다. 그리고 한밤중에 (왕궁을) 탈출해서 어떤 산에 이르렀다. 〈**왜냐하면 구세주**(예수)**의 생애 또는 주가 보여주신 가르침의 대부분은 산 위에서 이루어졌기 때문이다.**〉 여기에서 그는 6년간 고행을 쌓고 그 후 산을 내려와서 지극히 경건한 모습으로 사람들에게 가르침을 설하기 시작했다. (그 가르침은) 그때까지 우상을 숭배하던 민중에게 엄청난 이로움을 가져다주었기 때문에 그는 곧바로 사람들의 감탄에 둘러싸였고, 그들의 법을 개혁하고 모든 사람에게 신을 숭배하는 방법을 가르쳤다. 그는 자신을 따르는 제자 8천 명을 모았다(〈**실제로는 명확하지 않은 숫자를 명확한 숫자로 바꾸어서 말한다**〉). 이 무리 중의 어떤 자는 지나 사람(〈**이 지나 사람이란 옛 신 족속**[28]**혹은 그들에게 인접한**―지역에 사는―**사람들이다**〉)의 나라에 가서 거기에서 그 거룩한 율법을 설하고 모든 사람을 그들의 가르침과 주장으로 개종시켰다. 〈이렇게 해서 "그의 말씀이 세상 끝까지 이른"[29] 것이다.〉 그리고 그들은 우상을 파괴하고, 그것을 때려 부수며, 또한 그것이 숭배되던 사원과 성지를 주저 없이 용기 있게 부수고 허물었던 것이다. 〈**이것에 의해 이 시아카**^{Schiaca}**―혹은 X를 스페인 식으로 읽으면 Xaca―의 지어낸 이야기**^{fable}**가 복음 이야기에서 유래된 불명료한 거짓 증언**(*une nuée obscure* '어두운 구름')**이라는 것이 더없이 명백해진 것이다. 왜냐하면** (역사 속에서) **우상 또는 그 사원을 파괴했던 것은 두 사람뿐이었기 때문이다. 그중 한 사람은 검이나 힘을 사용하지 않고 다만 삶의 방식의 선량함과 가르침의 진실,《빈곤, 경멸, 고뇌》로 우상을 파괴하고 다른 한 사람은 검의 힘과 몹시도 사악한, 비뚤어진 삶의 방식에 따른 것이었다. 이 전자는**

주 예수 그리스도이고, 후자는 무함마드였는데 이 후자에 맞춰 이러한 (시아카의) 이야기[fable]가 만들어졌다는 것은 전혀 말이 안 된다. 왜냐하면 무함마드는 동방의 전역에 걸쳐 그(를 신봉하는) 신자의 세계가 있고 그의 (생애) 이야기는 『알 꾸란』에 의해 널리 알려져 있기 때문이다. 하지만 동방에서는 교회의 공의회에 의해 시인된 (그리스도교의) 서적과 교의가 (주 예수의) 지고한 선으로 기적적인 생애(의 이야기)와 결합되어 (유포되기) 이전에 압제자[yran30]와 우상에게 기도하는 거짓의 사제 혹은 이단자들이 바른 가르침을 파괴했다. 그로 인해 동방 사람들은 복음의 가르침의 본래 모습을 알 수 없게 되었는데, 그럼에도 주 예수(단 한 사람)가 사람들로 하여금 바른 질서와 삶의 방식을 지켜나가도록 하기 위하여 그 전능하신 힘을 발휘한 것이다.〉 그들(시아카의 제자들)은 지아판에도 도래하여 그곳에서도 (우상을) 파괴했다. 따라서 지금도 그 섬에는 우상의 파편 등을 보게 될 때가 있다.

이 시아카는 모든 것을 창조한 유일신의 존재를 가르치고, 그 모습을 몸 하나에 머리가 셋인 형상으로 그리게 했다. 〈이것은 (시아카가) 주 예수 그리스도라는 것을 그저 모습에서만이 아니라 교의상으로도 명확하게 증명하는 것이다. 주 예수 그리스도만이 삼위[三位]이면서 일체[一體]인 신을 나타내고 있었기 때문이다. 이스마엘의 후예인 반[半]유대인의 사생아들(주 23 참조)이 그들이 (신봉하는) 무함마드에 의해,《또는 (이단자) 아리우스와 그 무리의 두목인 (대사제) 가야바[31]를 따라(?)》오직 힘에 의해서만 이단을 부르짖었던 것은 주로 이 교의였던 것이다.〉

그는 또한 사람들에게 규칙 다섯 가지[32]를 부여했다. 그 첫째는 '타인을 죽이지 말라.'〈'하물며 자기 자신을—정신적 또는 육체적 죽음으로—죽이지 말라.' 이것은 신의 뜻에 따라 살인을 인정한 무함마드가 일찍이 가르친 적이 없는 규칙이다. 둘째는 '도둑질하지 말라.' 〈첫 번째의 규칙은 신체에 대한 것이고 두 번째는 재산에 관한 것이다.〉 셋째는 '간음하지 말라'(〈신체를 청정하게 지키기 위해〉). 넷째는 '어쩔 수 없는 일 때문에 괴로워하지 말라'(〈세속의 일들을 가벼이 하고 신의 마음만을 숭배하기 위해〉). 다섯째는 '(타자 때문에) 받은 죄에 미움과 원한을 품지 말고 죄인을 용서하라.' 〈여기에서야말로 '우리의' 구세주이신 아버지 주 예수의 (가르침의) 진실 혹은 순정한 울림이 찾아든다. (왜냐하면) 그 법에서 우선 첫째로 자신의 적을 용서하고 나아가 사랑하라는 이 성스러운 규칙을 부여하신 것은 주 예수 외에는 없기 때문이다.〉 그는 나아가 여러 권의 책을 통해서 사람들이 각각의 사명을 좇아, 어떻게 바르게 자신을 통제해야 하는지를 가르쳤다. 그리고 자주 단식을 행할 것을 명하고, 회개가 신의 뜻을 따르는 것임을 가르쳤다. 〈이것이 "회개하라 천국이 가까이 왔느니라"[33]라는 첫 번째 규칙인 것이다.〉

*

이렇게 해서 '숨겨진 천사교황' 포스텔은 그 '아담의 지혜'로 세계 동쪽 끝의 땅 지아판 섬 종교의 참된 본질을 한눈에 파악할 수 있었다. 그 땅의 훌륭한 주민이 '시아카'라는 이름으로 숭배하는 성인은 다른 그 누구도 아닌 '우리의 주' 예수 그리스도 그분인 것이다. '동양의 압제자'나 이단자 또 고승들의 무지와 과오가, 요컨대 사탄과 그 무리들이 이들 주민의 기억에서 주의 이름을 지워버렸다. 그러나 악의 마왕이 벌인 어떠한 술책도 주이신 신의 뜻에 거슬러 실현될 수는 없는 일이다. 그렇다고 한다면 주는 자신의 이름이 이들 백성 속에게 잊히는 것을 내버려두었음이 틀림없다.

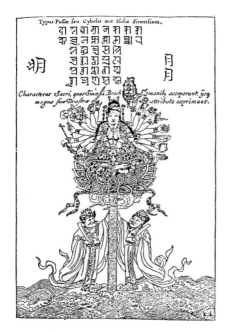

포스텔 이후, 부처(석가)를 직접 그리스도와 동일시한 예는 아마 전무할 것이다. 하지만 불교의 존상을 고대신화의 신격 등과 동일시한 예는 있다. 예컨대 17세기의 예수회 수도사 아타나시우스 키르허는 중국(라마교)의 '푸사'(보살)를 이집트의 이시스 여신으로 보았다(이 보살은 일본에서는 준제관음準提觀音 Cunda 으로 알려져 있다. A. Kircher, *China illustrata*, 1667) [그림 109]

12세기 일본에서 그려진 준제관음상. 『별존잡기別尊雜記』 권 21에서. [그림 110]

무엇 때문에 신은 그와 같은 일을 내버려둔 것인가? 포스텔의 답은 분명하다. 주의 이름이 망각의 저편으로 사라져도 이 땅의 주민은 더할 나위 없이 뛰어난 '시민생활과 종교질서'를 지켜나가고 있다. 이것이야말로 주가 어떠한 장애도 초월한 더욱더 전능한 힘을 가지고 계시다는 것의 그 이상 없는 증거와 현현顯現이 아닐까? 바야흐로 세상의 종말이 도래할 이때에, 신은 그 이름과 교의, 의식이 '이름만의' 것으로 남아 있는 서쪽 끝의 백성에 대해, 이름은 잊었어도 바로 생활 속에 그 진실한 가르침이 계속 살아 있는 동쪽 끝의 백성을 모범으로 보여주신 것이다.34) '이처럼 그들을 만드신 것'이 신의 측량할 수 없는 깊은 뜻이고, 그 뜻을 알고 풀이하는 것이 '제2의 아담'인 포스텔에게 주어진 영원 이전부터 정해진 사명이었다.

*

"어쩌면 서방에서 우리가 가진 모든 것은 뛰어난 동방(의 사물)의 환상(umbre, 그림자)에 지나지 않는다"라고 포스텔은 말한다.35) 하지만 만약 '그림자'라고 한다면 그것은 오히려 이 지아판 사람 즉 서방의 끝의 백성에게 모범을 보이기 위해 1천수백 년 동안, 수상한 '허구fable', '불명료한 거짓 증언'을 완전히 믿어온 이 지아판 사람의 생활이 바로 그것이 아닌가? '천사교황' 포스텔의 폐쇄적 우주신학 속에 삼켜져서 하나의 알레고리, 하나의 기호로 전락한 '동쪽 끝'의 백성은 모든 구체성을 빼앗긴 그림자로서의 존재, 아니면 그림자로서의 비존재를 받아들일 수밖에 없는 것은 아닐까?

에 필 로 그

두 개의 '이성'과
하나의 진리

『세계의 경이, 그중에서 특히 인도와 신세계에서의 경탄할 만한 것에 대하여』가 발간된 것은 1553년이고, 그로부터 정확히 400년이 지난 1953년에 베르나르 메트르 신부는 일본에 관한 부분을 출판하여 현대의 독자들에게 제공했다. 그리고 그 책을 쓴 기욤 포스텔이 죽은 것이 1581년, 그로부터 정확히 400년째인 1981년에 그가 태어난 고향 노르망디의 아브랑슈에서 30명 가까운 연구자가 한곳에 모인 포스텔 연구 국제학회가 개최되었다.[1] 400년의 세월은 무엇을 더하고 무엇을 남겨놓았을까….

　400년 전, 아니 지금으로부터 정확히 계산하여 450년 전(1536년) 1월이었다. 반년 전 반란의 처참한 결말로 붙잡힌 뮌스터의 구세주, "유일한 정의의 왕" 얀 복켈슨은 "쇠사슬에 묶인 채 여기저기 끌려 다니며 재주를 부리는 곰처럼 사람들의 조롱을 받은" 뒤에 옛날의 '신예루살렘' 뮌스터의 마을로 다시 끌려 왔다. 거기에서 그는 또 다른 2명의 아나밥티스트(재세례파: 옮긴이)와 함께 "대중들 앞에서 새빨갛게 달군 철봉으로 고문을 받으며 죽었다. 고문이 이루어지는 동안 이 과거의 왕은 한 마디도 내뱉지 않았고 몸을 조금도 움직이지 않았다. 처형 후 세 사람의 시체를 마을 중심부에 있는 교회 탑의 바구니에 담아 매달았다. 그 바구니는 오늘날에도 그 장소에서 볼 수 있다"(에가와 츠루^{江河徹}).[2]

'오늘날에도 그 장소에서 볼 수 있다!' 400년, 450년의 세월은 복켈슨과 그의 동지였던 두 사람의 시체를 담았던 바구니를 우리에게 남겼다. 유럽 근대의 새벽을 여는 가장 중대한 사건 중 하나를 연출했던 '반^反영웅^{antihero}'들의 유해가 지금도 우리 바로 앞의 공중에 매달려 있다. 그 유럽 근대의 연장선상에 오늘날의 우리가 살고 있음을 생각해볼 때, 그것은 당연한 것일지도 모른다. '죽음을 기억하라^{memento mori}!'

*

피오레의 요아킴의 혁명적 역사신학과 마찬가지로 포스텔의 기호론적 신학은 그리스도교의 한계를 뛰어넘는 이단이었지만, 그럼에도 그것은—그 환상적인 그리스도교 제국주의까지 포함해서—그리스도교의 본질에 가장 깊이 근거한 것이었다. 포스텔의 미친 듯한 두뇌가 산출한 이 이상한 우주신학은 말하자면 그리스도교가 가진 어떤 본질적인 가능성을 극도로 과장하고 증식한 것에 불과하다고 할 수 있을 것이다.[3]

우리는 앞서 하비에르의 자연이성론을 포스텔의 '회복된 자연이성' 사변과 대비해서, 전자의 근대합리주의와의 친근성과 후자의 (오늘날 우리에게 던지는) '이질적인 울림'을 강조했다(전술 352 참조). 하지만 그것은 포스텔의 낯선 사변체계가 '중세적' 또는 '고대적^{archaic}'이라는 의미는 아니다. 그 관계는 오히려 뒤집어 생각할 필요가 있을지도 모르겠다.

그리스도교 이성주의^{christian rationalism}의 근본 출발점 중 하나는 바울의
「로마서」 1장 18-22절에서 볼 수 있다(전술 109-110의 인용을 보라).
이교도에 대해 논란을 불러일으키는 이 텍스트에서 바울은 "하나님이
창세로부터 그의 보이지 아니하는 것들 곧 그의 영원하신 능력과 신성
이 그가 만드신 만물에 분명히 보여 알려졌나니"라고 말한다. 이교도들
은 창조된 이 세계 즉 자연을 바르게 보는 것만으로도 "하나님의 영원하
신 능력과 신성"을 알게 될 것이다. 그들은 "하나님을 알되 하나님을 영
화롭게도 아니하며 감사하지도 아니하고 오히려 그 생각이 허망하여"
진 까닭에 이 "스스로 지혜 있다 하나 어리석게 된" 이교도들을 결코 용
서하기 어려운 것이다.4)

또한 바울은 같은 책(2:14-15)에서 이렇게 적는다.

율법 없는 이방인이 본성으로(φύσει; naturaliter) 율법의 일을 행할
때에는 이 사람은 율법이 없어도 자기가 자기에게 율법이 되나니 이런
이들은 그 양심이 증거가 되어 그 생각들이 서로 혹은 고발하며 혹은
변명하여 그 마음에 새긴 율법의 행위를 나타내느니라.

즉 이교도 또한 '본성으로'—자연스러운—도덕률을 가지고 있고 그
것은 그들의 '마음에 새겨져' 있는5) 것이다.

토마스 아퀴나스는 바울의 이 (후자의) 텍스트를 인용하여 자연법
에 대해서 논하고 다음과 같이 적는다.

… 그런 까닭에 이성적 피조물(인간)은 그것에 따라 해야 할 행위와
목적이 자연스레 향하도록 하는, 영원한 이성을 나눠 가지고 있고, 그

에게 이 영원한 율법에의 참여가 자연법이라고 불린다. … 그것에 따라 우리가 선과 악을 분별하는 자연이성의 광명은 즉 자연법의 움직임이고, 그것은 바로 우리 마음속에 새겨진 신의 광명이 아니고 무엇이란 말인가. 따라서 이 자연법이라는 것이 이성적 피조물에게 영원한 율법에의 참여라는 것은 너무나도 명백하다.[6]

따라서 토마스 아퀴나스는 이교도의 구제 문제에 관련하여 다음과 같이 쓴다.

예를 들면 숲에서 태어나 늑대 무리 속에서 산 인간, 혹은 이교도와 야만족의 나라에서 자란 사람을 상상해보자. … 만약 그가 자연이성에 인도되어 선을 추구하고 악에서 벗어나려고 한다면 우리는 신이 (그의 구제에) 필요한 것을 행하리라는 것을 확신할 수 있다. 신은 때로는 그에게 내적인 영감을 주거나, 때로는 어떠한 계시를 나타내 보이시기도 하고, 아니면 선교사를 보냄으로써 신앙에 이르는 불가결한 진리를 그 (선에의) 열의로 가득한 사람에게 보일 것이 틀림없다.[7]

하비에르가 일본의 이교도에게 설한 자연이성론, 즉 전 인류는 '신의 규칙을 다른 누군가에게 배우지 않고도 알고 있었다'는 것이고, 그것은 '산 속에서 자라… 읽고 쓰기도 모르는… 미개한' 인간을 경험해보면 곧 증명될 것(전술 326 참조)이라는 이 자연이성론은 '근대적'이라기보다는 도리어 사도 바울의 시대, 성 토마스 아퀴나스의 시대에서 직접 전수한 것이었다.[8]

따라서 낡은 전통에 충실한 것은 오히려 하비에르였고, 우리에게 기괴한 인상을 준 포스텔의 환상적 사변 쪽이 이 근대의 여명기=16세기의 터무니없는 이상한 모습을 제대로 비춰낸 전형적인 '거울'이었다고 말할 수 있다. 그렇다 하더라도 하비에르의 사상은 '낡은' 것이 아닌 '고전적'이고, 그런 의미에서 확실히 '근대적'이기도 하다. 왜냐하면 그것은 그리스부터 그리스도교를 거쳐 현대에 이르는 유럽 정신사의 이른바 왕도의 도중에 자리하고 있기 때문이다. 중세의 그리스도교 철학이 상정한 모든 '이성적 피조물'에서 공통되는 '자연이성'을 하비에르는 일본에까지 와서 실제로 그 땅의 이교도들에게서 발견했다. 대항해 시대가 낳은 아들 하비에르의 뒤를 계승한 것이 17세기 그리스도교 합리주의라는 것은 주지의 사실이다.

그렇지만 이 '그리스도교 합리주의christian rationalism'라는 말이 불러일으키기 쉬운 오해에 대해서는 한마디 해두어야 할지도 모르겠다. 왜냐하면 그것은 '그리스도교의 합리화'가 아니라 '이성(로고스)'에 의해서 그리스도교의 진리에 이르는 방법Method'이기 때문이다. 거기에는 종교적 가치를 떠난 독자적인 이성이 존재하는 것은 아니다. 즉 유일한 진리인 그리스도교의 신이야말로 지고의 이성 자체이고, 모든 인간이 나누어 가진 (부분적) 이성은 필연적으로 그 신에게 귀착되는 것이어야 한다.9)

그렇다면 이러한 '합리주의'의 출현과 동시에 포스텔적인 신비적 이성론은 이미 짧은 생명을 마치고 사라져버리는 것일까? 일은 그렇게 단순하지 않다. 예컨대 17세기 그리스도교 합리주의의 최대의 수장 중 한 사람이었던 말브랑슈, 신을 '보편이성'으로 정의한 말브랑슈의 생애의 의도는 '물리과학의 실험(경험)'과 닮아 있는 신앙을 넘어서(물론 그것의 도움을 받으면서), 과학에서 이론에 해당하는 순수한 이성을 통해 신의 지식에 도달하는 것, 그것으로 원죄 이전의 아담이 갖고 있던 신의 지식—아담은 낙원에서의 지순한 자연의 광명에 의해서 있는 그대로의 신을 알 수 있었다—에 될 수 있는 한 가까이 다가가는 것이었다.10) 말브랑슈의 '신에 대한 지의 종말론' 가운데 우리는 포스텔의 아담의 지('회복된 자연이성'의 꿈)와 동일한 꿈이 작용하고 있음을 볼 수 있다.

*

그 말브랑슈 시대로부터 100년 정도 지난 1793년 11월 10일, 파리의 노트르담 대성당에서는 그리스도교의 신이 물러나고 '이성의 여신'의 제전이 다시 열렸다. 그리고 다음 해인 1794년 6월 8일의 샹 드 마르스는 루이 다비드가 연출한 '최고 존재'의 화려한 축제 무대였다. … 그리스도교 기원을 폐지하고 새로운 혁명력을 정하고, 미터법에 기초한 새로운 단위제도를 제정했다. 즉 '새로운 시간'과 '새로운 공간'을 창출하고자 했던 프랑스 혁명에서 '이성'과 '최고 존재'란 도대체 무엇이었을까?

무엇이었든지 간에 그것은 '정치적 주권자로서 인민'의 관념을 낳고, 정치에서 '우익'과 '좌익'을 낳았으며, 수만 명을 단두대로 보냈던 대공포정치를 낳았고 그리고 나폴레옹의 제국도 낳았던 것이다. 그 프랑스 혁명에 대해 헤겔은 『역사철학』의 마지막 장에서 다시금 태양신화의 수사를 가져와 이렇게 쓰고 있다.

태양이 창공에 위치하고, 별들이 이것을 따라 운행하게 되었던 이래 얼마만인가, 인간이 머리 위에 즉 사상 위에 서고, 사상에 기초해서 현실

계를 쌓아올리게 된 것은 전혀 우리가 꿈꾸지도 못했던 일이었다. 아낙
사고라스는 누스^{nous}(이성)가 세계를 지배한다는 것을 주장한 최초의
사람이었다. 그러나 인간은 이곳에서 처음으로 사상이 정신적 현실계
를 지배해야 한다는 것을 인식하는 단계에까지 도달하게 되었다. 그 의
미에서 이것은 빛나는 날의 출현이었다. 사유하는 능력을 가진 모든 자
는 함께 이 신기원을 축하했다. 숭고한 감격이 이 시대를 지배하고, 정
신의 열광은 바야흐로 신적인 것과 세계와의 실제의 유화가 이곳에서
처음으로 성취된 것처럼 세계를 흔들었던 것이다.[11]

그리고 야콥 뵈메로부터 루이스 클로드 드 생 마르탱을 거쳐 19세
기 낭만주의에 세차게 흘러들어간 신비주의의 모든 전통을 한 몸에 받
아들인 생 빅토르 위고는 그 혁명으로 태어난 '자유로운 인민'을 '새로
운 아담'이라고 불렀다. 신에게 선택된 프랑스, 이 '프랑스야말로 분노
하는 사랑과 환희'이고 '포효하는 선, 사납게 날뛰는 사상'이다. 혁명이
라는 것은 '신예루살렘, 예지적인 시온'의 승리로, 사탄과 그 어둠의 처
녀 '릴리트=이시스'는 우주적 투쟁에서 패배하고 그리고,

사탄은 죽었다. 오오 소생하라 천상의 루시퍼여!
… 허락하시오. (빛의 천사인) 우리 (천상의 루시퍼) 손으로, 세례의
창공 속에 이 세상이 가고 에덴이 다시 나타나게 되는 것을….[12]

*

'근대주의'와 '반근대주의'는 이렇게 구분이 어렵게 뒤엉켜 있으며,
서로 얽혀가면서 근대의 모습을 만들어간다.

예를 들면 19세기 말의 진화론과 사회이론 그리고 사회심리학의 전개. 진화론은 분명 다윈이라는 한 사람의 천재에 의해 태어난 것은 아니었다. 그것은 19세기 초 이래 역사주의적 사상의 조류라는 배경 가운데 위치하며, 그런 까닭에 그만큼 놀랄 만한 성공을 거두었고 광범위하게 수용되었던 것이다. 허버트 스펜서의 사회진화론도 구스타프 르 봉의 사회심리학13)도 같은 조류 속에서 생겨난 것이었다. 시대의 선단先端을 가는 과학의 성과에 따르자면 생물은 온갖 개별적인 힘을 넘어선 절대적이고 결정론적 원리—자연도태의 원리—로 진화해간다고 한다. 이 '생물학의 역사철학'은 곧바로 생물학적 은유에 근거한 사회이론으로 넘어가게 된다. 생물학적 사고를 사회이론으로 응용한 예는 프랑스 혁명 전후의 혁명적 메스머주의mesmerism(최면술: 옮긴이)자들의 생기론生氣論적 사회이론에서도 볼 수 있다.14) 이것은 르네상스의 생기론적인 '소우주microcosm–대우주macrocosm 감응론'으로까지 거슬러 올라갈 수 있을 것이다. 나아가 르 봉에 의한 사회적-민족적 무의식의 '발견'은 이 사회이론에 새로운 무기를 제공한다. 개인의 의지와 이성은 민족적 무의식에 따라 움직이는 사회 전체의 진화에서는 아무 의미도 갖지 못한다. 인류의 역사를 관통하는 원리는 그러한 모든 구체적 현실을 초월한 절대적 자연법칙, 즉 자연도태의 원리이다. 따라서 이 세상은 약육강식의 세계, 강자에게 과학적=필연적으로 종속되는 세계인 것이다. 이렇게 근대과학의 승리이며 진보와 이성의 찬가라 할 수 있는 진화론은 강렬한 반이성주의, 반근대주의의 근거로서, 현대의 괴물인 전체주의 사상을 준비하게 된다.15) 1892년의 어느 밤 남프랑스 몽펠리에에서 개최된 '문학의 야간파티Soirée'에서 당시 약관 21세의 폴 발레리는 청중에게 바그너의 「로엔그린」을 배경음악으로 빌리에 드 릴라당의 『잔인한 이야기들』을 낭독하여 들려주었다. 이 '야간파티'를 주재한 것은 발레리의 스승이기도 했던 바세 드 라푸지, 유명한 사회주의 운동가이며 형질 인류학자 그리고『아리아인』의 저자이기도 한 그 라푸지였다.16)

조르주 소렐과 모리스 바레스를 거쳐 무솔리니 그리고 히틀러에 이르는 '현대의 괴물'들은 바그너와 릴라당, 발레리와 라푸지라는 사람들에 의해 발사된 광선을 서로 주고받으며, 그 광선이 반사하면서 초점을 만든 지점에서 준비되고 태어난 것이었다.

하지만 이 냉철한 과학적 이성을 하나의 출발점으로 한 전체주의가 역사 가운데 밀려들어온 그때에는 종말론의 열광이 되살아나 놀라운 예언의 말을 외친다.『독일 민족의 정신*Deutsches Volkstum*』지의 발행인으로 거침없는 언설로 히틀러의 권력을 향한 길을 준비한 슈타펠17)은 이렇게 쓴다.

… 그리스도교 제국의 독일 황제라는 것이 역사의 꿈이다. 신의 부르심에 응해서 그는 사나운 사자처럼 힘차게 일어설 것이다. 강력하고 관대하고 자부심이 강하며, 거스르는 자에게는 공포가 되고 우리 편에게는 너그러우며, 무적의 전사이고 독일인의 아버지로서, 신 앞에서는 순종하여 모든 민족을 다스릴 황제가 될 것이다. 그러나 그의 지배가 땅 끝까지 이르고 지상에 대적하는 자가 없어지며, 그의 이마가 별에까지 이를 때 세계사는 그 종국에 도달할 것이다. 때가 다가왔다. 황제는 관을 벗어서 그것을 골고다의 십자가 앞에 놓을 것이다. 일찍이 그리스도는 모든 지배, 모든 통치, 모든 권력을 버리셨다. 최후 심판이 역사의 목표이자 종국이기 때문이다. 우리는 그를 향해서 나아가 말을 걸게 될 것이다. 행복하여라 세계의 주여, 우리의 케사르여, 영광이 있을지어다

일본의 세 개의 머리를 한 신격(좌, 전술 361-363 참조)과 아미타. A. Kircher, *China Illustrata*(안트베르펜, 1667년)에서(G)

장이족長耳族. H. Schedel, *Chronica mundi*(뉘른베르크, 1493년)에서(H)

영족족影足族. Mandevilles, *Livre des Merveilles*(아우구스부르크, 1481년판)에서(I)

(*Salve Mundi Domine, Caesar Noster, ave*).[18]

중세의 꿈이 현대에서 부활? 그것이 아니라 중세의 꿈은 한 번도 사라진 적이 없었다. 현대는 다만 그것을 (헤겔이 말하는 대로) '현실 세계에 쌓아올렸던' 것일 뿐이다.

*

'꿈의 현실화'는 다시 말해 현실의 환상화일 뿐이다. 사실 근·현대 유럽의 역사는 이른바 현실의 철저한 환상화·기호화의 역사로 요약할 수 있을 것이다. 예를 들면 파시즘의 역사. 그 전사前史는 낭만주의의 반동적 정신과 함께 구체적이고 개별적인 현실을 사상捨象해버리는 '과학적 이성'(그것은 하비에르적인 이성론의 연장선상에 둘 수 있을 것이다)을 모태로 하고 그리고 포스텔적인 열광적 종말사상과 보편주의(또는 그것을 역전시킨 형태로 배타적 아리아주의), 나아가 신비적 제국주의('제3제국'의 호칭은 요아킴주의의 '제3의 성령시대'를 원천 중 하나로 삼고 있다고 한다)[19]를 발판으로 하여 역사의 전면에 등장했다. 그것에 이어지는 나치스 독일의 유대인 학살은 유대인을 '유대적인 것'으로—나아가 포스텔적인 의미에서—철저하게 기호화함으로써 비로소 가능해졌다(구체적인 인간, 눈앞의 일상적 인간을 어떻게 살인할 수 있단 말인가?). 그리고 그 학살 방법은 과학적 정신으로 가능한 한 '합리화'되었다.

같은 형태의 진자振子운동은 '동양'에 대해서도 그러한 인식을 가능하게 했다. '실증적-과학적' 이성이 '동양'의 현실을 객관화하여 파악하려 할 때마다 그 뒤를 쫓듯이 '반근대'의 사고가 그것에 들러붙어, 새로운 통일의 꿈, 융합의 꿈(또는 배제의 꿈, 말살의 꿈) 그리고 절대 지의 꿈을 휘두르는 무기로 변해간다.20) 그리고 서구가 만들어낸 '환상의 동양'은 서구의 근대와 더불어 바로 그 동양에서도 역수입된다. '동서 문화의 융합'이야말로 '일본 민족의 새로운 사명'21)으로, 팔굉일우八紘一宇(천하를 한 집처럼 통일함: 옮긴이)의 대동아공영권(천황 일신교)의 '지상낙원'을 쌓아올리고자 했다. 그 '동양에서 환상의 동양'은 이제 새로운 신비사상과 오컬트 취미, '최신의 물리학과 유구한 동양적 지혜의 융합'이라는 포장을 하고서 허무주의로 투명해져가는 우리의 마음으로부터 오래된 그리고 언제나처럼 새로운 망령을 불러일으키고자 하는 것은 아닐까?

그러나 '포스텔적인 것'이 현재의 우리 저 안 깊숙한 곳에서 생명을 지속해가고 있는 것도 예상할 수 있다. 즉 현실의 드라마화가 그것이다.

포스텔과 동시대인이며 그와도 관계가 깊었던 지리학자 오르텔리우스는 그 획기적인 세계지도에 『지구 극장*Theatrum orbis terrarum*』(1570년 초판)이라는 제목을 붙여 인쇄했다. 그 시대로부터 *theatrum*이라는 제목을 단 책이 얼마나 많이 출판되었을까?22) 세계는 온통 '드라마의 한 장면'으로 변해간다. 포스텔에게 동쪽 끝 백성의 생활이 서구 그리스도교도에게 제시될 신의 '계획'에 따라 준비된 '모범'이었던 것과 마찬가지로. 19세기 낭만주의 문학은 그것에 두텁게 정서적 내면의 살을 붙였고 그리고 정신분석의 발명으로 우리는 스스로의 삶도 드라마화하는 기술을 배웠다.23) 이렇게 우리 삶의 구체성은—나치 강제수용소 안 유대인의 육체와 거의 마찬가지로—말살되고 우리는 이미 우리의 삶이 아니라 우리의 드라마를 사는 존재, 아니 비존재가 되어버린 것은 아닐까?

과학적 객관주의에 의한 세계의 추상화가 우리 삶의 구체성을—다

른 의미에서—뿌리부터 사라지게 하는 인간의 모든 과학(예컨대 통계학
적 심리학)이라는 부산물을 낳았던 것과 같이 드라마적 세계관은 나아
가 밑바닥에서부터 우리의 삶을 좀먹어온 것은 아니었을까?[24]

| 후 기 |

이 책은 잡지 「현대사상」 1985년 1월호에서 1986년 5월호까지 "환상의 동양"이라는 제목으로 쓴 연재를 한 권의 책으로 정리한 것입니다. 정리할 때에 서장(1·2)과 에필로그를 새로 쓰고, 그 외에도 여러 부분에서 내용을 덧붙이긴 했지만, 전체적으로는 연재한 것과 같습니다. 하지 주석은 (단순한 문헌 주석을 제외하고) 이번에 거의 전면적으로 새로 썼습니다.

*

이 책을 쓰는 출발점이 된 두 개의 동기에 대해서는 앞에 썼기 때문에(후술 503, 에필로그·주 24) 생략하겠습니다. 여기에서는 연재의 첫 회에 서문으로 작성한 문장을—조금 애착이 있기에—다시 적어두겠습니다.

자, 무엇부터 쓰는 것이 좋을까…?

여기에서 우선 밝혀두어야 할 것은 "왜 내가 이런 문제에 흥미를 가졌는가?"라는 것.

이런 문제란 말하자면 이곳을 통해 1년간 쓰려고 하는 일련의 문젯거리겠지만, 그것에 대해서는 차츰 밝히기로 하고, 도대체 왜 '이런 문제'에 흥미를 갖게 된 것일까?

나 자신의 작은 개인사를 돌이켜보자면 이 흥미는 어린 시절에 푹 빠져 읽었던—혹은 부모님께서 읽어주신—여러 가지 이야기까지 거슬러 올라가야 할 것이다. 예를 들면 『서유기』 "그리고 일행은 서쪽을 향해 여행을 계속했습니다." 그 말로 하나의 장이 마무리되지 않으면 나는 잠자리에 들지 못했다. 그리고 꿈속에서는 깊은 산속에서 놀라운—하지만 어쩐지 친근한—요괴들이 날뛰고, 작은 오공이 더욱 작은 자신의 분신의 대군을 거느리고 여의봉을 쥐고 흔들고 있다. 그리고 성장한 후에는 『서유기』 속에 나오는 화염산이 투루판 분지에 실재한다는 것을 알았을 때의 놀라움….

여행과 요괴, 꿈과 현실의 분명치 않은 경계가 지금도 나를 유혹하고 있다.

그리고 나 자신이 '서쪽을 향해' 여행을 하고(배를 타고 33일 동안 여행을 했기 때문에 거기에는 사실, 나름의 실감이 있다), 프랑스에 가서 '동양학'을 공부했다. 불교 도상학圖像學 강의에서 코끼리는 용을 의미하기도 하고, 구름을 상징하기도 한다고 들었을 때의 이상한 흥분…. 인도의 하늘에 둥실둥실 떠 있는 코끼리-용의 이미지.

당시 파리의 동양학 전문 서점은 두 곳뿐이었다. 두 곳 모두 어둡고 후미진 곳에 있는 가게로 한 곳은 격식이 높아 문을 여는 것도 주눅이들 정도였고, 또 다른 가게는 아랍어와 슬라브어, 그 외의 알 수 없는 문자가 적힌 책 더미 속에 일본인 유학생 등이 읽었을 법한 마츠모토 세이초松本清張의 카파북스 등이 너저분하게 채워져 있는 낡은 먼지투성이 가게였다. 그런 책 더미 속에는 어쩌면『반지의 제왕』의 붉은 표지 책(일본 에도 시대 빨간 표지의 어린이용 그림 이야기책: 옮긴이)이라든지 아니면 러브크래프트의『네크로노미콘*Necronomicon 死靈秘法*』같은 것이 나올지도 몰랐다. 동쪽 끝의 낯선 나라에서 쓴 태고의 비밀, 아니면 요정의 전설? 고속도로가 뻗어 있고 빌딩이 우뚝한 그 '동쪽 끝의 나라'에서 온 나는 그들의 카파북스(신서판, 커피를 마시며 보는 정도의 가벼운 책: 옮긴이)임에도 이 책 더미—빌딩숲, 교통정체의 소용돌이—의 낭만에 매료되었다.

이렇게 가벼운 기분으로 쓰기 시작한 문장이, 완성된 후 돌아보면 이처럼 꽤 (책의 두께뿐만 아니라) 무거운 것이 되어버린 까닭은 이것을 쓰면서 저 자신이 여러 가지를 배우고 생각하게 되었기 때문입니다.

우선 첫 번째 '발견'은 정치입니다. 이 글을 쓰기 전까지 저에게 정치는 기껏해야 국회의 한심한 정치 쇼 혹은 도로의 데모 행렬과 화염병 등, 말하자면 '눈에 보이는' 현실 정치가 전부였습니다. 하지만 이 글을 쓰면서 처음으로 저는 정치라는 것이 이렇게 '재미있고' 미치광이 같기도 하며, 또한 진실로 무서운 것이라는 걸 알게 되었습니다. 정치사상 또는 정치적 이마지네르*imaginaire*는 말하자면 신비사상 자체이기 때문입니다.

그것과 연관하여, 그러나 저 자신에게 그것 이상으로 의외였던 것은 이 책을 쓰는 과정에서 그리스도교가 정말 싫어지게 된 것인데, 이것에 대해서는 한마디 변명을 해두어야겠습니다.

하나는 제가 그리스도교가 지닌 어떤 종류의 가치의 아름다움에 결코 무감각하지는 않다는 것입니다. 예를 들면 예수의 말씀 "어린아이들이 내게 오는 것을 용납하고 금하지 말라 하나님의 나라가 이런 자의 것이니라"(「마가복음」 10:14)와 같은 말씀에 나타난 가치관은 바로 그리스도교의 특유한 것으로, 그것이 아시시의 성 프란체스코에게 계승되었으며, 그것이 아니었다면 생텍쥐페리의 『어린왕자』도 없었을 것이고, 샐린저나 톨킨도 존재하지 않았을 것입니다.

그렇지만 저는 역시 역사 속 그리스도교의 모습을 보아도 좋아지지 않았고 그것을 떠받치는 기본 원리, 즉 유일한 인격신의 세계 창조, 신성의 성육신 등도 (단어 선택에 망설여지지만) '건강한' 것으로 생각되지 않습니다.

"보편주의적인 것은 그리스도교만이 아니다"라고 말한 친구가 있었습니다. 물론 인도나 중국 그리고 헬레니즘과 아마 이슬람도 각각의 보편주의를 창출해냈을 것이고, 그것들을 잘 알게 된다면 아마 그리스도교와 마찬가지로 싫어질 테죠(하지만 인도와 헬레니즘의 보편주의는 기본적으로 '정적static'인 성격을 지니며, 그리스도교처럼 '행동하는' 보편주의와는 조금 다른 것으로 생각되지만). 따라서 여기에서 특히 그리스도교를 비판한 것은 그것이 어쩌다 보니 저에게 가까운 존재로 서 있었고, 굳이 말하자면 그것을 잘 알고 있었다는 우연이 가장 큰 이유라고 할 수 있습니다. 하지만 좀 더 객관적인 사실로서 16세기 이래 세계를 제패한 것은 역시 그리스도교적 가치에 근거한 서구 세계였고 적어도 메이지 재위(일본 메이지明治 천황 재위는 1867년부터: 옮긴이) 이후 우리 자신도 그 세계관에 매우 깊이 물들어 있다는 것입니다. 유럽 근대의 문제는 우리 자신의 문제이고 그것은 그리스도교의 문제이기도 하다는 (다소 교과서적이긴 해도 여전히 옳다고 생각되는) 인식이 있기에 특히 그리스도교를 내세워 비판했다고 말해도 좋을 듯합니다.

전쟁과 학살에 대해서 여러 번 썼습니다. 모든 전쟁은 '나쁜' 것입니다. 하지만 예를 들면 '미개'하다고 불리는 사람들이 일 년에 한 번 의례와 같은 의미로 이웃 마을을 무너뜨리는 전쟁을 일으켜 사람을 죽이는 것(그런 사실이 있다고 전제하고)과 '그리스도교의 사랑'이라는 이름 아래 사람들을 학살하는 것—한 명이라도 괴롭히고 죽이는 것—은 비교할 바가 못 됩니다. 십자군 때에는 이슬람도 '성전'(지하드Jihād)을 외치며 많은 사람을 죽였고, '따라서 어느 쪽이든 나쁘다'고 한다면 그나마 낫습니다. 하지만 이 '어느 쪽이든 나쁘다'는 결국 '어느 쪽이든 나쁘지 않다'는 결론을 바로 도출해냅니다. 이런 이론적 허무주의는 정말로 '나쁘다'고 생각합니다. 이슬람이 어땠는지 저는 모르지만, 적어도 그리스도교도는 나빴고, ('나쁘다'고 말함으로써 새로운 '진리'를 주장하는 것이 될지도 모르지만) 적어도 저는 이런 것이 싫은 것입니다.

그렇게 정색할 필요는 없지 않을까요? 예를 들면 크리스토퍼 콜론(콜럼버스)이 가톨릭의 양대 왕에게 "인디아스에서 가져온 모든 획득물은 예루살렘 탈환을 위해 사용해주십시오"라고 말했습니다(전술 262). 그 말은 단지 왕에게 자금을 끌어내기 위해 사용한 계책에 지나지 않는다고 말할지도 모릅니다. '내세우는 말이 어떻든 결국 인간이란 이익을 추구하는 존재이니까'라고…. 우리가 학교에서 배워온 기본적인 역사관이 이러한 것이라고 한다면, 그것이 여전히 일반인의 역사관 기저에 깔려 있다는 것은 사실일 것입니다. 사실 콜론이 얼마만큼 진심으로 자신의 말을 믿고 있었는지, 혹은 이탈리아를 쳐들어간 샤를 8세가 얼마만큼 진심으로 자신을 샤를마뉴의 환생(최후의 세계 황제)이라고 믿고 있었는지(전술 275) 알 도리는 없습니다. 하지만 만약 그것이 전부 거짓말이었다면, 즉 인간이 어차피 자연결정론적인 자기방어적-이기적 본능과는 떨어질 수 없는 존재라고 한다면, 결국은 앞서 말한 것처럼 '윤리적 허무주의'에 귀결될 수밖에 없을 것입니다. 하지만 그럴 리가 없습니다. 사람은 어떤 기쁨을 위해 행동하기도 하고, 혹은 어떤 '사상', '이념'을 위해 행동하기도 합니다. 그렇게 생각하기 때문에 저로서는 그들의 말을 가능한 한—역사의 문맥이 허락하는 한—말 그대로 진심으로 받아들이고 싶습니다. '진심으로' 받아들인다는 것은 즉 저 자신의 기본적 윤리관에 비춰 생각할 수밖에 없다는 것인데, 결국 어떻게 생각해도 '그런 것은 싫다'라는 기분이 드는 것을 누를 수가 없는 것입니다.

이것을 쓰기 시작했을 때, 생각하고 있던 것 중 하나는 쓰는 것을 통해 자신 속에 있는 '엑조티즘'(이국 취향: 옮긴이)의 모습을 확인할 수 있기를 바라는 기대였습니다. 중세의 괴물들과 그것과 닮은 종류의 것들은 어쩐지 유머러스하고 귀여워서… 매우 마음을 끄는 면이 있습니다. 혹은 포스텔의 '기괴'한 사변도 중세의 종말론과 곡과 마곡의 전설(제9장 주 6 참조) 등도 결코 좋다고 말할 수는 없어도 어쩐지 기묘한 매력이 있습니다. 적어도 저는 자신의 '후각'으로 이러한 것을 찾아내고 추적해 나갈 작정이니까, 그래서 왜 자신은 어떤 것을 좋아하고 어떤 것에 끌리게 되었는지, 자신의 '후각'은 어떤 기준으로 그러한 것을 구분하는지, 그러한 것을 조금이나마 찾아낼 수 있다면 하고 생각했습니다.

그것이 얼마만큼 성공했을까요? 그다지 자신은 없습니다(특히 '중세의 괴물' 문제에 대해서는 더욱 생각할 여유, 적을 페이지가 필요했습니다). 하지만 '꼭 기억해두어야 할 것'이 하나 있습니다. 연재를 마친 다음날 아침 「아사히신문」 일요판에 '세계명화로의 여행'에 컬러 버전의 〈성 요한의 참수〉가 나왔는데, 그것을 보는 순간 '바로 이런 것이야. 내가 싫어하는 것은!'이라는 생각이 강하게 들었습니다.

16~17세기의 순교화 등은 어릴 때부터 본 적이 있어 어쩐지 강한 위화감이 들면서도 자연스레 익숙해져온 것이라고 생각합니다. 하지만 그것을 지금은 확실히 느끼는데, 종교성과 뒤섞인 피비린내가 진동하는 이러한 것은 참고 봐줄 수 없다는 것입니다.

'좋아하던 것'이 훨씬 더 좋아지게 되었는지 어떤지는 모르겠지만, '싫은 것'은 더 확실히 선명하게 '싫다'고 느끼게 되었습니다. 저 자신에게 이 책을 쓰고 얻은 최대 '효능'은 이러한 점에 있다고 해도 좋을 것입니다.

다만 이것을 쓰는 도중에 크게 반성한 것이 하나 있습니다. 극적인 정서성이 싫다는 것. 그것은 타자의 존재를 지우고 자기 자신도 없애버리는 것이라고, '오로지 그것만을 말하고자 쓴 이 문장 자체를 나는 너무 극적인 문체로 쓴 것은 아닐까?'라는 것. 그것을 확실히 인식한 것은 제13장 주 6을 쓸 때였습니다. 극적 역사관을 비판하려고 쓴 이 책 자체가, 혹은 그 극적 역사관의 함정에 빠져 있었는지도 모릅니다. 이제 와서 문체를 바꾸기에는 너무 늦어버렸습니다. 이 책은 원래 모습 그대로 출판했는데, 그 시점에서 저자 스스로 그런 반성이 있었다는 것도 독자들이 알아주길 바랍니다.

연재를 시작할 무렵에는 물론(?) '환상의 동양' 전 역사를 고대에서 금세기에 이르기까지 추적할 작정이었습니다. '여러 가지 사정으로…'라고 하기보다는 제 자신의 전력을 다해, 저의 첫 번째 목적이었던 포스텔에 겨우 도달한 곳에서 일단락 짓기로 했습니다. 여기에는 어중간하긴 하지만 지금 제가 보기에, 16세기까지 서구의 '환상의 동양'에 대한 인식론적 틀은 거의 전부 나와 있다고 봐도 좋을 것입니다. 하비에르와 포스텔의 시대에 세계는 완전히 가로막혀, 그곳에서 도망칠 길은 이미 어디에도 사라져버렸기 때문에….

그리고 그 후부터 20세기까지에 대해서도 기회가 있으면 쓸 생각은 있습니다. 하지만 지금 기분을 정직하게 말해 '싫은 것'에 대해 생각하고 쓰는 것은 정말 지치는 일이라고 절실히 느낍니다.

*

이 책을 쓰게 된 최초의 동기인 포스텔에 대해 흥미를 가지게 된 것은 니타 다이사쿠新田大作 선생이 주재한 '철학교섭사연구회'에서 "프랑스의 불교학 역사에 대하여"라는 주제로 논문을 써보자는 이야기가 나왔을 때였습니다(그 결과 쓴 것이 『고대신학…』입니다). 그 니타 선생님이 올해 여름 갑자기 돌아가셔서 "드디어 책으로 발간되었습니다"라고 말하며 보여드릴 수 없는 것이 몹시 안타깝습니다.

연재하는 중에 그리고 책으로 정리하는 단계에서 많은 분께 신세를 졌습니다. 우선 포스텔의 원문 해석에 길잡이가 되어주신 분은 마츠바라 히데이치松原秀一 선생, 여러 가지 점에서 이야기 상대가 되어주시고 힘을 보태주신 아키야마 사토코秋山さとこ 선생, '늘 곁에 있는 친구'로 격

려해준 스즈키 쇼領木晶 씨와 이리에 료헤이入江良平 씨 그리고 우리 가족의 협력도 빠뜨릴 수 없습니다.

세도샤青土社의 모든 분께도 처음부터 끝까지 정말로 감사했습니다. 연재의 처음을 생각하면 우타다 아키히로歌田明弘 씨, 사이토 기미타카斎藤公孝 씨, 아카가와 이즈미赤川いずみ 씨, 미야타 히토시宮田仁 씨를 비롯한 많은 분 덕분에 겨우 여기까지 올 수 있었습니다.

이들 모든 분께 그리고 응원해준 많은 친구에게 진심으로 감사를 표합니다.

마지막으로 표기와 인용 등에 대해 덧붙이자면 고유명사, 술어 등의 외래어 표기는 원칙적으로 가능한 한 '원음'에 충실하고자 했습니다(하지만 성서에 나오는 고유명사는 현행 문어 성서에 따릅니다). 그래서 보통의 표기에서 동떨어진 경우(콜론=콜럼버스 등)와 반대로 표기를 통일할 수 없게 된 경우(콘스탄티노폴리스=콘스탄티노플 등)도 있습니다. 각각의 경우에 맞는 것을 생각하고, 표기를 선택했지만 생각지 못한 오기도 있을 것으로 생각합니다. 식자가 꾸짖어 바로잡아주시기를 기다릴 뿐입니다.

고전어에 대한 번역은 기존의 원어가 없는 경우, 혹은 사용할 수 없었던 경우는 영역 혹은 프랑스어역으로 중역했습니다.

일본어로 쓰인 것의 인용은 물론 원문을 충실히 따랐습니다만 경우에 따라서 최소한의 개변을 가한 적도 있습니다(고유명사의 표기를 원음주의에 근거하여 바꾼 경우 등).

아카데믹한 기관에 전혀 소속되어 있지 않아, 가까이에 있는 책의 일부분을 펼쳐서 작은 참조를 확인하는 등의 작업을 되풀이할 수밖에 없었습니다. 비전문가로서는—그리고 한정된 시간 안에서는—가능한

한 '지적 브리콜라주^{Bricolage}'(여러 가지 일에 손대기: 옮긴이)를 시험해본 셈이지만 틀린 것도 있을 것으로 생각합니다. 지적해주시면 감사하겠습니다.

주석과 인용문헌이 비교적 많아진 것은 딜레탕트(도락으로서 학문과 예술 추구: 옮긴이)적 쇼비니즘(속물주의: 옮긴이) 때문은 아닙니다. 이것은 단지 (다다 치마코^{多田智満子} 씨가 어느 구절에 적어놓은 것처럼) "자신의 무지의 윤곽을 명확히 하기 위해서"이고(예를 들면 '작자미상'의 문헌을 많이 인용한 것도 그 때문입니다), 또한 독자의 편리와 더불어 앞으로 자신의 일을 위해서도 편리하겠다고 생각했기 때문입니다.

여기까지 읽어주신 독자 분들께, 장문의 글을 끝까지 읽어주셔서 정말 감사합니다.

1986년 10월 말

| 개 정 판 후 기 |

그로부터 9년이 지났습니다.

세계도, 제 개인의 주변도, 모든 것이 완전히 변해버린 것 같습니다.

소련의 붕괴, 냉전시대의 종언, 걸프전…. 그런 와중에 일본의 거품 경제가 무너지고, 작년에는 고베 대지진, 옴진리교와 같은 세상을 떠들썩하게 한 일련의 사건들이 연이어 일어났고 '몰라보게 변한 모습'으로 세계는 2000년기 세기말의 어둠 속으로 몰락해가는 것 같습니다.

이런 상황에서 9년 전 출판한 책이 '개정판'이라는 이름으로 세상에 다시 나온다는 것이 과연 어떤 의미가 있는지 스스로에게 물어봐도 마땅한 대답이 바로 나오지 않습니다.

＊

금세기, 특히 금세기 후반은 역사상 처음으로 넓은 의미의 '약자 문제'에 사람들이 진지한 관심을 기울였던 시대라고 기억될 것으로 보입니다. 어린이, 여성, 병자, 피차별자, 장애인, 광인, 야만인 등등. 남북문제, 제3세계 문제 그리고 '옥시덴트(서양)/오리엔트(동양)'라는 문제도 넓은 의미에서 '약자 문제'의 일부로 바라봐도 크게 무리는 없을 것으로 생각합니다.

9년 전 제 책이 나오기 직전에 사이드의 『오리엔탈리즘』 일본어 번역본이 출판되었습니다(이마자와 노리코今沢紀子 번역, 헤본샤平凡社, 1986년). 그 당시 제 책이 어느 정도 주목을 받을 수 있었던 것은 역시 '시기적으로 맞아 떨어졌다'는 점도 큰 역할을 했다고 생각합니다. 사이드의 『오리엔탈리즘』은 '옥시덴트/오리엔트' 문제를 '약자 문제' 측면에서 다룬 책이었습니다. 유럽의 세계 인식 역사 속에서 '오리엔트'는 항상(혹은 적어도 18세기 후반 이래로 항상) '약자' 입장으로, 차가운 눈으로 관찰되거나 식민 지배의 대상으로 여겨졌으며 혹은 호기심을 충족시킬 취미 생활의 소모품 정도로 취급되어왔습니다. 사이드는 그러한 역사적 경위를 상세히 분석하고 그것이 지금까지도 지속되고 있는 것에 대해 날카롭게 고발하고 있습니다.

'오리엔탈리즘'이라는 말은 그때까지는 '동양학' 혹은 (미술사상의) '동양 취미'의 의미로 사용되었습니다. 하지만 『오리엔탈리즘』의 원서가 발간된 1978년 이후부터는 동양학을 단순히 '오리엔탈리즘'으로 부를 수 없게 되었고 또한 동양학이라는 학문분야 자체의 단순화된 틀을 깨는 계기가 될 정도로 충격적인 힘을 가진 책이었습니다.

넓게 보면 어쩌면 이 책은 사이드의 『오리엔탈리즘』의 '전사前史'를 그린 것으로 받아들여졌다고 해도 과언은 아닐 것이다. 사실 지금도 가끔 오리엔탈리즘에 관한 원고를 의뢰받을 때가 있습니다.

다만 재미있는 것은 저 자신이 이 책을 쓴 시점에는 사이드의 『오리엔탈리즘』의 존재를 알고는 있었지만 그 내용을 정확히는 읽지 않은 상태웠습니다. 사실 저 스스로도 1970년대 후반부터 1980년대 후반까지의 시대를 무의식적으로 살아왔구나 하고 실감하게 됩니다.

사이드의 책에 대한 제 생각은 다른 지면을 통해 상세히 말했기 때문에(후에 기술한『역사라는 이름의 감옥』에 수록) 반복하지는 않겠습니다만, 일본에서 이 책을 받아들이는 방식에 큰 문제가 있는 것으로 보입니다. 일본은 구미(옥시덴트)와 아시아(오리엔트)의 가운데에 기묘하게 어중간한 위치에 있으면서, 다른 많은 '사상에 대한 번역본'과 마찬가지로 이 책의 주장도 '모르면 뒤처진다'는 생각만으로 대다수가 자기 자신의 문제로 제대로 논의를 거의 거치지 않은 채 그냥 삼키고 소화해버린 것 같은 느낌이 있기 때문입니다.

하지만 좀 더 넓은 관점에서 보자면 이러한 움직임은 '약자 문제' 전체에 연관되는 것이라는 생각이 듭니다. 넓은 의미로 '약자 문제'는 인류사 전체에 걸친 문제이며 그중에서도 '근대' 전체의 문제이기도 하기 때문에 20세기 후반의 수십 년 동안 해결한다는 것은 불가능할 수도 있습니다. 그럼에도 한번 그것이 문제로 상정되면 곧바로 예를 들면 '차별어'의 배제와 같은 해결방안을 내세워 문제를 왜소화하는 것과 동시에 현실에서는 '역차별'과 같은 새로운 복잡한 문제를 발생시키고 있습니다. 냉전구조가 붕괴되고 지금은 '약소민족' 사이의 민족 분쟁이 세계의 큰 문제가 되고 10년도 채 지나지 않은 사이에 '약자 문제'의 구도 자체에도 큰 변화가 일어난 것처럼 생각됩니다.

애초에 '약자 문제'는 '약자/강자'라는 힘과 관계된 문제로 생각되어 온 측면이 있는 것 같습니다. 그렇다면 '약자'가 자신의 약함 자체를 무기로 삼아 '강자' 이상의 힘을 가진다면 해결되는 걸까요? 이래서는 실제로는 아무것도 해결되지 않는다는 것이 분명할 테죠?

이러한 상황에서 지금 저는 현실에서 그만한 준비가 되어 있지 않을 뿐만 아니라 이 책의 속편을 쓰지 못할 것이라고 느낍니다. 16세기 이래 현대에 이르기까지 서구의 '오리엔트'관의 역사에 대해서는 사이드뿐만 아니라 조금이나마 사이드의 영향을 받은 많은 저자에 의해 여러 종류의 글들이 나오고 있으며 그들 모두를 단순화한 '서구가 나빴다'라는 결론은 누구에게나 당연한 것으로 받아들여지리라 생각합니다. 그런 와중에 새삼스레 '싸움에 진 개에게 매를 휘두르는' 것 같은 짓은 하고 싶지 않다는 것이 정직한 저의 마음입니다.

9년 후의 이 새로운 상황에서 다시 강조하고 싶은 것은 이 책이 '근대 비판'의 책(혹은 근대 비판을 위해 준비한 책)이라고 할 수는 있어도 결코 서구 비판을 목적으로 쓴 책은 아니라는 것입니다. 확실히 지금 우리가 살고 있는 근대는 (주로) 서구에 의해 형성된 것일지도 모릅니다. 하지만 그 속에서 살고 있는 것은 저를 포함한 '우리 자신'이라는 것, 근대는 바야흐로 그런 의미에서 '세계가 하나'가 된 시대이고 '동양'이든 '서양'이든 그 '세계'에서 한 발자국이라도 물러나서는 살 수 없게 된 시대인 것이다. 이와 같은 너무나도 당연한 일이 언제까지고 강조되어야만 한다고 생각합니다.

'서구 근대'를 비판하려고, 예컨대 '동양적' 가치에 기대는 것이 바로 '오리엔탈리즘'의 전형이라는 것을 밝히기 위해 이 책을 썼다고 해도 좋을 것입니다. 지금 우리가 살고 있는 세계에서 '근대'가 아닌 것은 하나도 없습니다. 물론 '동양적 가치'나 '반근대주의' 혹은 '반합리주의'도 포함한 모든 것이 '근대'라는 사실, 나아가 그것이 '근대'가 세계를 에워싸는 과정에서 우연히 그러한 사태가 일어난 것이 아니라, 바로 '근대'의 태생 자체에 그것들이 없어서는 안 될 구성요소로 결합되어 있다는 것,

그러한 것을 밝히기 위해 이 책을 썼다고 해도 무방할 것으로 생각합니다. 따라서 '근대'를 비판하려고 내세워야 했던 '근대 이외'의 주장과 장소는 애당초 존재하지 않는 것이었고, '근대 비판'은 어디까지나 철저히 자기 자신을 돌아보는 것 외에는 도리가 없습니다. 단순하게 말하자면 '근대에 끝은 없다'는 것을 우리는 충분히 각오하고 이 세계를 살아야만 한다고 생각합니다.

지금 '약자 문제'를 내세우는 방식에 문제가 있다고 썼습니다만 그럼 '그것 이외에 어떤 견해에서 세상사를 생각할 수 있는가?'라고 묻는다면 그저 '단순히 이론의 관점에서'라고 대답할 수밖에 없습니다. 혹은 오히려 적극적으로 그렇게 대답해야 한다고 생각합니다. 하지만 그것은 또 다른 새로운 보편주의의 주장이라는 것도 분명합니다. '이것이 옳다', '이것은 틀리다'라는 것 자체가 타자를 밟아 뭉개더라도 개의치 않는다는 '진리의 주장'에 직결하는 것일 테죠. 그 점에서 '나는 그리스도교가 싫다'라는 구판의 후기에 쓴 말이 떠오릅니다. 이것은 후기에 적은 것도 있고, 이 책의 가장 중요한 임팩트를 가진 '주장'이 되었을지도 모른다고 생각합니다. 이 말을 쓴 것을 후회하지는 않지만 언제나 하나의 고민으로 마음속에 남았습니다. 지금 주어진 기회를 빌려 다시 바꾸어 말하자면 저는 결코 이 말로 그리스도교도로 살았던, 혹은 살고 있는 무수한 사람의 삶의 방식을 비판하거나 부정할 마음은 없습니다. 다만 추상적 이데올로기로서 그리스도교에 대해서는 감히 '싫다'는 말 말고는 어떤 단어도 떠오르지 않는다고밖에 말할 수 없을 것 같습니다.

＊

이 책이 출판된 후, 그 내용과 직간접적으로 관련된 많은 글과 논문
이 발표되었습니다. 이들 중 좁은 식견으로 찾아낸 매우 직접적으로 관
련된 두 권의 책과 제가 쓴 몇 개의 '관련 논문'을 올려두겠습니다.

기시노 히사시岸野久 저작『서구인의 일본 발견 - 하비에르 일본 방문
　　이전 일본정보의 연구』(요시카와코우분칸吉川弘文館, 1989년).
　　(특히 제12장 "프란치스코 하비에르와 기욤 포스텔의 이문화 이
　　해에 대하여", 210-225).
가바야마 고이치樺山紘一 저작『이경의 발견』(도쿄대학출판부, 1995년).
졸저,『역사라는 이름의 감옥』(세도샤靑土社, 1988년) 1·2장의 여섯 편
　　의 논문(여기에 앞서 말한 사이드의『오리엔탈리즘』에 대한 비
　　판도 수록되어 있습니다).
졸고, "아프리카의 괴물들",「현대사상」. 총특집 '라틴 아메리카 - 증식
　　하는 모뉴멘트' 1988년 8월.
졸고, "오리엔탈리즘에서 남북문제로",「현대사상」. 총특집 '이슬람 -
　　오리엔탈리즘과 현대' 1988년 12월.

＊

이 책이 처음으로 서점에 진열되었을 때 바로 옆에 아키야마 사토코
秋山さとこ 선생의『융과 오컬트』(고단샤講談社 현대신서)와 그 아키야마 선
생이 번역하고 이리에 료헤이入江良平 씨도 도왔던 C. A. 마이어 저작『꿈
이 가진 치료의 힘』(치쿠마쇼보筑摩書房)이 책 표지가 보이게 진열되어 있
었습니다. 지금 생각해보면 그때가 '아키야마 선생과 동료들'이 가장 행

복한 시기를 보냈던 마지막에 가까운 시기였습니다. 그로부터 2년 후 아키야마 선생과 가까이 지내면서 알게 된 아내와 결혼했습니다. 그리고 다시 2년 후 아키야마 선생은 긴 병고 끝에 돌아가셨습니다. 또한 그 몇 달 전에는 가장 경애하는 또 한 사람의 여성, 안나 자이델 씨가 역시 길고 고통스러운 병마와 싸운 끝에 돌아가셨습니다.

이 책이 나왔을 무렵에는 이 정도의 책은 몇 권이라도 쓸 수 있을 것이라고 생각했습니다. 하지만 역시 지금 돌이켜보면 이것은 인생에서 가장 결실이 많은 시기의 산물이었다고 느낍니다. 빛나던 영웅들이 이 세상을 떠나고 지금은 잿빛으로 변해버린 이 세상에 아내와 손가락으로 셀 정도의 몇몇 사람과 함께 남겨져, 그럼에도 아직 어딘가에 있을 자신들의 빛을 좇아 매일 방황하는 생활을 하고 있는 것처럼 느껴집니다.

이 책의 출판에 처음 손을 댔던 미야타 히토시宮田仁 씨가 이 개정판의 출판에도 힘껏 도와주셨습니다. 이렇게 다시 미야타 씨의 손을 빌리게 된 것이 정말 행복했습니다. 마음속 깊이 감사드립니다.

구판의 출판을 누구보다도 기뻐해주셨던 분은 아키야마 선생이셨습니다. 또한 그것을 매우 높이 평가해주셨던 분이 안나 자이델 씨였습니다. 이 개정판을 다시 두 분의 영전에 삼가 바치고 싶습니다.

1996년 1월 15일

서장. 여행으로의 유혹

1) 이 신성은 처음에는 매우 강하게 빛나서 낮에도 볼 수 있었지만 서서히 휘도를 잃고 1574년 초에는 보이지 않게 되었다. 이 신성의 출현에 대해서 과학사가 손다이크는 "이것은 16세기의 과학계에 그리고 아마 종교계에도 1543년의 코페르니쿠스 이론의 발표보다 더욱 충격적인 사건이었다"라고 쓴다. 왜냐하면 이 별은 혹성처럼 움직이는 일이 없다는 것(즉 그것이 항성계에 나타나는 별이라는 것)이 관측으로 밝혀졌지만 그것은 항성계의 질서는 절대불변하고 새로운 일이 일어나는 것은 있을 수 없다는 아리스토텔레스 이후 우주관의 기본적 전제(신학적으로는 그것은 "신은 창조의 6일 사이에 세계를 만드는 것을 마쳤다"라는 명제로 표현된다)를 정면으로 부정하는 것이었기 때문이다. 혜성이 아닌 신성의 출현은 세계를 (항성계, 혹성계, 월하계月下界라고 이르는) 존재론적 계제로 나누어 생각하는 고대 이래의 세계관에 대한 결정적 반증이었다. 이 신성에 대해서는 많은 점성학적 해석이 있었는데 그중 예를 들면 코르넬리우스 겐마는 이것을 '십자가 위 그리스도의 형상'이라고 했고 테오도르 드 베즈는 (포스텔과 같이) 그리스도 재림의 예고라고 생각했다.

티코 브라헤는 덴마크의 천문학자로 특히 천체의 정확한 관측을 중시하고 그것을 실행했던 인물로 주목할 만하다. 후에 그는 신성로마 황제 루돌프 2세의 초청으로 프라하에서 황제 수행 천문학자·점성술가로 활약했다. 케플러는 프라하에서 그를 알게 되어 그 관측 기록을 바탕으로 유명한 혹성운동의 삼원칙 이론을 구축했다.

양자리에서의 목성과 토성의 합에 대해서는 1584년이라고 적힌 문헌과 1583년으로 적힌 문헌이 있는 것으로 보아 단정할 수는 없지만(Postel, *Thresor des prophéties*, 56; Secret(1969 A), 161; 또는 Thorndike, VI, 75-76), 목성과 토성의 합은 20년마다 일어나며 1484년에도 그리고 1604년에도 동일한 합이 일어났던 것에서 보면 1584년이 맞는 듯하다(Couliano[1984 A], 247-249).

1572년의 신성에 대해서는 Thorndike, VI, 67-76와 이하; Koestler, 336-340; Secret (1967), 2-6; Id.(1969 A), 53-63; 또는 후술 336-337 및 주 35 참조.

2) 하지만 예를 들면 17세기의 그리스도교 호교론자인 부울은『사비에르전』에서 일본에서 신앙 대상으로 삼고 있는 Xaca(석가)는 '구세주의 모방'(*un Messie contrefait*)이라고 적고 있다. Busson, 368-369(le pére Bouhours, *Vie de saint François Xavier*, Paris, 1682, 5-6을 인용).

3) 리치/가와나川名 번역, 야자와矢沢 주석, 히라가와平川 해설, I, 132; cf. Lubac(1952), 77과 n.86; 졸고『고대신학』, 54와 n.9.

4) Lubac, *ibid.*, 121과 n.63. (1775년 10월 5일자, 안크틸 뒤페론에게 보내는 편지를 인용.)

5) 와타나베 도로테아 130-131(A. Schopenhauer, *Handschriftlicher Nachlass*, ed. Grisebach, Leipzig (Reclam], II, 36-37을 인용); Schwab, 450.

6) Baltrušaitis(1967).

7) *Diodorus of Sicily*, translated by C. H. Oldfather(Loeb Classical Library), I, 55-65(I, 17, 1-20, 6); cf. Baltrušaitis(1967), 17, 20, etc.

8) Baltrušaitis, *ibid.*, 27, 30-31.

9) Id., *ibid.*, 179-181.

10) Id., *ibid.*, 214-216.

11) Id., ibid., 246-248.

12) Id., *ibid.*, 58.

13) Id., *ibid.*, 51-58. '대신관 자라스트로'의 이름은 말할 것도 없이 페르시아의 조로아스토레스(조로아스터)에서 유래한다. 이것에서 파생된 프리메이슨적 신비주의인 싱크리티즘 (철학이나 종교에서 각기 다른 내용이나 전통을 지닌 여러 학파나 종파가 혼합됨을 이름: 옮긴이)에서 이 같은 '혼동'은 자주 있었다.

14) 고토 스에오後藤末雄, II, 10-11이 인용하는 Anonyme(Cousin), *Lettre sur la marale de Confucius, philosophe des Chinois*, Paris, 1688, 3-4, 2. 이러한 주장은 이른바 전례 논쟁에서 예수회의 입장과 같은 것이다. 이 예수회의 입장은 예를 들면 다음과 같은 언명에서 특징적으로 표현되고 있다.

(1) 중국은 예수 그리스도의 탄생보다 2000년 훨씬 전부터 진정한 신에 대한 지혜를 가지고 있었다.

(2) 중국은 세계에서 가장 오래된 사원에서 그 신에게 희생물을 바치는 영광스러운 은혜를 입었다.

(3) 중국은 그리스도교도조차 모범으로 삼아야 할 방법으로 이 신을 숭배했다.

(4) 중국에서는 그 종교에 버금가는 순수한 도덕이 행해졌다.

(5) 중국은 신앙과 겸허, 내적·외적 의례, 성직자의 조직과 희생, 성덕, 기적, 신의 정신 그리고 가장 순수한 자선慈善의 정신을 갖고 있었다. 이것은 진정한 종교가 지녀야 할 성격이고 또한 그 완덕完德이다.

그러므로 중국인은 고대 서방의 이교도들보다도 더욱 뛰어나다. 왜냐하면 "이집트인 중에는 (헤르메스) 트리스메기스토스가 있고 또 그리스인에서는 소크라테스, 피타고라스, 플라톤, 에픽테토스 혹은 로마인에서는 와로, 트리우스(·키케로), 세네카와 같은 철학자들이 (진정한) 신에 대해 많은 올바른 논의를 써서 남겼지만 그들은 각각의 국민 안에서 고립된 존재이고 그들 국민은 전체적으로 우상숭배의 어둠에 휩싸여 있었기 때문이다"(Le Comte, *Nouveaux Mémoires sur l'état présent de la Chine*, 2 vol., Paris, 1696 및 Couplet *et al.*, *Confucius Sinarum Philosophus...*, Paris, 1687, lxxvii를 인용한 Walker(1972), 199, n.2; 201과 n.2). 전례 논쟁의 이러한 측면에 대해서는 Walker, *ibid.*, 194-230 참조.

15) Walker, *ibid.*, 220-224. 라이프니츠에게 『역경易經』에 대한 정보를 준 예수회 수도사 요아킴 부베는 그리스도교 카발라에 깊이 경도되어 『역경』을 카발라의 해석법으로 이해하려고 했다. Secret(1979) 참조.

16) 예를 들면, 고토 스에오後藤末雄 II, 72-84 참조.

17) Schwab, 447-450 참조.

18) 와타나베渡辺 드로테아, 69-89; Schwab, 459-465 참조.

19) 예를 들면 포스텔은 천구의 끝에 있는 카시오페이아 자리의 새로운 별에서 그리고 이미 알던 세계의 끝 일본 섬에서 이처럼 그의 진리를 발견했다. 일반적으로 별에 대한 사변(특히 점성술)은 강력한 보편주의를 배경으로 하는 경우가 많다. 별은 우주적 현상이고 또한 지상 어디에서나 똑같이 보이는 것이기 때문이다. 예를 들면 후술 106; 268-272 등을 참조.

20) '진리의 일원론'이라는 말은 필자가 만든 말이다. 이것을 처음으로 생각해낸 것은 르네상스의 플라톤주의자들 특히 피치노와 조르다노 브루노 등의 극히 마술적 성격이 강한 진리관 ─그것만 있으면 세계의 모든 것이 곧바로 완전히 이해되고 자유로워질 것 같은 일종의 '다윗의 열쇠'(「이사야」22:22; 「요한계시록」3:7)─을 접하고 생각했던 때였다. 이것은 또한 헬레니즘 시대에 확립된 '비교秘教의 계보학'(피치노는 이것을 『고대신학』의 계보라고 부르고, 조반니 피코 델라 미란돌라는 거의 똑같은 개념으로 '시적 신학'이라고 부른다)의 진리관의 특징도 잘 표현한 것으로 생각한다. 게다가 근대 합리주의에서 19~20세기의

객관주의, 과학주의에 이르는 흐름에서의 진리관도 (약간 다른 의미이긴 하지만) 마찬가지로 '일원론적'이라고 말할 수 있을 것이다. 하지만 '진리의 일원론'이라는 표현이 그 반대 개념인 '진리의 다원론'의 존재 가능성을 전제한다고 생각해서는 안 된다. '진리'는 어떤 것이든 간에 유일한 것이지 않으면 안 되기 때문에(그 점에 대해서 졸고『고대신학』, 83-84는 바로잡아야 한다) 오늘날 '가치관의 다양화'라는 단어로 표현되는 사고방식은 이 문제를 애매하게 남겨둔 채 사용되는 것으로 오기誤記라는 것을 지적해두고 싶다.

21) 예를 들면, 하시구치 토모스케橋口倫介, 47.

22) "땅 끝"의 출전은 「시편」 19(18):4(5); 「로마서」 10:18. "모든 나라의 백성이 〈신의 어린양〉을 찬미한다"의 출전은 「요한계시록」 7:9. 후술 214-215 참조.

23) '그리스도교 제국주의'라는 단어도 필자가 만들어낸 말이다. 이것은 기본적으로 그리스도교 보편주의의 정치적 국면에 대한 표현이라고 정의할 수 있을 것이다. 여기에서 말하는 '제국주의'는 물론 '자본주의의 최고 또는 최후의 발전단계'라는 레닌적 의미의 제국주의와는 관계가 없다. 그리스도교 제국주의에서 '제국' 개념은 고대 로마의 '제국' 개념까지 거슬러 올라가 생각해보는 것이 타당할 것이다. '그리스도교 제국주의'와 '혁명적 천년왕국주의'는 둘 다 그리스도교적 종말 감각을 모태로 하고 있고 서로 표리일체의 관계에 있다고 하는 것에 대해서는 McGinn, 31-36도 참고할 만하다(후술 제5장 주 17 참조). 16세기의 그리스도교 제국주의에 대해서는 Yates(1975, 1977)가 상세하다. 또한 후술 제5장 주 16 참조.

24) 예를 들면 프랑스 혁명의 사상은 많은 의미에서 천년왕국주의적 종말론에 뿌리를 두고 있고, 나폴레옹 제국의 성립도 마찬가지로 많은 의미에서 '그리스도교 제국주의'적이라고 할 수 있을 것이다. 이 점에 대해서는 다른 기회에 언급하기로 한다. 나치즘의 형성과 그리스도교 종말론의 관계에 대해서는 후술 380-382 참조.

25) 12세기 라틴세계 최대의 업적인 십자군 운동의 배경에서는 구약성서적인 모든 적을 섬멸하는 '만군의 신' 이미지가 큰 역할을 했다. Chenu, 218(영역 158) 참조.

26) '괴이한 인도'의 이미지 변천에 대해서는 Wittkower 및 Le Goff 참조.

27) Roux, 138-139, 142-143, 150 이하 참조. 이들 대여행가들의 기술은 일반적으로 이전의 환상적인 동양관에 비해 좀 더 정확하고 현실적인 동양의 이미지를 전해준 것으로 자주 평가된다. 하지만 개개의 기술의 정확성보다 그들이 설명하는 문체에 주목해볼 때 이러한 평가는 크게 수정되어야 할 것이다. 사실 그들의 보고는 예를 들면 맨더빌의 완전한 가공의 여행기와 비교하여 문체적으로 본질적 차이를 거의 발견하기 힘들다는 것 자체가 이 평가의 반증이라고 할 수 있을 것이다. 이들은 또한 특수한 '현실적 환상문학' 장르를 만들어냈다.

28) '의미'는 구조 속에서 성립한다. 다시 말해 '이해 가능성'이라는 것은 '세계'를 닫힌 구조라고 전제할 때 비로소 가능하다. 그리고 이와 같은 '세계'는 우리에게 있어 이해 가능한 것이다. 이것은 즉 구석구석까지 의미로 덮인 세계, (원리적으로는) 완전히 이해 가능한(하게 될) 세계란 어떤 타자도 타소他所도 파고들어올 여지가 없는 독아론獨我論의 세계와 다르지 않다는 것을 의미한다. 우리는 무한하게 그 '세계'를 넓히는 것은 할 수 있지만 그렇다고 해도(그것이 무한히 확장 가능하다면) 그 '세계'는 궁극적으로는 닫혀 있고, 그곳의 온갖 타자-타소는 우리가 만들어낸 환상에 지나지 않는 것이다(그 이외의 타자-타소가 있다면 그것은 그 '세계'에서 배제 또는 말살될 수밖에 없다). 이러한 '세계'는 이념적 구축물이고 현실의 일상적 경험과는 관계가 없다. 왜냐하면 우리는 늘, 타자가 존재하는 것을 믿고 있으며 그들과의 의사소통이 많든 적든 이루어지고 있다고 믿고 있기 때문이다.

하지만 '말하는 것'이 의미적 구조를 형성하여 닫힌 '세계'를 산출하는 것(혹은 그 '세계'의 존재를 전제로 하는 것)만으로 일상적 현실을 말하는 것, 타자-타소를 말하는 것은 애초에 불가능한 일이다. 하지만 언설이 타자-타소 자체를 말하는 것, 일상적 현실 자체를 말하는 것은 불가능할지 몰라도 일종의 근원적인 특수한 이미지가 '세계'를 막고 있는 벽에 바람구멍을 내는 일 정도는 가능하지 않을까? 독아론을 타파할 수 있는 것은 이러한 특수한 이미지 외에 없는 것은 아닐까….

그노시스주의는 '세계'를 완전히 초월적인 신, 온갖 언설로도 말할 수 없는 신, 완전히 '이방의', '다른 모습의'(állos, allótrios, xénos; étranger, étrange) 신의 존재를 설명한다('세계'를 창조한 것은 이 신과는 무연한 악의 신이다). 이러한 절대적 '이상성'을 상정하지 않는 한, 즉 '세계'를 해체하는 심연의 끄트머리에 서 있는 위험을 감수하지 않는 한 타자-타소의 존재를 인정할 수 없다(그노시스주의에 대해서는 졸고 『'역사'의 발명』에서 언급한 문헌, 특히 *Jonas*〔이리에 료헤이入江良平·아키야마 사토코秋山さと子가 번역하고 인문서원에서 간행〕를 참고하기 바란다).

29) 이민족을 '야만족'으로 보는 것이 꼭 '차별의 시각'(멸시)을 의미하는 것은 아니다. 근·현대의 '차별' 예컨대 인종차별은 말할 것도 없이 근·현대 사회의 특수한 현상인 것과 마찬가지로 '야만족 관'도 각각의 문화에 따른 고유의 뉘앙스라고 생각해야 한다. '야만족'은 엑조티즘의 대상이 되기도 하고 어떤 의미로는 근원적인 성스러움을 담고 있는 것이기도 하다. 비록 많은 문화권에서 '야만족'이 거의 대부분 부정적인 의미로 인식되었던 것도 사실이지만 '야만족'의 개념 자체가 가진 양면성이라는 특수한 성격을 간과해서는 안 된다.

30) 예를 들면 가짜僞 아리스토텔레스의 『세계에 대하여』(기원후 1세기 후반에서 2세기 전반 작품)에서는 '해가 지는 방향'으로 가면 '헤라클레스의 기둥'(지브롤터 해협)이 있고 '해가

뜨는 방향에는 '에류트라이에 해'(여기서는 인도양)가 있다는 기사가 나온다(III, 393a-b; cf. Tricot, 184-185). 이 글의 저자인 아리스토텔레스는 그리스인으로 결국 그리스인은 동-서의 중앙에 위치하고 있는 셈이 된다. 또한 유명한 델포이의 '지구의 배꼽' 옴파로스는 그 자체로 '세계의 중심'을 상징하고 있다.

31) 『아이네이스』 VIII, v. 686; cf. Lévi, 86; Schwab, 9.

32) 이 성구成句가 어느 시대에 만들어졌는지 확인할 수 없지만, 2세기 그리스의 문인 아일리우스 아리스티데스의 유명한 연설 『로마로』(143~144년경)에 이 성구의 성립 배경이 된 이데올로기가 전형적인 모습으로 전개되고 있다. 즉 아리스티데스에 따르면 그리스의 문화는 로마의 정치권력에 의해 전 세계에 확산되고 반대로 로마의 권력은 그리스의 정신성에 의해 진정한 보편성을 획득한다고 말한다. 여기서는 '서': 로마=정치적 권력과 '동': 그리스=문화가 상호의존적 관계로 대치되고 있다. Dagron, I, 25 참조.

33) 와타나베 긴이치渡辺金一(1980), 제1장 참조.

34) 『롤랑의 노래』 XXX, v. 40. 『롤랑의 노래』 콘라트에 의한 독일어판 Rolandslied, v. 1873-1874에서는 프랑스어판의 'Orient' 대신에 '페르시아와 루빈'(Luvin=인도?)이라고 적혀 있다. Buschinger, 61과 n.4 참조.

35) '토포스Topos'의 개념에 대해 간단한 방법론적 지적을 해둔다. 여기에서 '토포스'라는 것은 일종의 '정형화된 문구'를 나타내는 수사법의 용어이다(영어의 common place, 불어의 lieu commun 참조). 고대부터 르네상스에 이르는 수사법의 전통에서 '언어 공간'은 일종의 '물리적 공간'(예를 들면 건조물)에 비유하여 생각되었다. 건물의 입구, 회랑, 큰 거실, 곳곳에 놓인 조각상 등 각각의 장소(토포스)에 기억할 만한 명문구, 인상적인 이미지 등이 배치되어 있다. 변론가와 저술가는 이 건물을 떠올리며 그 각각의 장소에 '담아둔' 정형 문구와 이미지를 꺼내어 그것을 자신의 언설 속에 적절히 배치함으로써 뛰어난 논술을 행할 수 있다고 생각했다. '토포스'(복수 '토포이'), '토피카'라는 말의 유래는 이러한 기억술의 문맥에서 이해해야만 한다.

　　고대부터 르네상스에 이르는 '유럽 전통' 속에서 셀 수 없을 만큼 많은 '토포이'가 축적되고, 적어도 18세기경까지 많은 저술가가 그것에 따라 작품을 저술했다. 예를 들면 델포이의 격언 '너 자신을 알라', 오르페우스교적·플라톤적인 '육신은 영혼의 무덤이다', 그리고 마찬가지로 플라톤적인 '영혼의 비상飛翔' 등. 이들의 토포이는 단순한 정해진 문구 이상의 (많은 경우 특정한 사상적 색조를 띤) 이미지이고, 항상 고유의 역사적·문화적 배경을 지니고 있었다. 이 토포이의 사용 방법과 빈도는 각각의 시대에 따라 다르다(예를 들면 헬레니즘 시기에서 고대 말기에 이르기까지의 어떤 종류의 저술가의 문장은 거의 전부 토포이의 인용으로 이루어졌다고 해도 과언은 아니다). 토포이는 단순히 수사법의 기술이 아닌 유럽 전통에서 '사고의 단위'라고 생각할 수 있을 것이다(그런 의미에서 이것은 르네상스 예술에서의 우의—알레고리—에도 비할 만하다).

유럽 전통이 그리스도교를 수용한 이후에는 성서의 성구도 이러한 토포이의 원천이 된다. 예를 들면 다니엘의 네 개의 짐승의 꿈, 베르길리우스의 『목가牧歌』 제4편, 「요한복음」 10:16("나(예수)는… 한 무리가 되어 한 목자에게 있으리라") 등은 전부 종말론 이미지를 떠올리게 하는 토포이로서 놀랄 만큼 다양한 저자에 의해 반복되어 인용된다(후술 참조).

'유럽 전통'의 정신사를 생각할 때, 각 토포스의 기원과 역사를 조사하는 것은 불가결한 조건이다. 토포스 연구의 결정적인 중요성을 재확인하는 것이 본서의 방법론상 최대의 목적 중 하나이다. '토포스'의 개념에 대해서는 Curtius(Trask), 70 이하와 여러 곳; Yates (Arasse), 43; Hadot(1983 A) 등을 보라.

36) 서던/오오에大江 · 사토佐藤 · 히라타平田 · 와타베渡部, 77-78. 샤를마뉴의 이미지를 통해 12세기경 '서양'의 개념이 성립된 것에 대해서는 Chenu, 89(영역 201); 또는 후술 156 참조.

37) 아코스타/마스다 요시로增田義郎, I, 123; cf. Baltrušaitis(1967), 235.

38) '인도'는 로마의 베르길리우스 시대(기원전 1세기~기원후 1세기)부터 '세계의 끝'과 동의어로 사용된다. '인도의 백성도 그 이름을 부르고…'라는 표현은 왕과 성인 등이 칭송하는 토포스로 고대부터 중세까지 많은 저술가가 사용한다. 베르길리우스『아이네이스』VI, 794; Curtius(Trask), 160-161; 또는 후술 120-122 및 제5장 주 4도 참조.

39) Panofsky(1972), 111과 n.1.

40) Lubac(1952), 91과 n.132.

41) Lévi, 86; cf. Schwab, 9.

42) 플라톤,『파이돈』, 110B; cf. Guthrie, I, 293-295.

참고문헌에 대하여

필자가 아는 한 본서에서 다루는 문제 전체에 대한 참고문헌은 존재하지 않는다. 필자 자신이 본서를 쓰는 데 가장 중요한 영향을 받은 문헌을 몇 개 나열하자면,

Baltrušaitis(1967): 중세 이래 특히 르네상스부터 19세기 초에 걸쳐 유럽의 보편주의와 (이집트에 대한) 엑조티즘에 관련된 여러 가지 모습을 밝히고 그것이 얼마나 기이한 사변을

낳았는가를 상세히 기술하고 있다.

Walker(1972) 특히 제6장 "The Survival of the Ancient Theology in late Seventeenth-
Century France and French Jesuit Missionaries in China." 이 글로 필자는
Baltrušaitis(1967)가 다루고 있는 각종의 사상事象이 이집트에 한정된 것은 아니라는
것, 극동과 고대 이교세계도, 요컨대 엑조티즘의 대상이 될 만한 모든 문화 영역이
르네상스·플라톤주의를 출발점으로 한 절충주의적 신비사상의 흐름 속에서 어떤 특수
한 사고 패턴에 사로잡혀 있다는 것을 깨닫게 되었다. 유럽 동양학의 전통도 당연히
이 사고 패턴과 깊은 관계를 맺으면서 발전한 것이라고 생각할 수 있다.

Schwab는 같은 사고 패턴이 19세기 낭만주의에서도 매우 강하게 작용하고 있음을 훌륭하게
증명해 보인다.

Lubac(1952)은 고대 이후 특히 르네상스 이후의 유럽 전통이 불교에 대한 관심을 드러내는
모습의 변천사를 당시의 사상과 관련하여 기술했다.

마스다 요시로增田義郎의 모든 저작, 특히 (1979): 콜론(콜럼버스)에 의한 '아메리카 발견'이라
는 근대의 여명을 고하는 가장 중요한 행동이 중세로 거슬러 올라가는 사상思想, 특히
종말사상과 얼마나 깊이 관련되어 있었는가를 여실히 나타낸다.

와타나베 긴이치渡辺金一(1980): 고대부터 중세에 이르는 '로마'의 관념을 밝히고 정치신학이라
는 범주의 결정적인 중요성을 강하게 느끼게 해주었다.

Reeves: 중세 후기 이후의 종말론, 특히 요아킴주의의 중요성을 밝히고 유럽 정신사, 정치사에
대해 완전히 새로운 관점을 제공해주었다.

이들 외에 집필 중 늘 옆에 두었던 것은『구·신약성서』이다. '유럽 전통'이 얼마나 깊이『성서』에
뿌리를 두고 있는지를 알게 된 것이 본서 집필의 가장 큰 성과 중 하나였다.

이밖에 너무 늦게 입수하는 등의 이유로 충분히 활용할 수 없었던 것으로 특히 Atkinson
(1935), (1924)과 Lach, I, II를 언급해둔다. 대항해 시대에 유럽 사상이 이문화(Lach의 경우
는 특히 인도를 기준으로 한 동쪽의 '동양')를 대하는 반응에 대한 총론적 저서인데, 하지만
이러한 총론에 사로잡혀 있었더라면 본서와 같이 문제를 압축하는 것은 곤란했을 것이다.
그리고 졸고『고대신학』은 본서의 내용과 일부 겹치는 논문이고, 또한『동양의 환상』에서도
이 주제와 관련된 단문을 썼던 것을 부기해두고자 한다.

'동양/서양'의 분류에 대해 특히 많은 도움을 받은 것은 이이즈카 코지飯塚浩二의 연구이다. 또한
Lévi, 86-87도 필자와 가까운 시점에서 '동양/서양'의 분류를 비판한다.

'유럽'이 언제, 어떻게 해서 '서양'이 되었는가?라는 문제에 대해서는 직접적으로 참고할
만한 문헌을 발견하지 못했다. 이 문제에 대한 상세한 연구는 앞으로 중요한 과제 중 하나가
될 것이다.

또한 유럽 각국어의 '동양'─그리고 '서양'─을 의미하는 말(영어·불어 Orient, Levant/
Occident; 라틴어 *oriens/occidens*; 그리스어 *anatole/dúsis* 등)의 어의사語義史 혹은 근·
현대의 '중동', '근동', '중근동'이라는 '논리적 설명'이 곤란한 말의 유래와 어의사, 나아가 일본어
의 '동양', '동방', '오리엔트'와 같은 말의 의미상의 구별과 그 유래 등 많은 문제가 앞으로의
과제로 남아 있다.

I. 가장 오래된 백성 · 지상 끝 세계의 괴이함

1) 예를 들면, Vian, 464-465, 494-495 참조.

2) 처음 나온 것은 헤시오도스, 『일과 나날』, 170 이하.

3) Vermeule, 69-82에 다른 영향도 함께 상술되어 있다.

4) 예를 들면 플라톤, 『고르기아스』, 523B 이하 참조. 하지만 영혼불멸설을 이집트에서 믿고
   있었다는 흔적은 없다. Burkert, 125와 n.36 참조.

5) 플라톤 이전의 그리스 문학 대부분은 운문이다. 운문과 산문의 본질적 차이 중 하나는 작자
   (및 독자)와 '말해진 것' 사이의 존재론적 거리를 받아들이는 방식에 있다고 할 수 있을
   것이다. 도식화하여 비유적으로 말하자면 운문에서는 '작자가 말한다'라고 하는 것에 대해
   산문에서는 '(말해진) 사실에서 말하게 한다' 또는 '사실이 말한다'라고 할 수 있을 것이다.
   '말해진 사실'이라는 것은 '말해진' 것임에도 불구하고 현실의 사실과 마찬가지로 '전부 이야
   기하다'라는 것은 아니고 작자 자신을 넘어선 자율성을 가진 '사실'이다. 이 특수한 존재론적
   범주는 산문에 의해 비로소 세상에 나오게 되었다. 헤로도토스의 『역사』의 산문은 '유럽
   전통' 속에서 이렇게 '말해진 사실'을 최초로 만들어낸 산문이라고 할 수 있을 것이다.

6) 비극은 본래 닫힌 구조 속에서 성립한다. 닫힌 세계 속에서는 늘 기묘한 긴장감이 비극으로
   이어지는 것이다(졸고 『순간과 순간 사이』, 85-86 참조). 단편화되어 닫힌 산문 속에 놓이게
   된 비극은 '말해진 사실'로 변질한다. 어느 날 제왕의 악몽과 왕비와의 다툼이라는 사적이고
   우연한 사실이 헤로도토스의 역사를 결정한다(따라서 이 역사는 '신의 섭리'가 결정하는
   역사 혹은 '경제적 하부구조'가 결정하는 역사와 같이 설명되지는 않는다). '4년 10개월과
   2일간' 계속 내린 비가 마콘드의 역사를 완전히 바꿔버린 것과 마찬가지로(가르시아 마르케

스, 『백년 동안의 고독』) 예를 들면 아조브 해 북안에 사는 마술을 사용하는 민족인 네우로이 족은 북방에서 내습한 뱀의 대군에 쫓겨 전 국토로 흩어졌다(IV, 105).

7) 예를 들면, II, 98, 115; IV, 40, 45 등을 참조.

8) 무엇보다 헤로도토스 자신이 '사적이고 우연적'인 존재인 것이다.

9) 이상의 사실 관계에 대해서는 마츠다이라 센슈松平千秋, 375-377, 380-381; 또는 오타 히데미치太田秀通, 114-123, 128-136 등을 참조.

10) II, 35(번역, 마츠다이라 센슈. 이하도 같다). 16세기 말에 일본을 방문한 예수회 수도사 발리니아노가 일본에 대해 이것과 거의 똑같은 말을 하고 있는 것이 흥미롭다. "첫 번째로 일본에서는 그 성격과 습관, 여러 가지 일, 거래 그리고 우리의 생활방식, 그 외 모든 것이 인도와 유럽과는 다르고 반대이기 때문에 만약 일본에 관한 지극히 명확하고 상세한 보고서 를 제작해두지 않으면, 경우에 따라서는 그 상황과 모든 것의 관할에 무엇을 기준으로 삼아야 할지 사람들이 알 수 없게 될 것입니다"(발리니아노, 마츠다 기이치松田毅一 외, 3).

11) 헤로도토스, II, 50.

12) II, 81.

13) II, 123. 그 외 II, 4, 43, 48-49, 51, 57 이하, 91, 144 이하, 167, 171 등도 보아라. 또한 전술 47 및 주 4도 참조.

14) II, 2.

15) II, 15.

16) II, 142-143. 그것에 대해서 그리스 신들의 계보를 처음으로 말한 호메로스와 헤시오도스 도 '우리보다 길어야 400년 전의 사람들'에 지나지 않는다(III, 53).

17) 『티마이오스』, 21B-25D(번역, 구사야마 교코種山恭子, 16-19); 아틀란티스 섬에 대해서 는 『크리티아스』 여러 곳도 참조. 헤로도토스 시대부터 그리스인이 '민족의 연령'을 일종의 서열체계 속에서 생각했다는 사실은 주목할 만하다. 이집트인과 프리지아인은 압도적으로 오래되고, 스키타이인은 스스로 "우리는 세계의 민족 중 가장 역사가 짧은 새로운 민족"이라 고 말했다고 한다(헤로도토스, IV, 5). 그리스인 자신은 이 체계 속에서 비교적 '젊은' 민족 이라고 생각했다. 그들은 '세계에서 가장 오래된 지혜'를 다른 민족, 특히 이집트인에게 배워야만 했던 것이다. 기원전 4~3세기경부터 형성되어가는 '철학의 이국 기원' 신화, '비교 秘教의 계보학' 신화의 배경에는 이러한 사고방식이 있었다. 후술 제II-III장 참조.

18) Wittkower, 159, n.2 참조.

19) Ibid., 160-161. 셀레우코스 제국이 박트리아와 파르티아로 분리한 후(기원전 250년경) 서방에서 인도로 가는 교통로는 대부분 막히고 말았다(162).

20) 에우리피데스 시대 이후 아테네의 '제국화'와 함께 그리스 지식인의 '야만족'관은 명확히 멸시의 경향을 띠게 된다. 오타 히데미치太田秀通, 136 이하 참조.

21) 상세한 출전은 모두 Wittkower, 160-162에서 거론하고 있다. 세계의 괴이함이 왜 동방 인도에 집중하게 되었는가라는 질문은(물론 이러한 책들이 『인도誌』라고 이름 붙인 것처럼 인도에 대해 쓴 것이었기 때문이기도 하지만) 흥미롭기는 하지만 지금의 필자로서는 명확한 답을 줄 수 없다.

22) '학과 싸우는 소인족'에 대해서는 이미 호메로스, 『시리아스』 III, 6에 언급하고 있다. 아리스 토텔레스, 『동물지』 VIII, xii, 597a에 따르면 그들은 나일 강의 발원지에 산다고 한다. 14세기의 여행가 오드리코는 중국에 사는 소인족이라고 언급하고, 카탈로니아의 세계 지도에도 중국에 사는 학과 싸우는 소인족이 묘사되어 있다(Yule-Cordier[1914-1915], II, 207-209; 본서 제8장 그림 58 참조). 라블레의 『팡타그뤼엘』(『제2의 서』) XXVII에서 는 '카타이'(지금의 중국: 옮긴이) 북쪽의 '유토피 나라'에 팡타그뤼엘 왕의 일행이 머물면 서, 출진 축하의 주연을 크게 벌여 먹고 마실 때 팡타그뤼엘의 방귀에서 5만 3천 명의 소인과 같은 수의 소녀가 태어났다는 이야기가 기록되어 있다. 팡타그뤼엘은 이들 소인들 을 결혼시켜 가까운 섬에 살게 했다. 16세기의 지리에 따르면 이 섬이 분명 일본을 가리키는 것이라고 한다. 와타나베 가즈오渡辺一夫(1972), 54-55 참조.

23) 아리스토텔레스, 『섬』(1553)에서는 '그림자다리족'은 저승의 아켈론의 습지 근처에 산다 고 한다. 플리니우스, 『박물지』(Natural History) VII, ii, 23에서는 그들을 '일지족一肢族'이 라고도 부른다. 플라노 카르피니는 그들이 아르메니아의 남쪽 사막에 산다고 하고, 맨더빌 도 마찬가지로 '그림자다리족'이라고 언급한다. Kappler, 124, 126.

24) '개머리족'. 헤로도토스, IV, 191에 따르면 리비아 서부에 산다는 '가공의 동물'. 개머리인에 대해서는 마르코 폴로와 플라노 카르피니, 오드리코, 세비라크의 주르당(인도에 체재하던 1320~1330년 이후), 아르메니아의 헤토움, 맨더빌 등 중세 여행가 대부분이 언급하고 있다. 또한 크리스토퍼 콜론(콜럼버스)은 제1차 항해에서 쿠바 섬의 인디오 노인의 이야기 를 듣고 "여기서 멀리 떨어진 곳에 눈이 하나인 사람과 개의 콧등을 한 식인종이 살고 있는데, 사람을 잡으면 바로 목을 자르고, 피를 빨며, 생식기를 잘라낸다고 말했다"라고 보고한다(1492년 11월 4일. 콜럼버스[하야시야 에이키치林屋永吉, 1977], 79-80 참조). 주지하는 바와 같이 콜론은 '신대륙'을 아시아의 가장 동쪽 땅에 있다고 생각했다. Kappler, 151-152 참조.

25) '머리가 없는 부족'. 헤로도토스, IV, 191에서는 리비아에 산다는 '가공의 동물'. 프리니우스, VII, ii, 23의 언급을 통해 중세에 전해진다. 맨더빌도 이 '민족'에 대해서 말하고 있으며,

18세기 초 '아메리카 민족학의 고전'인 라피트의 『아메리카 야생인의 관습』(1724)에서도 남아메리카의 기아나와 아메리카 북서부에 '머리 없는 사람'이 살고 있다고 말한다. Kappler, 121; Fischer 참조.

26) 헤로도토스, IV, 23에 따르면 태어나면서부터 대머리인 종족이 스키타이인의 북방에 산다고 한다. '장이족長耳族'에 대해서는 메가스테네스도 언급하는데 이것은 손가락과 발가락이 8개 달린 민족과는 다르다. 인도의 서사시 『마하바라타』에는 karnaprāvarana('신체를 귀로 덮은 자')라는 가공의 민족 이름이 있다. Wittkower, 164와 n.4-5.

27) 아리스토텔레스, 『동물지』 II, i, 501a는 크테시아스를 인용하여 "… 눈은 푸르고, 몸은 자주빛 그리고 꼬리는 전갈과 비슷하고 그 속에는 칼이 있는데, 꼬리의 칼을 창처럼 던져 꽂고, 피리와 나팔을 동시에 울린 것 같은 소리를 내며, 달리는 속도는 사슴에 지지 않을 정도이고, 가차 없이 사납게 사람을 잡아먹는다"라고 쓴다(시마자키 사부로島崎三郞 번역, 위의 40). 크테시아스는 martikhórās는 '식인'을 의미한다고 썼는데 페르시아어로 mard 는 인간, khora는 '먹는 자'를 의미한다고 한다. Wittkower, 161, n.1 참조.

28) 헤로도토스, III, 107 이하; II, 75에 따르면 이들은 아라비아에 산다고 한다.

29) 헤로도토스, III, 102 이하 참조. 이 '개미'에 대해서 고대에는 아리아노스(Indika, XV, 4)와 스트라본(XV, i, 44)이, 중세에는 '프레스터 요한의 편지'(후술 206 이하 참조), 보베의 방상(Spec. Nat., XX, 134), 맨더빌(Letts, I, 211과 n.1) 등이 언급했다. 16세기에도 페르시아의 샤가 콘스탄티노플(이스탄불)의 술탄 술레이만에게 이 개미를 보냈다고 전해진다. Wittkower, 162, n.5 참조. 산스크리트어의 pipilika('개미')라는 말은 '개미가 모은 황금'을 의미하기도 한다. Ibid., 164와 n.7 참조.

30) 이 '민족'은 나중에 '대척인對蹠人'(엔티포디스)과 같은 의미로 쓰인다. '대척인'이라는 것은 지구의 정반대에 사는 인간 또는 이 지표의 반대편에 사는 인간으로 '우리의 다리와 반대방향으로 걷는 자'라고 생각되었다. 아우구스티누스(『신국』 XVI, 9)는 이 존재를 부정하고 중세에는 '대척인'의 존재를 주장하는 것은 대부분 이단으로 여겨졌다. 노아의 자손인 인간이 '측량할 수 없는 넓은 대양'의 건너편에서 그리스도교의 복음, 즉 구제의 가능성과는 완전히 동떨어져 존재하는 것은 신학적으로 인정할 수 없었기 때문이다. Wittkower, 182 와 n.1-2; Koestler, 100-101, 104-105 참조. 16세기에 적도를 넘어 실제로 지구의 반대편에 사는 '대척인'을 만난 유럽인은 고대 말기 이래의 이 정설을 강하게 비판했다. Atkinson(1935), 255-261 참조. 또는 후술 212-217도 보라.

31) 인도의 반半신적 존재 gendharva(한역 '건달파乾闥婆)는 불교의 해석에서는 '향기를 음식으로 삼는다'라고 생각되었다. 예를 들면 『모치즈키望月 불교대사전』 I, 978a-980a 참조.

32) 외눈박이 거인 키클롭스는 호메로스의 『오디세이』 제9장의 이야기로 유명하지만 인도의 서사시에도 외눈박이 괴물이 등장한다고 한다. Wittkower, 163, n.5 참조.

33) III, 106. 중세부터 17세기에 걸쳐 여행가들은 '어린 양의 열매가 맺히는 나무'에 대하여 말하고 있다(예를 들면 오드리코. Yule-Cordier[1914-1915], II, 240-243). 이 전설의 기원이 된 나무는 카스피해 연안 가까이에 실재했던 것이라고 한다. Kappler, 135-136; Baltrušaitis, 1981, 121-123 참조.

34) 헤로도토스, III, 113.

35) III, 116; IV, 13, 27. 그리포스와 아리마스포이족에 대해서는 아이스킬로스의 『묶인 프로메테우스』, 805에서도 언급되고 있다. 또는 후술 65 참조.

36) 헤로도토스, IV, 13, 32-36. '북극인'(히페르보레오이Hyperboreoi)이 사는 북극의 땅은 그리스의 가장 중요한 유토피아·이계異界의 하나이다. 그곳은 아폴론 신의 낙토인데, 항상 광명으로 가득한 밝은 낮이며 기후는 온화하고 사람들은 정직을 사랑하고 평화를 지키는 아폴론 신의 사제로 그들은 1천 년 동안 산다고 한다. 이것은 '지복자至福者의 섬'의 또 다른 모습(바리언트variant)이라고 할 수 있다. 또한 인도 신화의 Uttarakuru(한역 '북구노주北俱盧洲')도 이와 매우 유사한 낙토이다. 구레 시게이치吳茂一, 83; Burkert, 149-150; Couliano (1984 B), 여러 곳 등을 참조.

37) 헤로도토스, IV, 25.

38) IV, 105.

39) IV, 110-117. 여자만의 나라 혹은 섬에 대한 전승은 세계 곳곳에 흩어져 있다. 중세 유럽에서 이것은 '알렉산드로스 로맨스', '프레스터 요한의 편지'(후술 207 이하), 마르코 폴로 (Yule- Cordier[1929], II, 404-406), 맨더빌(Letts, I, 111) 등에 의해 알려졌다. 그리고 15~16세기에는 아마존의 나라가 멕시코와 남아메리카에 실재한다고 믿는 자들에 의한 수많은 탐험이 이루어졌다. 중국을 중심으로 한 전승에 대해서는 Pelliot, II, 671-725의 장대한 논고를, 아메리카와 관련해서는 마스다 요시로增田義郞(1971 B), 59-67을 참조.

40) 헤로도토스, IV, 184.

41) III, 98, 106.

42) III, 107-112.

43) III, 114.

44) III, 115-116.

45) IV, 7, 31.

46) V, 10. 하지만 헤로도토스는 이들의 이야기를 믿지 않는다. 대기에 날리는 **깃털**은 눈이며 또한 이스트로스 강 이북은 극한의 땅으로 꿀벌이 산다는 것은 있을 수 없다고 한다.
47) III, 116, 106.

참고문헌에 대하여

본장 집필에 비트코버^{Wittkower}의 도움을 가장 많이 받았는데 특히 전반부가 그렇다('괴이한 인도' 이미지가 소개된 고대 문헌의 출전이 정리되어 있다). 또한 중세시대에 전개된 '괴이한 인도'에 대한 내용에서 르 고프^{Le Goff}도 중요하지만 비트코버 쪽이 내용의 풍부함과 정확성에서 훨씬 더 참고할 만했다.

헤로도토스의 '이민족'(바르바로이^{Barbaroi})관에 대한 내용은 하르토크^{Hartog}가 있지만, 이 자료를 너무 늦게 입수한 것도 있고 스키타이인에 대한 논의를 위주로 했기 때문에 충분히 참고하지 못했다. 다만 이 책은 기본적으로 구조주의적 방법론을 따르고 있어, 헤로도토스의 독자성을 충분히 파악하지 못한 것 같은 인상이 있다. 타자의 문제를 생각할 때, 구조주의가 유효하게 작동하지 않는다는 것은 당연한 건지도 모른다(서장 주 28 참조).

헤로도토스의 이집트관에 대해서는 로이드^{Lloyd}의 상세한 해설이 있지만, 이것은 필자 미상.

II. 편력하는 현자들

1) Prooemium, 1-3/가쿠 아키도시^{加來彰俊}, 위의 13-14; 또는 피코 델라 미란돌라/오오이데^{大出}·아베^{阿部}·이토^{伊藤}, 179 참조.
2) 『잡록기^{雜錄記}(스트로마티스)』I, xv, 71, 3-6, Mondésert-Caster, 101-102; 피코 델라 미란돌라(오오이데^{大出}·아베^{阿部}·이토^{伊藤}), 179-180 참조.
3) 여기에서 클레멘스는 메가스테네스 등의 종래의 인도에 대한 문헌(전술 53-56 참조)뿐만 아니라 당시 세계에서 가장 문호가 열려 있던 도시 알렉산드리아에서 구한 오리지널 정보를 사용한 것으로 생각된다. 뒤용(히라카와 아키라^{平川彰}), 5-6도 참조.
4) Festugière(1950, 1981), I, 41, 60-66; Id.(1967), 40-50; 89와 n.9, etc. 이처럼 비밀스러운 학문관에서의 진리 개념이야말로 '진리의 일원론'이라는 표현이 가장 적합하다(전술 서장 주 20 참조). 이러한 '신비의 지^知'는 knowledge(connaissance)라기보다는 wisdom (sagesse)이라고 불러야겠지만, 일본어로는 그것을 충분히 나타낼 만한 말이 없다('지혜'

로는 충분치 않을 것이다). 이 헬레니즘 시대의 지知의 상황과 온갖 비교적 지가 범람하는 오늘날의 일본 상황과 닮아 있는 것은 따로 말할 필요도 없을 것이다.

5) 도즈(이와다岩田·미즈노水野), chap. V; Burkert, 125-133 등을 참조.

6) 이 '신인'들에 대해서는 Rohde(Raymond), 337-344 이하; 도즈(이와다岩田·미즈노水野), 173-175와 notes; Burkert, 147-153; Couliano(1984 B) 참조(아래의 서술은 이것에 따른 것임).

7) 『잡록기雜錄記』 I, xxi, 133, 2, Mondésert-Caster, 142-143.

8) A. Bailly, *Dictionnaire Grec-Français*, s. v.는 데모스테네이스(40, 6, 24) 및 이사이오스 (5, 5), Baiter-Sauppe를 인용하고 있다.

9) 피코 델라 미란돌라/오오이데大出·아베阿部·이토伊藤, 197-198도 참조.

10) 헤로도토스, IV, 13.

11) *Ibid.*, IV, 14-15.

12) 디오게네스 라에르티오스, I, 109 이하 등을 참조. 신약성서 Bidez-Cumont, 「디도서」 1:12의 "크레타 출신의 어느 예언자가 말하기를 〈그레데인들은 항상 거짓말쟁이며…〉"에서 말하는 '예언자'는 보통 에피메니데스로 보고 있다. 이것은 흔히 '에피메니데스의 패러독스'라고 알려져 있다.

13) *DK*. 31 B 112; 번역 사이토 닌즈이齋藤忍随, 133-134.

14) Couliano(1984 B), 35.

15) *Ibid.*, 33, 31.

16) Gottschalk, 98-105와 Index.

17) Rohde(Raymond), 341-342, 106 이하.

18) 예를 들면 *DK*. 31 B 111(애제자 파우사니아스를 불러서 말한다. "너희는 병과 늙음을 담당한 자로 의약을 배워야 한다. 하지만 너희가 원한다면 바람을 불러일으켜 원수를 갚을 수도 있다. 게다가 너희는 어두운 비를 통해 인간을 메마름에서 구제하며, 혹은 하늘에서 내려오는 비로써 여름의 가뭄을 해갈하여 초목을 기를 수도 있다. 그리고 황천국에서 죽음이 결정된 자의 힘도 다시 되돌릴 수 있다." 번역 야마모토 미츠오山本光雄, 54).

19) 디오게네스 라에르티오스, II, 22; 플라톤, 『변명』, 40A; Festugière(1975), 69-73.

20) 도즈(이와다岩田·미즈노水野), 172-176; Couliano(1984 B).

21) Vernant(1965, 1981), I, 98-102 이하; Detienne, 124-143 특히 135-137 참조.

22) 이들 전설이 문서로 남겨지게 된 것은 주로 플라톤 이후부터라고 생각된다. 플라톤 자신이 '이집트의 신 테우트'(=헤르메스)와 조로아스토레스를 언급한다(『피레보스』, 18 B; 『파

이드로스』, 274 C-E; 『제1 아르키비아데스』, 122 A). 이들 전설의 형성에 대해서는 플라톤 만년의 제자들, 특히 폰토스의 헤라클레이데스의 역할이 컸다(Gottschalk 참조).

23) 아리스토텔레스, 『피타고라스의 제자에 대하여』 단편 1(5); 1(1-3) Ross.

24) 헤카타이오스에 근거한 시케리아의 디오도로스의 『역사』 transl. Oldfather, I, 327(I, 96, 2); cf. Festugière(1950, 1981), I, 23; 21, n.7.

25) 디오게네스 라에르티오스(Prooem, 3)에 따르면 무사이오스는 "아테나이인 에우모르포스의 아들"로 "최초로 신통기神統記를 저술하고 천구의를 만들었다"고 한다. 일반에게 그는 트라키아의 오르페우스와 깊은 관계에 있으며, 그 제자 혹은 아들이라고도 불린다. 무사이오스의 이름은 시신詩神 '무사이'에 근거하고 있다. 케레니이(우에다 가네요시植田兼義), 347, 350 참조.

26) 멜람푸스는 아르고스의 영주 프로이토스의 딸들이 디오니소스 신으로 인해 미치자, 이를 고쳐주었다고 한다(구레 시게이치吳茂一, 169-170). 헤로도토스는 이미 그를 이집트와 관련짓고 있다(II, 49).

27) 공예 기술이 뛰어나고 신상神像의 발명자라고도 불린다. 구레 시게이치吳茂一, 283-285, 305-306 참조.

28) 스파르테(스파르타, 라케다이몬) 제도의 대부분을 제정했다고 하는 리쿠르고스에 대해서는 플라톤과 아리스토텔레스도 적고 있지만 특히 플루타르코스의 이른바 『영웅열전』에서의 〈리쿠르고스의 삶〉이 중요하다. 강직하고 극기하며, 용감하고 호전적인 라케다이몬인의 국가에서는 재산의 공유제가 행해지고, 철저한 애국·군사 교육이 실시되었다. 유럽 역사 속에서 스파르타는 일종의 전체주의적·군국주의적 정치사상의 낙원으로 여겨졌다. *Dictionary of the History of Ideas*, IV, 460a(*s. v. Utopia*, by R. L. Emerson); Marrou (1948, 1981), I, 39-54 특히 51-52 참조. 포스텔도 재산 공유제의 모델로 스파르타와 플라톤의 '국가' 그리고 일본의 불교사원을 들고 있다(졸고 『고대신학』, 65-66). 재산 공유제의 개념에 대해서는 후술 212; 348도 참조.

29) 에우독소스는 피타고라스학파의 아르키타스에게 기하학을 배우고, 후에 플라톤에게 사사했다. 기원전 381~380년에 이집트로 여행을 가서 천문학을 배우고 관측을 했다고 한다 (『이와나미岩波 서양인명사전』).

30) 피타고라스학파에 속하고 아테나이(아테네의 옛날 명칭: 옮긴이)에서 수학과 천문학을 가르쳤다. 이집트의 사제이자 천문학자에게 성학星學, 역학曆學을 배웠다고 한다(상동).

31) 출전은 Id., *ibid.*, 24-25를 보아라. 손키스는 플루타르크, 『열전』('솔론' 26)에 따르면 사이스의 신관으로 솔론의 이집트에서의 스승이었다고 한다.

32) Bidez-Cumont, I, 42 참조.

33) Festugière, *loc. cit.* 참조. 또는 피코 델라 미란돌라/오오이데大出・아베阿部・이토伊藤, 191-197에는 피타고라스, 데모크리토스, 플라톤 등이 다른 나라를 널리 돌아다니며 학문을 수련했다는 일련의 전설에 관한 많은 출전이 원문과 함께 번역되어 있다.

34) 아메니오스, 단편 1 a Des Places=9 a Leemans; 8 Des Places=17 Leemans; éd. Des Places, 42; 51; cf. Puech, I, 27, n.7; 31, n.4.

35) 와타나베 긴이치渡辺金一(1980), 50-51. 또는 Cochrane, 72-73; 그리고 후술 120-122도 보라.

36) 헬레니즘-로마제국 시대의 동방 여러 종교에서 지금도 Cumont의 책이 가장 잘 정돈된 개설서이다.

37) Bidez-Cumont, I, 86-87 참조.

38) 확실하게 위서가 아닌 것으로 여겨지는 유일한 문서는 기원전 3~1세기에 걸쳐 알렉산드리아에서 그리스어로 번역된 『구약성서』(이른바 '70인 번역')인데, 이것은 히브리어를 읽을 수 없게 된 디아스포라의 유대인을 위해 만들어진 것으로 그리스도교가 널리 퍼지기 이전에는 유대인 이외에는 대부분 읽지 않았다(이 그리스어 번역본은 졸렬한 문체로 헬레니즘기 지식인의 흥미를 끌지 못했다). Momigliano(Roussel), 103-104 참조.

39) Festugière(1950, 1981), I, 21-23; 또는 Pépin(1986), VIII, 24-28도 보라. 퓌에크는 필로스트라토스의 『디아나의 아폴로니오스전』, VI, 11, 9를 인용하여, 아폴로니오스에 따르면 이집트, 인도, 아랍, 칼데아, 메디아, 유다야 등의 동방의 '지혜'는 해 뜨는 방향에 가깝고, 그만큼 오래되고, 또한 진정하다고 적고 있다(Puech, I, 47과 n.2). 이 '해 뜨는 방향'의 상징은 중요하다.

40) 동방의 다른 나라를 널리 돌아보는 것은 중세와 르네상스 이후 비교秘教의 현자들 전설에서도 중요한 모티브가 되었다. 예를 들어 다네무라 스에히로種村季弘에 따르면 "중세의 마술적 철학자 알베르투스 마그누스와 라이문두스 룰루스는 동방 여행자였다. 르네상스기에는 파라켈수스가 로도스 섬에서 알렉산드리아에 걸친 지중해 연안지대를 두루 항해했다. … 또 한 사람의 고귀한 여행자는 (장미 십자단의 전설적 시조 크리스티앙) 로젠크로츠이다. (전설에 따르면 그는) 성지 예루살렘을 순례하고 … 다마스쿠스에 상륙했고(당시 16세), 아라비아와 이집트, 아프리카를 옮겨가며 비밀의 지를 얻고, 북상하여 유럽으로 돌아왔다고 한다"(59-60). 이것과 마찬가지로 '위대한 연금술사' 칼리오스트로의 '회상록'에 따르면 유년시절을 아라비아의 메디나에서 보내고, 알렉산드리아와 메카, 로도스 섬, 나아가 말타 섬을 거쳐 시칠리아의 메시나에 상륙했다고 한다(상동 24-26). 중세 이후(18세기

말까지) '현자'들의 여행이 대부분 지중해 연안에 그치고 있다는 것, 특히 인도가 이 편력의 도정에 포함되어 있지 않다는 것은 주목할 만하다. 대항해 시대에 이르기까지 인도는 주로 '괴이'한 땅이었고 그 이후 18세기 말까지는 빈곤과 지체의 이미지가 강했다고 할 수 있을 것이다. 인도가 다시금 비교秘敎의 고향이 된 이유는 산스크리트어가 해독되고 베다와 우파 니샤드를 읽을 수 있게 되었기 때문이다(낭만주의 시대).

참고문헌에 대하여

'철학의 이국기원' 신화에 대해 특히 참고로 한 것은 Festugière(1950, 1981), I의 특히 Intro-duction, chap. II, "Les prophètes de l'Orient", 19-44.

　여기에서는 대부분 직접 인용하지는 않았지만 헬레니즘기에 이문화 접촉을 통한 문화접촉 Acculturation의 문제 전반에 대해 특히 '철학의 이국기원' 신화를 폭넓은 시야에서 상세하게 논한 것은 Momiglano(Roussel)이다(하지만 이집트에 대한 언급은 없다). Puech, I, 25-54: "Numénius d'Apamée et les théologies orientales au seconds siècle"는 초고가 1934년 의 논문으로 문제 제기 방식이 일부 낡았다는 지적도 있지만, 후기 헬레니즘 사상의 상황 전반의 분위기를 훌륭하게 옮겨놓은 좋은 논문이다.

　그리고 일본어 문헌 중 이러한 문제를 논한 것은 최근까지 거의 없었던 것으로 보이는데 1985년 말 간행된 피코 델라 미란돌라/오오이데大出 · 아베阿部 · 이토伊藤에 부기한 상세한 역주 는 많은 원전을 인용, 초역하고 있어 매우 유용했다(다만 이 책은 본장을 쓴 후에 간행되었기에 여기서는 주에서만 사용했다).

　기원전 7~6세기경의 아바리스를 비롯한 '이경異境의 신인神人'들에 관한 전승과 헬레니즘기 '철학의 이국기원' 신화가 본질적으로 연결되어 있다는 논점―그 '철학의 이국기원' 신화는 클레멘스, 락탄티우스 등의 교부신학을 거쳐 그리스도교로 계승되어 르네상스에서의 '고대신 학'(프리스카 테오로지아prisca teologia) 사상으로 새롭게 전개된다―은 필자가 기억하는 한 지금 까지 간과되어온 것으로 보인다. 그리스의 알카이크기에서 근대에 이르기까지 이것이 하나의 일관된 사고패턴에 근거한 일련의 테마임을 보여주는 것이 본서의 주된 주장의 하나이다.

III. 비교秘敎의 해석학

1) 파우사니아스, VIII, 2, 6-7; cf. Veyne, 69.

2) VIII, 8, 3; cf. Veyne, 24.

3) 그리스어의 '미토스'는 신들의 이야기를 가리키는 것에 국한되지는 않는다. '전설', '옛이야기', '우화', '허구' 등 모든 '말해진(전해진) 이야기'가 '미토스'의 범주에 들어간다(라틴어의 *fabula*, 영어·프랑스어의 fable이 그것에 해당한다). 대부분의 경우 '미토스'에는 '허위의 이야기'라고 하는 부정적인 뉘앙스가 담겨 있다. 여기서는 편의상 '신화'라고 번역한다.

4) Buffière, 10-13; 25.

5) *DK*. 21 B 12; cf. Pépin(1976), 94.

6) 플라톤, 『국가』, X, 595A-608B. 특히 605B; 번역, 후지사와 노리오藤沢令夫, 718.

7) 플라톤의 신화 비판에 대해서는 뒤의 주 25, 29도 참조.

8) 『국가』, X, 598D-E; 후지사와 노리오藤沢令夫, 700.

9) Pépin(1976), 97-98.

10) 현대의 문학이론에서 '숨겨진 진리'라는 개념은 볼프강 이저(구츠와다 오사무豊田收)(특히 2-31)에게 철저히 비판되고 있다. 이 개념이 19세기 이후의 문학 비평뿐만 아니라 고대 그리스에서 '해석'이라는 행위가 시작된 이래 항상 제기되었다는 사실은 흥미롭다. 예를 들면 이저(7-8, 9)가 인용한 칼라일의 문장 "문학자는… 무릇 이 세상에서 우리가 보는 여러 가지 〈현상〉은 〈이 세상의 신성한 이념〉, 즉 〈현상계의 근저에 내재하는 것〉의 의상에 지나지 않는다는 것을 가르친다"라든지 "문학은 문학으로 머무는 한 〈자연의 묵시록〉이며 〈공공연한 비밀〉을 계시한다"라는 문장은 이저가 말한 대로 독일 관념론에 기초하고 있는 것일 뿐만 아니라 그것을 통해 고대 이래의 플라톤주의 전통에 뿌리를 두고 있다. '숨겨진 진리' 개념은 '벌거벗은 진리'의 토포스에도 대응한다. 이것에 대해서는 뒤의 주 26 참조.

11) 앞의 주 7을 보아라.

12) Buffière, 245-246 참조.

13) *Ibid.*, 247; Festugière(1950, 1981), I, 67 이하 참조.

14) Buffière, 217.

15) 고대신화의 '에우헤메로스주의'적 해석은 그리스도교 호교론으로 계승되어 중세·르네상스기에서 고대 이교의 신들이 살아남기 위한 가장 중요한 원동력이 된다. 여기서도 에우헤메로스주의는 이교의 신들을 '단순한 고대의 인간'으로 전락시키는 것과 동시에 그들을 '역사화'(실재화)하고, 인류의 은인으로 치켜세우는 두 가지 상반된 역할을 하게 된 것이다. 예를 들면 『헤르메스 문서』의 저자로 일컬어지는 헤르메스·트리스메기스토스가 (아브라함과 모세 혹은 피타고라스와 마찬가지로) 고대에 실재했다고 하는 관념이 오랫동안 믿어졌다는 것(적어도 17세기 초반 무렵까지)은 에우헤메로스주의의 해석이라는 전제 없이는

이해하기 어렵다. 중세·르네상스기에 에우헤메로스주의의 계승에 대해서는 세즈넥/다카다 이사무高田勇를 보라.

16) 스트라본, I, 2, 7; Pépin(1976), 151 참조.

17) I, 1, 3-4; Buffière, 227.

18) 트로이 전쟁의 역사적 사실 여부에 대해 현대의 권위 있는 고대사가 중 몇 명이 의문을 나타내고 있다(Veyne, n.103[152] 참조). 하지만 그렇다고 해서 슐리만의 발굴의 가치가 줄어드는 것은 아니다.

19) 플로티노스,『엔네아데스』, III, 5, 9; cf. Pépin[1976], 503-505; 또는 다노카시라 야스히코田之頭安彦, 272의 해석도 참조했다.

20) 플루타르코스,『이시스와 오시리스에 대하여』, 20, 358F; cf. Pépin(1976), 181; Veyne, 76과 n.119. 하지만 플루타르코스의 신화와 알레고리아 해석에 대한 태도는 매우 복잡하여 단순히 긍정적이라고도 부정적이라고도 말할 수 없다. 예를 들면 Pépin, ibid., 178-188 참조.

21) Buffière, 413-418; Pépin(1982), 5-9 참조.

22) Pépin, ibid. 참조.

23) Buffière, 25-31, 34-36, etc. 신화의 내용은 이성적 언설('벌거벗은 진리')로 바꿀 수 없으며 '끝없는 진리'가 담겨 있다는 생각과 신화(또는 상징, 이미지)에 의한 표현은 다른 어떤 표현으로도 '번역'되지 않는 절대적으로 독자적인 가치가 있다는 생각(예를 들면 후기 셰링의 신화철학과 융의 상징의 개념)은 고대에서는 명확히 표현된 적이 없었던 것 같다. 하지만 신화 속의 유일한 요소에 대해 많은 해석을 부여한 것은 알렉산드리아의 필론(휠론)과 플로티노스, 포르피리오스 등에서 많은 예를 볼 수 있다. 이러한 해석가들은 신화적 표현의 독자성을 내포implicite로 인정했다고 말할 수 있다. Pépin(1976), 207 이하, 480-481 이하; 59-60, 67-72 참조.

24) Veyne, 69-70 이하 참조.

25) 이러한 생각의 출발점이자 또한 그 가장 명확한 표현은 파르메니데스의 철학이다. 예를 들면 "… 왜냐하면 너희는 〈있지도 않은 것〉을 단연코 알 수가 없을 것이고(그것은 불가능하다). 또한 너희는 있지도 않은 것을 말할 수도 없을 것이다"(DK. 28 B 2;번역 사이토 닌즈이齊藤忍隨, 206). 플라톤의 신화 비판은 완전한 허위('있지도 않은 것' 즉 비존재에 대하여)의 언설이 과연 가능한가라는 문제 혹은 '모든 것에 대해 알고 있다'라는 주장은 과연 가능한가라는 문제(앞에서 인용한『국가』X, 598 D-E와『소피스트』, 284 D-E를 비교하시오). 게다가 모방模倣(미메시스mimēsis)과 사상似像(에이콘Eikon), 영상影像(에이

드론eidron), (이데아의) 분유分有의 문제 등과 연관되어 있고 플라톤 철학의 가장 미묘하고 복잡한 문제점에 관계하고 있다. 이들에 대해서는 Vernant(1979), 105-137이 중요한 시사를 주고 있는데, 플라톤의 파르메니데스 비판이 어디까지 정당한가라는 것과도 관련하여 별도로 논할 필요가 있을 것이다. 또한 뒤의 주 29도 참조. 플라톤의 예술＝모방론에 대해 플로티노스는 중요한 비판을 한다(『엔네아데스』 V, 8, 1; 파노프스키/나카모리中森 · 노다野田 · 사토佐藤, 29 이하 참조). '예지적인 것의 거울로서의 신화'라는 개념에 대해서는 Buffière, 35 이하 참조.

26) 튀로스의 막시무스는 '고대'의 현자를 일컬어, 그들은 신들이나 인간에 관해서 '현대'의(막시무스 시대의) 철학자들에게 지지 않을 만큼 많은 지식을 가지고 있었는데 사람들의 마음에 호소하여 좀 더 쉽게 그들에게 진리를 가르치기 위해 그것을 비의秘儀의 의례와 신화, '음악', 점술 등의 형태로 포장하여 제시했다고 말한다. 현대의 철학자들은 이런 베일을 전부 걷어내버렸다. "그래서 〈철학〉은 오늘날에는 완전히 벌거숭이가 되어 능욕당하고 누구라도 가질 수 있는 거리의 창부가 돼버린 것이다"(Maxime de Tyr, Diss., XXVI, chap. ii; Buffière, 42-43). '신비의 베일', '상징의 베일'에 숨겨진 진리는 단지 논증적 언설로 말해지는 '벌거벗은 진리'보다도 아름답고 매력적이라는 사고방식은 아우구스티누스에서 단테까지 그리고 적어도 르네상스기까지 유럽 미학 전통의 기본 개념의 하나가 된다. 하지만 한편으로는 르네상스 이래, '진리'는 부끄러움 가득한 아름다운 여성의 나체상으로 그려지게 되고, '벌거벗은 진리'가 쓸데없는 의상으로 꾸미지 않은 순수한 진리를 의미하는 긍정적인 뉘앙스를 가진 토포스로 변하게 된다. 여기서는 유럽 정신사에서 진리관의 기본적인 가치 역전이 있었다고 생각할 수 있을 것이다. Marrou(1958), 487-490(cf. 648-649); Panofsky(Herbette et Teyssèdre), 230-233 참조. 또는 Jonas, 166-167도 보라.

　　이 '숨겨진 진리'(내면)와 그것을 에워싼 '베일'(외면)과의 존재론적 · 인식론적 관계를 고찰하는 것도 흥미롭다. 고대 이래(르네상스도 포함하여)의 전통에서는 '내면' 쪽이 '예지적-이성적'이고, '외면'은 '감각적-상상적-정념적'인 것으로 여겨졌지만, 근 · 현대의 관념(특히 정신분석학적 관념)에서 '내면'은 '무의식적-비합리적-정념적'이고 '외면'은 '의식적-합리적'인 것으로 여겨지기 시작했다. 이 역전의 한 기원은 (만년의 푸코가 곳곳에서 강조하는 것처럼) 그리스도교의 '고백-후회' 시스템에서 찾아볼 수 있을 것이다. 그곳에는 '숨겨진 진리'는 '죄'를 의미하게 된다.

　　이 '고백-후회' 시스템을 더욱 폭력화한 것이 중세 후기 이후의 이단 심문이었고, 그로 인해 근대적 '내면'이 훨씬 극적인 모습으로 만들어졌다고 생각할 수 있다(특히 스페인에서 반강제적으로 그리스도교로 개종시킨 유대교도[마라노스^{marranos}]의 경우. 후술 289-292 참조). 르네상스의 '벌거벗은 진리'가 '부끄러운' 여성상으로 그려진 것은 이러한 '부끄러워 해야 할 내면-진실'의 관념과 무엇인가 관계가 있는 것은 아닐까? 유럽 정신사에서 '내면'과 '진리'와 '부끄러움'과의 관계는 앞으로 더욱 검토할 필요가 있을 것이다.

27) Buffière, 33-44 등을 참조.

28) 살루스티우스, 『신들과 인간에 대하여』, III; Nock, xliii의 요약에 따름. *Ibid.*, 2-4 참조.

29) "자연은 숨는 것을 좋아한다"라는 헤라클레스의 격언(*DK.* 22 B 123)은 "세계 그 자체가 〈숨겨진 진리〉를 투영하는 비교의 체계이다"라는 관념을 표현하는 토포스로서 알렉산드리아의 필론에서 괴테에 이르기까지 되풀이되어 사용되었다. Hadot(1983 B), 466-467 이하 참조.

　　피코 델라 미란돌라는 '진리'를 '수수께끼 같은 말'로 포장하여 말하는 것의 중요성을 피타고라스의 침묵, 이집트 스핑크스의 수수께끼, 플라톤의 '수수께끼 같은 말'에 대한 언명(『제2서간』, 312 D-E; 후술 427 제4장 주 24 참조), 아리스토텔레스의 '구전하는 논설'에 관한 전설, 게다가 위^僞 디오니시우스 아레오파기타스의 비교의 '구전'에 관한 말 등을 예증으로 삼아 강조한다. 『인간의 존엄에 대하여』, 83-84(156, ed. Garin); 오오이 데大出·아베阿部·이토伊藤 역, 66-68 및 역주 218-222 참조.

　　신학적 언설에서 '말과 사물' 및 '진리'의 관계에 대해서는 Veyne, 73-75의 시사를 바탕으로 다시 생각해볼 필요가 있다. 그 경우 중요한 것은 플라톤의 『크리티아스』에서 전개한 언어철학이다. 플라톤은 거기에서 사물과 그 이름이 내재적·본질적으로 부합하는 지 어떤지―즉 사물의 이름은 '바른'지 그렇지 않은지―라는 문제를 논하고 있다(하지만 플라톤 자신의 대답이 반드시 명확한 것은 아니다). 이 문제는 적어도 16세기에 이르기까지 언어철학에서 가장 기본적인 문제였다(후술 338-342도 참조). 이것에 (일단의?) 원리적인 해결이 주어진 것은 소쉬르에 의해 시니피앙의 자의성恣意性이 밝혀진 이후라고 할 수 있을 것이다. 사물의 이름이 '올바른' 것이라면 신화도 마찬가지로 '올바른'(세계의 숨겨진 진리를 가리키는) 것일 수 있다. 왜냐하면 신화도 사물의 이름(자연언어)과 마찬가지로 어떤 특정한 사람에 의해 말해진 것이 아니라 이른바 '자연스레' 시신詩神 mousai의 힘에 의해 노래되어 전해진 것이기 때문이다(다시 말하자면 신화라는 것은 이른바 '비인칭적 화자'에 의해 '자연스레' 흘러나온 '이야기'[허구]이기 때문이다).

30) 세키네 마사오關根正雄, 17; 「출애굽기」 29:16 이하 참조.

31) 「사무엘상」 10:5-7; 세키네 마사오, 107-108 참조.

32) 세키네 마사오, 157-158; 또는 167-170 이하, 180-181도 보아라.

33) 「이사야」 40:22, 49:6.

34) 「신명기」 18:18.

35) 세키네 마사오, 121. 「예레미야」 1:9-10, 5:14, 23:29, 28:15-17 참조.

36) Dodd, 269와 이하; 82, 175-176 참조.

37) 「시편」 33(32):6, 119(118):89-90. Dodd, 269 참조.

38) 「요한복음」 1:1-4.

39) 「창세기」 1:1-3 이하 – Dodd, 269와 이하 참조.

40) 「요한복음」 8:12, 14:6.

41) 중세의 '자연의 서(세계)'와 '쓰인 기록(성전聖典)'이라는 '두 가지 기록'이라는 토포스는 이러한 생각을 출발점으로 하고 있다(Curtius[Trask], 319-326). '비교秘教로서의 자연' 의 해석학은 이른바 12세기 르네상스기에 화려하게 전개되는데 그 맹아는 고대 말기에 이미 보인다.

참고문헌에 대하여

고대에 행해진 우의적 해석에 대해서는 이 장에서도 여러 번 인용한 Buffière 및 Pépin(1976) 의 두 저서가 고전적 개설서로 가장 중요하다.

이스라엘의 종교에서 예언자의 문제에 대해 이 장에서 가장 중시한 것은 세키네 마사오關根正雄의 뛰어난 논술인데, 그 외(직접적으로 인용하지는 않았지만) *Dictionary of the History of Ideas*의 항목 "Prophecy in Hebrew Scripture"(by M. Greenberg), III, 657a-664a도 참고했다.

'신의 말씀'(로고스)에 관한 사변과 「요한복음」과의 관련에 대해서는 Dodd(특히 263-285: chap. "Logos")를 참고했다.

IV. 은유로서의 역사

1) 에우세비오스가 인용한 알렉산드로스 폴리히스토르에 따름. Pépin(1976), 227과 n.19.

2) *Institutions oratoriae*, IX, 2, 46; Pépin, *ibid.*, 89.

3) 하지만 디오게네스 라에르티오스, VIII, 3에 따르면 피타고라스가 이집트어를 배웠다고 하는데, 물론 이것은 전설일 뿐이다. 그리스도의 사후 열두 제자에게 성령이 내려오고 그들

은 "성령이 시키는 대로 다른 언어들로 말하기를 시작하니라"(「사도행전」 2:4 이하)라는 기적(이른바 '방언은사Glossolalia의 기적')이 일어난 일을 전하고 있는데, 이것은 그리스도교적 보편주의에서 매우 특징적으로 일어나는 현상이고 헬레니즘적 정신의 정황에서는 생각할 수 없는 일이다(방언은사에 대해서는 「고린도전서」 14:1 이하도 참조). 이 기적은 이른바 바벨탑의 붕괴를 역전시키는 사건으로, 시원의 상태를 회복하려는 종말론적 의미를 띠고 있다. 제15장 주 47 참조.

4) Momigliano(Roussel), 18-33; Baslez, 185-187 참조. 디아스포라의 유대인들도 공통어를 배웠는데 그 뒤 오히려 그들 대부분은 모국어를 잃어버리고 말았다. 전술 제2장 주 38 참조.

5) 헤로도토스, II, 42; 59.

6) II, 28 등.

7) Dumézil, 434, 441-442.

8) Cumont, 196-197과 les notes, etc.

9) Witt, 68-69.

10) Coumont, pl. VI; 279, n.51; 114.

11) 플라톤, 『법률』, X, 886A "그리스인도 이국의 사람도 모든 사람이 신들의 존재를 믿는다는 사실이 있다"(번역: 모리·이케다·가쿠, 585). 아리스토텔레스, 『천체론』, I, iii, 270b "… 인간은 모두 신들에 대한 어떤 관념을 가지고 있다. 그리고 신들이 존재한다고 생각하는 사람은 야만인이든 그리스인이든 모두 신적인 것에는 최고의 장소를 제공한다"(번역: 무라지 요시나리村治能就, 11). 세네카가 루킬리우스에게 보낸 『도덕에 관한 서한』, 117, 6 "우리는 일반적으로 이미 누구나 갖고 있는 관념을 중시한다. 모든 인간이 받아들인 사고방식은 진리의 증거라고 말할 수 있다. 예를 들면 신들의 존재는 그 존재를 근거 없이 판단하는 관념이 보편적이고 생래적이라는 것 그리고 어떤 민족도 그 구성원이 신들의 존재를 전혀 믿지 않게 될 정도로 모든 법, 도덕에서 완전히 일탈하지는 않는다는 사실 때문에 이끌어갈 수 있는 것이다." 키케로의 『투스쿨룸에서의 논쟁』, I, 13, 30. "신들의 존재를 증명하기 위한 가장 확실한 논거는 이 세계의 어디를 가더라도 그 생각과 사고 속에 신들에 대한 아무런 신앙의 흔적을 찾을 수 없을 만큼 야만적인 나라, 미개한 인간은 그 어디에서도 발견되지 않았다는 사실이다." 이것은 '만인의 동의에 의한 논거'(argumentum e concensu omnium)로 알 수 있다(Cicero, De divinatione, I, 7 등을 참조). 이상 Babut, 181-182, 110-111에 따름. 대항해 시대에 '신세계'를 '발견'한 유럽 사람들은 많은 대다수의 민족이 유대-그리스도교적 인격신을 믿지 않는 것을 알고 놀란다. 그럼에도 많은 여행가와 선교사

는 이들 '야만인'들이 뭔가 신에 대한 개념을 가지고 있으며, '영혼불사'를 믿는다는 것을 지적한다. 그리스도교의 계시에 따르지 않고도 신에 대한 개념이 존재할 수 있다고 하는 이러한 지적은 이신론理神論적 사상의 형성에 큰 역할을 했다고 생각할 수 있다. Atkinson (1924), 119 이하 참조.

12) 플루타르코스, 『이시스와 오시리스에 대하여』, 48.

13) 상동 67; cf. *Gernet et Boulanger*, 386. 그리스도교가 자랑스러운 승리를 구가했던 4세기 말 로마에서 이교도 심마쿠스는 그리스도교와 이교의 공존을 설득하기 위해 다음과 같이 말했다. "우리는 같은 별을 바라보고 같은 하늘 아래 있으며, 같은 세계에 둘러싸여 있다. 우리 각자가 어떤 가르침에 따라 진리를 구하는지는 중요하지 않다. 이처럼 커다란 신비에 이르기 위해 우리가 거치는 길이 오직 하나인 것은 아니다"(Relatio, 10; cf. Courcelle [1968], 356과 n.2; Hadot[1983 B], 470; Bayet, 267; 276, n.42).

14) Contra Celsum, I, 24; cf. V, 41(Chadwick, 23, 297[translation]). 2세기경 이교의 철학적 종교관에 따르면 지고의 신은 전 우주를 통치하는 유일한 제왕이고, 각 민족이 숭배하는 신들은 이른바 그 지고신 아래에서 세계의 각 부분을 지배하는 '지방장관'에 해당하는 것으로 생각했다. 이러한 관념에 따르다 보면 일신교와 다신교 사이에서 본질적 차이, 모순은 찾을 수 없다. Chadwick, xvixx "Introduction" 참조.

15) Epist. ad Augustinum, 16, 1; cf. Cumont, 190-191; Courcelle(1968), 356, n.2; 도즈(이타니 요시오井谷嘉男), 142와 n.45.

16) "고대의 사람들은 보다 진정한 진리를 알고 있었다. 왜냐하면 그들은 신들에(혹은 〈자연〉에) 훨씬 가까웠기 때문"이라는 관념은 플라톤(『피레보스』, 16C 등)과 아리스토텔레스(『형이상학』, I, 3, 983b 등)에 의해 표명되었고 스토아학파에 의해 계승된다. Babut, 110과 n.3; 182-183. 좀 더 옛 것일수록 진리에 가깝다는 생각은 헬레니즘 후기에는 이교도나 그리스도교에 상관없이 모든 사람이 믿었을 정도로 일반적인 생각이었다. 예를 들면 Pépin(1986), VIII, 27 참조. 또는 후술 110-111에서 인용한 클레멘스는 아담보다 훨씬 이전(천사 그리고 신)으로까지 '진리의 원천'을 거슬러 올라가려 한다.

17) 알렉산드리아의 필론(휠론)이 인용한 알렉산드리아의 유대교도의 일파 또는 켈수스, 오리게네스, 유리아노스 등. 출전은 「창세기」 11:1-9; 『오디세이아』, XI, 305-320. Pépin (1976), 228-229; 468-469 참조.

18) 오리게네스. 출전은 「창세기」 2:21-22; 헤시오도스 『일과 나날』, 53-105. Pépin, *ibid.*, 456-458 참조.

19) 와로(?), 아우구스티누스. 출전은 베르길리우스, 『목가牧歌』, III, 60; 「예레미야」 23:24.

Pépin, *ibid.*, 338 참조. 마찬가지 예에 대해서는 Pépin(1986), VIII, 29-31 이하 참조.

20) 피르미쿠스 마테르누스. Pépin(1976), 445 참조.

21) 락탄티우스. Yates(1964, 1977), 8-9 참조.

22) 「마태복음」 2:1-12; 클레멘스, 오리게네스 등. Bidez-Cumont, I, 50-55, 48 참조.

23) 유스티누스. 출전은 『티마이오스』, 36B. Daniélou(1961), 46-47 참조.

24) 유스티누스, 클레멘스 등. 출전은 위작 플라톤, 『제2서간』, 312D-E "… 하지만 (직접적으로) 당신에 대해서 나는 수수께끼 같은 표현을 통해 설명해야만 합니다. 이 서면이 만일 해로든 육로든, 벽지의 어딘가에서 예상치 못한 조난을 당한다 하더라도 이것을 읽는 사람이 이해하지 못하도록. 즉 그것은 이런 식으로 됩니다. 일체의 것은 일체를 통치하는 왕과 관계가 있고, 일체는 그 왕을 위한 것이다. 또한 왕은 일체의 아름다운 모든 것의 근원이다. 그런데도 제2위의 모든 것은 제2위의 것에 관계하고, 제3위의 모든 것은 제3위의 것과 관계하는…"(번역 나가사카 고이치長坂公一, 78. 방점 필자). Daniélou(1961), 106-107 참조. 이 '수수께끼 같은' 문장은 르네상스의 『고대신학』(*Prisca Teologia*) 사상에서, 플라톤이 그리스도교의 진리를 알았다는 증거로서 되풀이되어 인용되었다. Walker(1972), Index, *s. v.* Plato, Epistle 2를 보라.

25) Wolfson, *Philo* I, 141-147(Cambridge, 1947)에 기초한 Daniélou(1961), 42.

26) 상세하게는 Daniélou, *ibid.*, 41-72; 또는 Pépin(1986), VIII도 참조.

27) 『잡록기雜錄記』(*stromateis*), I, XVII, 81, 1; I, XXI, 135, 2; II, I, 1, 1; cf. Pépin, *ibid.*, VIII, 28-29.

28) 「로마서」 1:18-22. 이 한 구절(특히 "창세로부터 그의 보이지 아니하는 것들 곧 그의 영원하신 능력과 신성이 그가 만드신 만물에 분명히 보여 알려졌나니…"라는 부분)은 중세 이후 '자연의 서書' 토포스 출전의 하나로서, 또 르네상스 이후에는 이교도도 자연철학과 자연이성에 의해 진리를 알 수 있다는 '고대신학'론적 호교론護敎論 혹은 이신론理神論적 사상의 논거로 사용되었다. Walker(1972), Index, *s. v.* Bible, Romans, I, 19-28; 또는 후술 373-374 참조.

29) 『잡록기雜錄記』, VI, VII, 57, 2-3; cf. Daniélou(1961), 61.

30) 「예레미야」 27:6; cf. *ibid.* (25:8) 이하, (43:10) 이하.

31) 「이사야」 34:1-2.

32) 후술 147-150과 이하 참조. 「다니엘」 2:20-21에는 "다니엘이 말하여 이르되… 지혜와 능력이 그(하나님)에게 있음이로다. 그는 때와 계절을 바꾸시며 왕들을 폐하시고 왕들을 세우시며…"라고 한다.

33) 「고린도전서」15:45.

34) 「마태복음」1:1 이하; 「사도행전」13:22-23, 34-37; 「요한복음」7:42 참조. 또한 「요한계시록」22:16에서는 "나 예수는… 다윗의 뿌리요 자손이니 곧 광명한 새벽 별이라 하시더라"라고 한다.

35) 「고린도전서」3:13-17; 「갈라디아서」4:21-31; 「로마서」15:4.

36) '내(그리스도) 피로 세우는 새 언약' 「누가복음」22:20=「고린도전서」11:25. '믿음의 법' 「로마서」3:27. '마음에 기록한 법' 「예레미야」31:33. 또 세키네 마사오関根正雄, 169-170 참조.

37) 「갈라디아서」3:27-28 또는 「골로새서」3:9-11 "너희가… 옛사람과 그 행위를 벗어 버리고 새 사람을 입었으니 이는 자기를 창조하신 이의 형상을 따라 지식에까지 새롭게 하심을 입은 자니라. 거기에는 헬라인이나 유대인이나 할례파나 무할례파나 야만인이나 스구디아인이나 종이나 자유인이 차별이 있을 수 없나니 오직 그리스도는 만유시요 만유 안에 계시니라." 또는 「로마서」10:12; 「고린도전서」12:13 등도 보라.

38) 「로마서」16:25-26.

39) 예를 들면 「마태복음」1-3이지만 그중에서 1:22-23, 2:5-6, 15, 17-18, 23, 3:3 등.

40) 「베드로전서」3:20-21.

41) 「히브리서」9:20, 10:29. 「출애굽기」12, 24:8 참조.

42) 「마가복음」3:14 이하; 「사도행전」26:7. 「예레미야」31:1, 10 등 참조.

43) Daniélou(1961), 183-275 참조.

44) 『티마이오스』, 30C; 44C.

45) Greene, 여러 곳.

46) 그러므로 '역사신학의 조상'이라고도 말하는 에이레나이오스는 "신이 이루신 모든 일에는 공허한 것이나 의미가 없는 일은 어느 것 하나 없다"라고 한다(Daniélou[1961], 208). 단테도 이 가르침을 확장하여 "신과 자연이 행한 일에 헛된 것은 하나도 없다"라고 쓴다(『제국론』I, III, 3).
　　현대의 정신분석은 이 '신'(또는 '자연')을 '인간'으로 교체한다. 거기서는 "인간의 행위에서 무의미한 것은 아무것도 없다"라는 것이 전제되어, 알레고리아(또는 타이폴로지typology)에 따른 해석과 마찬가지로 은유적 사고를 방법론으로 하여(꿈의 분석) 완전히 닫힌 의미의 구조를 형성하는 것이 목적이다. 졸고 『'역사'의 발명』, 197, 『순간과 순간 사이』, 86-88 참조. 그리스도교 역사관과 정신분석의 구조적 유사점에 대해서는 후술 제5장 주 18도 참조하기 바란다.

47) 그리스도교 역사관이 형성되고 있던 거의 동시대에 이것과 매우 가까운 실존적 태도가
스토아주의적 '우주신학théologie cosmique'에서 표명되고 있는 것은 흥미롭다. 한스 요나스는
이 '우주신학'에 대해 이렇게 적는다. "우리는 이 (우주의) 커다란 드라마의 관객이자 배우
이다. 하지만 우리가 배우로서 성공하고 스스로도 행복하게 존재하는 것은 우리가 좀 더
포괄적 시야에 선 관객—자신의 연기 그 자체도 살펴볼 수 있는 관객—일 때뿐이다"(Jonas,
247). 그리고 요나스는 1세기의 이름 없는 저자가 쓴『지고한 것에 대하여』(On the Sub-
lime 25, 2)를 인용한다. "자연은 우리를 초라하고 미천한 삶으로 운명 지은 것이 아니라,
마치 성대한 제전에 초대한 것처럼 인생과 우주에 초대한 것이다. 우리는 승리의 대가를
얻기 위해 싸우는 자들의 관객일 수도 있고 또한 우리 자신이 그들과 함께 싸우는 경기자일
수도 있다. … (만약 누군가가 세계를 높은 데서 내려다보고 그 속의 다양한 아름다움을
찾아볼 수 있다면) 그는 왜 우리가 태어났는지를 즉시 알 수 있을 것이다"(Jonas, loc.
cit.). 번역, 이리에 료헤이入江良平(인문서원에서 간행 예정). 스토아학파의 섭리(프로노이
아pronoéa)의 관념은 몇 가지 점에서 유대교-그리스도교의 그것과 가까웠다는 것을 알 수
있을 것이다.

48) 좀 더 정확히는 드라마의 등장인물-연기자로서의 '현재의 우리'도 이 이야기 속에서 연관되
고 있다.

49) 따라서 요하네스 크리소스토모스는 "역사 자체가 표면적인 의미를 가지고 있을 뿐만 아니
라, 그것 이외의 (숨겨진) 가르침도 전하고 있다"라고 하고 에이레나이오스는 "(신의)
말씀(로고스)은… 형상形象(티피카)에 의해 실재하고 시간적인 것에 의해 영원한 것으로,
육체적인 것에 의해 영적인 것으로 인간을 이끌고자 하신다"라고 쓴다(Pépin[1976],
492-493; Daniélou[1961], 208). 세계의 역사도 '신의 말씀'인 것이다. 에이레나이오스
의 말은 분명 플라톤주의적 색채를 띠고 있지만(전술 89-91), 그 실제 내용은 (유대교와)
그리스도교 특유의 드라마적 세계관에 근거하고 있다. 플라톤주의와 그리스도교적 세계관
은 이처럼 깊숙한 곳에서 밀접하게 결합되어 있다.

50)『신곡』, '연옥' XXII, 70-73 "스승님(베드로)은 분명 이렇게 말씀하셨다. '새로운 세기가
오리라. 그때 하늘에서 새로운 자손이 내려올 것이니…'라고 하면서 / 저(스타치오=스타
티우스)는 이렇듯 스승님으로 인해 비로소 시인이 되고 그리스도교도가 된 것입니다"(번
역, 야마카와 헤이사부로山川丙三郎, 142).

51) 베르길리우스,『목가』, IV, 4-10; 번역 가와츠 치요河津千代, 91-92. 이 시의 그리스도교도
에 의한 해석에 대해서는 Pépin(1976), 478-479; Courcelle(1984), 156-181; 또는
후술 270, 279 등도 참조. 중세 라틴세계 및 르네상스에 있어 시빌라에 관해서는 서던/오오

에大江 · 사토佐藤 · 히라타平田 · 와타베渡部, 98-102, 176-177, n.15; 와카쿠와 미도리若桑みど
も(1986) 등도 참조.

참고문헌에 대하여

헬레니즘기의 그리스 종교에서 특징적인 제설諸說 혼합주의 및 보편주의 경향에 대해서는 예를
들면 Gernet et Boulanger, 385-389에 뛰어난 서술이 있는데 *interpretatio grecae*의 실례와
철학자 · 문인에 의한 보편주의적 언설을 모아놓은 문헌은 찾을 수 없었다.

그리스도교에 의한 고대 이교신화의 알레고리아 해석에 대해서는 Pépin(1976) 및 Id.(1986),
VIII(하지만 이것은 본장을 집필한 후에 손에 넣었다). 그리고 Daniélou(1961), 41-128을
특히 참조했다.

신약성서에서의 예표론像表論 typology에 대해서 주석에서는 직접 인용하지는 않았지만 Goppelt
(Madvig)에 의한 모노그래프가 있다.

그리스도교 역사관은 많은 의미에서 이스라엘 종교-유대교 역사관의 연장으로 생각할 수
있다. 이것에 대해서는 졸고『'역사'의 발명』도 참고하기 바란다.

V. 세계의 종말과 제국의 부흥

1) 가와츠 치요河津千代, 97-103; 또는 전술 제4장 주 51 참조.
2) 베르길리우스/가와츠 치요河津千代,『농경시』II, 240-242. "당신 앞에서 두려움에 떨고 있는
   인도인"이라는 표현에 대해서는 전술 서장 주 10 및 본장 주 4 후반도 참조.
3) 베르길리우스,『농경시』II, 534-535.
4)『아이네이스』I, 278-279, 283, 286-287; 번역 이즈이 히사노스케泉井久之助, 13a. 아우구스
   티누스는『신국론』II, 29에서 로마의 이교도에게 그리스도교로 귀의할 것을 권하며 이렇게
   쓰고 있다. "(평안한 생활보다 부정이 비난당하지 않고 행해지는) 그런 시대를 로마가─설
   사 지상의 조국을 위해서라도─지향했던 적은 일찍이 없었다. 그러나 이제 천상의 나라를
   알아야 한다. 당신은 그것을 수고하지 않고 얻을 것이고 더구나 그 나라에서 진실로 영원한
   지배를 행하게 될 것이다. 왜냐하면 그곳에는 베스타의 난로도 카피톨리움의 바위도 없고
   단지 유일하고 진실한 하나님이〈그 번영에 마지막도, 기한도 부여하지 않는 국권의 무궁함
   이라는 운명〉을 주셨기 때문이다"(핫토리 에이지로服部英次郎 I, 176의 번역도 참조; Marrou

[1958], 651과 n.14에 따른다). 로마의 신비적 제국주의와 그리스도교 신학의 관계가 이만큼 상징적으로 나타난 텍스트는 많지 않다. 그리고『아이네이스』제6권에서 베르길리우스는 명계의 낙원에 있는 안키세스의 예언으로 다음의 한 구절을 쓴다. "(아우구스투스 카이사르는) 그 옛날/사투르누스가 통치하던 땅 라티움에 황금의/시대를 다시 건설하고 그 황제권의 확장은/저 멀리 별들이 순환하는 범위 너머에 이르고/하늘을 짊어진 아틀라스가 별들이 흩뿌려진 천축天軸을/어깨에 지고 회전하게 하는 곳, 태양과/해가 바뀌며 운행하는 길이 있는 위치보다 더 먼/가라만테스인이 사는 나라(북아프리카의 리비아)와 인도라는 나라 너머까지/닿을 것이다…"(VI, 793-797; 번역, 이즈이 히사노스케泉井久之助, 136a. 방점 필자).

5) Luneau, 58-62; Cochrane, 27-30, 61-73, 특히 65-68 참조.

6) "바다에서 한 짐승이 나오는데 뿔이 열이요 머리가 일곱이라"「요한계시록」13:1 이하; '땅의 음녀들…의 어미', '큰 바벨론' '큰 음녀'(17:5, 1); '무너졌도다 큰 성 바빌론이여'(18:2, 17:6) 등.

7)「요한계시록」13:11-18. '육백육십육=카이사르 네로'에 대해서는 Emmerson, 40-41, 67과 90, 212, 214 참조.

8) 특히「마태복음」24:1-44 이하;「마가복음」21:5-36.

9)「마태복음」24:3; 43-44; 27.

10)「마태복음」24:36.「마태복음」24:34 "내가 진실로 너희에게 말하노니 이 세대가 지나가기 전에 이 일(즉 세상의 종말과 '사람의 아들'의 재림)이 다 일어나리라."「마태복음」16:27-28 "인자가 아버지의 영광으로 그 천사들과 함께 오리니 … 진실로 너희에게 이르노니 여기 서 있는 사람 중에 죽기 전에 인자가 그 왕권을 가지고 오는 것을 볼 자들도 있느니라." 「데살로니가전서」4:15-17 "우리가 주의 말씀으로 너희에게 이것을 말하노니 주께서 강림하실 때까지 우리 살아남아 있는 자도 자는 자보다 결코 앞서지 못하리라. 주께서 호령과 천사장의 소리와 하나님의 나팔 소리로 친히 하늘로부터 강림하시리니 그리스도 안에서 죽은 자들이 먼저 일어나고, 그 후에 우리 살아남은 자들도 그들과 함께 구름 속으로 끌어 올려 공중에서 주를 영접하게 하시리니 그리하여 우리가 항상 주와 함께 있으리라." 초기 그리스도교의 종말사상에 대해서는 졸고『종말이 보이는 사막』, 152-156에서도 간단히 언급했다. 참고 바란다.

11) 예를 들면「누가복음」13:35-40;「로마서」8:18-25;「고린도전서」1: 7-9;「갈라디아서」 5:5;「데살로니가전서」1:9-10;「히브리서」9:26-39 등등.

12)「사도행전」1:7;「데살로니가전서」5:1 이하; 그리고 전술한 제4장 주 32에서 인용한

「다니엘서」 2:20-21도 참고하라.

13) 「요한계시록」 22:10-12.

14) 몬타누스파 이단은 다채로운 그리스도교 이단의 역사 중에서도 가장 흥미 깊고 사실 특히 중요한 것 가운데 하나이다. 몬타누스는 자신을 성령의 말씀을 전하는 예언자라고 선전하고 종종 황홀경에 빠져 신의 말을 했다. 예를 들면 "나는 아버지이고 아들이고 성령이다." "보라, 사람은 수금(리라)처럼 나는 북처럼 그것을 울려 소리를 낸다. 사람은 자고 나는 깨어 있다. 보라, 주님은 사람들의 마음을 불러 깨우고 그들에게 마음을 주신다." 등. 몬타누스파의 최대 특징 가운데 하나는 여성 예언자가 특히 중시된 점이다. 몬타누스 주위에는 프리스킬라(또는 프리스카)와 막시밀라라는 이름의 여성 예언자가 있었다. 프리스킬라에 따르면 "빛나는 옷을 입은 여자의 모습으로 그리스도가 내게 다가와 내게 지혜를 심어주고 (이것은 놀라울 정도로 그노시스주의적인 이미지이다) 그리고 이 장소(프리지아의 페푸자)야말로 성스러운 땅이며 하늘에서 이곳으로 예루살렘이 내려올 것임을 밝혔다." 또한 막시밀라는 "내 뒤에 예언자는 더 이상 오지 않는다. 올 것은 종국이다"라고 선언했다. 몬타누스파는 가까워진 세상의 종말, '하늘에 있는 예루살렘'의 강림을 주장하고 극단적인 금욕과 고행, 순교를 부르짖었다. 몬타누스의 말은 성령의 말로 여겨지고 '제3의 성약서'가 될 것이라고까지 여겨졌다. 몬타누스의 가르침은 기본적으로는 예수와 그의 직계 사도들의 가르침을 대부분 그대로 재현한 것이라고 할 수 있지만 바로 그 주장이 형성되고 있던 정통파 교회에서는 용납되지 않는 것이었다. 많은 의미에서 몬타누스파는 중세 후기 이후의 요아킴주의(후술 178 이하, 특히 183-184)의 먼 선구자였다고 할 수 있을 것이다. 또한 몬타누스파의 특징으로 들 수 있는 몰아적인 성격은 같은 프리지아에서 태어난 키벨레 신앙의 열광적 성격과 관련지을 수 있을지도 모른다. 몬타누스파에 대해서는 Renann, 131-146(이 서술은 많은 문제를 안고 있다); Aune, 313-316; 콘/에가와 츠루江河徹, 14-15; 또는 전제 졸저 『종말이 보이는 사막』, 153-154, 155 등을 참조.

15) '적그리스도'라는 명칭은 신약성서 안에는 네 번밖에 나오지 않는다. 「요한1서」 2:18에 "아이들아 지금은 마지막 때라 적그리스도가 오리라는 말을 너희가 들은 것과 같이 지금도 많은 적그리스도가 일어났으니 그러므로 우리가 마지막 때인 줄 아노라"(그 외에 「요한1서」 2:22, 4:3, 「요한2서」 7장). 그러나 그보다 훨씬 중요한 것은 「데살로니가후서」 2장의 전반에 있는 다음 구절이다. "형제들아… 우리 주 예수 그리스도의 강림하심과 우리가 그 앞에 모임에 관하여 영으로나 또는 말로나 또는 우리에게서 받았다 하는 편지로나 주의 날이 이르렀다고 해서 쉽게 마음이 흔들리거나 두려워하거나 하지 말아야 한다는 것이라. 누가 어떻게 하여도 너희가 미혹되지 말라. 먼저 배교하는 일이 있고 저 불법의 사람 곧

멸망의 아들이 나타나기 전에는 그 날이 이르지 아니하리니. 그는 대적하는 자라. 신이라고 불리는 모든 것과 숭배함을 받는 것에 대항하여 그 위에 자기를 높이고 하나님의 성전에 앉아 자기를 하나님이라고 내세우느니라. … 불법의 비밀이 이미 활동하였으나 지금은 그것을 막는 자가 있어 그 중에서 옮겨질 때까지 하리라. 그 때에 불법한 자가 나타나리니 주 예수께서 그 입의 기운으로 그를 죽이시고 강림하여 나타나심으로 폐하시리라. 악한 자의 나타남은 사탄의 활동을 따라 모든 능력과 표적과 거짓 기적과 불의의 모든 속임으로 멸망하는 자들에게 있으리니 이는 그들이 진리의 사랑을 받지 아니하여 구원함을 받지 못함이라. 이러므로 하나님이 미혹의 역사를 그들에게 보내사 거짓 것을 믿게 하심은 진리를 믿지 않고 불의를 좋아하는 모든 자들로 하여금 심판을 받게 하려 하심이라"(2:2-12). 또한「마태복음」24:4-5, 11, 23-24에서 말하는 "너희가 사람의 미혹을 받지 않도록 주의하라. 많은 사람이 내 이름으로 와서 이르되 나는 그리스도라 하여 많은 사람을 미혹하리라." "그 때에 사람이 너희에게 말하되 보라 그리스도가 여기 있다 혹은 저기 있다 하여도 믿지 말라. 거짓 그리스도들과 거짓 선지자들이 일어나 큰 표적과 기사를 보여 할 수만 있으면 택하신 자들도 미혹하리라" 등의 구절에서 말하는 '거짓 선지자, 거짓 그리스도', 나아가 전에 인용한「요한계시록」13:1 이하의 '바다에서 올라오는 짐승'도 신약성서의 적그리스도의 전거로 중요하다. 이상 Emmerson, 35-42 참조. 역사 가운데 적그리스도로 간주된 인물은 매우 많다. 그중에서도 중요한 것은 고대에서는 예를 들어 네로 황제 혹은 '네로 황제의 환생Nero redivivus'(사도 성 요한은 죽은 것이 아니라 긴 잠에 빠져 있을 뿐으로, 네로가 적그리스도로 다시 출현할 때 그 정체를 밝히기 위해 깨어날 것이라는 전설이 유행했다), 중세 때는 프리드리히 2세 또는 '프리드리히 3세'(프리드리히 2세의 환생) 등을 꼽을 수 있다. 또한 중세의 천년왕국주의적 이단파는 많은 교황을 (적어도 잠재적으로는) 적그리스도로 간주했다. 또 프로테스탄트에게는 교황이 적그리스도, 가톨릭교회가 '바벨론의 큰 음녀'였고 가톨릭 측은 루터를 적그리스도의 선구자로 간주하여 공격했다. Emmerson, 28-30, 68, 210과 이하; Cross and Livingston, *The Oxford Dictionary of the Christian Church*, 63-64 등을 참조.

16) 와타나베 긴이치渡辺金一(1980), 53; 또한 Cochrane, 183-186도 참조. 이런 종류의 그리스도교 정치사상을 카를 슈미트는 '정치신학'이라 부르고 그것이 현대에도 부활되어야 한다고 주장한다. 그에 반해 에릭 페테르존은 이것을 '정치신학'이라 불러서는 안 되며, 그것은 삼위일체설과 아우구스티누스적 '이국론二國論'(이에 대해서는 후술 150 참조)을 기초로 하는 정통적 '그리스도교의 신의 학문'과는 무관하다고 주장한다. 그러나 이런 종류의 정치사상이 '정통적' 그리스도교와 어떤 관계에 있든 그것이 현실의 그리스도교 사회의

역사 안에서 (적어도 오리게네스에서 단테를 거쳐 카를 슈미트에 이르기까지) 반복해서
나타났던 것은 부정할 수 없는 사실이고 설사 그 모든 것을 '비非그리스도적'이라고 부정한
다 하더라도 예를 들면 바울의 다음 말 "권세는 하나님으로부터 나지 않음이 없나니 모든
권세는 다 하나님께서 정하신 바라. 그러므로 권세를 거스르는 자는 하나님의 명을 거스름
이니…."「로마서」13:1-2 이하)까지 '비非그리스도적'이라고 한다면 그리스도교의 권위
란 과연 어디에 있는가를 의심해야 할 것이다. 필자에게 슈미트의 사상은 무서운 야만으로
밖에 여겨지지 않지만, 그러나 동시에 그것이(「로마서」의 한 구절이 시사하는 것 이상으
로) 그리스도교의 본질과 관련이 있다고 생각한다(이 점에 대해서는 전술한 26-27; 후술
131-132; 그리고 졸고『일본의 '사상'과 '비사상'』, 191-192와 이하도 참고했으면 한다).
필자로서는 이 유세비우스의 주장을 전형으로 하는 정치사상은 '그리스도교 제국주의'라
부르고 '정치신학'이라는 말은 (적어도 '천년왕국주의적 반란사상'도 포함한) 좀 더 넓은
범주를 가리킨다고 생각하고 싶다. 슈미트와 페테르존에 대해서는 슈미트/나가오長尾 ·
고바야시小林 · 아타라시新 · 모리타森田 참조(여기에 첨부된 역주와 '역자 후기'는 특히 뛰어
나다). 그리고 후술 제6장 주 12도 참조.

17) 4세기까지의 반로마적인 종말론이 '현상부정형종말론'(그러므로 그것은 때로 혁명적 양상
을 띤다)의 원형이라고 한다면 유세비우스의 그리스도교 제국주의는 '현상긍정형종말론'
의 원형이라고 할 수 있을 것이다. 이 두 가지는 서로 복잡하고 유기적인 관계를 맺으면서
그리스도교 전 역사에 걸쳐 매우 중요한 역할을 해왔다. 특히 종말론의 이 두 번째 유형에
대해 지금까지의 연구(예를 들면 콘/에가와 츠루江河徹 등)에서는 충분한 주의를 기울이지
않았지만(Mcginn, 32-33), 이것은 유럽적 보편주의의 성립을 생각할 때 매우 중요한
요소이다. 좀 더 일반적으로 말하자면 그리스도교 역사신학은 모두 어떤 의미에서건 종말
론을 배경으로 하고 있다는 사실을 지적해두어야 한다.

18) 파스칼,『팡세』, ed. J. Chevalier, 1259 frag. 544(485)(701); 마에다 요이치前田陽一
· 유키 야스시由木康, 348(frag. 701)의 번역도 참조. 이런 종류의 역사관에서는 사실 '어떤
원인으로 그런 일이 일어났는가' 하는 것('동력인動力因)이 아니라 '무엇을 위해 일어났는
가'('목적인目的因)로 설명된다. Gilson(1948), 372, n.2 참조. 마찬가지로 정신분석적
사고에서도 인간의 행위는 '어떤 목적을 달성하기 위해 행해졌는가'라는 것에 따라 의미가
부여된다. 본인의 의식에 감추어진 이 목적은 그리스도교 역사관에서 '신의 섭리'와 마찬가
지 역할을 하고 있다고 할 수 있다.

19) Pieiffer, Index, *s. v.* chrnology.

20) Momigliano(Tachet *et al.*), 150-151.

21) 키케로,『신들의 본성에 대해』III, 22에서는 '메르쿠리우스=토트'는 '다섯 번째 메르쿠리우스'라고 한다. 이 아우구스티누스의 한 구절은 피치노의『피만데르(청지기)』서문('대강의 줄거리')에도 인용되고 있다. Yates(1964, 1977) 2, 11-2, 14 및 후술하는 282-283 참조.

22)「신국론」XVIII, 39-40; 번역, 오시마大島 · 오카자키岡崎 IV, 347-348.

23)「창세기」1:1-2:3(인용 부분은 1:31).

24) Luneau, 37과 n.2 참조.

25)『위僞 바르나바 서신』XV, 3-8(Danielou[1958], 359-360에서 인용)을 참조. 12세기 신학자 생 빅토르의 리샤르는 이렇게 쓴다. "창조의 역사는 엿새에 이루어졌다. … 그리고 인간의 회복에 대한 역사는 여섯 개의 연대를 거치면서 완성될 것이다. (창조의) 6은 (구원의) 6에 해당하고 이렇게 해서 창조주는 또한 구원의 주이기도 하다는 것을 알 수가 있다" (Chenu, 74와 n.2[영역 180과 n.36]).

26) '천년왕국'이 직접적인 근거로 삼는 것은「요한계시록」20:4-6이다. 콘/에가와 츠루江崎徹, 13에 따라「계시록」13장 이하의 종말신화에서 특히 중요한 몇 군데를 발췌해둔다. "내가 보니 바다에서 한 짐승이 나오는데…. (이 짐승은) 또 권세를 받아 성도들과 싸워 이기게 되고 각 족속과 백성과 방언과 나라를 다스리는 권세를 받으니… 내가 보매 또 다른 짐승이 땅에서 올라오니… (이 짐승은) 짐승 앞에서 받은바 이적을 행함으로… 땅에 거하는 자들을 미혹하며… (앞의) 살아난 짐승을 위하여 우상을 만들라 하더라… (그) 짐승의 수를 세어 보라 그것은 사람의 수니 그의 수는 육백육십육이니라"(13:1, 7, 11, 14, 18). "또 내가 하늘이 열린 것을 보니 보라 백마와 그것을 탄 자가 있으니 그 이름은 충신과 진실이라 그가 공의로 심판하며 싸우더라… 또 내가 보매 그 짐승과 땅의 임금들과 그들의 군대들이 모여 그 말 탄 자와 그의 군대와 더불어 전쟁을 일으키다가 짐승이 잡히고 그 앞에서 표적을 행하던 거짓 선지자도 함께 잡혔으니 이는 짐승의 표를 받고 그의 우상에게 경배하던 자들을 표적으로 미혹하던 자라 이 둘이 산 채로 유황불 붙는 못에 던져지고…"(19:11, 19-20). "또 내가 보매 천사가 무저갱의 열쇠와 큰 쇠사슬을 그의 손에 가지고 하늘로부터 내려와서 용을 잡으니 곧 옛 뱀이요 마귀요 사탄이라 잡아서… 무저갱에 던져 넣어 잠그고 그 위에 인봉하여 천 년이 차도록 다시는 만국을 미혹하지 못하게 하였는데"(20:1-3). "또 내가 보좌들을 보니 거기에 앉은 자들이 있어 심판하는 권세를 받았더라 또 내가 보니 예수를 증언함과 하나님의 말씀 때문에 목 베임을 당한 자들의 영혼들과 또 짐승과 그의 우상에게 경배하지 아니하고 그들의 이마와 손에 그의 표를 받지 아니한 자들이 살아서 그리스도와 더불어 천 년 동안 왕 노릇 하니. (그 나머지 죽은 자들은 그 천 년이 차기까지 살지 못하더

라) 이는 첫째 부활이라. 이 첫째 부활에 참여하는 자들은 복이 있고 거룩하도다. ··· 그들이 하나님과 그리스도의 제사장이 되어"(20:4-6). 그런 다음 사탄이 다시 풀려나 '곡'과 '마곡'의 백성이 성도의 도시를 공격하지만 그들은 단번에 멸망하고 사탄은 영원히 '불과 유황의 바다'에 던져진다. 모든 죽은 이들의 부활과 '최후의 심판'은 그 다음에 이어진다. '최후의 심판'은 죽은 이의 행위가 모두 기록되어 있는 '생명의 책'을 토대로 이루어진다. "··· 사망과 음부도 불못에 던져지니 이것은 둘째 사망 곧 불못이라. 누구든지 생명책에 기록되지 못한 자는 불못에 던져지더라. 또 내가 새 하늘과 새 땅을 보니 처음 하늘과 처음 땅이 없어졌고 바다도 다시 있지 않더라. 또 내가 보매 거룩한 성 새 예루살렘이 하나님께로부터 하늘에서 내려오니 그 준비한 것이 신부가 남편을 위하여 단장한 것 같더라. 내가 들으니 보좌에서 큰 음성이 나서 이르되 보라 하나님의 장막이 사람들과 함께 있으매 하나님이 그들과 함께 계시리니 그들은 하나님의 백성이 되고 하나님은 친히 그들과 함께 계셔서 모든 눈물을 그 눈에서 닦아 주시니 다시는 사망이 없고 애통하는 것이나 곡하는 것이나 아픈 것이 다시 있지 아니하리니 처음 것들이 다 지나갔음이러라"(20:14-21:4). 엄밀한 의미에서 '천년왕국주의'란 이 20:4-6에서 말하는 '첫째 부활'에 의해 다시 살아난 자가 '그리스도와 더불어 왕이 되는' 천년의 왕국이 역사 안에(즉 모든 죽은 자의 부활과 '최후의 심판'에 의해 세계가 종결되기 이전에) 문자 그대로 실현된다는 신앙을 의미한다.

27) Danielou(1958), 360 이하; Bidez-Cumont, I, 217-222; II, 361-367; Luneau, 41-42.

28) 『아우톨리코스에게 바치는 글』 III, 28; cf. Daniélou(1961), 47-48.

29) 상동, I, 14; III, 23; cf. Daniélou, *loc. cit.*

30) 상동, III, 28; cf. Daniélou(1958), 364.

31) 유세비우스 이전(즉 콘스탄티누스 대제 이전)의 그리스도교 연대학자(율리우스 아프리카누스나 로마의 히폴리투스 등)는 '천년왕국주의자'에 가까웠지만 그 이후 대부분의 연대학자는 오히려 현실적인 천년왕국을 부정하는 경향이 강했다(특히 아우구스티누스). 그러나 이 아우구스티누스까지 포함하여 그들이 모두 넓은 의미에서의 종말론자였던 점은 의심할 여지가 없다. 유세비우스의 『연대기』는 아브라함을 기점으로 하고 있다. 또 이 『연대기』는 각 나라의 역사에 세로로 만든 난을 배치하여 동시대성을 일목요연하게 정리한 '연표' 형식을 처음으로 고안하여 사용한 예이기도 하다. Momigliano(Tachet *et al.*), 151-152. 비잔틴 제국에서는 유세비우스 이후에도 그리스도교적 연대학은 큰 발전을 거듭했다. 그 전통에 따라 콘스탄티노플의 역歷은 세계기원(그리스도 기원전 5509년)을 기점으로 계산되었다. Bréhier, 298-299와 n.1692 참조.

32) Bossuet, 57.

33) 『신국론』 XVIII, 19; 번역, 오시마大島 · 오카자키岡崎, IV, 304.

34) '이집트 왕 시샤크'(오시리스?)의 원정에 대해서는 「열왕기상」 14:25; 「역대기하」 12:2; 또 전술한 20-21 참조. 이상은 Baltrusaitis(1967), 195-196에 따른 것이다. 뉴턴의 역사관에 대해서는 또한 서던/오오에大江 외, 118-123도 보라. 서던의 같은 책 80-82는 이 유형의 역사서술이 1750년경까지 계속되었다는 것을 지적한다.

참고문헌에 대해

아우구스투스 황제 시대 로마의 제국주의에 대해서는 위의 주 5에 인용한 Luneau 및 Cochrane 이, 초기 그리스도교의 종말사상에 대해서는 졸고 『종말이 보이는 사막』(152-156)에 인용한 여러 저서(특히 콘/에가와 츠루江河徹, 8-18과 Lacarrière, 19-26 등)가, 유세비우스의 그리스도교 제국주의에 대해서는 위의 주 16에서 인용한 저술들이 집필의 주된 출발점이 되었다. 그리스도교적인 역사서술의 기원에 대해 가장 흥미 깊게 참고한 것은 Momigliano(Tachet et al.), 145-168의 "L'historiographie païenne et chrétienne au IVᵉ siècle après J.-C." 라는 논문이다. 위의 Momigliano에는 "The Origins of Universal History"(Annali della Scuola Normale di Pisa, 1982)라는 논문이 있는데 필자는 이것을 아직 보지 못했다.

그 밖에 그리스도교의 역사관 · 역사서술 전반에 대해서는 Gilson(1948), 365-382의 "Le Moyen age et L'histoire"라는 장 그리고 서던/오오에大江 · 사토佐藤 · 히라타平田 · 와타베渡部와 Smally 등이 특히 중요하다.

VI. 동의 여명 · 서의 황혼

1) 『신국』 XII, 14, 15; 번역은 핫토리 에이지로服部英次郎, III, 130-131을 참고로 했다.

2) 『티마이오스』, 37 D.

3) 현대의 근본주의가 고대로부터 17~18세기(예컨대 보쉬에)에 이르는 성서의 역사적, 문자 그대로의 의미해석(exégèse historique, Litérale)의 시대착오적 부활이라는 것은 예를 들면 전술한 133-134에서 인용한 아우구스티누스의 한 문장을 보더라도 확실히 알 수 있다. 하지만 반대로 그 근본주의의 '숙적'인 다위니즘이 그 아우구스티누스를 먼 조상으로 모실 수는 있는 일이다. 다위니즘에 대해서는 후술하는 378-380도 참조.

4) Gilson(1948²), 374와 n.2; 370과 n.1. 이 '지의 종말론'의 중요한 논거 중 하나가 '진리는 시간의 딸이다'(Veritatis filia temporis)라는 고대 이래의 토포스다. 이 주제는 세네카에서 로저 베이컨, 파스칼을 거쳐 근대에 이어지고, 물론 19~20세기의 과학신앙 시대에 가장 융성했다. Hadot(1983 B), 467-468 참조.

5) 「갈라디아서」 3:23-4:7. 또한 「고린도전서」 13:11에서 바울은 이렇게 말한다. "내가 어렸을 때에는 말하는 것이 어린 아이와 같고 깨닫는 것이 어린 아이와 같고 생각하는 것이 어린 아이와 같다가 장성한 사람이 되어서는 어린 아이의 일을 버렸노라." 후술 제15장 주 49도 참조.

6) 『신국』 X, 14; 번역 ,핫토리 에이지로服部英次郎, II, 339-340. 이 텍스트에 대해서는 또 Guroult(1984), 105도 참조. 전술 제4장 주 49를 보라.

7) 「히브리서」 9:12, 25-28; 10:2, 10-18; 「베드로전서」 3:18 참조.

8) 이와는 별도로 개인사의 네 가지 연대(유년, 청년, 성년, 노년)를 네 가지 인간의 기질(점액질, 다혈질, 황담즙질, 흑담즙질), 사계절, 네 방향 등에 맞춰 구분하는 전통도 있었다. Klibansky, Panofsky, Saxl, 292-297 참조. 또한 아리에스(스기야마 미츠노부杉山光信·스기야마 에미코杉山惠美子), 21-27과 이하 참조.

9) Guenee, 151과 96; 또 서던/오오에 외, 45-51; Chenu, 75-77(영역 179-182)도 참조.

10) 「다니엘서」 7:2-8.

11) Dhorme et al., II LXXXVI 이하; 650-651, notes.

12) Guenee, 148; Chenu, 74(영역 179); McGinn, Index s. v. Four Empires; Transltio imperii 참조. 같은 책 305, n.18이 인용하는 Werner Goez, Translatio imperii, Ein Beitrag zur Geschichte des Geschichtsdenkens und der politischen Theorien im Mittelater und in der fruben Neuzeit, Tübingen, Mohr, 1958(필자미상)이 이 문제에 관한 기본문헌이다. 13~14세기의 어떤 이론가들에 따르면 '제4의 제국=로마제국'은 그리스도의 탄생에 의해 '그리스도의 제국'으로 이어졌다고 한다. 그러므로 이 제국은 세상 끝에 이르러서도 끝나지 않을 것이다. Kantorowicz, 292-294 참조. 이런 종류의 정치사상은 일반적으로 '정치적 아우구스티니즘'이라 불린다(아우구스티누스의 '이국론二國論'을 생각하면 이것은 역설적 호칭이지만). '신성로마제국'(그리스도의 제국)의 개념을 핵심으로 한 이 정치적 아우구스티니즘(이것은 유세비우스적 그리스도교 제국주의의 또 다른 형태라고 할 수 있을 것이다)은 예컨대 12세기 최고의 신학자 중 한 사람인 생 빅토르 위고도 분명히 인정하고 있고, 또 16세기의 멜란히톤은 그 사상을 프로테스탄트 게르만주의에 갖다 붙여 주장했다가, 장 보댕의 비판을 받았다. Chenu, 78-79, 81, 84-85(영역 185-

186, 190, 195) 참조. 그리고 단테에 대해서는 주 39도 보라.

13) 이 점에 대해서는 와타나베 긴이치渡辺金一(1980) 중에서 특히 제2장 "제왕의 광휘와 한계", 73-120 참조.

14) 발렌스 황제의 죽음에 대해서는 졸고『종말이 보이는 사막』, 160, n.32(쿠르셀[나오키 게이타로尚樹啓太郎], 11과 n.70을 인용-)도 보라.

15) 『설교』LV, 7, 9 및 10; 번역, 쿠르셀/나오키 게이타로, 74.

16) 이상, 쿠르셀/나오키 게이타로, 9-12; 37-49; 66-74; 115-118 참조.

17) 여기서 말하는 '로마'란 지명도 국명도 아니다. 그것은 오히려 헬레니즘 후기부터 중세까지의 절대적 보편주의를 정치적으로 구현한 '세계제국'이라는 개념의 다른 명칭으로 봐야 한다.

18) 와타나베 긴이치(1980), 93

19) Folz(1964), 93.

20) 이 당시의 사정에 대해서는 와타나베 긴이치(1969), 153-181; Halphen, 111-126; Folz(1964), 91-208 등을 보라. 이 프랑크 왕국에 의한 로마제국 계승의 배경에는 로마인이 트로이아의 왕족으로 뛰어난 장수였던 아에네아스의 후예라고 자칭한 것과 마찬가지로 프랑크인도 트로이아의 헥토르의 아들 프랭크스를 시조로 삼아 그 고귀한 피를 이어받은 민족이라는 (6~7세기로 거슬러 올라가는) 메로빙거 왕조시대의 계보학자가 창작한 전승설이 작용하고 있었다. 이 신화와도 같은 기원을 토대로 그들은 로마인과 마찬가지로 세계의 수장이 될 권리를 갖는다고 여겼던 것이다. 이 신화는 오토 대제의 제국권력 정당화에 이용되었으며, 르네상스기의 프랑스 제국주의의 이데올로기적 근거로도 이용되었다. Folz(1964), 100; 서던/오오에大江 외, 32-34, 28-29; Yates(1975, 1977), 130-133; 폴리아코프/아리아주의 연구회, 23-24 등을 참조.

21) Halphen, 209-210과 n.689에 따른다.

22)「요한계시록」21:11-21 "(11-12) 하나님의 영광이 있어 그 성의 빛이 지극히 귀한 보석같고 벽옥과 수정 같이 맑더라. 크고 높은 성곽이 있고 열두 문이 있는데 문에 열두 천사가 있고 그 문들 위에 이름을 썼으니 이스라엘 자손 열두 지파의 이름들이라. (14) 그 성의 성곽에는 열두 기초석이 있고 그 위에는 어린 양의 열두 사도의 열두 이름이 있더라. (16) 그 성은 네모가 반듯하여 길이와 너비가 같은지라… (19) 그 성의 성곽의 기초석은 각색 보석으로 꾸몄는데… (21) 그 열두 문은 열두 진주니 각 문마다 한 개의 진주로 되어 있고 성의 길은 맑은 유리 같은 정금이더라."

23) 앞의 주석 참조. 그리고 제4장의 [그림 31]을 보라.

24) 이 '성스러운 왕관'에 대해서는 Folz(1967), 51-54 참조. 하지만 오토 1세 자신은 '프랑크인의 황제'라고 칭했으며 '로마인의 황제 아우구스투스'의 칭호를 스스로 붙인 것은 오토 3세가 처음이었다(982년 이후). 와타나베 긴이치渡辺金一(1969), 220-223 참조.

25) Chenu의 영역판(뒤의 주 27에 인용)에서는 이 '콘스탄티누스 대제'를 '테오도시우스 대제'(재위 379~395년)로 대체하고 있다. 이 황제의 치세 때에 로마제국의 동서분열이 결정적인 것이 되었다. 또한 테오도시우스 황제는 그리스도교를 국교로 정한 것으로도 알려져 있다(390년).

26)「마태복음」13:24-30 참조. "천국은 좋은 씨를 제 밭에 뿌린 사람과 같으니. 사람들이 잘 때에 그 원수가 와서 곡식 가운데 가라지를 덧뿌리고 갔더니… 종들이 와서 말하되 주여 밭에 좋은 씨를 뿌리지 아니하였나이까 그런데 가라지가 어디서 생겼나이까. 주인이 이르되 원수가 이렇게 하였구나. 종들이 말하되 그러면 우리가 가서 이것을 뽑기를 원하시나이까. 주인이 이르되 가만 두라 가라지를 뽑다가 곡식까지 뽑을까 염려하노라. 둘 다 추수 때까지 함께 자라게 두라 추수 때에 내가 추수꾼들에게 말하기를 가라지는 먼저 거두어 불사르게 단으로 묶고 곡식은 모아 내 곳간에 넣으라 하리라."

27) Otto von Freising, *Chronica*, V, prol.; cf. Chenu, 81(영역 189).

28) Chenu, 84-85(영역 194-195) 참조. 또 같은 책 77-78(영역 184-185); 217-218(영역 157-158)도 보라.

29) 천지창조의 역사는 동쪽에서 시작되었다. 그것은 지상의 낙원인 에덴이 동쪽 끝에 있다고 여겼기 때문이다. 이에 대해서는 후술 196-199 참조.

30) Hugues de Saint-Victor, *De arca Noe morali*, Ⅳ, 9; Otto, *Chronica*, V, prol.; I, prol.; cf. Chenu, 79(영역 187-188); 그리고 전술 39-40도 보라.

31) 12세기 중반 이후 이 토포스의 새로운 발전에는 이슬람(특히 그 신비주의)의 영향을 인정해야 할지도 모른다. 페르시아의 시아파 이슬람의 가장 중요한 학파 가운데 하나인 '조명학파照明學派(이시락)'의 설에 따르면 고대 이래로 하나의 보편적이고 영원한 예지가 있고 그것은 "다양한 형태로 고대 인도인, 페르시아인, 바빌로니아인, 이집트인과 아리스토텔레스에 이르는 그리스인 사이에 존속하고 있었다." 이 예지는 헤르메스(아가토데몬, 세토)를 기점으로 하여 한편으로는 그리스의 아스클레비오스, 피타고라스, 엠페도클레스, 플라톤에서 신플라톤주의자로 이어지고, 다른 한편으로는 고대 페르시아의 신관적 왕후·현자들에게로 이어지다가 조명학파의 지도자 수라와르디(1153~1191년)에 의해 재통일되었다고 한다. 또한 그 조명학파에서는 '동방/서방'에 관한 특수한 신비스런 상징symbolism이 행해지고 있었던 점도 주목할 만하다. 그에 따르면 "동방이란 순수한 빛 혹은 대천사의

세계이고, 암흑이며 물질성이 없어 육안으로는 파악할 수 없는 세계이다. 그리고 서방세계란 어둠 혹은 물질의 세계이고, 빛과 어둠이 섞여 있어 볼 수 있는 하늘의 세계로서 근서近西라고도 할 수 있는 세계가 있다"(이 상징은 그노시스 문헌『진주의 노래』에서도 볼 수 있다. Jonas, 113-116). 조명학파의 설이 그대로 중세 라틴세계에 전해졌다고 할 수는 없지만, 유사한 설이 어떤 형태로 유입되었을 가능성은 충분히 있다(특히 뒤에 인용될 파리의 리처드, 로버트 그로스테스트, 로저 베이컨 등이 '아랍인의 예지'에 대해 언급하고 있다는 점은 주목할 만하다). 조명학파의 설에 대해서는 나스르/구로타 주로黒田壽郎 · 가시와기 히데히코柏木英彦, 91-99(특히 93, 94-95, 98-99) 참조.

32) Roland de Cremone, *Expos. in Job*, prol.; cf. Chenu, 80(영역 188). 마찬가지로 생 빅토르 위고는 점성술을 발명한 것으로 전해지는 조로아스토레스가 노아의 아들 셈과 동일인물이라고 하고, 또한 '모든 학문과 예술의 어머니'인 이집트의 땅에서 이시스의 남편, 오시리스가 처음으로 문법을 발명했다고 말한다. 서던의 앞서 언급한 책 64, 66-67 참조.

33) Richard de Bury, *Philobiblion*, 9; cf. Chenu, 80(영역 188).

34) Thorndike, II, 449-451에 따른다.

35) 이것은 유대인 역사가 요세푸스의 기술을 따르고 있다. 그에 따르면 노아의 시대에 이르는 가장 오래된 시대의 사람들이 경이적인 장수를 누린(노아는 950세로 세상을 떠났다고 한다) 이유 중 하나로 그들이 행한 "천문학과 기하학의 여러 발견에 대한 이용을 장려하기 위해서도 하나님은 그들에게 장수를 주셨던 것이다. 왜냐 하면 대년大年의 완전한 일주기인 600년을 사는 것이라면 그들은 아무것도 정확하게 예지할 수 없었기 때문"(*Ant. Jud.*, I, III, 9, 106; 번역 하타 고헤이秦剛平 I, 69)이라고 한다.

36) 베이컨/다카하시 겐이치高橋憲一, 46; cf. Thorndike, II, 646-647; Gueroult(1984), 125-126.

37) Berkeley, *Verses on the Prospect of Planting Arts and Learning in America*; 번역, 서던/오오에大江 외, 79-80. 이것은 프로테스탄트의 미국에 관한 종말론적 사변의 한 표현이다. 엘리아데에 따르면, 예를 들어 1583년 험프리 길버트 경은 "영국이 '이처럼 광활하고 쾌적한 영토'를 손에 넣을 수 있었던 것은 분명 동방에서 발한 하나님의 말씀, 즉 종교(그리스도교)가 서서히 서방으로 진행되어간다는 점 때문일 것이라고 한다. 그는 그리스도교의 발걸음은 이 서쪽 끝, 즉 아메리카에 이르러 '아마 멈출 것이다'라고 쓰고 있다. … 또한 신학자 토마스 바넷은 그의 저서 *Archeologiae*(1692년)에 '태양과 마찬가지로 과학도 그 발걸음은 동쪽에서 시작되어 그 후 서쪽으로 나아간다. 이 서쪽에서 우리는 이미 오랜 세월 동안 그 광명을 누리고 있다'라고 쓴다"(Eliade, 171). 엘리아데(상동, 170-173)

또는 그가 인용하는 Charles L. Sanford, *The Quest for Paradise*(1961; 필자미상)는 이 테마가 르네상스의 태양의 상징으로 거슬러 올라간다고 말하지만, 그것은 좀 더 직접적으로 이 12~13세기 이후의 토포스에 관련되는 것으로 생각해야 할 것이다.

38) 번역, 다케이치 다케토武市健人, I, 218; 그리고 예를 들면 같은 책 211도 참조. 여기서 '동쪽의 우위'가 '서쪽의 우위'로 명확히 역전된 것은, 나중에 보듯이 피오레의 요아킴이 '시원에 있어 동에서 서로'의 방향을 '종말에 있어 서에서 동으로'의 방향으로 역전시켰던 것과 관련을 지을 수 있을지도 모른다. 후술 266 참조.

39) 그러나 군주정치monarchia는 적어도 단테 시대 이후 '(세계)제국'의 동의어였다. 단테의『제국론』I, II, 1-2의 정의 참조. 그리고 같은 책 I, XVI, 1-2에서 단테는 아우구스투스의 평화가 그리스도의 탄생을 위한 준비였다고 하는, 유세비우스와 같은 논의를 전개하고 있다(전술 129-130 참조). 단테의 그리스도교 제국주의에 대해서는 특히 Kantorowicz, 465-468과 이하 참조.

참고문헌에 대해

그리스도교적 역사관·역사서술 전반의 참고문헌에 대해서는 전장 주석 말미의 '참고문헌에 대해'를 보기 바란다. 여기서는 그 밖에 본장에서 특별히 이용한 문헌을 몇 가지 거론하겠다.

아우구스티누스가『신국론』을 집필하던 무렵 로마의 상황에 대해서는 쿠르셀/나오키 게이타로尚樹啓太郎가, 샤를마뉴와 오토 대제에 대해서는 Folz(1964) 및 Id.(1967) 두 저서가 특히 흥미로운 내용을 제공했다.

12세기 및 그 이후의 역사관에 대한 기본 문헌은 Chenu 특히 "Conscience de l'histoire et theologie"(61-89)라는 장이다. 이 책은 라틴어가 그대로 인용되어 독해하기 힘들지만 영역판에서는 인용문이 모두 번역되어 있어 읽기 편하다. 그리고 영역판에는 사용하기 좋게 색인도 붙어 있다(단 이것은 초역이다).

중세에서 르네상스에 이르는 정치신학 전반에 대한 기본 도서에 Kantorowicz가 있는데 이것은 입수가 늦어졌기 때문에 부분적으로 이용할 수밖에 없었다.

VII. 종말의 예루살렘

1) Reeves, 22-23; Mottu, 14-16; 서던/스즈키 도시아키鈴木利章, 56-57; 서던/오오에大江

외, 111-113, … 이 짐승의 다섯 번째 머리 '멜세무투스Melsemuthus'는 다른 데서는 Mesemo-
thus 혹은 Meselmuti(복수)라고도 쓴다. 이것이 역사 속의 어떤 인물 또는 집단에 해당하는
지는 밝혀지지 않았지만 아마 스페인 또는 마그레브 지방의 모르인(무슬림 혹은 그 특정
지도자?)을 가리킬 것이다. Carozzi et Taviani-Carozzi, 223-224; McGinn, 317, n.53;
서던/오오에 외, 112-113 참조.

2) 「다니엘서」 7:20, 25-26.

3) 「다니엘서」에서 말하는 이 '한 해'의 단위는 단순히 1년을 나타내는 것이라고 여겨지고 있다.
따라서 '한 해와 두 해와 반 해'는 3년 반을 의미한다. 사실 안티오코스 에피파네스에 의한
예루살렘 신전 모독은 3년 남짓 동안 계속되었다(기원전 168~165년… 전술 147 참조).
「다니엘서」 9:27의 '이레의 절반'(3.5일), 8:14의 '이천삼백 주야'(1150일), 12:11의 '천이
백구십 일' 및 「요한계시록」 11:2, 13:5의 '마흔두 달'(1260일)도 거의 같은 시간을 나타내고
있다(Dhorme et al. II, 654, note). 그리고 후술하는 요아킴이 '성령의 시대'의 도래를
1260년이라고 생각한 근거는 이 마지막 숫자이다(Mottu, 302, n.2).

4) 이상 서던/스즈키 도시아키鈴木利章, 31-37; 서던/오오에大江 외, 90-94에 따른다.

5) Roux, 9. "그림자를 만들지 않는 한 기둥"이란 다시 말해 정오였음을 의미할 것이다.

6) 단테의 『신곡』, "연옥" 27, 1-6; 번역 야마카와 헤이사부로山川丙三郎, II, 170.

7) 「데살로니가후서」 2:3. 앞의 제5장 주 15 참조.

8) 『위偽 메토디우스』, 14; cf. McGinn, 76. 이와 거의 동일한 종말신화는 라틴어판 『티브르티
나 신탁집』(그리스어 원본은 4세기 말에 만들어졌다. 현존하는 라틴어판은 10세기 말, 북이
탈리아에서 제작된 것으로 보인다)에서도 볼 수 있다. McGinn, 49-50; Carozzi et
Taviani-Carozzi, 56-57 참조. 이 두 기록 모두 이른바 시빌라 계통의 예언이다.
　　이 '골고다 언덕의 거룩한 십자가'는 분명한 종말론적 상징이다. 중세의 전승에서는 이
십자가 나무는 아담이 그 열매를 먹고 하나님을 배반한 곳의 나무로 만들어졌다는 설이
사용되었다. 그리고 4세기 말 이후의 전설에 따르면 이 십자가 나무는 그리스도 사후 땅속에
묻혀 있었는데 콘스탄티누스 대제의 어머니 헬레네가 예루살렘을 찾아가 발굴했다고 한다.
헬레네가 예루살렘 유대인들에게 이 십자가가 묻힌 곳을 물었을 때 그들은 그것이 발견되었
을 때 유대교가 멸망할 것이라는 예언을 근거로 입을 다물었는데 어느 날 유다라는 이름을
가진 한 사람이 고문 끝에 그 소재지를 밝혔다고 한다. 이 유다(이 이름은 당연히 '배신자
유다'와 연관하여 선택되었을 것이다)는 나중에 그리스도교로 개종하여 큐리아코스라는
이름으로 예루살렘의 주교가 되고 '배교자' 율리아누스 황제에 의해 순교했다고 전해진다.
Legende doree(Roze), I, 341-350; Barnes, 248; 382, n.130 등을 참조.

9) 이 '최후의 세계황제'는 중세부터 르네상스에 걸쳐 그리고 그 이후의 종말신화 속에서 가장 큰 역할을 했던 상징 가운데 하나였다. 그것을 최초로 언급한 것은 확실히 4세기 말로 거슬러 올라간 『티브르티나 신탁집』에서였을 것이다(앞의 주 참조. 이것은 '오랑캐'의 침입으로 로마가 당장에라도 붕괴될 것처럼 느꼈던 시대에 만들어졌다). 그에 따르면 온갖 재앙이 세계를 습격한 이후, 그리스에 콘스탄스라 불리는 황제가 나와 동서 로마를 통일하고 112년 (또는 120년) 동안 세계를 통치할 것이라고 한다. 그는 모든 이교도를 멸망시키거나 또는 개종시키고 그 치세의 끝에 '곡과 마곡'의 군세까지 멸망시킨다. 이렇게 하여 그 임무를 마친 황제는 예루살렘의 골고다 언덕에 왕관과 황제의 옷을 놓고 "그리스도교 국가를 신의 손에 맡긴다. … 이때 적그리스도가 나타나 예루살렘 신전에서 천하를 통치하고 기적을 행하여 많은 사람들을 속이고 그 속임수에 넘어가지 않은 사람들을 박해한다. 주는 선택된 사람들을 위해 이 기간을 단축하여 적그리스도를 멸하기 위해 대천사 미카엘을 파견한다. 이렇게 하여 드디어 주의 재림이 실현되는 길이 열리는 것이다."(콘[에가와 츠루江河徹), 21; 또 McGinn, 49-50; Carozzi et Taviani-Carozzi, 49-59 등 참조).

　　여기에서의 종말신화 시나리오는 「요한계시록」의 그것(제5장 주 26 참조)과는 사뭇 다르다. 「계시록」에서는 (1) 적그리스도(열 개의 뿔을 가진 짐승 등)의 출현-전 세계의 재앙, (2) '하얀 말'을 탄 구세주('의로써 심판하고 싸우는 자'로서 재림한 그리스도)의 출현-적그리스도의 멸망과 사탄의 천 년간의 감금, (3) 순교자의 부활과 그리스도 치세하의 천년왕국, (4) 곡과 마곡의 습격과 최후의 전투-사탄의 최종적 패퇴, (5) 모든 죽은 이의 부활과 마지막 심판, (6) 세계의 종말과 하늘인 예루살렘의 강하… 등으로 이어진다. 이것을 『티브르티나 신탁집』과 위僞 메토디우스의 예언 등 시빌라 계통 예언의 시나리오와 비교하면 후자인 '최후의 세계황제'의 역할은 「계시록」의 '하얀 말'을 탄 '싸우는 구세주'의 그것과 거의 맞아떨어지는 것으로 생각된다. 시빌라 계통의 예언에서는 '천년왕국'은 생략되어 있지만 최후의 세계황제의 긴 치세가 그에 해당한다고 생각할 수 있다. 중세 후기에 이 '최후의 세계황제' 신화는 아서 왕, 샤를마뉴, 또 프리드리히 1세(붉은수염왕) 등의 명망 있는 왕의 전설과 뒤섞여 이들 왕의 '환생'이 세계를 정복·통치하여 그리스도교적 평화로 이끄는 최후의 황제가 된다는 주장이 되풀이되어왔다. 특히 '제2의 샤를마뉴' 전설은 독일과 프랑스 양측에서 다 이용하기 좋은 것으로 카를(또는 샤를)이라는 이름의 황제(또는 왕)가 즉위할 때마다 이 전설에 새로운 불이 붙었다고 여겨진다. Reeves, 59-72와 Index, s. v. Charlemagne 참조.

　　'최후의 세계황제' 신화는 '제왕으로서 적그리스도' 신화에 대립-대응하는 것이라고 할 수 있다. 적그리스도 신화에는 그 밖에도 '거짓 예언자·거짓 교황으로서 적그리스도' 신화라는 측면이 있다. 13~14세기 이후 많이 나온 '천사 교황'을 둘러싼 예언은 이 적그리스도 신화의 두 번째 측면에 대립-대응하는 것이라고 할 수 있을 것이다. 이것도 '최후의 세계황제 신화'와 결부되어 '중세의 가을' 이후 종말환상의 중요한 요소로 자리 잡기 시작한다. 이 최후의 세계황제 치하의 수도인 예루살렘에 대해서는 예를 들면 Reeves, 68, 70, 80, 95, 122, 157; McGinn, 86, 90, 119-121, 169, 183, 191, 201, 206, 250, 278, 282; 그리고 Oldenbourg, 341 등을 보라.

10) 서던(모리오카森岡 · 이케가미池上), 35-33과 이하 참조.

11) 이상 Duby, 105-110; 서던(모리오카 · 이케가미), 184-192 참조. 성흔에 대해서는 Cross and Livingston, *The Oxford Dictionary of the Christian Church*, s. v. Stigmatization, 1311.

12) 「이사야」 11:10의 원문은 "그 날에 이새의 뿌리에서 한 싹이 나서 만민의 기치로 설 것이요 열방이 그에게로 돌아오리니 그가 거한 곳이 영화로우리라." 「이사야」 11:1 이하는 메시아 예언으로서 유명하다. '이새'는 다윗 왕의 아버지 이름. 즉 다윗의 자손 중에 '모든 민족'을 구원할 메시아가 나올 것이라는 예언이다. 이것은 「로마서」 15:12에 "또 이사야가 이르되 이새의 뿌리 곧 열방을 다스리기 위하여 일어나시는 이가 있으리니 열방이 그에게 소망을 두리라 하였느니라"라고 인용되고 있다.

13) Guibert de Nogent, *Gesta dei per Francos*; cf. Carozzi et Taviani-Carozzi, 64, 66-67. 「이사야」 43:5는 "두려워 말라. 내가 너를 보살펴 준다. 내가 해 뜨는 곳에서 너의 종족을 데려오고 해지는 곳에서도 너를 모아 오리라"로 되어 있다. 이 구절에 대해서는 후술 356-357을 참조하시오.

14) 이들 사실관계에 대해서는 예를 들면 Oldenbourg, 96-156 참조. 십자군 병사의 수나 학살된 사람들의 수 등은 어디까지나 추측에 의존할 수밖에 없다. 그리고 이 '빈자의 십자군'에 의한 유대인 학살에 대해서는 Poliakov, I, 241-253도 참조.

15) Raymond d'Aiguilhers를 인용한 콘(에가와 츠루江河徹), 60.

16) Mottu, 106.

17) 아브람은 정식 아내 사라에게 아이가 없었기 때문에 이집트 여자 하갈에게 이스마엘을 낳게 했다. 그러나 나중에 사라는 '여호와의 은혜'로 이삭을 낳았다(「창세기」 16-17:21 등). 그리스도교의 예표론적 해석에 따르면 '자유로운 여자의 아들' 이삭은 그리스도의 예표이고 그 자손은 그리스도 교회의 예표인데 비해 '여종의 아들' 이스마엘은 유대인의 예표로 간주한다(주요 전거는 「갈라디아서」 4:22-31. 이 우의적 해석을 토대로 하면서 베다 및 동시대(8세기) 사람들은 사라센인을 문자 그대로 이스마엘의 자손이라고 생각했

다. 서던(스즈키 도시아키鈴木利章), 24-26 참조. 이 해석은 그 후에 중세시대를 통해 일반
적인 것이 된다. 후술하는 제16장 주 23 참조.

18) 이상에 대해서는 Mottu; Reeves, chap. I; Lubac(1978-1981), I, chap. I 참조.

19) Reeves, 29-30 참조.

20) *Ibid.*, 29-47과 이하 특히 41-42, 44-45, 46, 57-58 참조. 1254년 프란체스코회의
젊은 수도사 제럴드 다 보르고 산 돈니노는 파리에서 『영원한 복음-서론』(*Liber introduc-
torius in Evangelium aeternum*)을 발표하여 커다란 신학적 스캔들을 일으켰다. 이것은
요아킴의 『신·구약 성서대응론』(*Liber Concordiae Novi ac Veteris Testamenti*)을 비롯
한 저서의 주석에 '서론'을 덧붙인 것으로 여기서 제럴드는 요아킴의 예언이야말로 「요한계
시록」14:6에서 말하는 '공중에 날아가는 천사'에게서 영감을 얻어 쓴 '영원한 복음'임이
틀림없다고 선언한다("또 보니 다른 천사가 공중에 날아가는데 땅에 거주하는 자들 곧
모든 민족과 종족과 방언과 백성에게 전할 영원한 복음을 가졌더라. 그가 큰 음성으로
이르되 하나님을 두려워하며 그에게 영광을 돌리라 이는 그의 심판의 시간이 이르렀음이
니"(「요한계시록」14:6-7). 요아킴의 말은 구·신약 성서를 '소용없게 만드는'(「고린도전
서」13:8) 새로운 성약서, '영원한 복음', '성령의 복음', '왕국의 복음'이며 성 프란체스코는
바로 이 '공중에 날아가는 천사'의 현현, 즉 이 복음을 세상에 실현하기 위해 나타난 '또
한 명의 그리스도'(*alter Christus*)라는 것이다. 물론 이 일은 기성 교회를 강하게 자극하여
제럴드는 이단으로 간주되어 종신 감금당하고 그의 저서는 분서에 처해졌다. Lubac, *ibid.*,
I, 80-88; Mottu, 29-31 이하; Reeves, 32-34 참조. 이 '영원한 복음'이라는 개념에 대해
서도 요아킴주의와 기원후 2세기의 몬타누스파(그들의 '제3의 성약서')와의 흥미로운 유
사점을 찾을 수 있을 것이다.

21) 르네상스의 그리스도교 카발라주의자와 요아킴주의의 관계에 대해서는 Reeves, 101-
107; Lubac, *ibid.*, I, 198-203(포스텔에 대해서는 후술 제15-16장); 예수회의 일부는
Reeves, 116-121(예수회 수도사 루박은 이 점에 대해 완전히 침묵하고 있는 것 같다);
뮌처는 Reeves, 141-142; Lubac, *ibid.*, I, 177-180; 재세례파는 Id., *ibid.*, I, 180-182;
생 시모니즘은 *ibid.*, II, 16-30; 레싱은 *ibid.*, I, 266-278; 헤겔은 *ibid.*, I, 359-377;
미슐레는 *ibid.*, II, 442-445 등을 참조. 그리고 프란체스코회의 미국 선교에 대해서는
마스다 요시로増田義郎(1979), 175; Phelan. 하비에르 이후 예수회의 극동 선교는 직접적
으로는 요아킴주의와 관계가 없다. 그러나 그 시대 전반에 깊은 요아킴주의의 그림자가
드리워져 있었던 것은 부정할 수 없는 사실로, 그 배경을 고려하지 않는다면 이 선교활동의
근본적인 동기도 충분히 이해할 수 없을 것이다. 본서의 제11~16장 전체를 참고하기 바란

다. 또한 선교와 종말론의 관계 일반에 대해서는 후술 212-217 참조.

참고문헌에 대해

십자군의 문제에 대해 특히 유럽 측 자료를 토대로 하여 사실관계를 파악하는 연구는 진전이 있지만, 그 해석과 정신사에서의 위상 등에 대한 연구는 겨우 단서만 붙잡은 수준이라고 생각된다. Oldenbourg는 학술서는 아니지만 기술에 있어 비교적 한쪽에 치우치지 않는, 전체적으로 신뢰할 만하다.

본장에서 전개한 11∼12세기 종말론과 십자군운동의 관련을 중시하는 견해에 대해 예를 들면 McGinn(88-89)은 비판적이며, 보다 '현실정치적' 측면에 중점을 둔 견해를 취하고 있다. 이 둘은 오히려 상호보완적으로 고려해야 할 것이다.

십자군운동과 '12세기 르네상스'의 사상 그리고 그리스도교의 '인간화'와의 관련은 여기서는 간단히 언급하는 것으로 그쳤지만 앞으로 가장 중요한 과제 중 하나가 될 것이다.

요아킴의 사상과 요아킴주의의 역사에 대해서는 Mottu(요아킴 자신의 사상), Reeves(주로 16∼17세기까지 요아킴주의의 역사), Lubac(1978-1981), 2vol.(중세부터 현대에 이르는 요아킴주의와 그 영향의 역사로, 특히 18∼19세기 이후의 낭만주의적 역사관에 중점을 두고 있다) 등 세 저서 그리고 McGinn; Carozzi et Taviani-Carozzi; 콘(에가와 츠루江河徹); 서던 (오오에大江 외)(109-118) 등을 주로 참조했다. 이 중에 Reeves는 기본적으로 Marjorie Reeves, *The Influence of Prophecy in the Later Middle Ages*, Oxford, 1969를 요약·발전시킨 것이다. 이 후자는 요아킴주의의 역사에 관한 가장 포괄적이고 또 결정적으로 중요한 연구서인데 유감스럽게도 참조할 수 없었다. 또 Lubac(1978-1981)은 호교론적 경향이 강해 문제가 없는 건 아니지만 미개척 분야를 경이적인 학식과 교양으로 논한 것으로 앞으로의 연구에 빼놓을 수 없는 출발점이 될 것이다.

VIII. 낙원의 지리 · 인도의 지리

1) 다카다 오사무高田修, 117, 126-127 참조.
2) 상동, 118-119, n.9. 토마스 행전 I-II, 1-27 참조.
3) 토마스 행전, 168, 170.
4) 초기 기록으로는 예를 들면 토메 피레스나 바르보자에 의한 것이 있다. 피레스(이쿠타生田

· 이케가미池上 · 가토加藤 · 나가오카長岡), 164; 572-573. 원래 이 남인도 그리스도교도의
존재는 마르코 폴로를 비롯한 중세의 여행가들에게도 알려져 있었다(Yule-Cordier[1929],
II, 353-359). 그러나 중앙아시아의 네스토리우스파 그리스도교도의 존재가 결코 드물지
않았던 시대에 이 '발견'은 그다지 놀랄 만한 일로 여겨지지 않았다. 이것은 15~16세기
포르투갈인에게도 마찬가지였을 것이다. 이것이 '놀랄 만한 일'인 것은 현대 우리의 상식에
입각해서다.

5) Yule-Cordier, *ibid.*, II, 358 참조.

6) 전해지는 설에 따르면 토마스의 성 유물은 394년에 에데사로 옮겨졌다고 한다. Farmer,
The Oxford Dictionary of Saints, 374. 이상 Farmer, *ibid.*, 374-375; Lach, I-1, 25.

7) 예를 들면 Lach, *loc. cit.*, n.71이 인용하는 Brown, *The Indian Christians of st. Thomas*,
Cambridge, 1956, 65(필자미상) 참조.

8) Lamotte, 513-518 참조.

9) Moule, 11-12.

10) Yule-Cordier, *ibid.*, II, 357.

11) Cross and Livingston, *The Oxford Dictionary of the Christian Church*, 858; 요하네
스 크리스토모스를 인용한 Legende doree(Roze), I, 64 참조.

12) Lamotte, 518.

13) Otto von Freising, *Chronica sive Historia de duabus civitatibus*, VII, 33; cf. Beck-
ingham, I, 4(또 Yule-Cordier[1914-1915], III, 16, n.1에 라틴어 원문이 인용되어
있다).

14) '프레스터 요한'이라는 이름의 기원에 대해서는 다양한 설이 있는데 결정적인 설은 아직
없다. 이 이름을 실재했던 인물의 이름으로 소급해서 설명하려 하기보다 오히려 Yule-
Cordier(1929), I, 232가 말하듯이 사도 요한 이름과의 관련에 주목해야 할지도 모른다.
요한은 그의 「요한2서」와 「요한3서」 앞부분에서 스스로를 '장로'라고 부른다. 그리고 중세
전설에 따르면 그는 불사의 생명을 받았다고 하고 또 어떤 교부들의 설에서는 그리스도의
재림 전에 세례자 요한이 한 것과 마찬가지로 종말의 도래를 알리기 위해(그리고 적그리스
도의 정체를 폭로하기 위해) 다시 세상에 나타날 것이라고 한다. 만약 이 설이 맞는다면
프레스터 요한 전설 역시 중세의 종말환상과 직접 관련이 있다는 의미가 된다. 그리고
이것은 충분히 있을 수 있는 일이다.

15) Beckingham, I, 4-9; 또 예루 타시耶律大石와 그 진영의 종교에 대해서는 마에지마 신지前嶋
信次, 100을 참고했다(Sanjar와 Saniardos의 철자에 대해, 라틴어로는 'i'는 유성 파찰음

'j'의 표기로 사용되었다).

16) Thorndike, II, 138-239; Beckingham, I, 9-10 참조. (그리고 V. Slessarev, *Prester John The Letter and the Legend*, Univ. of Minessota, Minapolis, 1959는 필자미상이지만 Beckingham, *loc. cit.*가 인용되어 있다.)

17) 알퀴누스는 Yule-Cordier(1929³), II, 425에서 인용된다. 유럽, 아시아, 아프리카(그리스어로는 리비아)의 3분할은 헤로도토스까지 거슬러 올라간다(오타 히데미치太田秀通, 123-124 참조). 이 3분할은 그리스도교 시대가 되면서 '삼위일체', 노아의 세 아들(셈-아시아, 함-아프리카, 야벳-유럽), 그리스도 탄생을 축하하러 온 세 박사, 교황의 삼중보관三重寶冠, 나아가 카발라의 숫자 '3'의 신비로운 의미 등의 종교적 상징과 관련하여 생각되었다고 한다. Ainsa, 28과 n.9 참조.

18) 에티오피아는 호메로스 시대부터 '세계의 끝'으로 (후의 인도와 마찬가지로) 일종의 신비로운 의미를 갖고 있었다. 『오디세이아』I, 23 이하에서 '아이티오페스(에티오피아인)'는 "인간세계 끝에 살고 두 파로 갈라져 한쪽은 해가 지는 쪽, 다른 한쪽은 아침 해가 뜨는 쪽"에 위치한다고 적혀 있다. 여기에 이미 인도와 에티오피아가 혼동하게 한 원천이 있었다고 여겨진다. 헤로도토스나 크테시아스의 기술에서도 양자의 구별은 명확하지 않다. 나아가 4세기의 유세비우스에 따르면 에티오피아인은 옛날에 인더스 강 부근을 떠나 이집트 옆에 식민지를 개척했다고 한다. 이시도루스도 이것을 토대로 에티오피아인을 서쪽에 사는 헤스페리이인, 중앙에 사는 가라만테스인, 동쪽에 사는 인도인 등 세 파로 나누고 있다. 동일한 기술은 예를 들면 로저 베이컨(13세기)이나 피에르 다이(15세기)에게서도 볼 수 있다. 이상 Wittkower, 161, n.4 참조.

Beckingham, I, 19에 따르면 에티오피아는 어떤 시기에 인도양 항해를 적어도 부분적으로 조절하고 있었고 그 때문에 남인도로 가는 항로의 중요한 중계점 가운데 하나가 되었다. '중인도'라는 호칭은 '인도로 가는 과정의 중간'이라는 의미로 해석되어야 할 것이다. 근대 이전의 인도양 항해에서 아프리카 동해안의 중요성은 마다가스카르의 문화가 기본적으로 인도네시아로 거슬러 올라가는 것을 보더라도 분명할 것이다.

한편 Lubac(1952), 19, n.54는 에티오피아와 인도의 혼동은 고대 이래로 양자가 남측에서 (이른바 '남방의 미지의 대륙Terra incognita australis'에 의해) 연결되어 있다고 여겼던 데서 유래할 것이라고 한다. 어쨌거나 이 양자는 '세계의 신비로운 끝'이라는 이미지를 공통된 요소로 갖고 있고 그것이 이 기묘한 혼동의 기본적인 원인이 되었을 것이다.

19) Beckingham, I, 17-19; Yule-Cordier(1929), II, 425-427, 431-432. 대략적으로 말하자면 고대로부터 아마 17세기 초엽까지 일반적으로는 '인도'란 페르시아 동쪽 모든

지역을 가리키는 총칭이었다고 생각해도 될 것이다. 근대 이전의 '인도' 개념에 대해서는 마스다 요시로增田義郞(1979), 79-91과 이하; 그리고 전술한 40-42; 후술 354-356도 참조.

20) 지상낙원의 네 강이 지하의 수맥을 따라 흐른다는 것에 대해서는 Beckingham, II, 300도 참조. 이 '지리상의 낙원'과 '천년왕국'과의 관계는 고대 그리스의 지리적 유토피아(예를 들면 '극북인'의 땅 등 '세계의 끝')와 이계異界의 관계와도 어떤 의미에서 동일한 패턴이라고 생각할 수 있을 것이다. 전술 67-69도 참조.

21) *De mundi creatione, Oratio*, V, Patrol. Gr., 56, col. 477-478; cf Deluz, 148; 패치(구로세黑瀨 · 이케가미池上 · 오다小田 · 사코迫), 153.

22) 이상에 대해서는 패치(구로세黑瀨 외), 144-185; Deluz 참조. 또 '지상의 낙원'에 대해서는 Le Goff, 295, n.64는 L. I. Ringbom, *Paradisus Terrestris, Myt, Bild och Veklighet*, Helsinki, 1958(영문요약)을 기본문헌으로 삼고 있다(필자미상). 콜론의 '지상낙원 발견'에 대해 여기서 직접 참조한 것은 마스다 요시로增田義郞(1979), 47. 그리스도교의 상징체계symbolism에서 '절대적 동방'은 그리스도 본인을 가리킨다. 이것은 그리스도에 대한 신앙과 태양신앙의 일종의 교리 절충에 기반한 것으로 그 맹아는 이미 신약성서에서 볼 수 있다. 예를 들면 「누가복음」 1:78-79에서 사가랴는 아기 예수를 보고 "성령의 충만함을 받아 예언하여 이르되" "이 아이여 네가 지극히 높으신 이의 선지자라 일컬음을 받고… 이는 우리 하나님의 긍휼로 인함이라…(불가타판에서는 '*visitavi nos oriens ex alto*') 어둠과 죽음의 그늘에 앉은 자에게 비치고 우리 발을 평강의 길로 인도하시리로다." 또한 「베드로후서」 1:19 및 「요한계시록」 2:28, 22:16에서 그리스도는 '샛별'이라 불린다. '동쪽에서 떠올라 이 세상을 비추는 새벽 해(그리고 그것을 알리는 샛별)'의 이미지가 그리스도의 상징이 됨으로써 그 탄생의 축일이 (시리아 기원의) '불패의 태양신'의 축일(12월 25일)로 바뀌어 같은 날로 정해지게 된다(3세기 이후). 세례 의식에서 세례를 받는 사람이 서쪽에서 동쪽으로 급히 가는 동작이 이루어진 것도 악마에 속해 있던 자가 그리스도에게로 돌아서는(회심하는) 것의 상징이었고 또 기도를 동쪽을 향하고 한 것도 교회가 동쪽을 향해 지어진 것도 같은 상징을 토대로 하고 있었다. 이상 Pepin(1986), 9, 56-57 참조. 그러나 한편으로 하인리히 인스티토르와 야곱 스프랭거의 유명한 저서 『마녀의 망치』(1485)에서 사탄은 '낡은 동방'으로 그리스도는 '새로운 동방'으로 표현되는 구절이 있다. Delumeau, 261과 n.31 참조. 이 경우 '낡은 동방'의 상징은 그리스도교에 의해 배척된 고대 이교의 신들, 예컨대 '불패의 태양신' 등의 이미지를 토대로 하고 있는 걸까… 어쨌거나 이를테면 헤겔이 비판하는 '절대적 동방'의 이미지는 이 '낡은 동방'에 가까운 것이라

할 수 있을 것이다.

23) 그러나 콜론의 항해는 동시에 '세계를 닫는' 데도 결정적 기여를 했다. '방위의 상대화'와 '세계의 폐쇄'는 근대적 지知가 나아가야 할 기본적인 방향에 대한 훌륭한 상징이라고 말할 수 있을 것이다.

24) 베킹엄은 중세 말기의 여행기 등에 매우 정확한 지리적 기술이 나타나고 있음을 여러 차례 지적하고 있다. 그에 따르면 이들 기술이 일반적인 지리개념의 향상에 제 역할을 하지 못하게 된 가장 큰 이유는 정확한 기술 가운데 완전히 환상적인 내용이 뒤섞여 있어 양자를 구별하는 기준이 모호했기 때문이라고 한다. 예를 들면 Beckingham, I, 19-20 이하; II, 294-295 이하 등을 참조.

25) 이 '체계적 지'란 중세적인 카테고리로 말하자면 '자유칠과목' 및 그에 근접한 여러 분야라 할 수 있을 것이다. 그리스 로마의 문화적 · 학문적 유산은 신학의 여러 전제와 유사한 의미로 '사실'과 관계없이 아 프리오리로 받아들여지는 경향이 있었다. 좀 더 일반적으로 모든 '쓰인 것'은 쓰였다는 것만으로 어떤 '기정사실'로서의 성격을 갖게 되는 경향이 있었다 고 할 수 있을 것이다.

26) 이 '충만의 원리'는 플라톤의 철학, 특히 『티마이오스』에서 유래한다. 플라톤은 "우주는 뛰어나고 아름다운 것이다"라는 아 프리오리한 전제에서 출발하여 다음과 같은 논리를 전개한다. '아름다운 것'이란 '완전한 것' 즉 무엇 하나 모자라지 않은 '전체'여야 한다. 우주 의 예지적 범형範型이 원래 그러한 의미에서의 '전체'이고 따라서 모든 사고 가능한(예지적) 존재를 자기 속에 포괄하고 있다. 그와 마찬가지로 우리의 눈에 보이는 우주 자체도 모든 눈에 보이는 존재를 포괄하고 있어야만 한다(30C-D). 이것을 요약하면 이 우주에는 모든 사고 가능한 것이 존재해야만 한다는 것을 의미한다(Lovejoy, 50-55는 이것을 '충만의 원리'라 부르고, 그 책 전체에서 유럽 정신사에 있어 이 개념의 변천사를 더듬어가고 있다). '충만의 원리'는 중세적 이마지네르, 특히 '괴물학'의 전통에 철학적 기초의 제공을 가능케 한 것으로 생각된다. 예를 들면 '인간'과 '물고기'라는 두 개의 카테고리가 있고, 이 '충만의 원리'를 따르자면 이 양자의 중간 카테고리 즉 '인어'가 존재해야 한다. 이렇게 세계는 온갖 '사고 가능한 존재'에 의해 채워져 간다.

27) 이 점에 대해서는 졸고 「파이요와 팔불중도와 바나나피시」(졸저 『역사라는 이름의 감옥』에 수록)를 참조.

28) Yule-Cordier(1929), I, 423 이하; Roux, 151 참조.

29) Yule-Cordier, *ibid.*, I, 166, 301-302 참조.

참고문헌에 대하여

본장 및 다음의 두 장에서 언급한 프레스터 요한의 전설에 대해서는 Beckingham(특히 I, II, IX의 논문)이 모든 서술의 출발점이었다. 이 문제에 대해서는 13~14세기의 '중세 대여행가' 와 관련해 논한 것(예컨대 사구치 도오루佐口透, 54-56 이하), 바스코 다 가마의 인도 항해 이전의 역사를 논한 것(예컨대 이쿠타 시게루生田滋, 52-54; 57-60) 등이 있지만 12세기부터 16세기에 이르는 이 전설의 변천사를 일관되게 기술한 것은 (나가시마 노부히로長島信弘, 586- 592 이외에는) 일본에서는 거의 찾아볼 수 없었다.

중세에서 '전설적 지'의 이마지네르가 왜 가능했는지, 그 특징은 어떠한 것이었는지에 대해 본장에서 기술한 것은 어디까지나 시론試論에 불과하다. 프레스터 요한의 (그리고 중세의 변경 에 가득한 괴물들의) 강렬한 실재감을 해명하는 일은 앞으로도 다각도로 여러 차례 시도해 나가야 할 것이다. 더불어 중세 및 르네상스의 괴물에 대해서는 이토 스스무伊藤進의 『괴물의 르네상스怪物のルネサンス』(가와데쇼보신샤河出書房新社, 1998) 또는 졸고 「'밖'의 괴물·'안'의 괴 물」(졸저 『역사라는 이름의 감옥』에 수록)을 참조하기 바란다.

IX. 비경秘境의 그리스도교 인도제국

1) Beckingham, I, 10-11.

2) Thorndike, II, 240, n.2-3.

3) Langlois, 51; Beckingham, II, 293과 부록.

4) 하지만 맨더빌의 완전한 가공의 『동방여행기』는 고사본만 해도 300종 정도가 현존하고 있다고 한다(Letts, xxix, n.2). 중세 후기부터 르네상스에 걸쳐 '동양'에 관한 최대의 베스트 셀러는 의심할 여지없이 맨더빌의 책이었다.

5) 이 앵글로 노르만어 역과 오일어 역의 텍스트는 Langlois, 57-70에 의해 현대 프랑스어로 번안되어 있다. 이하의 기술은 그것을 기준으로 한다. 이 서간의 원문은 분명 라틴어로 쓰였 을 것으로 생각된다. 그것에 대한 가장 중요한 연구는 Fr. Zarncke, "Der Priester Johannes," in *Abhandlungen der königlichen sächsischen Gesellschaft der Wissenschaften* ("Philologisch-historischen Class"), Leipzig, VII(1879), 627-1030; VIII(1883), 1-186이지만 이것은 필자미상이다. 그리고 Letts, II, 499-507에서 인용된 발췌도 참조. Yule, in *Encyclopaedia Britannica*, 9th ed., 1885, XIX, 714-718, *s. v.* 프레스터 요한

은 이 서간을 요약할 뿐 아니라 '프레스터 요한 문제' 전반에 걸쳐 유익한 개관을 보여준다. 이 외에 이 문제에 대한 간단한 참고문헌 목록은 Le Goff, 286, n.27; Letts, 187, n.2.

6) Langlois, 59, n.1; 63, n.1. '곡과 마곡'은 「요한계시록」 20:7-10의 종말신화에 나오는 사탄 지배하의 민족. 재림한 그리스도 통치하의 '천년왕국'에서 사탄은 '끝이 없는 바다'에 갇혀 있지만(전술 제5장 주 26 참조), "천 년이 차매 사탄이 그 옥에서 놓여 나와서 땅의 사방 백성 곧 곡과 마곡을 미혹하고 모아 싸움을 붙이리니 그 수가 바다의 모래 같으리라. 그들이 지면에 널리 퍼져 성도들의 진과 사랑하시는 성을 두르매 하늘에서 불이 내려와 그들을 태워버리고 또 그들을 미혹하는 마귀가 불과 유황 못에 던져지니 거기는 그 짐승과 거짓 선지자도 있어 세세토록 밤낮 괴로움을 받으리라." 이 기술은 「에스겔」 38-39장에 기록된 '곡에 이끌린 마곡의 군세'의 내습에 대한 예언을 바탕으로 하고 있다. '마곡'은 본래 그리스 자료에서 말하는 '귀게스 왕의 나라', 즉 리디아를 가리키는 것으로 보이지만 (귀게스 왕에 대해서는 헤로도토스, I, 8 이하 또는 플라톤, 『국가』 II, 359D 이하; Dhorme et al., I, 30 note 참조), 에스겔서의 '마곡'과 특히 요한계시록에서의 '곡과 마곡'은 대부분 완전히 신화적 존재로 생각된다. 하지만 유대 역사가 요세푸스는 이 마곡의 민족을 스키타이인으로 분류하고 있다. 게다가 그는 다른 저작에서 아랑족(돈 강과 아조프 해 근처의 이란계 민족) 또한 스키타이인과 동일시하고 있는데, 그들이 메디아 왕국을 침략하기 위해 '알렉산드로스 왕이 철문으로 차단한 좁은 길'을 통과해왔다고 말한다(Ant. Jud., I, 6, 1 [123]; Bell. Jud., VII, 7, 4[244-245]). 이 둘의 같은 설정('마곡: 스키타이인', '아랑인: 스키타이인, 〈알렉산 드로스 왕의 철문〉 너머의 민족)은 그 후 '곡·마곡=알렉산드로스 왕의 철문에 갇힌 민족'이 라는 형태로 정리되었고, 중세의 종말환상에서 큰 역할을 맡게 된다. 이것은 『알렉산드로스 로맨스』(후술 주 12)의 하나의 에피소드로 거론되어, 세상 종말의 때에 알렉산드로스 왕이 세운 북방(코카서스?)의 산 깊숙한 곳의 철문이 부서지고, 그곳에서 곡과 마곡의 민족이 그리스도교 나라에 쇄도한다는 환상을 사람들이 널리 믿게 된다. 한편, 이 종말환상에는 또 하나의 다른 기원 요소가 더해져 문제를 복잡하게 한다. 이것은 기원 1세기경의 구약위전 의 묵시문학 「제4에스라서」의 종말 예언에 나타난다. '이스라엘의 아홉(혹은 열)의 잃어버 린 부족의 귀환'의 이야기에서 유래한다. 「열왕기하」 17:6에 따르면, 앗수르의 왕 살만에셀 (재위 기원전 726~722년)은 사마리아를 공격하고, "이스라엘 사람을 사로잡아 앗수르로 끌어다가 고산 강 가에 있는 할라와 하볼과 메대 사람의 여러 고을에 두었더라"라고 한다('고 대 오리엔트'에서 전쟁의 승자가 패한 민족을 강제이주시키는 것은 통상적인 일이었다. '바 빌론의 포로'도 그 일례이다). 이 기술을 받아들여 「제4에스라서」 13:40-47은 이렇게 강제 로 흩어진 이스라엘의 아홉(혹은 열)의 부족이 그 후 유프라테스 강을 건너 '일 년 반의

여정'을 거쳐, 알차르트('erets' achereth 즉 '다른 나라'라는 의미)라는 지금까지 사람이 산 적이 없는 나라에 살고, 율법을 지키며 생활했다는 것, 하지만 종말의 시기에는 그들이 고향으로 돌아갈 것이라고 말한다(번역 야기 세이이치八木誠一·야기 아야코八木綾子, 213-214 참조). 3~5세기의 라틴어 시인 코모디아누스는 그리스도가 재림할 때, 이 이스라엘의 잃어버린 10부족은 '숨겨진 최후의 성스러운 민족'으로 그리스도의 군세가 되어 나타나, '잡혀 있는 어머니' 예루살렘을 해방하기 위해 쇄도할 것이라고 예언한다(콘[에가와 츠루江河徹], 18). 하지만 중세가 되면 그 잃어버린 10부족은 알렉산드로스 왕에 의해 북방의 철문에 갇힌 곡과 마곡의 민족과 동일시된다(예를 들면 페트러스 코메스터의 *Historia Scholastica* [1160년경]와 맨더빌 ed. Letts, I, 184). 그들은 무시무시한 식인귀로 그 앞에 대적할 자가 없는 종말의 군세이다. 프레스터 요한의 편지에서 말하는 '곡과 마곡의 산' 너머의 식인귀 '이스라엘'이라는 기술은 이러한 배경에 근거하고 있다. 또한 곡과 마곡은 시대에 따라 고토인과 마우리인, 게타족과 맛사게테스족, 훈족, 몽골족 또는 투르크인 등 유럽을 습격한 '야만족'과 동일시되기도 했다. 포스텔은 '타르타르인'을 '알사레트 산 너머의 이스라엘의 10부족'으로 보고 있다(*Merveilles dumonde*, 9r-v, éd. Bernard-Maître, 85). 또한 아메리카 '발견' 이후는 아메리카 원주민이 그 '잃어버린 10부족'일 것이라는 설이 되풀이되어 나왔다. Phelan, 24-25와 n.33-34; 아코스타(마스다 요시로增田義郎), I, 157-160(아코스타는 이 설을 반박하고 있다) 참조. 이 문제에 대해서는 졸저『종말이 보이는 사막』, 160-165도 참조했으면 한다.

7) '젖과 꿀이 흐르는' 땅은 「출애굽기」 3:8, 17, 13:5, 33:3 등의 구약성서에 그 구절이 등장한 이후는 '기름지고 넓은 땅' 즉 '약속의 땅'을 형용하는 표현으로 사용되었다.

8) 이 '모래의 바다'라는 표현은 중국어의 '사막' 또는 '유사流沙'라는 말에서 유래된 것인지도 모른다. Langlois, 61, n.3.

9) '군데프르 왕'의 이름은 톨킨의『반지의 제왕』의 간달프Gandalf 이름을 연상케 한다. 톨킨이 중세문학 전문가였음을 생각해보면 이것이 아주 엉뚱한 연상만은 아닐 것이다.

10) 이것과 같은 것으로 먼 곳을 투시할 수 있는 거울은 알렉산드리아의 등대에도 있었다고 한다. 이 전설은 중세의 이슬람권에서 행해지다가 12세기 후반부터 라틴세계에도 전해졌다. Baltrušaitis(1978), 150-153.

11) Thorndike, I, 497-503 참조.

12) 3세기 초의 알렉산드리아에서 카리스테네스(아리스토텔레스의 조카로 알렉산드로스 대왕의 역사가)를 모델로 하여 만들어진 일종의 '전기소설傳奇小說'로 보인다. 이『알렉산드로스 로맨스』는 후에 24개의 언어로 번역되고 80개의 이본이 제작되어, 동으로는 중국에서

서로는 라틴세계까지 중세 유라시아 대륙 전체에서 엄청나게 유행한 이야기였다. 이것에
대해서는 Wittkower, 179; Le Goff, 286-287과 287, n.1 외에, 졸저『종말이 보이는
사막』, 173-174 참조.

13) 패치(구로세黑瀨 · 이케가미池上 · 오다小田 · 사코迫), 173-174 참조.

14) 예를 들면 하시구치 도모스케橋口倫介, 77-84 참조.

15) 콘(에가와 츠루江河徹), 191-203과 이하.

16) 교황권과 황제권의 관계에 대해서는 Pacaud 참조. 유럽 중세의 정치적인 면에서 '사제-왕'
의 이미지는 무력과 종교적(초자연적) 힘으로 세계를 통일한다. '신에 의해 다스려진다'는
것이 왕권의 이상적인 상으로 생각되었다. 이것은 중세 초기에 구약성서의 '살렘 왕 멜기세
덱'으로 상징되었다(『창세기』14:18 이하; 「시편」110(109):4. 「히브리서」7장은 이 멜기
세덱을 그리스도의 예표로 삼고 있다. "이 멜기세덱은 살렘 왕이요 지극히 높으신 하나님의
제사장이라… 그 이름을 해석하면 먼저는 의의 왕이요 그 다음은 살렘 왕이니 곧 평강의
왕이요. 아버지도 없고 어머니도 없고 족보도 없고 시작한 날도 없고 생명의 끝도 없어
하나님의 아들과 닮아서 항상 제사장으로 있느니라"(7:1-3). Riché, 389 참조.

17) Wittkower, 176; Le Goff, 289와 n.44 참조.

18) 「마태복음」28:19와 「마가복음」16:15, 「사도행전」1:8은 "… 오직 성령이 너희에게 임하
시면 너희가 권능을 받고 예루살렘과 온 유대와 사마리아와 땅 끝까지 이르러 내 증인이
되리라 하시니라"라고 하는 예수의 최후의 말씀을 전하고 있다.

19) 「마태복음」24:14.

20) 「요한계시록」7:9-10. 이 직후에 요한계시록은 종말의 때에 구원받을 신의 종으로서 이스
라엘의 열두 자손의 각 지파 중에서 1만 2천 명이 "하나님의 종들로서 이마에 인침을 받은
자"라고 말하고 있다(7:4-8). 이것은 종말의 날에 유대의 많은 자가 그리스도교로 개종하
게 된다는 것 그리고 그때 '잃어버린 10부족'(전주 6)도 다른 유대인과 같이 신 앞에 모일
것이라는 근거로서 중시되었다. 특히 아메리카 원주민을 이 '잃어버린 10부족'과 동일시한
사람들은 그들이 '발견'되고 그리스도교로 개종하는 것이 세상 종말의 표시라고 믿고 있었
다고 생각된다. Phelan, 24-25 참조.

21) 「로마서」10:18; cf. 「시편」19(18):4(5) "(하늘이 하나님의 영광을 선포하는) 그의 소리
가 온 땅에 통하고 그의 말씀이 세계 끝까지 이르도다."

22) 「골로새서」1:6; 또는 ibid., (1:23) "그 복음은 천하 만민에게 전파된 바요…." 「로마서」
1:8, 「데살로니가전서」1:8도 참조.

23) 「시편」68(67):31 "고관들은 애굽에서 나오고 구스인은 하나님을 향하여 그 손을 신속히

들리로다" 참조.

24) 「이사야」 11:10(전술 제7장 주 12) 참조.

25) McGinn, 49; 또는 콘(에가와 츠루江河徹), 20-21 참조.

26) 이것은 몽골의 내습에 의해 그리스도교 세계 전체가 두려움에 떨었던 시기에 특히 강렬하게
    느꼈다. 서던(스즈키 도시아키鈴木利章), 59, 80 참조.

27) McGinn, Index, *s. v.* Conversion, general; Jews, conversion of; Reeves, Index,
    s. v. Jews; Saracens; Turks 참조. 아코스타는 세계의 종말이 절박해 있을 리가 없다고
    하는데, 왜냐하면 중국이 아직 그리스도교로 개종하지 않았기 때문이라는 이론을 전개한
    다. Phelan, 25와 n.36 참조.

28) 아우구스티누스의『신국』16:8은 "괴물과 같은 인간들도, 아담 혹은 노아의 자손에 속하는
    가"라는 문제를 제기하고 있다. 거기서 그는 헤로도토스와 크테시아스 이래의 '고전적 괴
    물'(소인족, 머리 없는 족, 외발의 '스키아포테스' 등)을 거론하며 그들이 어떤 모습을 하고
    있더라도 '인간으로 태어난 자, 즉 죽게 되는 이성적 동물로 태어난 자'인 이상 모두 아담의
    자손이라고 말한다. 그는 또한 신은 왜 이와 같은 괴물을 창조한 것일까에 물음을 던지고
    부분의 추함은 전체의 아름다움을 만들어내기 위한 불가결한 요소이며 이 전체를 꿰뚫어볼
    수 있는 자는 오직 신뿐이라는 논리로 이 문제의 해결을 꾀하고 있다. 이 '부분과 전체'
    이론은 플라톤적인 '충만의 원리'의 전형적인 응용이다. 전술 제8장 주 26 참조.

29) Beckingham, I, 11-13 참조.

30) 전술 192-195 또는 사구치 도오루佐口透, 18-25; 도손(사구치 도오루), II, 368-372;
    Pelliot, I, 304-305; 또는 서던(스즈키 도시아키鈴木利章), 62-65 참조.

31) 사구치 도오루, 55-56, 88-91 참조.

32) 상동, 56.

33) 상동, 41-48; 48-56. 1248년 성탄절에 제6차 십자군을 이끌고 이집트로 향하는 도중
    키프로스 섬의 니코시아에 체재하고 있던 성왕 루이 9세에게 페르시아의 몽골군 사령관
    이르치기데이가 보낸 두 명의 사자 다비드와 마르크가 방문한다. 그들은 이 사령관의 편지
    를 왕에게 전하고 "다이칸이… 세례를 받았다는 것… 이르치기데이가 그들을 보낸 이유는
    그리스도교도를 도와 성지를 빼앗고 예루살렘을 구해내기 위함이라는 것, 그는 프랑스
    국왕과의 우호를 돈독히 할 것을 바라고 있다는 것… 다가오는 봄에 그는 바그다드를
    포위할 생각이며 따라서 국왕이 이집트를 공격해서 이집트가 하리파를 원조할 수 없도록
    해달라고 간청하고 있다는 것 등을 믿게 했다." 성왕 루이 9세는 이러한 내용을 크게 기뻐하
    며 믿었다. 라틴세계와 몽골제국의 그리스도교 동맹군이 협력하여 이슬람을 절멸시킨다는

꿈이 잠깐이나마 현실로 다가온 것처럼 느껴진 것은 그때뿐이었다. 하지만 이 사절이 처음부터 루이 9세를 속일 목적으로 간 것인지, 혹은 다른 의도가 있었는지는 확실치 않지만 왕이 그 대답으로 보낸 사절에 대해 몽골 측은 처음의 두 명의 사자는 가짜라고 생각하여 또는 "프레스터 요한 혹은 이러저러한 왕(많은 이름을 든다)은 짐을 적대한다. 따라서 짐은 이러한 모든 자들을 찔러 죽인다." 프랑스 국왕이 매년 공물을 바친다면 좋지만, 그러지 않는다면 "짐은 너와 너의 백성들 또한 멸망케 하리라"라고 대답했다. 그것을 듣고 프랑스 왕은 "사절을 파견한 것을 아프게 후회했다"라고 한다. 도손(사구치 도오루佐口透), II, 258-265; 또한 사구치 도오루, 65-67; 모리 마사오護雅夫, 357-360 참조. (하지만 그 후의 연구에 따르면, 프랑스 세계와 손잡고 이슬람을 물리치려는 몽골 측의 제안은 1260년대에도 되풀이되었다는 것이 판명된다. Richard, XIII 참조.)

34) 피안델 카르피니, 번역 모리 마사오護雅夫, 28; cf. Pelliot, II, 620-621; 루브룩, 번역 상동, 177-178, 210; cf. Yule-Cordier(1914-1915), III, 18-22; 마르코 폴로, Yule-Cordier(1929), I, 226-244, 284-289; II, 17-22, 460-462; 조반니 다 몬테코르비노, 번역 이에이리 도시미츠家入敏光, 13-14; cf. Yule-Cordier(1914-1915), III, 47-48; 폴데노네의 오드리코, 번역 상동, 127; cf. Id., ibid., II, 244-246을 각각 참조. 말할 것도 없이 맨더빌도 프레스터 요한의 나라를 '방문했다.' 단 그의 기술은 기본적으로 '프레스터 요한의 편지'의 번안에 지나지 않는다. Letts, Index, s. v. Prester John, 특히 I, 187-193 참조.

35) Yule-Cordier(1929³), II, 286.

36) Beckingham, II, 293-294.

37) Yule-Cordier(1914-1915), III, 27과 n.1; 222; 이에이리 도시미츠家入敏光, 160.

38) 이상 나가시마 노부히로長島信弘, 646-654(기번 인용은 653-654) 참조.

39) Beckingham, IX, 10; II, 294; XVI, 332 이하, etc.; 또는 Yule-Cordier(1929³), II, 427 이하 참조.

40) Beckingham, XVI, 334, etc.

41) Id. ibid., 301-302; Id., IX, 13-15.

참고문헌에 대해

본장 집필에 특히 많은 도움을 받은 것이(전장과 마찬가지로, 전반에 걸쳐) Beckingham의 여러 논문 그리고 몽골과 유럽의 관계에 대해서는 사구치 도오루佐口透를 언급해둔다. 다음은 집필에는 참조할 수 없었지만 본장에서 다룬 문제에 관련된 기본적인 문헌들이다.

포교와 종말론의 관계에 대하여: E. R. Daniel, *The Franciscan Concept of Mission in the High Middle Ages*, Lexington, Univ. Press of Kentucky, 1975.

몽골과 유럽의 관계에 대하여: J. Richard의 여러 논저, 특히 La Papauté it les missions d'Orient au Moyen - Age(XIIIᵉ-XVᵉ siècles), *Collection de l'Ecole française de Rome*, 33, Rome, 1977.

'몽골의 내습'과 종말관의 관계에 대하여: D. Bigalli, *I Tartari e l'Apocalisse: Ricerche sull'escatologia in Adamo Marsh e Roggero Bacone*, Firenze, La Nuova Italia, 1971.

'곡과 마곡' 및 '이스라엘의 잃어버린 10부족'에 대하여: A. R. Anderson, *Alexander's Gate: Gog and Magog and the Enclosed Nations*, Cambridge (Msaa.), Medieval of America 1932.

X. 그리고 대양으로

1) 하시구치 도모스케橋口倫介, 151-152.

2) 구롯세다치바나 사이로橘西路, 233-234.

3) Oldenbourg, 417.

4) Beckingham, X, 1-2; IX, 12-13.

5) Oldenbourg, *loc. cit.*

6) 모리모토 고세이森本公誠 참조.

7) 모로즈미 요시히코両角良彦, 59는 이집트를 향한 제6차 십자군(1248년)에 관해 말하고 있고, "예루살렘의 열쇠는 카이로에 있다"라는 옛 속담을 인용하고 있다. 이 '옛 속담'이 어느 시대의 어떤 상황에서 유래된 것인지 그리고 그 어원(라틴어 아니면 프랑스어?)이 어떤 형태였는지 알 수는 없지만 그것이 여기에서 말하고 있는 인식에 직결된 문제라는 것은 확실하다.

8) Beckingham, II, 295-299.

9) 이 '세계 전략'을 중세 후기부터 대항해 시대에 걸쳐 어느 나라의 누가 명확히 인식하고 있었는지 밝히는 것은 어렵다. 하지만 시대의 흐름이 이 '세계 전략'의 방향에 따라 움직였다는 것은 확실하다. 14세기 초반의 도미니코회의 수도사 기욤 아담의 『사라센인을 근절하는 방법에 대해』(*De-modo Sarracenos extirpandi*)라는 제목의 책에 이 '세계 전략'이 가장

명쾌하게 표명되고 있다(Beckingham, II, 295-299; 또는 Mollat, 27-29). 그리고 15,
16세기의 알폰소 데 알브케르케는 이 '세계 전략'을 가장 의식적으로 실행에 옮긴 인물 중
한 사람일 것이다(알브케르케에 대해서는 바로스[이쿠타生田 · 이케가미池上], I-II에 상세하
게 나오며, 또한 후술도 참조). 17세기 말 라이프니치가 태양왕 루이 14세의 정복 야심을
독일에서 딴 데로 돌리기 위해 전개했던 논의도 같은 노선이었다. 라이프니치는 '태양왕'에
대비한 방책 중에 "지구상의 모든 지역 중 이집트야말로 세계 제국과 해양을 손안에 움켜쥘
최적의 위치에 있다"라고 하고 나아가 "과거에는 학문의 어머니 나라", "아시아와 아프리카
의 접점, 홍해와 지중해를 가로막는 제방, 동방의 곡물 창고, 유럽과 인도 산물의 집산지"인
이집트가 지금은 "회교도 무리의 소굴이 되었다." 그런데도 "그리스도교도는 이 성스러운
땅"을 "왜 버려두어야만 한단 말인가?"라고 덧붙이고 있다(모로즈미 요시히코兩角良彦, 40).
이집트를 공격하고 예루살렘을 빼앗고 나아가 인도까지의 길을 석권하려 했던 보나파르트
의 야망(전술 11-12 참조)도 이 12세기 이후의 세계 전략을 계승한 것이라고 할 수 있다.
후주 36도 참조.

10) Braudel, 10-11 참조.

11) 마스다 요시로增田義郎(1979), 50-71.

12) 이자와 미노루井沢実, 69-70, 74.

13) 아즈라라(쵸난長南 번역 · 가와다川田 주), 194; cf. Beckingham, II, 300-301.

14) 아즈라라, 상동, 159.

15) '유대인'은 종교 · 경제 · 사회적으로 극히 중요한 '문제'였지만 단순히 '적'이라고 말할 수도
없다. 좀 더 애매하고 복잡한 존재였다(후술 288 이하도 참조). 한편 '그 외의 이교도'(보통
'우상교도'[프랑스어로는 idolâtres]라고 불린다)는 그 존재가 13~14세기 '대항해 시대'
부터 알려졌지만 그것을 일반인이 진지한 '문제'로 인식하게 된 것은 16세기 초반 이후라고
할 수 있을 것이다.

16) 이 피렌체(좀 더 정확히는 페라라와 피렌체)의 공의회는 르네상스 정신사상 매우 중요한
의미가 있다. 여기에 비잔틴의 유력한 플라톤주의 신학자 게미스토스=플레톤이 찾아온
것이 후에 피렌체의 (피치노를 중심으로 한) 플라톤주의 개화의 계기가 되기 때문이다.
후술 279-280 참조. 또한 Beckingham(다음의 주를 참조)은 '1441년'의 연호를 쓰고
있지만 이 페라라 피렌체의 공의회가 개최된 것은 1438~1439년이다.

17) Beckingham, IX, 10; Mollat, 43.

18) 이케다 시게루生池滋, 57-59; Beckingham, II, 304-305.

19) 디아스는 이 아프리카 남단을 처음에는 '카보 토르멘토주tormentoso'('폭풍봉')라 명명했는데

나중에 주앙 2세가 '카보 데 보아 에스페란사(Cabo da Boa Esperança'('희망봉')로 고쳐 불렀다고
한다. 이것은 '프레스터 요한의 나라의 통로 입구에 다다른 기쁨과 희망'을 나타낸 이름이었
다고 한다. 이쿠타 시게루生田滋, 59; 마스다 요시로增田義郎(1984), 50 참조.

20) 알바레스(이케가미池上 번역 · 나가시마長島 주), 392-400; Beckingham, IX; 이쿠타 시게
루, 59-60 참조.

21) 이쿠타 시게루, 61.

22) Beckingham, II, 308-310; IX, 15.

23) Beckingham, IX, 12-13; 16.

24) 무명 기자(노노야마野々山 번역 · 마스다增田 주석), 339-430; 그리고 예는 이쿠타 시게루,
63-75 등을 참조. 이 '무명 기자'에 대해서는 가마의 항해에 참가했던 일행 중 한 명이었다
는 것 이상은 알려져 있지 않다.

25) 앞의 기술 무명 기자, 383.

26) 상동, 364; cf. 이쿠타 시게루, 66.

27) 상동, 379.

28) 이쿠타 시게루, 67.

29) 무명 기자, 384.

30) 상동, 387. 마르코 폴로는 '지팡구 제도의 우상교도'에 대해 전해들은 이야기를 기록하면서
다음과 같이 쓴다. "(이들 우상교도는) 만지와 카타이의 우상교도와 같은 계통에 속하고,
그들이 숭배하는 것도 마찬가지로 소, 돼지, 개, 양 등 동물의 머리를 한 우상이다. 머리
하나에 얼굴이 넷 달린 우상도 있고, 본래 머리와 양 어깨에 머리가 또 하나씩 붙어 있는
머리가 셋인 우상도 있다. 팔이 네 개 혹은 열 개, 천 개가 있는 우상조차 있는데 특히 손이
천 개인 우상은 최고의 지위를 가진다…"(번역 오타기 마츠오愛宕松男 II, 139; cf. Yule-
Cordier[1929], II, 263).
     그리고 가마 시대에서 1백 년 가까이 지난 뒤, 인도의 고아에 머무르고 있던 린스호텐(린
스호텐의 인도 체재는 1583~1588년)은 "브라만의 부인이 남편의 시체와 함께 산 채로
태워지는 것을 보러 가자"는 친구의 말에 이끌려 '유람'에 나서 어느 마을에 있는 사당
안으로 들어가 본다. 사당 안의 정면에 걸린 한 장의 초상에 대해 그는 이렇게 기록했다.
"그 초상의 흉측한 모습이라니! … 머리에는 많은 뿔이 솟아 있고 입은 턱 위까지 송곳니가
튀어나와 있으며 배에도 비슷한 뿔과 송곳니가 튀어나온 얼굴이 있고 게다가 그 머리에는
로마 교황의 삼중관을 흉내 낸 뾰족한 모자를 쓰고 있다. 이런 괴상한 모습은 요한계시록에
나오는 괴물을 보는 것 같았다"(린스호텐[이와오岩生 · 시부자와渋沢 역주 · 나카무라中村

역], 393-394).

31) 앞에 기술한 무명 기자, 391.

32) 상동, 401.

33) 상동, 405.

34) 상동, 418-423.

35) 이쿠타 시게루生田滋, 97-98; 나가시마 노부히로長島信弘, 592-593 참조.

36) 그리고 같은 꿈은 다시 라이프니치와 보나파르트에게도 계승되었고(전주 9 참조) 그리고 조금씩 모습을 달리하면서 근·현대 '중동中東문제'의 한 계기가 되었다고 말할 수 있을 것이다. 이 문제에 관련하여 매우 흥미로운 것은 수에즈 운하의 '전사前史'와 건설, 그 후의 변천사다. 지중해를 홍해, 인도양과 연결하고 아프리카, 아시아, 유럽의 세 대륙의 접점에 위치하는 이 장소는 세계사 속의 가장 중요한 전략적 지점 중 하나였다. 이 운하는 기원전 2000년경 세누스레트 3세(그리스 문헌에서 말하는 박토리아에서 인도까지를 정복했던 세스토리스 왕[이 정복은 오시리스 왕의 세계정복 전설에 비견할 만한 것이다. 전술 21 참조])의 시대에 최초로 건설되었다고 하고, 그 후에도 계속해서 8세기 후반에 이르기까지 페르시아의 다리우스 1세~크세르크세스 대왕 시대(BC 6세기 말), 프톨레마이오스 왕조 시대(BC 3세기), 트라야누스 제국시대(1세기 말~3세기), 칼리프 우마르 시대(7세기 중반)에 재건하고 사용되었다. 그 후 이 운하는 모래에 묻힌 채 방치되었다가, 16세기 베네치아에서 새로운 재건의 계획이 논의되고 루이 14세 시대에도 라이프니치의 건설계획이 있었으며 그리고 보나파르트 시대 이후부터 그 계획은 구체성을 띠기 시작한다. 19세기의 적극적인 재건론자로는 프랑스 생시몽주의 일파의 우두머리인 앙팡탱도 꼽을 수 있다(그의 환상적이고 종말론적인 유토피아주의는 잘 알려져 있다). 그 후 나폴레옹 3세 시대에 건설된 현재의 수에즈 운하는(1859~1869년) 프랑스와 영국 간 큰 불화의 원인이 되었고 영국을 중심으로 하는 (현대적 의미에서) 제국주의 지배의 중요한 거점이 되었으며, 나아가 이집트 민족주의 운동과 수에즈 운하와의 연관 등 현대사에 속하는 것에 대해서는 여기에서 언급할 필요는 없을 것 같다. 세누스레트(세스토리스) 3세부터 보나파르트(나폴레옹)에 이르기까지의 4천 년 동안의 수에즈 운하 역사는 한마디로 말해 세계 정복을 향한 꿈의 역사, 세계 제국주의의 꿈의 역사라고 할 수 있다. 이상『아시아 역사사전』V, 115b-118a(항목 '수에즈 운하', 이타가키 유조板垣雄三의 원고) 참조.

37) 바로스(이쿠타生田·이케가미池上), II, 183-187; 나가시마 노부히로長島信弘, 592-593.

38) 나가시마 노부히로, 659-663.

39) 알바레스(이케가미池上 번역·나가시마長島 주석), 272-273; 301-306(원문에서는 요일

이 하루 다른 '11월 19일'이라고 되어 있다). '프레스터 요한의 전설'은 이것으로도 아직 완전히 끝난 것은 아니었다. 17세기 전반 티베트 포교에 나섰던 예수회 선교사 중 많은 사람은 티베트 불교에서 그리스도교와의 놀라운 유사성, 혹은 그 면모가 남아 있음을 발견했다. 예를 들면 1628년 시가체에 들어간 포르투갈의 예수회 선교사 에스테반 카르세라에 따르면 '불, 법, 승'의 삼보는 삼위일체와 통하고, 아미타불이 관음보살을 '낳았다'라는 것은 '말씀이 사람이 되심'과 연관하여 생각할 수 있다고 한다. 이러한 해석을 바탕으로 1692년 또 한 명의 예수회 선교사 아비릴은 달라이 라마야말로 '의심할 여지없이' '명망 높은 프레스터 요한'의 후계자임이 틀림없다고 말한다. "왜냐하면 프레스터 요한의 족적을 굳이 아비시니아까지 찾으러 가는 것보다 아시아의 이 지역에서 그것을 인정하는 쪽이 훨씬 자연스럽지 않은가?" 하고 그는 쓰고 있다. 모레리의 유명한 『역사대사전』(1759년판)에도 이것을 따라 달라이 라마가 "지금까지 프레트 장Prete-Gehan 혹은 이름이 변형되어 프레스터 요한 Prêtre-Jean이라고 불려온 인물이 틀림없다"라고 쓴다. Lubac(1952), 94-96, 119-120. 그러나 한편으로는 1520년의 에티오피아의 황제 프레스터 요한의 '발견' 이전부터 프레스터 요한은 훨씬 전설적인 존재로서 풍자(?) 문학의 대상이 되기도 했다. 예를 들면 1488년 쟝 드 라 퐁테뉴라고 불린 인물이 새로운 '프레스터 요한에게서 온 편지'가 발견되었다며 그 내용을 리용에서 간행했다. 그 '편지'는 다음의 어구로 시작된다. "신의 은총으로 만도우 Mandou의 모든 그리스도교도의 왕 중 가장 높은 왕, 나 프레스터 요한le Prêtre jehan이 보낸다, 우리의 친구 로마의 황제 및 프랑스 왕에게!" 그리고 그것은 다음과 같은 말로 끝을 맺는다. "우리의 궁전에서 우리가 탄생한 해로부터 507년째에." Roux, 158 참조. 그리고 포스텔도 "(주님께서) 몹시 사랑한 복음기자 성 요한에 의해 이 땅에 보내져, 그 지위에 올라 있던 인도-에티오피아의 교황 프레스터 요한"에 대해 언급하고 그 '인도-에티오피아'는 "740년 전에 타르타르인(포스텔에 따르면 '알사레트 산 속 너머에 갇혀 있던' 이스라엘의 잃어버린 10부족. 전술 제8장 주 6 참조)에게 격파된 이후 존재하지 않는다"라고 쓰고 있다. *Merveilles du monde*, 17ᵛ; éd. Bernard-Maître, 92; 졸고『고대신학』, 66과 n.38 참조.

참고문헌에 대해

'프레스터 요한의 전설'에 대해 관심을 가지게 된 최초의 계기는 그것에 대해 쓴 포스텔의 글을 접하면서부터였다(앞의 주석 39 '곡과 마곡' 및 '이스라엘의 잃어버린 10부족'에 대해서도 마찬가지다. 전술 제8장 주 6).

　본장 집필에서 기본으로 이용한 것은 이것으로 세 번째 인용한 Beckingham의 여러 논고이다. 르노 드 샤티용에 대해서는 앞의 주석 4, '중세 후기의 팔레스타인 문제'라는 시점에 대해서는 앞의 주석 8, 9, '항해왕자' 엔리코 친왕의 프레스터 요한에의 관심에 대해서는 앞의 주석 13, 쿠비양의 탐색 여행에 대해서는 앞의 주석 20 등을 보라. 그리고 포르투갈에 의한 대항해 시대의 개막에서 '인도 발견'까지의 역사 전반에 대해서는 이쿠타 시게루生田滋가 전체적인 시점을 부여해주었다.

XI. 신세계의 낙원

1) 오타기 마츠오愛宕松男, I, 346, 351. 마르코 폴로와 마찬가지로 헤로도토스 역시 고대부터 16세기에 이르기까지 허구의 작가, 옛날이야기를 말하는 자 등으로 불렸고, 역사가로서는 전혀 신뢰받지 못했다(이러한 평가의 출발점이 된 것은 투키디데스의 헤로도토스 비판 때문이다). 16세기에 헤로도토스의 재평가를 결정지은 것은 앙리 에스티엔느의 *Aplolgia pro Herodoto*(1566)였다. 이 헤로도토스 재평가의 배경에는 대항해 시대를 통해 이문 이문화의 '발견'—그것을 계기로 '민족학'적 관심이 싹트고—그리고 성서학(특히 구약성서학)의 발전과 더불어 '고대 오리엔트사'에 대한 역사학적·실증적 관심의 확대 등이 있었다고 지적된다. Momoigiano(Tachet *et al.*), 169-185 참조.

2) 맨더빌은 마르코 폴로를 훨씬 능가하는 '대 베스트셀러' 작가였을 뿐만 아니라(전술 452 제9장 주 4), 사상사적으로도 큰 영향력을 가지고 있었다. 예를 들면 16세기 후반에 이단 심문에 이용된 북서 이탈리아의 한 방앗간 주인 '메노키오'가 맨더빌의 이민족·이문화의 기술을 읽은 것은 자신의 문화, 종교의 절대성을 의심하게 한 중요한 계기가 되었다. 맨더빌은 이른바 후세의 몽테스키외가 쓴 『페르시아인의 편지』처럼 문화상대론적 태도를 야기하고, 또한 문명 비판의 효과도 가져왔다. 긴즈부르그(스기야마 미츠노부杉山光信), 103-116 참조.

3) 이 세계지도에 대해서는 펜로즈(아라오 가츠미荒尾克巳), 25-26 참조.

4) 펜로즈(아라오 가츠미), 13, 314.

5) Thorndike, IV, 159-163.

6) 이쿠타 시게루生田滋, 55.

7) 콜럼버스(하야시야 에이키치林屋永吉, 1977), 260 역주 12; 261-262 역주 2 참조.

8) 마스다 요시로增田義郞(1979), 36-37.

9) 근대로 접어들면서 신학은 절대적인 '지의 원천', '지의 틀'에서 서서히 행동-실천의 원리로

변질되고 있었다. 한편 백과사전식의 '일반적-체계적 지'는 14세기 말 무렵부터 서서히 그 모습을 감추고 17~18세기의 계몽주의를 거치면서 이질적인 것으로 재등장했다.

10) 이쿠타 시게루, 57-59; Beckingham, II, 304-305 참조.

11) 이상 Baltrušaitis(1960), 314-321 참조.

12) 예를 들면 Koyré, 83과 n.1.

13) Baltrušaitis(1969), 98-99. 마술이란 말하자면 인간의 행동에 의해 자연을 움직이는 것이다. 하지만 그 마술에 의해 움직인 자연을 감지하는 것은 인간이지 않는가? 그렇다면 그 인간의 인식은 얼마만큼 신뢰할 수 있는 것인가….

예컨대 르네상스 학예에서 최대의 발명 중 하나인 회화에서의 투시화법을 들 수 있는데, 이차원의 화면이 마치 삼차원의 속까지 보여주는 듯한 이 화법은 일종의 환술적幻術的 효과를 가진 것으로 생각되었다. 인간의 기예(환술)로 이차원의 평면에 집어넣은 '자연'이라는 것은 허구의 자연, 속임수의 자연이지 않는가.

르네상스는 인간의 세계에 대한 능력(학예, 과학, 마술)에는 최대한의 기대를 걸고 있었지만 그와 동시에 세계 존재의 근거 자체는 애매하고 불확실한 것이었다. 세계(현실)가 인간의 능력에 의해 완전히 자유로워지고 또한 그 인식에 의해 파악할 수 있는 것이라면, 세계는 인간의 환상이 만들어낸 산물 그 이상 아무것도 아닌 것이 되고 만다. 현실이 인간의 이론과 실천에 합치했을 때, 인간은 세계의 제작자(데미우르고스dēmiurgos)가 될 것이다. 그리고 그때 구체적·객관적인 현실은 소멸하는 것이다. 마니에리즘Maniérisme(기교적 고전주의 건축: 옮긴이) 예술의 배후에 어른거리는 일종의 절망적 불안의 감각, 죽음의 예감(예컨대 홀바인의『대사大使』)은 이 '데미우르고스로서의 인간'의 근원적 조건을 표현하고 있다. 그리고 그 과정에서 인간은 인간 자신의 내면 깊숙이에서 온갖 확실성의 근거를 구할 수밖에 없게 된다. 데카르트의 '코기토'는 그 필연적 귀결의 하나로 볼 수 있을 것이다. 르네상스부터 17세기까지의 파괴주의의 전통에 대해서는 Popkin도 참조.

14) 지구구형설은 플라톤 이후부터 상정되었다(전술 44). 4세기의 교부 락탄티우스는 그것을 부정했지만(그 후 5~6세기 무렵의 혼란시대를 제외하면) 8세기의 베다 이래 중세 전체를 통틀어 지구구형설은 이론적 지의 차원에서는 늘 인정되었다. 그것은 예를 들면 [그림 23]의 그리스도 발아래의 지구(11세기), 또는 단테의 세계상(그림 46 A·B)에 의해서도 예증된다. 하지만 좀 더 일반적인 지의 차원에서는 평면적인 지구를 상상했던 것으로 여겨진다. 예를 들면『베아투스 주석 묵시록』의 세밀화와(적어도 14세기까지 그려졌다) 'T-O형 세계지도', '헤리포드의 세계지도' 등은 그 예라고 생각할 수 있을 것이다(그림 1·55-57). 그리아손(야지마 스케토시矢島祐利·야지마 후미오矢島文夫), 245-246; 또는 Koestler,

100-196 참조. 어쨌든 지구구형설은 대항해 시대가 시작되기까지 실증되지 않은 가설이었다. 이것은 예를 들면 코페르니쿠스의 지동설이 적어도 일면에서는 프톨레마이오스적 천동설의 '이론상의 변환'에 지나지 않는다는 성격을 갖고 있었다는 것과 마찬가지로 생각할 수 있다.

15) 인용문은 라스＝카사스가 인용한 토스카넬리가 콜론 앞으로 보낸 편지(두 통 중 첫 번째)의 내용(콜럼버스[하야시야 에이키치林屋永吉, 1977], 260, 역주 12의 요약에서). 하지만 이 편지 왕래에 대해서는 전술 및 주 8 참조. 마르코 폴로의 원문에서는 '지팡구 섬' 국왕의 '순금의 대궁전'에 대해 그 '이루 말할 수 없는 호사스러움'에 대한 긴 기술이 있다. "이 궁전의 지붕은 모두 순금으로 덮여 있다. … 궁전 내에 많은 수의 각각의 방의 바닥도 전부 손가락 두 개 정도 두께의 순금이 깔려 있다. … 그리고 이 나라에는 다량의 진주가 산출된다. 장미색의 둥글고 큰, 몹시 아름다운 진주이다" … 등등(번역 오타기 마츠오愛宕松男 II, 130).

토스카넬리와의 편지 왕래는 확실치 않다 하더라도 콜론이 마르코 폴로의 책을 숙독했던 것은 사실이고, 그가 글을 부기한 라틴어판『마르코 폴로』(1485년판)가 현존한다(마스다 요시로增田義郎 [1979], 37-38).

또한 콜론의 항해 기록에도 '지팡구'에 대한 언급이 여러 차례 보인다(라스＝카사스의 편집에 따른 제1차 항해 기록). 예를 들면 '1492년 12월 24일'의 기록에서는 "어제 배에 온 많은 수의 인디오들이 손짓으로 이 섬에는 황금이 있음을 말했다. (… 그중 한 사람은) 친구인지 가족인가를 한 사람 데리고 왔는데 이 두 사람은 황금 산지의 이름을 대며 지팡구의 이야기를 들려주었다. 그들은 그 땅을 시바오라고 불렀는데 그곳에는 엄청난 양의 황금이 산출되고 그 추장은 금을 깨서 만든 깃대(반데라스Banderas)를 가지고 있다. 하지만 그 땅은 동쪽으로 훨씬 먼 곳에 있다고 말했다"(콜럼버스[하야시야 에이키치林屋永吉 1977], 168).

16) 콜론(하야시야 에이키치林屋永吉, 1965), 69. 하지만 콜론 자신이 '괴물'의 존재를 믿지 않았던 것은 아니다. '외눈박이 인간'과 '개머리 인간', '그림에 나오는 것처럼 아름답지도 않고 겨우 인간과 구별할 수 있을 정도의 언어 세 마리', 혹은 '긴 꼬리를 가진 족속', '여인도' 등에 대해 언급하고 있다(콜럼버스[하야시야 에이키치, 1977], 79-80, 199; 콜론[하야시야 에이키치, 1965], 67, 70; 또 마스다 요시로增田義郎, [1971 A], 30과 n.13; [1971 B], 44-45; 전술 제1장 주 24도 참조). 또한 소앤틸리스Lesser Antilles 제도의 카리브족은 매우 호전적이고 식인 습관이 있어, 콜론과 그의 동행자 등은 그들을 이른바 괴물에 준하는 '동물적' 인간으로 그리고 있다(콜론[하야시야 에이키치, 1965], 70, 84-85와 이하). 그리

고 마르코 폴로가 '지팡구 제도'에도 식인 습관이 있다고 쓴 일은 흥미로운 사실이다(오타기 마츠오愛宕松男, II, 139-140).

17) 예를 들면 콜론(하야시야 에이키치林屋永吉, 1965), 63과 n.12; 65 등. 르네상스에 사람들의 마음을 사로잡은 태양신화의 중요한 모티브에 "태양은 만물의 생명을 기른다"라는 관념이 있었다. 한편 연금술의 범생기론적汎生氣論的 관념에서는 광물도 '생물'이고, 시간에 따라 자라며, 최종적으로 황금이 된다고 생각했다. 콜론과 편지 왕래가 있었던 모센 하우메 페렐은 그 두 가지 생각을 결합시켜 "적도 아래에 보석과 금, 향신료가 많이 발견되는 (것을 보더라도 알 수 있는) 것처럼 태양이 보석과 귀금속을 산출하는 것이다"라고 쓴다 (1495년 - Mollat, 121; cf. Todorov, 28). 콜론 자신도 이 생각에 기초하여 "뜨거운 것으로 보더라도 인디아스 및 현재 항해하고 있는 지역에는 다량의 황금이 있는 것이 틀림없다"라고 쓴다(제1차 항해의 기록, 1492년 11월 21일, 번역 콜럼버스[하야시야 에이키치, 1977], 100). "있는 것이 틀림없는 것"은 찾으면 "당장 발견된다…." 이 콜론의 인식론상의 태도에 대해서는 Todorov, 27-28도 참조.

18) 콜론(하야시야 에이키치, 1965), 65.

19) 상동, 156.

20) 상동, 152; 또는 156, 158, 164도 참조.

21) 상동, 160-161, 164.

22) 상동, 160, 159; 또는 154-155도 참조.

23) 상동, 160-162.

24) 상동, 162.

25) 상동, 164.

26) 콜론(하야시야 에이키치, 1965), 165-167. 콜론은 이미 제1차 항해에서도 '동양의 끝의 지상의 낙원'에 접근한 것을 예감하고 있었다. 콜럼버스(하야시야 에이키치, 1977), 239.

27) 상동, 164.

28) 상동, 171.

29) 「이사야」 65:17 "보라 내가 새 하늘과 새 땅을 창조하나니", 「요한계시록」 21:1-2 "또 내가 새 하늘과 새 땅을 보니 처음 하늘과 처음 땅이 없어졌고 바다도 다시 있지 않더라. 또 내가 보매 거룩한 성 새 예루살렘이 하나님께로부터 하늘에서 내려오니 그 준비한 것이 신부가 남편을 위하여 단장한 것 같더라"(전술 제5장 주 26에서 인용). 이 외에 「이사야」 66:22, 「베드로후서」 3:13도 '새 하늘과 새 땅'에 대해서 말한다. 그것들은 말할 것도 없이 모두가 종말 때의 지복의 왕국을 나타내는 표현이다. '신세계'라는 말의 출처는 모두 성서의

이러한 어구에서 왔다고 생각해도 좋을 것이다.

30) 콜론(하야시야 에이키치林屋永吉, 1965), 175.

31) 상동, 212-214.

32) 상동, 143.

33) '시온'은 이전에 예루살렘에 있었다는 여부스 사람의 도시였는데, 다윗이 그것을 정복한 이후 '다윗성'이라고 불렀다(「사무엘하」 5:7). 시온은 성도로서 예루살렘을 가리키는 것과 동시에 그 정신적 중심에 있는 여호와의 신전을 가리키는 표현이다. '시온의 해방'은 유대교와 그리스도교에게 종말론적 희망을 나타내는 가장 중요한 상징의 하나이다(특히 「이사야」 40장 이하 등을 참조).

34) 추기경 피에르 다이이Pierre d'Ailly는 14~15세기의 유명한 신학자이자 교회정치가로 교회의 '대분열'(시스마schisma, 1378~1417년)을 종결시키기 위해 힘을 쏟았고, 콘스탄츠 공의회에서 중요한 역할을 수행했다. 콜론은 그의 저서 『세계의 모습』(Ymago Mundi)을 숙독했고 큰 영향을 받게 된다. 마스다 요시로增田義郎(1979), 37-38; 178-179; 또는 Reeves, 81도 참조.

35) 번역, 마스다 요시로(1979), 182-183.

36) 콜론(하야시야 에이키치, 1965), 223.

37) 콜럼버스(하야시야 에이키치, 1977), 179; 또는 마스다 요시로(1979), 183-184 참조. 사실 가톨릭의 두 왕은 2년 후인 1494년에 로마 교황에게 아프리카 원정의 칙허를 청원한다(마스다 요시로, ibid., 133). 1509년의 오란 공략(후술)은 그것에 의거한 것이다.

38) 콜론(하야시야 에이키치, 1965), 222. '오빌'에 대해서는 「열왕기상」 9:26-28에 "솔로몬 왕이 에돔 땅 홍해 물가… 배들을 지은지라 히람이 자기 종 곧 바다에 익숙한 사공들을 솔로몬의 종과 함께 그 배로 보내매 그들이 오빌에 이르러 거기서 금 사백이십 달란트를 얻고 솔로몬 왕에게로 가져왔더라"고 한다. 또한 「열왕기상」 10:11-12에 따르면 오빌은 '백단목과 보석'의 산지이기도 하여, 솔로몬은 그 백단목으로 "여호와의 성전과 왕궁의 난간을 만들고…"라고 한다. 오빌에 대해서는 또한 「창세기」 10:29, 「역대하」 9:10-11, 「욥기」 22:24, 28:16 등에도 언급하고 있다. '황금의 나라 오빌'은 아라비아의 지명으로 추측되는데(Dhorme et al., I, 34, note), 요세푸스에 따르면 그것은 '인도 땅'에 속하는 것이라고 한다(Ant. Jud., VIII, vi, 4[164]).

　　대항해 시대의 사람들은 이 오빌의 위치를 탐색하고, 수많은 추측을 했다. 아코스타(마스다 요시로), I, 119 이하에 따르면 어떤 학자는 그것을 에스파뇰라 섬(지금의 아이티 섬)의 시바오(콜론이 '지팡구'와 같은 것으로 인정한 장소. 전주 15)에 해당하는 것이라

말하고, 또 다른 학자는 페루를 오빌이라고 말하기도 했지만 아코스타 자신은 오빌이 '동인
도'에 있다고 생각한다. 엘리자베스 왕조시대의 유명한 마술사-수학자이며, 또한 영국
제국주의의 강력한 사상가이기도 했던 존 디도 오빌의 위치를 정하기 위해, 복잡한 계산을
하고 사변을 늘어놓았다. 디는 여러 가지 면에서 '영국의 포스텔'에 비유될 만하다. '동방'은
그에게 모든 비교秘敎적 전통의 고향이고, 동시에 '카타이(고대 중국을 가리키는 유럽어:
옮긴이)의 부'와 '오빌의 황금'은 '비할 데 없는 브리텐 제국', 즉 계시록에서의 그리스도교
세계제국을 구축하기 위해 필요한 것으로 여겨졌다. 이상 Baltrušaitis(1967), 235-238;
Lach, II-3, 473; French, 180-182 참조. 또는 로드리게스(사노佐野 외), I, 93-95도
보아라.

39) 콜론의 아메리카 원주민을 대하는 관점에 대해서는 Todorov, 40 이하 참조.

40) 155년을 기다릴 것도 없이 대략 반세기 후에는 하나의 세계가 거의 절대적 종말에 임박해
있었다. 즉 아메리카가 '발견'되기 직전의 남·북 아메리카에는 인구가 8천만 명이었다고
추정하는데, 16세기 후반에는 1천만 명으로 감소했던 것이다. 그 대부분은 직접적 학살이
라기보다 학대와 유행병(천연두 등)에 의한 것이었지만, 50년 동안 7천만 명이나!! 이것은
그야말로 인류 역사상 최대·최악의 민족 학살(제노사이드genocide)이었다. Todorov, 138-
139 이하 참조.

41) 「시편」 14(13):7(53[52]:6[7]) "이스라엘의 구원이 시온에서 나오기를 원하도다." 또한
「로마서」 11:26에는 "이스라엘이… 〈구속자가 시온에 임하며…〉"라는 한 구절이 있다(〈〉
안은 「이사야」 59:20의 인용-).

42) 콜론(하야시야 에이키치林屋永吉, 1965), 222-223. 콜론이 인용한 요아킴의 말은 현존하
는 요아킴의 저작에서는 발견되지 않는다. 혹은 요아킴이 꾸며낸 많은 가짜 예언서 중
하나에 근거하고 있는지도 모른다. 이 텍스트에 대해서는 Phelan, 21과 n.20; Reeves,
129도 참조.

43) 콜론도 임종할 때 프란체스코 수도회 제3회원이었다. 그가 요아킴주의에 경도되는 과정에
서 오히려 이사벨에게 영향을 받은 흔적도 있다. 마스다 요시로增田義郎(1979), 171, 180-
182 참조.

44) 프란체스코 수도회 회칙엄수파에게 요아킴주의적 요소에 대해서는 Reeves, 47; 마스다
요시로(1979), 175-178 참조. 히메네스 데 시스네로스는 이사벨의 증거자, 종교재판의
대심문관, 나아가 스페인 왕국의 섭정도 하는 당대 스페인 최고 권력자였다. 그의 강력한
지도 아래 수행된 스페인의 모든 수도회의 복음주의적 개혁운동은 종교개혁의 선구적인
의미를 가지고, 스페인 황금시대의 정신적 기반을 구축함과 동시에 많은 이단적 운동의

출발점이 되기도 했다. 특히 16세기 스페인의 사상계에 거대한 충격을 준 에라스무스의 사상에 시스네로스가 가장 빨리 강한 호감을 나타낸 것은 중요한 의미가 있었다. 마스다 요시로(1971 A), 34-35; Id.(1971 B), 167-170 등을 참조.

45) 마스다 요시로(1979), 131 이하; 180-181. 이 유대인 추방에 대해서는 후술 288-292도 참조.

46) 콜론은 '크리스토발Cristóbal'(스페인어형, 이탈리아어로는 Cristoforo)이라는 이름을 "Xpõ FERENS"(Christum ferens) 즉 '그리스도를 옮기는 자'라고 쓴(ferens는 라틴어의 fero, '옮기다'의 능동태 현재분사형) 자신 이름의 '숨은 의미'를 밝힌다. 즉 그는 전설의 성인 크리스토폴과 같은 자(Légende dorée[Roze], II, 7-11; 또는 그림 79의 설명문 참조)로 '그리스도를 짊어지고' 바다를 건너, 이교도에게 복음을 전해야 할—신에 의해 영원의 옛날부터—운명을 타고난 자였던 것이다. 이와 함께 그의 성 Colón(스페인어형) 또한 '식민자'(라틴어 colonus)의 뜻으로 해석하여, 신의 섭리에 따라 그에게 부여된 구원사적-우주사적 임무를 나타내는 것으로 여겨졌다(이탈리아어형의 Colombo는 '비둘기'라는 뜻으로 이런 해석은 적당치 않다). 마스다 요시로(1979), 189; Todorov, 32-33 참조. 이름에 대한 이러한 신비적 해석은 어떤 특수한 신비주의적 언어철학을 배경으로 하고 있다. 이것에 대해서는 전술 제3장 주 29; 후술 338-342도 참조.

47) 마스다 요시로(1979), 192. 보베르에 대한 최근의 인물 평전으로는 J. M. Victor, Charles de Bovelles, 1479-1553. An Intellectual Biography, Genève, Droz, 1978이 있으나 필자는 발견하지 못했다.

48) 마스다 요시로(1979), loc. cit.

49) 상동, 193-194.

50) 「마태복음」 19:30 또는 ibid., 20:16; 「마가복음」 10:31, 「누가복음」 13:30 참조.

51) Mottu, 259-260; cf. 249. 하지만 같은 주제는 노잔의 기벨에 의한 우르바누스 2세의 '연설'에 인용된 「이사야」 43:5(전술 175 및 주 13)에도 명백히 나온다(같은 성서의 구절을 포스텔이 인용한 것도 보아라. 후술 356-357). 또는 전술 제8장 주 22도 참조.

52) 콜론의 종교적 열광을 '중세적'인 것으로 보고, 그의 내면에는 '합리적(이익추구적) 근대인' 과 '비합리적 중세인'이라는 두 개의 인격이 존재하고 있었다는 관점(예를 들면 펜로즈[아라오 가츠미荒尾克己], 104; Todorov, 20 이하; Verlinden, 97-99 등)을 고집한다면 르네상스 정신사의 가장 중요한 측면 중 하나를 놓쳐버리는 결과가 될 것이다. 르네상스는 강렬한 '종말감각'이 소용돌이치고, 과격한 십자군 정신에 좌우되었던 시대였다. 이 시대 전체를 뒤덮고 있던 계시론적-종말론적 분위기에 대해서는 Delumeau, 197-231이 뛰어

난 개관을 보여준다.

참고문헌에 대하여

르네상스의 '인식론상의 혁명'(또는 '중세의 전설적 지의 사멸')에 대해 최초로 기본적인 힌트를 얻었던 것은 Baltrušaitis(1960)를 읽었을 때였다. 그리고 Id.(1969)의 특히 91-116(홀바인의 『대사大使들』의 해석)에서도 많은 시사를 얻었다. 이 점에 대해서는 앞으로 더욱 연구해 볼 필요가 있을 것으로 본다.

콜론의 항해와 그 종말론적 배경에 대해 기본적인 출발점이 된 것은 말할 것도 없이 마스다 요시로增田義郎(1979)이다. 콜론의 요아킴주의적 종말론에 대해서는 Phelan(chap. II, 17-28)도 중요하지만, 그것을 당시의 스페인 전체의 신비주의적 종말론의 경향, 특히 시스네로스의 대 이슬람 십자군의 구상 등과 관련하여 논한 점에서 마스다 요시로(1979)의 논술은 필자에게는 전혀 새로운 시야를 열게 해준 것이었다. 스페인의 이러한 사상 상황에 대해 위의 책이 기본적으로 의거하고 있는 것은 M. Bataillon, *Erasme et l'Espagne. Recherches sur l'histoire spirituelle du XVIe siècle*, Paris, E. Droz, 1937(스페인어역 *Erasmo y España, estudios sobre la historia espiritual del siglo xvi*, Mexico city and Buenos Aires, Fondo de cultura económica, 1950, 제2판 1966)이지만 그것에 대해서 필자는 Febvre(1968²), 93-111의 중요한 서평으로 알게 된 것뿐으로 직접적으로 참조할 수는 없었다.

XII. 적anti그리스도의 별

1) F. da Meleto, *Convivio de 'Segretti della Scripta sancta*, ca 1508; cf. Chastel(1952 A-1978), 169; 또는 Reeves, 93-34. 메레토에 따르면 유대인의 개종은 1517년에, 이슬람의 개종은 '늦어도' 1536년에 그리고 전 교회의 개혁과 통일은 1530에 일어날 것이라고 말한다. Chastel, *ibid.*, 175.
2) 단테의 『신곡』, '지옥편' I, 1-111.
3) 예를 들면 상동, '지옥편' IX, 132; XVII, 55 참조.
4) 상동, '지옥편' I, 100.
5) 천년왕국의 끝에 "하늘에서 불이 내려와··· 성도들의 진과 사랑하시는 성"을 엄습하는 사탄과 그의 군세를 지옥에 떨어뜨리는 것과 마찬가지로(「계시록」 20:7-10; 전술 435-436 제5장

주 26; 453-454 제9장 주 6 참조).

6) '지옥편' I, 101-110; cf. Pézard, *ad loc.*; Singleton, *ad loc.*

7) 아랍의 점성술에서는 혹성, 특히 상위의 세 혹성(화성·목성·토성)의 합치가—개인에 대한 점성술과 마찬가지로—민족의 운명 또는 세계적 규모의 대사건을 결정하는 것으로 중시되었다. 특히 목성과 토성의 합치는 종교, 예언, 제국, 왕국, 왕조의 운명을 결정하는 것으로 여겨졌다. 이 합치는 20년마다 일어나고, 그것이 황도 12궁에서 하나의 '삼각(120도)을 이루는 별자리'에서 그 다음의 '삼각을 이루는 별자리'로 옮기는 데는 240년 그리고 처음의 위치로 돌아가는 데는 960년이 걸린다고 한다. 아랍의 점성가 및 중세 후기부터 18세기 초까지의 서구 점성가들은 '세계 6천 년'의 역사에 이 공식을 적용함으로써, 수많은 사변을 거듭하여 (이슬람 내부 또는 그리스도교 내부에서) 근본적으로 성질이 다른 자연주의적 역사철학 혹은 역사신학을 만들어냈다. 노아 시대의 대홍수, 아브라함과 다윗의 등장, 그리스도의 성육신, 이슬람의 창시 그리고 적그리스도의 도래 등 각종 '세계사적 대사건'은 이러한 신비한 '우주사적 해석의 격자'의 틀에 따라 이해되었다. 중세 후기의 이런 종류의 점성술적 역사철학을 추진한 학자들 중 로저 베이컨과 피에르 다이이를 꼽을 수 있다. 기욤 포스텔도 독자적인 점성술적 역사신학을 전개하고 있다. 또한 르네상스기에 특히 중요한 목성과 토성이 합치를 이룬 연도는 예컨대 1484년과 1524년(이 해 2월에는 모든 혹성이 물고기자리에서 합치하는 기묘한 사태가 일어나고, 대홍수로 세계가 멸망한다는 혼돈스러운 공포에 사람들은 전율했다), 1584년, 1604년 등이 있다. 이 문제에 대해서는 Couliano (1984 B), 245-253; Zambelli·Pomian·Garin, 21-24; Thorndike, V, 178-233; Postel, *Thresor des prophéties*, 56 등을 참조.

8) Landino, *Comento... sopro la Comedia di Dante Alghieri...*, Firenze, 1481, IX, n. *ad versum* I, 105; cf. Chastel(1952 A-1978), 169-170.

9) Couliano(1984 B), 249-250; cf. Thorndike, IV, 478; 곰브리치(스즈키 도키코鈴木杜幾子), 234-235와 그림 40b. 리히텐베르크의 요하네스는 점성술에 의한 예언에 요아킴주의적 예언을 섞어 넣은 것으로도 특히 흥미롭다. Kurze 참조.

루터는 실제로 1483년 11월 10일에 태어났지만 가톨릭 진영에서는 미델뷔르흐의 바울로 또는 리히텐베르크의 요하네스의 예언에서 말하는 독일에서 태어난 '가짜 예언자'에 관련지어 그의 생년월일을 1484년 10월 22일이라고 했다. 하지만 한편으로 루터는 직접 요하네스가 쓴 책의 서문을 쓴다(1527년 출판).

'1484년'의 중요성은 17세기가 되어서도 사라지지 않았다. 장미십자회의 전설적 창시자 크리스티안 로젠크로이츠는 1484년 죽음을 앞두고 1604년에 그 무덤이 '다시 열릴 것이다'

라고 예언했다고 전해진다(1604년에도 목성과 토성의 합치가 있고, 또한 신성이 나타났던 해였다). Couliano(1984 B), 250, 247; Chastel(1592 A-1978), 178; 곰브리치(스즈키 도키코鈴木杜幾子), 233-234 참조.

10) *Disputationes*, V, Chap. I; cf. Chastel(1952 A-1978), 171.

11) Chastel, *ibid.*, 168-169; Walker(1958, 1975), 69-70; Yates(1964, 1977), 171, n.2; Secret(1964, 1985), 73-74 이하 참조.

12) 1484년의 연호는 McGinn, 277에 따름. Cloulas, 336은 1485년으로 한다(피렌체력은 3월 25일을 1년의 시작으로 삼기 때문에 시간의 어긋남이 있을 것으로 생각된다).

13) 매독이 콜론의 항해단에 의해 아메리카에서 서구로 들어갔다는 설은 확증은 없지만 가장 타당성이 있는 것으로 여겨진다. 샤를 8세의 이탈리아 원정군에는 스페인 출신의 용병이 많이 섞여 있었다. 유럽에서 매독이 폭발적으로 유행하게 된 최초의 계기는 이 프랑스군의 이탈리아 원정이었다. 그래서 이탈리아인은 이 병을 프랑스병이라고 부르고 프랑스인은 나폴리병(*morbus napolitanus*)이라고 불렀으며, 샤를 8세 자신도 28세의 이른 나이에 이 병으로 죽는다(1498년). 매독은 대항해 시대를 거치며 세계 곳곳에 퍼지게 되는데, 일본에 들어온 것은 1512년이다. 1542(또는 1543)년 다네가시마種子島에 포르투갈인이 표착하게 된 때보다 30년도 이전의 일이었다. 다츠카와 쇼지立川昭二, 92-112 참조(우리나라는 조선 중종[1506-1521년] 이후 중국 명조 북경지방에서 사절단에 의해 전파되었다 한다: 옮긴이).

14) 이상 Cloulas, 335-339, 348-357; Reeves, 85-90와 이하; Marcel, 512; Chastel (1952 A-1978), 172-174 등에 따름. 사보나롤라에 대한 기본문헌은 D. Weinstein, *Savonarola and Florence: Prophecy and Patriotism in the Renaissance*, Princeton, 1970이지만, 필자는 미정이다.

15) Lubac(1974), 387과 n.4.

16) Marcel, 555-558.

17) Chastel(1952 B-1978) 참조.

18) Walker(1972), 42-62; Reeves, 90-95 참조.

19) Walker, *ibid.*, 54-55.

20) 플레톤은 고대 말기 신플라톤주의자에 의해 일종의 성전으로 받들어졌던 신비주의적 마술 서『칼데아인의 신탁』을 조로아스토레스가 지은 것으로 둔갑시킨 것으로 알려져 있다. Bidez Cumont, I, 160-163; Marcel, 609-610 참조. 또는 후술 제12장 주 16도 참조.

21) Masai, 440-441; 카렌(시미즈 준이치淸水純一), 86-87 참조. 또는 Wind, 244-248도

보아라. 플레톤에 대한 기본문헌은 Fr. Masai, *Pléthon et le platonisme de Mistra*, Paris, Les Belles Lettres, 1956이지만 필자 미정.

22) 피치노『'엔네아데스' 주석』, 로렌초 데 메디치에게 보내는 헌사 *Opera omnia*, Bâle, 1575, II, 1537; cf. Chastel(1975), 8.

23) Marcel, 605-606

24) 상동, 251-252; 257-259; -262; Yates(1964, 1977), 13.

25) Ficino, *Opera*, II, 1836; cf. Chastel(1975), 157; 또는 Yates, *ibid.*, 14와 이하; 피코 델라 미란돌라(오오이데大出 · 아베阿部 · 이토伊藤), 80도 참조.

26) Marcel, 603 이하.

27) '에티오피아의 나체 철학자'라는 표현은 인도와 에티오피아의 혼동에서 비롯된 것이다. 이것은 이미 2세기의 필로스트라토스Philostratos의 『티아나의 아폴로니오스의 전기』(예를 들면 translated by C. P. Jones, edited, abridged and introduced by G. W. Bowersock, Penguin Books, 133[Book V, 43])에도 나오는 것으로 피치노는 그러한 문헌에 근거하고 있는 것으로 생각된다. 물론 피치노 자신도 이 두 개의 '세계의 끝' 관계에 대해서 명확한 관념은 가지고 있지 않았을 것이다.

28) *Opera*, I, 1; cf. Marcel, 589-590.

29) Marcel, 617-621. 또는 피코 델라 미란돌라(오오이데大出 외), 145-147, 180-181; 187 등도 참조. 전술 71, 100도 보아라.

30) 우의적 해석에 대해 특히 많은 글을 남겼던 것은 조반니 피코였다. 그는 신화적 · 시적 언어로 쓰인 '고대신학'을 '시적 신학Theologia poética'이라 부르고 동일한 제목의 책을 쓸 예정 이었다. 예컨대 Lubac(1974), 90-113; Wind, 17-25 등을 참조.

　　헬레니즘 이래의 전통을 계승한 피치노가 화려하게 개화시킨 르네상스의 '고대신학' 사상은 그 후 적어도 19세기 후반까지(오컬트 사상에서는 물론 현대까지) 여러 가지로 모습을 달리하면서 살아남았고, 근대의 '진리 일원론'에서 가장 중요한 모델 중 하나를 제공하게 된다. 그 과정에서 철학사에 관련하여 특히 흥미로운 것은 아고스티노 스테우코 가 도입한 '영원한 철학philosophia perennis'의 개념이다. 이것에 대해서는 Kristeller, 197-210; *Dictionary of the History of Ideas*, III, 457a-463a, *s. v. Perennial Philosophy* (by Loemker) 참조.

31) 르네상스기에 한편에서는 지복의 '황금시대' 도래를 노래했고, 다른 한편으로는 세상 종말 의 두려운 이미지가 환기되었다. 이 양자 모두가 르네상스 특유의 강렬한 불안 감각을 기조로 하고 있고, 그것이 '역사의 극화'라는 결론을 만들었다는 것을 간과해서는 안 된다.

Chastel(1952 A-1978), 167-172; Reeves, 83-84 참조.

32) 이 악몽 내용을 뒤덮는 그림 아래에 기록한다. 마에카와 세이로前川誠郞, 157의 번역을 보아라. 이 꿈은 1524년의 모든 혹성의 합에 의한 대홍수의 공포와 관계가 있을지도 모른다. 전주 7 참조.

참고문헌에 대하여

본장 집필의 출발점이 된 것은 Chastel(1952 A, 1952 B-1978)의 두 논문이다. 특히 전자는 르네상스 시기의 이탈리아(혹은 독일, 서구 전역)를 뒤덮은 강렬한 종말의 공포와 기대와 관련된 문헌을 정밀하게 짜깁기하여 재현한 뛰어난 논문이다. Reeves(특히 83-95)는 같은 문제를 요아킴주의의 시점에서 묘사하여 당시의 정신적 상황을 부각하고 있다. 이 양자가 지적하는 '역사의 드라마티제이션'(극화: 옮긴이)(전주 31)이야말로 서구 근대 생명력의 원천이며, 또한 무한한 불안의 원천(혹은 그 표현)이기도 할 것이다. 이 생명력이 생산성과 소비, 정보의 격류라고 하는 개인을 초월한 모든 힘에 삼켜진 현재, 사람들의 마음에 남은 것은 단지 '한없이 투명에 가까운' 허무주의밖에 없는 것은 아닐까….

사보나롤라와 피렌체 플라톤주의자들의 관계에 대해서는 Walker(전주 18)가 상세하지만 이 문제—좀 더 일반적으로 르네상스 인문주의와 복음주의, 종말론에 기초한 종교적 엄숙주의와의 관계 문제—는 앞으로 더욱 연구할 필요가 있을 것이다.

피치노와 그의 주변에서의 '고대신학prisca theologia', '시적 신학Theologia poética', 이교 신화의 부활 등에 대해서는 앞서 말한 것 외에 Chastel(1975), 136-162도 특히 중요하다.

사보나롤라와 샤를 8세의 이탈리아 원정 시대에 대해서는 시오노 나나미塩野七生의 모든 작품, 예를 들면 『신의 대리인』('알렉산데르 6세와 사보나롤라')과 『체사레 보르자 혹은 우아한 냉혹』(제1부 제4-5장) 등에도 묘사되어 있다. 소설 형식의 상세한 기술로 많은 것을 보여주고 있지만, 그 역사관에서는 필자와 큰 차이가 있다는 것을 밝혀둔다.

XIII. 추방의 밤 · 법열法悅의 밤

1) 예이츠/나이토 겐지內藤健二, 35-36 참조.
2) 졸고 『'역사'의 발명』, 특히 194 참조 바람.
3) 이것은 물론 근대 최초의 명확한 인종주의의 이론이다. 16~17세기 스페인에서 '순수한

피'의 이론과 실태에 대해서는 Poliakov, I, 185-198; 또는 Bénichou, 34-42도 보라.

4) 스페인의 이단 심문에 대해서는 테스타스(기이)·테스타스(장)/안자이 가즈오安斉和雄, 82-124; Poliakov, I, 161-169, 175-185 참조.

5) 마스다 요시로增田義郎(1979), 141은 이단 재판의 방식 자체가 '유대적, 셈적'이라고 지적하는 학자가 있다고 한다. 이 경우 '유대적'이라는 표현은 부정확하며 중대한 오해를 초래할 우려가 있을 것이다. 하지만 그것이 '진지한 신 그리스도교도'가 가진 특유의 굴절된 심리에 의한 광신적 태도로 본다면 좀 더 명쾌하게 이해할 수 있을 것이다. 게다가 이러한 태도 자체가 유대교적(혹은 그리스도교적)인 '정서화·내면화된 종교성'에 근거한다고 하는 직관도 충분히 검토되어야 할 것으로 생각한다.

6) 이상은 마스다 요시로, ibid., 133-152 이하; Poliakov, I, 142-173; 로스(하세가와長谷川·아즈미安積), 130-168 이하; Scholem(Davy), 263과 n.4 이하 참조. 1492년 8월 3일 콜론의 항해단은 스페인에 쫓겨 북아프리카와 레반트 지방을 향해 떠나는 유대인들의 배에 섞여 항구를 빠져나갔다. 마스다 요시로(1971 B), 5-6. 국외로 추방된 유대인들은 이 절망적인 사태에 직면해 있으면서도 반대로 종말론적 기대에 스스로 고무되어 있었다. 그들에게는 이 추방이야말로 새로운 '이집트에서 탈출'이고, 이 여정의 끝에는 영광에 찬 '약속의 땅'이 기다리고 있는 것이었다. 하지만 많은 사람은 이 여행 도중에 병으로 쓰러지고 혹은 죽어갔다. Poliakov, I, 170-171. 하지만 중세 후기 유대인 역사를 단순히 말로 다할 수 없는 박해 역사로만 보는 것도 많은 문제가 있다. 직접적인 생산 수단에서 멀어지게 된 유대인은 대부분 고리대금업으로 또는 세금관리로 막대한 재력을 가지고 있었다. 그리스도교도들은 그 유대인으로부터 이익을 우려내려고 또는 이익을 지키려고 그들을 '박해'했다고 생각할 수도 있다. 레온/하타 세츠오波田節夫, 165-203 및 그것에 첨부된 로단손의 긴 서문을 참조. 일반적으로 유대인의 역사를 과도하게 '정서화-드라마화'해서 읽는 것은 그들이 '피차별자'라는 '유대인의 성격'을 추인하는 것으로, 다시 말하면 유대-그리스도교적 역사관의 함정에 빠지게 된다.

7) Febvre et Martin, 272; Encyclopédie, XII, 940-941; 또는 Poliakov, I, 182도 참조.

8) Secret(1964, 1985), 100.

9) Id., ibid., 121; Id.(1969 A), 17-26; Id.(1969 B), 3, 29; Encyclopédie, XII, 939.

10) 주스티니아니에 대해서는 Secret(1964, 1985), 99-102. 주스티니아니는 제노바 사람으로 「시편」19(18):4(5) "… 그의 소리가 온 땅에 통하고 그의 말씀이 세계 끝까지 이르도다"라는 성경 구절의 해석에서 동향의 크리스토퍼 콜론(콜럼버스, 콜롬보)의 생애에 대해서 쓰고, 이 성경 말씀은 "적어도 우리 시대에는 제노바 사람 콜롬보가 경이로운 용기로 전혀

새로운 세계라고 해도 좋은 것을 발견하여, 그것이 그리스도교인 동료에게 주어졌을 때에" 실현된 것이라고 쓴다(1516년, 마스다 요시로增田義郎[1979], 187; cf. Secret[1964, 1985], 100). 비트만슈타트에 대해서는 Secret, *ibid.*, 121-123; Scholem(1979), 20 이하 참조(그는 카발라에 강한 흥미를 보이지만 그 설교에 대해서는 오히려 비판적이었다).

11) Febvre et Martin, 378; Secret, *ibid.*, 44-72; 108-109. 추기경 에지디오 다 비테르보에 대해서는 상동, 106-120; Reeves, 101-104 등을 참조.

12) 다만 그 전부터 13세기에 카탈로니아의 유대인에게 포교한 수도사 라이문두스 마르티누스는 탈무드를 그리스도교의 정당성을 증명하는 것이라고 여긴다. 그리고 라이문두스 룰스와 빌라노바의 아르나르도를 그리스도교 카발라의 선구자로 보는 설도 있으나, 그들이 정확한 의미에서의 카발라를 알고 있었는지 여부는 의심스럽다고 한다. Scholem(1979), 19-20; 26-27; 40-41, n.10; 또는 예이츠/나이토 겐지內藤健二, 27-34 참조.

13) 같은 현상은 예를 들면 중국에서도 일어났다. 가톨릭의 선교사들은 중국 불교의 교의와 의례가 그리스도교와 흡사한 것에 놀라고 그것이 악마에 의한 모방이라고 생각했다. 그것에 대해 중국의 불교도는 그리스도교야말로 불교를 표절하고 잘못 해석한 것이라고 반론했다. Gernet, 104-106; 또한 졸고『고대신학』, 85, n.9에 인용한 문헌도 참조. 보편주의에 대항하는 것은 보편주의밖에 없다. '표절논쟁'은 이렇게 헬레니즘 시대부터 끊임없이 반복된다.

14) 이상 Scholem(1979), 26-36 이하에 의함. 또는 Secret(1964, 1985), 8-23도 참조.

15) G. Pico della Mirandola, *Apologia*, in *Opera omnia*, Bâle, 1557, I, 180; cf. Scholem, *ibid.*, 22-25; Greive, 164와 n.4.

16) Scholem, *loc. cit.*

17) "Conclusiones magice," 9, *Opera*, I, 105; 피코 델라 미란돌라/오오이데大出·아베阿部·이토伊藤, 214. 르네상스 시대, 특히 피치노를 중심으로 한 플라톤주의자들이 말하는 '마술(마기아)'은 적어도 '원래의 의미'로는 '마구스들(마기)의 주술'을 의미한다. 또한『칼데아 사람의 신탁』이 그 마기 전통의 창조자 조로아스트레스로 돌아간 것에서 유추해볼 때, 이 위서(혹은 그것과 유사한 것, 헤르메스 트리스메기스토스와 아스클레피오스 등)가 근본적인 원전으로 여겼다고 말해도 좋을 것이다. 이것은 헬레니즘 시대의 신비주의적·초월적 종교철학에 바탕을 둔 것으로 예를 들면 '마녀사냥'에서 말하는 (민중적?) '마술'과는 크게 다른 것으로 보아야 한다. 피치노와 피코는 전자를 '자연마술', 후자를 '다이몬에 의한 마술'이라 하고 엄격하게 구별한다. 피코/오오이데 외, 59-60와 이하; 189-191 참조.

18) 피코(오오이데大出 외), 64-70=Pico, *De hominis dignitate*, ed. Garin, 154-158; 또는 Secret(1964, 1985), 2-5 참조.

19) 피코는 이들 책이 교황 **식스투스 4세**가 전력을 기울여 라틴어로 번역되었다고 쓰고 있지만 이것은 잘못된 것으로 플라비우스 미트리다테스가 피코 자신을 위해 번역한 것이다. Scholem, *ibid.*, 22-25 참조.

20) 피코(오오이데 외), 70-71=Pico, *ibid.*, 160; cf. Secret, *ibid.*, 29.

21) 상동, 65. Pico, *ibid.*, 154.

22) 제7장 주11에서 인용한 문헌 및 Secret, *ibid.*, 74-77 참조.

23) 예이츠/나이토 겐지內藤健二, 15와 여러 곳. 그리스도교 카발라에 대한 기본 문헌은 Secret, *ibid.*이다. 또는 일본 문헌으로는 무라카미 요이치로村上陽一郎, 193-215 참조.

24) 당시의 스페인 가톨릭주의의 상황 전반에 대해서는 주로 *Dictionnaire de spiritualité ascétique et mystique*(이하 *DS.*로 줄인다), IV-2, col. 1127-1178, *s. v.* Espagne, l'Age d'or(par Adolfo de la Madre de Dios *et al.*)를 참고했다. 하지만 이 기술은 호교적 색채가 강해 자료로 삼기에 충분치 않다.

　　스페인뿐 아니라 신교도까지 포함한 16~17세기 서구 전체의 그리스도교는 신비주의에 경도되어 있었으며 매우 특수한 실존적 양태를 특징으로 한다. 이것을 전체적으로 '바로크적 종교성'이라 명명할 수 있을 것이다. 그것을 명확히 정의하는 것은 곤란하지만 여기에서는 필자의 인상을 요약한 다른 논고를 인용해둔다(졸고『일본의 〈사상〉과 〈비사상〉』, 189). "이 시대의 서구의 그리스도교는 (프로테스탄트, 가톨릭도 포함하여) 종교적 가치의 내면화, 체험화, 생활화를 가장 기본적인 특징으로 하고 있었다고 할 수 있을 것이다. '그리스도교도로 살다'라는 정신이 이처럼 중시된 시대는 없었다. 인간의 생활 자체가 '초월적 가치의 〈옳고 그름〉을 묻는 대상'으로 규정되고, 따라서 극도로 극적인 양상을 띠게 된다. 인간의 생활은 '지순한 정신성'과 '극도로 생생한 관능적 현실'로 분극화되지만 그것은 최종적으로는 그 둘이 합일되는 것, 즉 그 '정신성'이 그 '관능적 현실' 속에서 실현되는 것을 목표로 하고 있었다. 이 특수한 '바로크적 종교성'이 가장 두드러지게 표현되고 있는 예로 엘 그레코와 카라바조, 베르니니 등의 회화, 조각 혹은 아빌라의 성 테레사의 법열, 후안 데 라 크루스(십자가의 성 요한)의 부정신학적 신비주의, 야콥 뵈메의 연금술적-카발라 신비주의 등을 들 수 있다."

25) *DS.*, IV-2, col. 1160.

26) 마스다 요시로增田義郎(1979), 194.

27) 이 '독신녀Las Beatas' 전통의 기원과 역사를 밝혀낼 수 있다면, 그리스도교 신비주의에서

지금까지 명확하지 않았던 측면에 대해 단숨에 새로운 빛이 들고, 또한 그리스도교의 내면화, 정서화 문제에서도 새로운 시점을 제공할 수 있을 것이다. 여기에서는 앞으로의 연구 재료로서 아주 간단하고 단편적인 지적을 할 수 있을 뿐이다. '독신녀' 전통의 먼 연원으로 초기 그리스도교 이단인 몬타누스파에서 여성 역할을 생각해볼 수 있을 것이다(전술 제5장 주 14 참조). 여기에는 그노시스적 요소가 분명히 보이며, 또한 고대 이교에서 무녀(퓨티아와 시빌라)의 역할 등과 연관도 생각해야 한다. 13세기 말에서 14세기 전후에는 요아킴주의의 주변에서 스스로 '성령인 신의 생육신'이라고 선언한 여성(밀라노의 그리엘마 - 1282년 사망)과 '이브가 인류가 타락한 원인이라는 것에 대응하여', 성령인 신에 의해 세계를 구원할 수단으로 선택되었다고 자임한 여성(프로우스 보네타, 1325년경) 등이 나타난다(Reeves, 49-51). 16세기 초두 스페인의 '독신녀'에게도 비슷한 요소가 보이고(본장), 또한 포스텔에게 결정적 영향을 준 '어머니(메르) 잔느'와 1572년 신성의 때에 사람들의 주의를 끌었던 광녀 마리 비르누즈도 마찬가지로 '여구세주' 혹은 '구세주를 낳은 자'로 스스로를 자리매김한다(후술 334, 337 참조). 그로부터 다시 약 200년 후 프랑스혁명이 한창인 때에 나타나 음모에 휩쓸려 로베스 피에르 실각의 원인 중 하나를 제공한 것으로도 알려진 카트린느 테오도 마찬가지로 '구세주의 어머니'라고 자칭했다(Darnton, 139-140). 이들은 어느 시대에나 나타날 수 있는 병리적 현상일지도 모르지만 그 패턴의 일관성과 그것이 끼치는 사회적 영향의 크기는 주목할 만하다.

한편 이런 현상의 배경에는 유대교와 그리스도교에서 여성적 원리에 대한 각종의 사변과 신앙이 있었다는 것을 생각해야 한다. 기원 전후의 유대교 '지혜문학'을 중심으로 한 신비주의적 조류에서는 '신의 지혜'(호크마Hokmah, 소피아Sophia)로서 여성 원리가 매우 크게 거론되었다(이것에 대해서는 융/노무라 미키코野村美紀子, 58-77과 여러 곳에 흥미로운 기술이 있다). 소피아 사변은 발렌티노스파의 그노시스주의에서도 결정적으로 중요한 것이다. 그리스도교에서 여성적 요소에 대한 관심은 (적어도 라틴세계에서는) 오랫동안 동결되어온 것으로 생각된다. 하지만 10세기 말 무렵부터 그것은 매우 광범위한 처녀 마리아에 대한 신비적 신앙의 유행이라는 형태로 나타난다(그것이 그리스도교의 '정서화'와 직결되어 있다는 것은 분명하다). 다른 한편으로 유대교 신비주의에서 여성 원리에 대한 사변은 (특히 셰키나Shekinah, '신이 계신 곳'에 대한 사변으로) 늘 활발하게 행해지고 있었다. 16세기 이후의 그리스도교 신비주의에서 여성 원리의 중시(예를 들면 뵈메와 솔로비요프 등의 소피아 사변)는 중세적인 '정서적 마리아 신비주의'와 유대 신비주의의 사변적인 '셰키나 신비주의'와의 결합을 배경으로 하고 있다고 생각할 수 있을 것이다. 그 결합이 16세기 초 스페인에서 '신그리스도교도'적인 열광적 경신운동과 그리스도교 카발라 사변을 낳았다는 것은 충분히 있을 법한 일이다(포스텔에게도 일종의 소피아 사변이 인정된다. Secret[1977], 85). 16세기 후반 스페인에서 시작된 '마리아의 노예esclavitud mariana'고 불린 경신운동(*DS.*, IV-2, col. 1135-1136)은 그 정신성, 정서성, 관능성에서 '바로크적 종교성'의 가장 전형적인 표현이라고 할 수 있을 것이다.

28) 마스다 요시로(1979), 163; cf. 195.

29) *DS.*, VII-2, col. 1384-1385, *s. v.* illuminisme et illuminés(par Eulogio de la Virgen del Carmen) 참조.

30) 이상에 대해서는 테스타스(기)·테스타스(장)(안자이 가즈오安齋和雄), 101-106 참조.

31) Orcibal 참조. 주지하는 바와 같이 카를 5세(카를로스 1세)는 네덜란드에서 양육되었다. 1516년 그가 카스티야와 아라곤 양쪽의 국왕으로 즉위하게 됨으로써 스페인은 북방문화를 폭넓게 받아들이게 된다.

32) '이니고Iñigo'의 이름은 1537년 이후에 스페인어, 이탈리아어로는 이냐시오Ignacio, 라틴어로는 이그나티우스Ignatius로 써넣었다. 아스토라인/오이즈미 다카요시大泉孝, 169(역주) 참조.

33) Guillermou, 26-28 이하; 34-35; 37-40 참조.

34) 예수회의 '절대순종' 정신의 기원에 대해서는 그것만이 아니라 고대 이래의 '투쟁하는 교회 ecclesia militans' 정신의 부활, 중세의 기사도 신비주의 그리고 물론 십자군 정신의 앙양 등 많은 복잡한 요소를 고려할 필요가 있을 것이다.

35) Guillermou, 66-73 참조.

36) 상동, 82-85 참조. 중세 기억술에 대해서는 전술 서장 2, 주 7 참조.

37) Guillermou, 11-13; 32-34.

38) Febvre(1944, 1971), 23 이하; Secret(1969 B), 10-11 이하; Reeves, 111-115.

39) Loyola, 93; cf. 94-95; Guillermou, 88 이하 참조.

40) 라이프, 41.

41) Reeves, 117. 예수회 내부에서 일부 사람들은 예수회야말로 요아킴에 의해 예언된 '성령의 시대'를 가져온다는 두 개의 수도회 중 하나로 '활동적 수도단'이라고 생각했다(전술 184 참조). 오소리우스 자신이 그 가능성에 대해 언급하고 있다. 이 시대에 새로이 '발견'된 광대한 지역에서 무수한 사람을 개종으로 이끄는 예수회, 이들이 바로 세상의 종말 전에 모든 민족에게 그리스도의 복음을 전파해야 할 사명을 신에게 받은 종말의 수도단인 것이다. Reeves, 116-121; 또는 전술 제7장 주 21 참조. 이 극적 역사관은 당시의 그리스도교 세계 전체에 만연해 있었고 특히 예수회에서 첨예하게 표현되었다. 이는 세계를 신과 악마

의 투쟁 장소로 보는 강렬한 '선·악 이차론적 세계관'을 배경으로 하고 있었다고 생각할
수 있다. *Delumeau*, 232-253; 졸고 『일본의 '사상'과 '비사상'』, 188 참조.
42) 예수회가 '근대'에 끼친 또 하나의 결정적 공헌은 유럽의 내부로 향했다는 것이다. 즉 예수회
   가 경영하는 학교가 창설되어 경이적인 성공을 이루었다. 이렇게 예수회는 '어린이'라는
   '신세계'의 발견과 그 제패에도 가장 중요한 역할을 해낸 것이었다. 그것은 사회 전체의
   도덕화를 가져옴과 동시에 역설적으로 이른바 '속화혁명俗化革命'을 추진하는 큰 원동력이
   되었다고 생각할 수 있다. 아리에스/스기야마 미츠노부杉山光信·스기야마 에미코杉山惠美子
   참조. 그것과는 별도로 예수회가 서구 사회에서 비춰진 모습이 국경을 넘어선 군대 조직,
   거대한 정치적·경제적 능력(권력이 아닌 능력), 일종의 음모 집단적 성격, 비교적 전통과
   의 친근성, 강한 엘리트주의 등(이것들이 사실이었는지, 아니면 단순히 조작된 이미지
   차원에서 사람들에게 이런 인상을 준 것뿐이었는지는 상관없이)이라는 것을 생각해보면
   이 집단이 한편으로는 십자군 이래의 수도 기사단과, 또 다른 면에서는 18~19세기의
   프리메이슨과 매우 유사하다고 생각할 수 있을 것이다. 중세에서 현대에 이르는 서구 사회
   에서 '비밀결사 조직'을 연구하는 것은 앞으로 가장 흥미로운 과제 중 하나이지만 그중에서
   예수회는 매우 중요한 위치를 차지하고 있다고 생각한다.

참고문헌에 대하여

스페인의 유대인 박해와 추방, '신그리스도교도'의 문제 그리고 16세기 초두의 열광적 종말론
과 천계주의(일루미니즘illuminism) 문제 등에 대한 출발점이 된 것은 여기에서도 마스다 요시로
增田義郎(1979)이다. 종말론과 일루미니즘에 대해 마스다의 책이 기본적으로 참고한 출전은
Bataillon, *Erasmo y España*, 1966(이것에 대해서는 전술 470) 그리고 유대인과 '신그리스
도교도' 문제에 관해서는 Américo Castro의 모든 저술(예를 들면 *La realidad histórica
de España*, ed. renovada, 1962)와 J. Caro Baroja, *Los judios en la España moderna
y contemporánea*, 1962 등이 있다(마스다增田, 상동, 153, 149; 마스다增田[1971B], 209
참조. 또는 Delumeau, 273-304; 이이즈카 이치로飯塚一郎, 59-162도 참조. 그리스도교
카발라에 대해서는, 본장을 집필할 때에는 주로 Kabbalestes chrétiens, *Cahiers de I'Her-
métisme*, Paris, Al. Michel, 1979의 여러 논문을 참조했지만, 그 후 좀 더 자세하게 나온
Secret(1964, 1985)를 입수하게 되어 그것에 따라 관련 내용을 바꾸어 넣었다.
   로욜라의 전기에 대해서는 Guillermou를 따랐다. 다만 로욜라 및 초기 예수회의 사상에
대해서는 좀 더 상세하면서도 '객관적'인(호교적이지 않은) 문헌을 참조하고 싶었지만 시간이

부족해 찾을 수 없었다.

16세기 초두에서 17세기 전반까지의 서구 정신사, 특히 그리스도교 사상사에 대해서는 근년의 연구가 지금까지 관점과는 크게 다른 색채를 띠고 있다. 그중 특별히 몇 개를 언급해보자면 F. 예이츠의 여러 저작(이들은 이미 일본에서도 활발히 소개되고 있다), D. P. 워커의 여러 저작(본서의 문헌표 Walker에도 그중 몇 개를 올렸다), 이미 여러 번 인용한 Reeves 외에도, Delumeau는 14~18세기 서구의 심성Mentarite의 역사·정신사를 '공포-불안의 역사'라는 관점으로 다시 파악함으로써, 시대 전체의 기조basic tone에서 새로운 중요한 색채를 더했다.

Williams: 16세기 초두에서 후반에 걸쳐 아나밥티즘 등을 중심으로 한 '종교개혁 급진파 radical Reformation'에 대한 전 유럽에 걸친 역사, 즉 이 시대의 '급진파' 사람들이 전개했던 지금 시대에는 상상도 못할 정도의 '과격'한 사상과 행동 등을 상세히 기술한다.

Certeau: 16~17세기 각 파의 신비주의에 대해 '포스트모던'적 시점에서 논하고, 종교적 가치의 내면화, '생활화'의 과정을 강조한다(전주 24의 '바로크적 종교성'에 대해 쓴 글은 이 책에서 많은 시사를 받았다).

이들은 본장 및 이하의 3장에서 다룬 사항의 시대적 배경을 나타내는 기본적 문헌으로 일괄해서 올려두고자 한다.

XIV. 동양의 사도와 '이성적 일본'의 발견

1) 로드리게스/이케가미池上 외, II, 288-289.

2) 콜론에 대해서는 전술 255-256. 로드리게스는 「시편」 19(18):4(5) "그의 소리가 온 땅에 통하고 그의 말씀이 세상 끝까지 이르도다"와 (구약외전의) 「솔로몬의 지혜」 8:1 "지혜의 힘은 지상의 끝에서 끝까지 미치어 모든 것을 능란하게 지배한다" 등의 보편주의적인 성경구절을 자주 인용한다(위의 책, II, 237; 286).

3) '동양의 〈신세계〉에서의 포교'와 '서구에서의 새로운 이단과의 투쟁'이라는 대비는 16세기 말~17세기 초 가톨릭 특히 예수회에서 쓰는 상투적인 수사법의 하나가 되어 있었던 듯하다. 동일한 대비는 예를 들면 일본 천주교도의 '천정소년사절天正少年使節'이 유럽을 방문했을 때의 기록에도(1585년) 또한 로욜라가 성인의 지위에 오를 때의 교황 우르바누스 8세의 대칙서에도(1622년), 나아가 피에르 샤론의 호교론護教論의 『세 진리』(1593년)에서도 볼 수 있다(Bernard-Maitre[1942], 18[n.24], 30[n.87]; 아스트라인/오이즈미 다카요시大泉孝, 143 참조).

예수회가 갖고 있던 '전 세계적 시야'를 보여주는 또 하나의 인상적인 예로는 아코스타/마스다 요시로增田義郎, II, 215-217에서도 볼 수 있다. 거기에서 아코스타는 안데스 지방의 주술과 관련하여 일본의 야마부시(산야에 기거하며 수행하는 중: 옮긴이)의 습속을 (루이스 프로이스를 인용하여) 비교한다(마스다 요시로[1984], 264 참조). 여기에서는 비교민족학적 사고의 맹아를 명확히 확인할 수 있다. 이 시대, 예수회는 의심할 여지없이 세계에서 가장 우수한 정보기관이었을 것이다.

4) 로드리게스/이케가미池上 외, II, 289-290.

5) 상동, II, 290, n.5; cf. 하비에르/고노 요시노리河野純德, 3.

6) 예를 들면 야나이 겐지箭內健次, 27-30 참조.

7) 하비에르/고노 요시노리, 5, 6-7, 13.

8) 피레스/이쿠타生田 외, 250-251. 하지만 포르투갈인에 의한 다네가 섬 '발견'을 보고한 안토니오 갈반은 "이것을 사람들이 자폰에스라고 이르고, 고문헌에서 재보가 넘쳐나는 것으로 전하고 있는 시팡가스로 생각된다. 이 섬들에는 황금과 은 등의 재보가 묻혀 있다"라고 쓴다(1557년 이전에 쓰인 『세계발견기』[간행은 1563년]). 여기에서는 마르코 폴로가 전한 황금섬(일본)의 전설이 계승되고 있다. 야나이 겐지箭內健次, 29-30; Lach, I-1, 195 참조.
　　포르투갈의 일본 무역에서 이른바 '카피탄모르 제도'는 1550년경부터 시작되었으나 포르투갈 상인이 일·명중계무역으로 큰 이익을 얻게 된 것은 왜구의 소탕에 성공하고 마카오에 영주권을 얻게 된 1557년 이후였다. 야나이 겐지箭內健次, 34 참조.

9) 하비에르가 죽은 뒤인 1560년 이후, 인도 포교는 무력을 배경으로 한 강제적인 집단개종으로 이루어지게 된다. 또한 같은 1560년에는 고아에 이단 심문소도 설치된다. 이것은 하비에르 자신이 주앙 3세에게 그 필요성을 말한 것으로 1814년까지 존속했다. 마츠다 기이치松田毅一, 56에 따르면 "그동안 형벌에 처해진 자는 4046명이고, 화형 선고를 받은 자는 그중 121명뿐인 것으로 보고되었다." '뿐'?! 이쿠타 시게루生田滋, 124-126; 하비에르/고노 요시노리, 248-249 참조.

10) 이상 이쿠타 시게루, 116-126; 야나이 겐지, 21-22; 31-34.

11) 하비에르/고노 요시노리, 32, 36(1540년 7월 23일 리스보아에서 보냄).

12) '위로부터'의 정치적 권력자 개종이 아닌, '아래로부터'의 민중 개종이 기본적으로 중시되려면 종교적 주권자로서 인민이라는 개념이 먼저 성립되어야 한다. 그리고 그것은 정치적 주권자로서의 인민 개념 성립과 더불어 거의 동시대적으로 일어났다고 생각할 수 있다. 그렇다면 그것은 18세기 후반 이후 혹은 프랑스혁명 이후로 봐야 한다. 종교가 개개 인간의 문제이며, 민중의 문제라는 우리 상식은 고작 200년 정도 전부터의 것이고, 그것은 교회의

절대성이 결정적으로 흔들리고 난 뒤의 일이다.

13) 이처럼 하나의 권위에서 그 상위의 권위로, 다시금 그 상위의 권위로 거슬러 오르는 발상은 헬레니즘 이래의 '비교의 계보학'(예를 들면 '철학'의 '교사'에서 '교사'로 거슬러 오르는 알렉산드리아의 클레멘스[전술 111])과 같은 사고 유형에 근거하고 있다.

14) 하비에르/고노 요시노리河野純德, 300(1548년 1월 20일, 코친 발신, 리스보아의 로드리게스 신부 수신).

15) 상동, 166, 172(1544년 9월 11일, 같은 해 11월 10일).

16) 상동, 285 이하; cf. 302-303(1548년 1월 20일자, 두 통).

17) 프로이스/마츠다松田・가와사키川崎, VI, 18-21; cf. 에비사와 아리미치海老沢有道, 228-236.

18) 하비에르/고노 요시노리, 272-274(1548년 1월 20일 로마의 예수회 회원 수신); 278(역주); 에비사와 아리미치, 244와 n.12. 또는 졸고『고대신학』, 87, n.23도 참조.

19) 에비사와 아리미치, 242-244. 이 원문은 Wicki, Documenta Indica의 일본에 관한 부분에 수록될 예정이었지만 그것이 간행되지 않았기 때문에 아직도 출판되지 않고 있다. Bernard-Maître(1953), 88과 n.21, 22; Lubac(1952), 34, note; 에비사와 아리미치, 242-244 참조. 영역, 독역 및 영역에서 일본어로의 번역에 대해서는 졸고『고대신학』, 87, n.24를 보아라.

20) 하비에르/고노 요시노리, 345-346(역주); 365, n.7 등을 보아라.

21) 상동, 342; cf. 352-353.

22) 상동, 373.

23) 상동, 465, 471 참조.

24) 상동, 237-238; cf. 266.

25) 일반적으로 인도의 개종자 대다수는 아웃 카스트 혹은 하층 카스트인 빈민이었음을 지적해야 한다. 브라만 등 고위 카스트의 사람들은 '부정한' 외국인에게 접촉하는 것조차 꺼려했을 것이다. 이쿠타 시게루生田滋, 125 참조.

26) 하비에르/고노 요시노리, 336-337, 339; cf. 349-351.

27) 상동, 273-274.

28) 상동, 340; cf. 351.

29) 반대로 '신을 모르고', '죄 속에' 사는 자는 '이성에 따르지 않는다.' 이 논리에는, 이 사람들은 '그들의 죄에 마땅한 신벌에 의해 이성을 빼앗긴 것이다'라는 추론(하비에르는 그것을 명기하지 않았지만)이 함의되어 있다고 생각할 수 있을 것이다.

30) 하비에르/고노 요시노리, 471, 472-473.

31) 상동, 526.

32) 그노시스주의 또한 이와 같은 논리를 철저히 밝혀내고, 따라서 세계의 창조신은 '악한 신', '가짜 신'이라고 결론지었다. 유대교와 그리스도교처럼 세계의 기원을 유일신의 창조로 귀결시키는 종교에서 '악'의 문제는 회피할 수 없는 문제이고, 게다가 ('신앙' 이외에는) 거의 해결 불가능한 문제이다.

33) 이 논점에 대해서는 후술 373-374 참조.

34) 하비에르/고노 요시노리, 531, 532, 533-534.

35) 상동, 543.

36) Pépin(1971), 189-191 참조. 예를 들면 오리게네스는 그리스도교도가 제단과 (신)상, 또는 신전을 만들려하지 않는 것을 비난한 케르소스에 대해 다음과 같이 반론한다. "우리에게 제단이라는 것은 바른 자의 예지叡知에 있는 것이고 그곳에서 정갈한 마음의 기도가 진정으로 그리고 예지적인 향연薰煙으로서 위로 올라가는 것이다. … 신에게 어울리는 상像과 공물은 미천한 장인이 만든 것이 아닌, 신의 말씀(로고스)으로 우리 마음속에 아름답게 만들어지고 형성된 것 즉 모든 창조의 장자의 모상에서의 미덕 외에는 없다. … 페이디아스와 포리클레이토스 등(이교도의 유명한 장인)이 만든 (신)상은 생명 없이 썩어갈 것이지만 (신을 공경하는 자의 영혼 속에 자리 잡은 신의 상은) 이성적 영혼이 살아 있는 한 (즉 영원히) 살아 숨 쉴 것이다…"(Contra Celsum, VIII, 17-18 cf. transl. Chadwick, 464-465).

37) 예를 들면 말브랑슈의 동시대인 베르나르 라미는 "그리스도교를 믿는 자는 지상의 이성인 예수 그리스도의 형상이고, 따라서 그는 모든 행위에 있어 이성적이다"라고 쓴다. Tocanne, 264와 n.103. 그리스도교 합리주의에 대해서는 후술 376도 참고하기 바람.

참고문헌에 대해

본장 집필의 유일한 출발점이 된 것은 고노 요시노리河野純德의 『성 프란치스코 하비에르의 모든 서간』의 번역본이다. 하비에르에 관한 기본문헌은 Georg Schurhammer, *Franz Xavier, Sein Leben und sein Ziet, Freiburg-Basel-Wien*(4 vol.)(영역본 *Francis Xavier, his Life, his Time*, translated by M. Joseph Costelleo, 4 vol., *The Jesuit Historical Institute, Roma 1973-1982*가 있다)으로 필자 미상이다.

일반적으로 하비에르를 시작으로 한 16~17세기·대항해 시대의 선교사들에 대해, 또는 그들이 추진한 전 세계적 포교운동에 대해 쓴 역사서는 적지 않지만, 그것들은 거의 대부분 그들의 행동 서술과 분석을 중심으로 한 것으로, 그들의 사상을 유럽 정신사, 특히 그리스도교 사상 속에서 자리매김을 시도한 연구는 놀랄 만큼 적은 것으로 생각된다. 특히 일본의 기리시탄 연구는 양적·질적 수준이 매우 높은 만큼, 이 시점이 결여되어 있는 것이 눈에 크게 띈다. 이것도 앞으로 중요한 연구과제 중 하나가 될 것이다.

XV. 천사교황의 꿈

1) 학생들을 수용하고 '가둬서' 교육하는 기숙학교 형식의 '대학collège 제도'는 15세기 후반부터 일반화되었다. 아리에스/스기야마 미츠노부杉山光信·스기야마 에미코杉山惠美子, 149-167 참조. 생트 바르브 대학의 기원에 대해서는 상동, 154 참조. 1520~1530년대의 생트 바르브 대학은 포르투갈인 디오고 데 구베이아를 학교장으로 하고 스페인, 포르투갈계 학생을 중심으로 우수한 학생을 배출했다. Lach, II-2, 11-12 참조.
2) 포스텔의 생애와 사상에 관한 간단한 출판 목록은 본장의 '참고문헌에 대해'를 참조.
3) Secret(1964), 211-212; Id.(1969 B), 1; Febvre(1942, 1968), 109.
4) 와타나베 카즈오渡辺一夫(1971, 1977), 319; Secret(1964, 1985), 172.
5) 와타나베 카즈오, *ibid.*, *loc. cit.* 이 사절에 대해서는 라페르/소메다 히데후지染田秀藤, 69-70.
6) Febvre(1942, 1968), 110.
7) Febvre et Martin, 377.
8) Secret(1964), 204-205.
9) Febvre, *ibid.*, 110; Secret(1969 B), 2.
10) Secret(1964), 205, 212; Id.(1970), 13-14, 21.
11) Id.(1964), 213-214.
12) *Ibid.*, 213-215; Febvre, *ibid.*, 107-117.
13) Secret(1964), 216
14) 1544년. Secret(1969 B), 2; 8-12.
15) 포스텔은 '캐나다 발견자' 자크 카르티에와도 친교가 있어, '신세계'로의 포교 꿈을 꾼 적도 있었다. Secret(1964), 212.
16) Reeves, 121-122.

17) Secret(1964), 234.

18) 당시의 베네치아는 전 유럽이 종교-정치적 엄격주의에 뒤덮여 있던 와중에도, 다양한 문화를 폭넓게 수용한 자유로운 분위기를 누린 도시였다. 파도바 대학의 아리스토텔레스주의 학문은 유럽에 새로운 지적 자극을 제공했고, 베네치아의 세련된 창부들의 아름다움은 티치아노와 뒤러 등 화가의 그림소재가 되었다. 이른바 코메디아 델아르테(우리나라 마당극과 유사한 이탈리아의 연극 양식: 옮긴이)의 성립은 1550년대의 베네치아에서 그 뿌리를 찾을 수 있다. 또한 크레타 섬 출신의 엘 그레코도 1566년경부터 1570년경까지 여기에 체재하고 있었다. 당시의 '문화적 메트로폴리스'로서 베네치아에 대해서는 마크니르/시미즈 코이치로淸水廣一郞, 187-257(특히 191-194, 210-211, 237-238 등)을 참조.

19) Secret(1969 B), 26.

20) Secret(1964), 225-227.

21) *Ibid.*, 216.

22) Secret(1969 B), 3.

23) Id.(1977), 72; Postel, *Thresor des prophéties*, 104-106.

24) 이 '회복Restitution'이라는 말과 그 개념의 출전은 「사도행전」 3:21에 있다(Secret[1964], 221과 n.3). 문어번역 성경에서는 "하나님이 영원 전부터 거룩한 선지자들의 입을 통하여 말씀하신 바 만유를 회복하실 때까지는(그리스어 ἄ χρι χρόνων ἀ ποχατάσεως πάντων; 불가타: *usque in tempora restitutionis omnium*) 하늘이 마땅히 그(예수)를 받아 두리라"(또는 「마가복음」 9:12; 「말라기」 4:5도 참조). 'Restitutio'(ἀ ποχατάστασις)는 옛날부터 그리스도교 종말론의 가장 기본적인 개념의 하나였다(교부철학에서는 특히 오리게네스 '만물의 회복'이 중요한데, 여기서는 악마도 포함된 보편구원론을 주장한다). 이것은 중세 후기의 종말론(특히 요아킴주의)에서도 중요한 역할을 하며, 나아가 종교개혁 '급진파'에서는 그 운동 자체를 특징짓는 중심 슬로건이 된다. 예를 들면 1530년대부터 1550년대 사이에 캄파누스, (뮌스터의 아나밥티스트) 로트만, 다비드 요리스, 디트리히 필립스, 기욤 포스텔, 미겔 세르베투스 등이 'restitutio'가 들어가는 제목의 책을 쓴다. Williams, Index, *s. v. Restitutio*; Restitution; Universalism(특히 xxvi, 375-377); 또는 Mottu, 159-163 등을 참조.

25) Secret(1966), 55와 n.4; Id.(1969 B), 3.

26) Id.(1964), 233; Id.(1969 B), 3; Dupèbe.

27) Secret(1964), 208.

28) Id.(1964, 1985), 175.

29) Id.(1969 B), 3.

30) Id.(1964), 203.

31) Id., *ibid.*, 208, 217, 233-234; Id.(1969 B), 3.

32) *Ibid.*, 3; 와타나베 카즈오渡辺一夫(1971, 1977), 323.

33) Secret(1969 B), 3-4; 와타나베 카즈오, *ibid.*, 319.

34) Secret(1969 B), 5; Id.(1964, 1985), 187-188. 16세기 후반 프랑스와 영국에서는
몇 가지 유명한 악마퇴치 사건이 있었는데, 이것은 그중 최초의 것으로 '란의 기적'으로
알려져 있다. 니콜 오브리는 막 결혼한 소녀였는데 갑자기 바알제붑이라고 불리는 악마와
그 부하들에게 빙의되어 경련과 경직을 되풀이하게 되었다. 마을의 모든 사람을 소집할
정도의 대규모 공개 악마퇴치 의식이 행해지고, 성체를 들이대자 그녀의 입을 통해 악마
바알제붑이 신을 모독하는 말을 뱉었다. 이 의례는 거의 매일 2개월간 이어졌고, 드디어
바알제붑이 패배를 인정하고 그녀의 육체에서 떠나갔다. 이 악마 퇴치는 성체의 위력을
증명하고 또한 악마와 사제들의 대화는 일종의 신학 문답의 형태를 취하고 있어 가톨릭
쪽의 반위그노(프랑스 개신교도)의 선전용으로 큰 의미가 있었다. 포스텔의 제자 블레즈
는 사건 후 곧바로 현지로 달려가 라틴어, 프랑스어, 스페인어, 이탈리아어, 독일어로 그
보고서를 쓰고, 샤를 9세와 카트린느 드 메디시스의 란 방문을 수행하고 또한 스페인으로
달려가 펠리페 2세를 만나고, 로마에서는 교황 피우스 5세를 접견하는 등 사건을 알리는
데 힘썼다. 블레즈에 따르면 이것은 목전에 다다른 종말의 때에 전 인류가 "한 무리가
되어 한 목자에게 있으리라"는 「요한복음」 10:16이 실현될 것이다. 이를 위해 위그노를
개종시키고 또한 히브리어 교사인 블레즈의 힘으로 유대인을 개종시키기 위한 신의 배려로
일어난 기적이라고 말한다. 이상에 대해서는 Walker(1981), 19-28 참조.

35) 이 신성에 대해서는 전술 서장 1, 주 1 외에 Secret(1969 B), 4; Id.(1964), 232; Postel,
Thresor des prophéties, 56; Céard 등을 보아라.

36) Secret(1969 B), 4; 와타나베 카즈오渡辺一夫(1971, 1977), 325.

37) Walker(1972), Index, *s. v.* Boderie, and 66-67; Secret(1964, 1985), 187-209;
Secret(1969 A); Laurant 참조(하지만 엘리파스 레비 등 19세기 신비주의자들은 실제로
는 포스텔의 저작을 거의 이해하지 못하고 있었던 것으로 보인다).

38) Secret(1969 B), 1; Id.(1970). 포스텔은 프랑스어와 라틴어 외에 이탈리아어와 히브리
어, 아랍어로 쓴 저작도 있다. Id.(1964, 1985), xxxv.

39) Id.(1969 B), 32-33. 포스텔의 *Absconditorum clsvis*를 프랑스어로 번역한 그리요 드
지브리는 "이 고집스런 동양학자는 히브리어나 아랍어로 사고하며, 그리스어 문법에 따라

서 글을 쓴다…"라고 분개한다(1928년). *Ibid.*, 31, n.104.

40) 숄렘/다카오 도시카즈高尾利数, 14. 숄렘의 요약은 그 후 '신의 이름'에 관한 사변을 거론한다.

41) 이 책도 포스텔이 라틴어로 번역하였다. Secret(1964), 206; Id.(1969 B), 3; Id.(1977), 75 참조.

42) 숄렘/야마시타 하지메山下肇 · 이시마루 쇼지石丸昭二 · 이노카와 기요시井ノ川清 · 니시와키 마사요시西脇征嘉, 102; 숄렘/다카오 도시카즈高尾利数, 22-26.

43) 숄렘/다카오 도시카즈, 29와 n.34.

44) Foucault, 49-59.

45) Cl. Duret, *Thresor de l'histoire des langues...*, Cologny, 1613, 25, 29; cf. Dubois, 77-79. 듀레는 르 페브르 드 라 보드리의 제자, 블레즈 비쥬넬의 사촌이었다. Secret (1964, 1985), 203; 340-341.

46) Postel, *Le Candélabre de Moyse...*, éd, Secret, 394; cf. Dubois, 9; 39.

47) '인간의 원 언어로서 히브리어'라는 주제는 (그리스도교에 관한 한) 오리게네스로 거슬러 올라간다. 『켈수스 반박론』 1절에서 오리게네스는 다음과 같은 신화를 기록하고 있다. 그것에 따르면 태초에 모든 인간은 유일한 민족으로 동방 지역에 살고 있었다. 그들은 모두 히브리어를 말하고, 여호와 신에 의해 직접 통치되었다. 하지만 어느 때 그들은 동방 이외의 지역에 흥미를 품고 고향을 떠나 시날 땅(=바빌로니아[「창세기」 10:10, 11:2])의 벌판으로 왔다. 그곳에서 그들은 하늘을 정복하고자 마을을 만들고 탑을 쌓았다. 신은 그것을 보고 그들을 벌하기 위해 천사들에게 그들을 넘겼다. 이 천사들은 그들이 동방에서 얼마나 떨어졌는지, 얼마만큼의 벽돌을 구우려고 했는지에 따라 각각 등급을 나누고, 신의 뜻을 어긴 정도가 강한 자일수록 엄격한 천사의 손에 넘겼다. 이렇게 하여 어떤 자들은 한랭한 지역으로 가고, 어떤 자들은 경작하기 어려운 토지로, 다른 자들은 좀 더 경작하기 쉬운 토지로 이주시켰다. 그리고 그들은 각각 자신을 지배하는 천사들의 언어를 사용하게 되었다. 하지만 이스라엘 민족만은 동방을 벗어나는 일이 없었기 때문에 원초의 언어를 보전하게 되었고 여호와 신의 백성으로 존재하게 된 것이다(*Contra Celsum*, V, 30-31, transl. Chadwick, 287-288; cf. Daniélou[1953, 1982], 49-50). 이것은 물론 '바벨탑' 신화(「창세기」 11:1-9)에 근거한 신화로, 그 구성요소는 대부분이 기원 전후의 구약외전 과 유대교의 하가다Haggadah(민중 설화)에서 온 것이다. 이 신화는 여러 민족(국가)과 언어 그리고 종교(모든 민족은 각각에 할당된 천사를 신으로 예배한다)의 근원을 단번에 설명하 고, 나아가 지상신至上神(최고신: 옮긴이)이 직접 다스리는 영토로서 이스라엘, 그 신에게 직접 계시를 받은 신성한 언어로서 히브리어의 성격을 분명히 하고 있다.

여기서는 모든 민족의 존재와 그들 사이의 차이는 인간의 죄로 인한 신벌에서 유래한 것으로 여기고 있다. 그리고 그리스도의 생육신은 분명 이 모든 사태의 근원적 변혁을 의미하는 것이다. 따라서 바울은 인간이 온갖 민족·성별을 초월하여 '모두 그리스도 안에서 일체'됨을 선언하고(전술 113, 145), 그리고 12사도는 "성령으로 가득 차서 혼령이 말씀하시는 대로 이방의 언어로 말한다"(방언glossolalia의 기적 - 전술 제4장 주 3)는 것이다. 그리스도의 도래는 종말론적 시간을 겉으로 드러내고, 그리하여 원초의 통일이 회복된다. 교회가 '신의 나라'를 세상에 옮겨놓은 형태라고 하는 정통적(아우구스티누스적) 신학에 따르면, 이 교회의 언어(그리스도의 복음)가 바로 종말론적 언어, 즉 모든 차이를 흡수하여 통일하는 원 언어의 회복에 해당하는 것임이 틀림없다(이상 Daniélou, *ibid*., 49-60도 참조).

'원 언어'는 낙원에서 신이 아담에게 하신 말씀 그리고 아담이 만물에 '이름을 붙인' 언어이기도 하다. 「창세기」 2:19-20에 따르면 "여호와 하나님이 흙으로 각종 들짐승과 공중의 각종 새를 지으시고 아담이 무엇이라고 부르나 보시려고 그것들을 그에게로 이끌어 가시니 아담이 각 생물을 부르는 것이 곧 그 이름이 되었더라." 여기서는 '사물'과 '이름'이 완전히 일치한다(전술 제3장 주 29도 참조).

이 '사물'과 완전히 합치하는 원초의 '이름'을 아는 것이 곧 완전한 지를 획득하는 일이다. 그것은 당연히 세계의 모든 차이를 소멸시키고, 전체의 통일을 실현하는 수단이기도 할 것이다. 16세기 언어철학은 거의 대부분 이 원초의 언어=절대적 지를 탐구하는 노력이고 그것은 17세기 '보편언어' 탐구로 이어진다. 16세기에 대해서는 Dubois; 그리고 17세기에 대해서는 다카야마 히로시高山宏(1984) 등을 참조.

48) Secret(1964), 203, 229; Id.(1977), 65 등을 참조. '이슬'의 이미지에 대해서는 예컨대 「신명기」 32:2에는 "내 교훈은 비처럼 내리고 내 말은 이슬처럼 맺히나니…"라는 구절이 있다. 또는 「시편」 133(132):3; 「이사야」 26:19 등도 보라.

49) 「고린도전서」 13:11-12 "내가 어렸을 때에는 말하는 것이 어린 아이와 같고 깨닫는 것이 어린 아이와 같고 생각하는 것이 어린 아이와 같다가 장성한 사람이 되어서는 어린 아이의 일을 버렸노라(전술 제6장 주 5 참조). 우리가 지금은 거울로 보는 것 같이 희미하나 그 때에는 얼굴과 얼굴을 대하여 볼 것이요…" 이것도 '지의 종말론'(전술 144)의 가장 중요한 출전의 하나로 꼽을 수 있을 것이다. 이 한 구절은 피오레의 요아킴의 역사신학에서 매우 중대한 의미를 부여하고 있다. Mottu, *Index des ditations bibliques*, 350 참조. 또는 Baltrušaitis(1978), 74-75도 보아라.

50) 포스텔의 사상체계를 관통하는 매우 중요한 특징은 '영/육', '형상/질료', '성/속', '내면성/외

면성', '사변성/즉물성'이라는 대립 가치가 극도의 긴장관계이면서 '변증법'적 상호보완-결합관계라 할 수 있다(전술 제13장 주 24도 참조). 이처럼 쌍을 이룬 가치 중에 제2항('육', '질료' 등)은 이른바 '비참'의 표상이고, 이 비참함은 극도로 과장되지만 그럼에도 그것이 간단히 유기되는 일은 결코 없다. 오히려 비참해질수록 그것이야말로 지상의 가치(첫 번째 항인 '영', '형상' 등)가 '잉태되는' 것이다(「로마서」 5:20 "그러나 죄가 더한 곳에 은혜가 더욱 넘쳤나니" 참조. Secret[1977], 81). 지상의 모든 것은 이른바 영이 깃든 모습, 즉 가치의 기호이다. 그리고 이러한 상징주의는 극도의 마술적 세계관을 이끌어낸다. 그런 까닭에 '그리스도의 제국'은 단순히 정신적인 존재로서는 완전하지 않고 현실의 ('외면적-속세계적') 정치적 존재, 즉 일종의 마술적 신권정치 체제에 바탕을 둔 세계 제국으로 수립됨으로써 비로소 완성된다. 포스텔이 말한 종말론의 깊은 의미는 이처럼 '완성', 이른바 지상의 가치와 '사물 자체'와의 완전한 '혼인'의 완성에 있다고 할 수 있다.

종교개혁의 각 파는 일반적으로 이들 '제2항'적 요소를 추방하고, 따라서 순수하고 정신적인 '오직 신앙에 의한 의인義認'론을 주창했지만 포스텔은 '외면적'인 의식과 선행을 항상 중시했다(이 시대의 '오직 신앙에 의한 의인'론을 주창한 프로테스탄트와 도덕적 행위를 중시하는 가톨릭과의 대립에 대해서는 Febvre[1942, 1968], 256-268을 참조). 포스텔에게 성찬에 사용하는 성체는 바로 신성 자체가 물질에 '깃든' 모습이고, 따라서 그는 성체가 그 자체의 물질적-마술적('에테르'적)인 힘으로 전 세계를 개혁하고 '회복'시키는 것이라고 생각했다('란의 기적'에서 나타난 성체의 절대적 '힘'이 그것을 사실로 입증한다. Secret [1977], 81-85 참조). 아담의 원죄는 포스텔에 따르면 사탄의 독이 되어 여자의 월경 혈액을 통해 인류의 각 세대에 전해진 것이라 한다(Secret, *ibid.*, 78 이하). 그리고 두 종류의 성체에 대해 포스텔은 '남자의 정액과 같이 하얀 빵과 어머니의 그것과 같은 붉은 포도주'라고 하는 놀랄 만큼 생생한 즉물적 이미지를 기록하고 있다(Id. [1964], 228. 하지만 여기에서는 인용부호가 없기 때문에 포스텔 자신이 직접 한 말인지 단정할 수는 없지만 문맥상 거의 확실하다고 생각된다).

이렇게 '제1항'과 '제2항'의 '변증법'적 관계는 신에 의한 세계 창조와 특히 그리스도의 성육신이라는 초월적 사실에 의해 근원적으로 기초가 마련되어 있다('잉태한'이라는 생물학적 은유를 사용한 것은 그 때문이다. '초월적 사실'의 개념에 대해서는 졸고 『일본의 '사상'과 '비사상'』, 191-193 등을 참조).

포스텔에게, '동'은 제1항에 속하고 '서'는 제2항에 속한다(이것에 대해서는 후술 356-357을 보아라). 또는 '남·아버지/여·어머니'도 같은 대립관계에 있다. 따라서 '세계의 어머니'인 '베네치아의 처녀'(후술 참조)는 '세계의 아버지'인 그리스도의 성육신보다 더 근원적인 종말에서의 신성의 성육신이라고 생각한 것이다('여자'라는 극도의 비참함 속에서 지상의 신성이 잉태됨으로써 모든 창조는 최종적으로 구제된다). 예를 들면 Postel, *Apologies et Rétractations*, éd. Secret, 98-100 이하 참조. 또는 뒤의 주 70도 보아라.

51) Secret(1966), 66.

52) Postel, *Thresor des prophéties*, 62-64; cf. Joseph., *Ant. Jud.*, I, vi, 1(123). 포스텔은 이 점에 대해서 비텔보의 안니우스(조반니 난니)의 위서도 문헌상의 근거로 삼고 있다. 안니우스는 흩어져 있던 고대의 사서를 발견했다고 말하고, 그 책에 직접 주석을 붙여 간행했다. 이들은 전부 위서였지만 17세기까지 많은 사람이 믿었고, 근대 초기 유럽에서 신화와 고대사 해석에 큰 영향을 끼쳤다. 그것에 따르면 노아는 로마의 신 야누스와 동일인물이고, 고멜은 갈리아(프랑스 왕국)의 선조로 세계의 수장이 될 운명이었다고 한다. Postel, *Thresor des prophéties*, 67 이하; Secret(1964, 1985), 182; 안니우스에 대해서는 Baltrušaitis(1967), 157 이하 참조. 또는 후술 제16장 주 5도 보아라.

53) Yates(1975, 1977), 121-122.

54) 콘/에가와 츠루江河徹, 101-102; Reeves, 67-68 참조.

55) Postel, *Thresor des prophéties*, 170-172.

56) McGinn, 190에 따름.

57) Reeves, 74-75, 40, 79; 또는 전술 165 참조.

58) Reeves, 72-82; McGinn, 186-195 참조.

59) Reeves, 68-70 이하; Postel, *Thresor des prophéties*, 247 이하 참조.

60) Reeves, 138; 또는 전술 제5장 주15 참조.

61) 콘/에가와 츠루, 247-248; Williams, 53-56도 참조.

62) 콘/에가와 츠루, 249-250.

63) 상동, 258의 인용에 따름. 또는 Williams, 77도 참조.

64) Febvre(1928, 1968), 164의 인용에 따름. 뮌처와 독일 농민전쟁에 대해서는 Williams, 44-84도 참조.

65) 콘/에가와 츠루, 262 이하. 특히 272-292에 따름. 뮌스터의 비극에 대해서는 Williams, 362-381도 참조. 복켈슨의 처형에 대해서는 후술 372-373을 보아라.

66) 뮌처와 혁명적 아나밥티스트들과 요아킴주의의 관계에 대해서는 전술 제7장 주 21 참조. 로크타이야드의 장과 코첸차의 텔레스포루스의 시대에는 기본적으로 '말해진' 일종의 신화적 예언에 지나지 않았던 것이 16세기가 되면 현실의 정치적 실천으로 실행에 옮겨진다. 여기에서도 우리는 르네상스의 거대한 인식론적 혁명 과정을 확인할 수 있을 것이다(전술

248-255 참조). 하지만 뮌처 혹은 뮌스터의 혁명은 그저 독일의 한 지방 사건에 지나지 않았다. 현대의 '대동아공영권'과 히틀러의 혁명, 혹은 핵전쟁 위협은 인간의 통제력을 넘어서 세계 종말신화의 몽상을 그야말로 문자 그대로 세계 규모로 실현하는 것이다. 유럽 근대의 역사는 이 '환상의 현실화' 운동의 규모를 거대화하고 내용을 정밀화한 과정이라고 생각할 수 있다.

67) 이 시대 전체를 뒤덮은 극도로 긴장된 특수한 정신상황에 대해서는 제13장 주의 말미 '참고문헌에 대하여'(480-481쪽)에서 언급한 여러 문헌을 참고하길 바란다.

68) Secret(1969 B), 15-18 이하; Reeves, 101.『아포칼립시스 노바』와 그 영향에 대해서는 Anna Morsi, *Apocalypsis Nova. Ricerche sull'origine e la formazione del testo dello pseudo-Amadeo*, Roma, 1970, Instituto storico Italiano per il Medio Evo, studi storici, fasc. 77(필자미상); Morsi; Vasoli 등의 문헌이 있다.

69) Secret(1969 B), 14-15 이하.

70) '참으로 교회가 인간으로 화한 것'이라는 표현의 출전은 아마「고린도전서」3:16의 "너희가 하나님의 성전인 것과 하나님의 성령이 너희 안에 계시는 것을"이라는 성구일 것이다. 이와 같이 그리스도교인을 '신의 성전'(신전)으로 비유하는 예는 상동(6:19);「고린도전서」6:16;「에베소서」2:21-22에도 보이고, 또한「요한복음」2:19-21에서는 예수가 자신의 신체를 "(살아 있는) 성전"으로 비유하고 있다(「마가복음」14:58 및「마태복음」26:61, 27:40 등도 참조). 여기에서 말하는 '성전'은 물론 예루살렘의 신전을 가리킨다.

　'자신 안에 잉태한 신랑' 이미지의 출처는「예레미야」31:22 "반역한 딸아 네가 어느 때까지 방황하겠느냐 여호와가 새 일을 세상에 창조하였나니 곧 여자가 남자를 둘러싸리라"이다(예를 들면 Postel, *Apologies et Rétractations*, éd. Secret, 100과 n.27; 또는 Secret [1966], 62). 이것은「예레미야」서 가운데 바빌론의 포로에서 귀환하게 된 환희의 예언에 해당하는 부분으로, 이른바 '시온의 해방'(지복의 종말 도래)을 노래한 부분이다(Dhorme *et al.*, II, 60-61; 또는 전술 제11장 주 33). '반역한 딸'은 여호와의 약혼자로서의 (처녀로서) '이스라엘'을 의미한다. 이 구절 전반부 의미는 "처녀 이스라엘아… 네 성읍으로 돌아오라. 배반의 시대는 끝나고 새로운 시대가 시작되니('여호와가 새 일을 세상에 창조하였나니')"라는 의미로 해석할 수 있을 것이다. '여자가 남자를 둘러싸리라'는 Dhorme *et al.*, II, 345와 note의 해석에 따르면 '여자가 남자 주위를 에워싸다'를 의미하고 여자(이스라엘)가 남자(여호와)에게로 돌아와 말을 건네는 모습을 나타낸다. 이것은 직접적으로는 이스라엘이 바빌론에서 귀환하는 것을 의미하고 있다고 생각되고, 좀 더 상징적으로는 종말론적 시간에서 만물의 질서가 뒤집혀 '남자가 여자에게 말을 건넨다'는 통상의 질서가 깨진 그 반대가 성립한다는 의미로 이해할 수 있을지도 모른다. 하지만 이 부분은 불가타판 에서는 *Femina circumdabit virum* '남자는 여자를 포위하는(에워싸는, 둘러싸는) 것이 다'라고 해석하고 있으며(Dhorme *et al.*, *loc. cit.*, note), 그 의미는 원문 이상으로 '수수 께끼에 둘러싸여' 있다. 포스텔은 물론 이 불가타판에 따라 이해하고 있으며 거기에는 성적인 뜻도 포함되어 있는데, 좀 더 직접적으로는 '남자를 잉태한 여자'라는 이미지가 있다.

원초의 아담은 양성구유兩性具有다. 남자인 (역사적) 예수로는 그 아담의 '회복'은 완성되 지 않는다. 최종적 구원자(종말의 그리스도, 참된 '제2의 아담')는 양성구유라야 한다. 그러한 구원자가 (혹은 그가 태어나려고 하는 순간이) 이 '신랑을 잉태한 여인'(메르 잔느) 에 의해 표상되고 있는 것이다(하지만 그렇기 때문에 포스텔이 스스로를 이 '종말의 그리스 도'의 현신이라 믿었다고 이해하는 것은 그의 유추적인 사고를 너무 정합적, 논리적으로 해석하는 셈이 될 것이다. 그 자신은 어디까지나 '최초로 회복된 자'이고 '전 인류의 구원을 위한 수단'에 지나지 않는다).

결국 포스텔은 1546~1549년의 베네치아 시대 이후로는 '새로운 아담'을 자칭하는 일이 너무 위험한 것임을 자각하고 그 대신에 '새로운 (다시 태어난, 회복된, 원죄가 없는) 카인'이라고 주장하게 된다. Secret(1964), 227-229, 231, 233, 207-208; Id.(1977), 74-75; Simonnet 등을 참조.

71) 세계 구원의 역사를 네 개의 시대, '자연 규칙의 시대', '(모세) 율법의 시대', '은총의 시대', '영광의 시대'로 나누는 시대 구분은 아주 옛날부터 있었다. 그것은 잠재적으로는 신약성서 (바울)로까지 거슬러 올라가는 것으로 늦어도 아우구스티누스 시대 이후에는 명확한 체계 적 교의가 되어 있었다. Luneau, 35의 n.4, 47, 357 이하 등을 참조. 포스텔 특유의 주장은 '은총의 시대'를 명확하게 한정하고 그것이 이미 끝난 것으로 하고 있다는 점에 있다. Secret(1977), 72-75, 81; Postel, *Thresor des prophéties*, 52-61(1547년의 연호에 대해서는 같은 책, 57, 60 등)을 참조.

72) 이 '회복된 낙원의 아담' 세계를 포스텔은 '우의라는 (베일에 둘러싸이는 일이) 없는 자연'이 라고 표현한다(Secret[1977], 75). 이것이야말로 '인간이 사물 그 자체로 말하는' 세계(전 술)일 것이다. 토마스 뮌처에게도 영향을 주었다고 하는 후텐의 슬로건, 인류는 '그리스도 에게로, 자연으로, 낙원으로' 돌아간다는 주장(전술)은 포스텔의 '낙원에서의 아담 회복'이 라는 개념과 매우 가까운 관계에 있다고 생각할 수 있다.

73) 예를 들면 Secret(1966), 67, n.1; Postel, *Thresor des prophéties*, 244 등을 참조.

74) 「창세기」 2:19. 전주 47 참조.

75) Postel, *Thresor des prophéties*, 249. 포스텔에게 이 '회복된 자연이성'은(데카르트의 '양식良識 봉상스bon sens'과 같다) 모든 인간에게 공통되는 것이어야만 한다. 따라서 이것은 '기적'과 '성전의 권위'를 향한 '신앙' 이상으로 모든 인간을 설득하는 힘을 가진다. 이 '이성'에 의해 '증명'된 것은 '절대적 자연'이고, 전 인류는 그것에 따라야만 한다(이것이 바로 포스텔의 절대적 보편주의의 근거이다). 이 '이성에 의한 증명'에 저항하는 자는 인간이 아닌, 그저 짐승에 지나지 않는다. 따라서 당연히 그들은 힘으로 말살되어야 할 존재다. 포스텔이 주장하는 '이성에 의한 전 인류 통일'의 배경에는 언제나 이렇게 피비린내 나는 학살 이미지가 어른거린다. 예를 들면 Postel, *Merveilles du mondes...*, 29ᵛ-30ʳ, éd. Bernard-Maître, 100-101; Id., *Apologies et Rétractations*, éd. Secret, 21, 37; 또는 Mignini 참조.

참고문헌에 대하여

포스텔에 대한 문헌은 일본에서는 와타나베 카즈오渡辺一夫(1971, 1977) 외에 같은 저자의 "옛날 어느 미친 학자의 이야기; 기욤 포스텔의 예"(「문예文芸」 1950년 3월호, 317-327)가 있는데, 그것 말고는 없는 것으로 보인다. 프랑스에는 일부 전문적인 저작 말고는, 1950년대 후반까지 Febvre(1942, 1968), 106-119가 라블레와 관련하여 언급했고, Pierre Mesnard, *L'Essor de la philosophie politique au XVIᵉ siècle*, Paris, Vrin, 1935, 1977, 431-453이 그 정치철학을 분석한 예가 있지만 본격적인 연구라고는 할 수 없다. 미국에서는 William Bouwsma, *Concordia mundi. The Career and Thought of Guillaume Postel(1510-1581)*, Harvard Historical Monographs, 1957이 나와 있지만, 이것도 대량의 자필 원고를 충분히 파악해서 쓴 것은 아니라고 한다.

　포스텔 연구의 '신시대'는 1950년대 말경부터의 François Secret의 정력적인 연구 활동에 의해 시작되었다. 오늘날에 이르기까지 Secret는 포스텔에 대한 수십 편의 논문과 네 권 책의 교정 출판본을 출간한, 의심할 여지없는 포스텔(혹은 그리스도교 카발라) 연구의 세계 최고 권위자라 할 수 있을 것이다. Secret의 bibliographie는 *Archives de l'Esotérisme*, I, janvier 1976 및 *Annuaire de l'Ecole pratique des Hautes Etudes*, Vᵉ Section에서 볼 수 있다(또는 Secret[1970], 147-151도 참조). 최근에는 Marion L. Kuntz, *Guillaume Postel, Prophet of the Restitution of All Things: His Life and Thought*, The Hague, M. Nijhoff, 1981이 있고, 또한 *Guillaum Postel, 1581-1981*, Actes du Colloque International d'Avranches, 5-9 Septembre 1981, Paris, Guy Trédaniel, Ed. de la Maisnie,

1985(포스텔 사망 400년을 기념해 열린 국제학회의 논문집)가 출간되었다.

　본장을 집필할 때 필자가 이용했던 것은 Secret의 중요한 논문 중 우연히 입수한 몇 가지 (Secret[1964], [1966], [1967], [1969 B], [1977]과 Postel, *Thresor des prophéties*뿐이었다. 그 후 Id.[1969 A], [1964, 1985], [1970] 및 Postel, *Apologies et Rétractations; Postelliana* 또는 앞서 기술한 1981년의 국제학회의 논문집을 입수하게 되어 그것에 따라 주석을 얼마간 보충했는데 본격적으로 다시 쓰거나 덧붙여 쓸 여유가 없었다.

　뮌처와 '신예루살렘' 뮌스터에 관해서는 직접적으로는 콘/에가와 츠루江河徹에 근거했으나 Williams도 참조해서 썼다(전주 64, 65). 본장의 이들에 대한 서술은 주지 사실을 간단히 되풀이한 것에 불과했지만, 이것만으로도 16세기의 '광기'를 체현한 사람이 포스텔만은 아니었다는 것이 명확해질 것이다.

　포스텔은 라블레나 몽테뉴와 같은 '대사상가'는 아니었지만 그들 이상으로 한 시대의 한없이 복잡하고 모순에 찬 양상을 충실히 반영한 '거울'로 중요하다. 포스텔과 16세기 유럽 정신사의 이러한 측면에 관한 본격적인 연구는 (일본에서는) 지금부터 시작해야만 한다. '근대'의 '출생 비밀'은 이러한 심부의 조류 속에서 발견될 것이기 때문이다.

XVI. 알레고리로서의 '지아판 섬'

1) Secret(1970), 2(하지만 1560, 1562, 1575년에도 재판되었다고 한다. Lach, II-2, 267). 이 책은 파리 국립도서관에 포스텔의 자필 메모가 있는 일부만이 현존한다는 것이 알려졌을 뿐인 매우 희귀본이라고 한다. 하지만 이 책의 거의 대부분이 1555년 파리에서 간행된 장 마세의 『인도의 역사에 대한 3장…』(Jean Macer, *Les trois livres de l'histoire des Indes, accomplies de plusieurs choses mémorables, autant fidelement que sommairement composez en latin, et depuis naguères faits en françoys*(Bibl. de l'Arsenal, 8H. 17. 546)에 원문 그대로 충실히 표절되고 있다(마세의 문장이 어느 정도 표준에 가까워 읽기 쉬운 듯하다. 마세는 포스텔 특유의 '광신적'인 '갈리아＝세계제국주의'적 부분과 포스텔의 개인적 일화 등 몇 개 부분을 생략하고, 그 자신의 지적도 약간 덧붙이고 있지만 전체적으로는 포스텔의 그것과 거의 똑같다. 둘 다 96폴리오 페이지인 것도 흥미롭다). 이 표절에 대해서는 Secret(1966) 참조. 또는 Atkinson(1935), 237-240과 Index III, *s. v.* Macer, J.; Bernard-Maître(1942), 20-30도 참조.
2) 그러나 이 책의 전문을 본 것은 아니기 때문에 '필자가 알게 된 범위 내에서'라는 단서가

필요할 것이다. 포스텔은 나중에 지상의 낙원은 북극에 있다고 생각하고 그것에 따라 지도 역사상 획기적인 '극점투영도법極点投影圖法'의 세계지도를 그렸다. 이 지도는 유명한 오르텔리우스의 지도첩에 수록되었다. Secret(1964), 206; Id.(1966), 60, 61; Id.(1977), 68, 77 등을 참조. 오르텔리우스는 그 밖의 점에서도 포스텔의 영향을 받았다. 특히 그의 일본관은 포스텔에 의거한 것이다. Bernard-Maître(1942), 23-24에 인용된 Ortelius, *Théâtre de l'Univers*, Anvers, 1572, 48 참조. 이 본문을 쓴 뒤에 입수한 1981년의 포스텔에 관한 국제학회 논문집에 따르면 포스텔은 『세계의 경이, 그중에서 특히 인도와 신세계에서의 경탄할 만한 것에 대하여』에서는 '지상 낙원' 위치를 극락조가 살고 있는 몰루카 제도 근처로 여겼다고 한다. Secret(1985), 304; Destombes, 368, n.12 참조. 하지만 이 위치 규정이 실제로는 매우 애매하고 상징주의적(기호론적) · 신학적 논거를 토대로 한 것이라는 점은 명백하다. 따라서 이하의 서술을 기본적으로 바꿀 필요는 없다고 생각한다. 포스텔은 '지상 낙원'을 '유대 땅'에 '동방 시리아'에 혹은 '칼데아 동쪽 끝'에, 좀 더 일반적으로는 '동방=인도'에(후술), 보다 특수하게는 '몰루카 제도 근처'에 있다고 생각한 것이다. Secret(1966), 59-60도 참조.

후에 그가 '지상 낙원'을 북극으로 정한 논거의 하나는 그리스 극북의 낙토, '극북인(히페르보레이오이Hyperboreioi)의 나라' 신화가 있다(전술 제1장 주 36 참조. 다른 주요한 논거는 카발라에서 유래된 복잡한 사변이다). 이들 문제 그리고 포스텔과 오르텔리우스의 관계에 대해서는 Secret(1985) 및 Destombes의 두 논문 전체를 참조. 극락조에 대해서는 또한 Secret(1966), 60-61도 보라.

3) Secret(1966), 60-61.

4) Id., *ibid.*, 56-57; 또는 후술 361-365를 참조. 하비에르 시대에는 '천축'이 인도를 가리킨다는 것은 알려지지 않았다. 선교사들이 인도에 있으면서도 일본인을 미혹하는 사탄의 종교=불교가 그 땅에서 발생되었다는 것을 알지 못했다. 이것이 언제 알려지게 되었는지 확인할 수는 없었지만 늦어도 로드리게스 시대에는 상세히 알고 있었다. 그는 중국어의 인도 호칭인 '인도국', '서방국', '서천국西天國', '천축국天竺國', '신독국信毒國'(신도국信度國), '서역' 등을 열거하고 일본에서는 그것을 '천축'(또는 '인도')이라고 부른다고 쓴다. 로드리게스/사노佐野 외, I, 97-99 그리고 이하도 참조.

5) Secret(1969 B), 29; Postel, *Thresor des prophéties*, 58. '포르투갈'의 어원은 현재의 오폴트의 마을(폴트 - 술의 산지)의 라틴어 이름 *Portus Calle*에서 유래한 것이다. 포스텔에게는 갈리아라는 **말 자체** 그리고 그 존재 자체가 완전히 신비적 의미를 지니고 있었다. 그는 '갈리아화되다'(gallificare)라는 특수한 말을 만들고 그것은 '지극히 높고 무한한 빛의

영광'(*galeoria ou gloire*)의 계시를 의미한다고 한다. 갈리아의 조상 고멜Gomer(노아의 손자, 야벳의 아들[전술 3`43])은 또한 「호세아」 1:2 이하에서 말하는 "음란한 아내, 디블라임의 딸 고멜"이기도 하다. 그 갈리아의 두 민족인 독일과 프랑스는 '고멜'의 이름 아래 하나가 되어 전 세계에 '참된 게마라Gemara'('만유의 최종적 완성')인 '이성적이면서 순리적인 예지a raisonnable et rationale intelligence'를 이끌어내야만 한다고 말한다. '게마라'('보유補遺', '완성'의 뜻)는 보통 탈무드 후반 즉 미슈나(구전율법)의 주석 부분을 가리킨다. Secret(1964, 1985), 182; Postel, *ibid.*, 128 이하 참조.

6) Postel, *Thresor des prophéties*, 107-108. 같은 문장은 같은 책, 112, 118-122 등에서도 보인다. 또한 Lach, II-2, 268은 *Merveilles du monde...*의 각 부분을 인용하여 그 전체적인 구상을 요약하고 다음과 같이 쓴다. "⋯아시아는 원래 지상의 낙원과 지혜의 원천이었던 장소로, 옛날의 그 탁월한 모습이 그대로 남아 있다(45ᵛ-60ʳ). 동과 서는 신의 섭리에 따라 서로 보충하고 채워가는 것이다. 동방은 남성적 · 정신적 · 상승적 · 천상적 · 불변적이고 서방은 여성적 · 하강적 · 세속적이며 또한 변하기 쉽다(92ʳ). 일본인은 모든 민족 가운데 가장 동쪽에 위치하며 그래서 세계에서 가장 뛰어난 민족이다. 유라시아 대륙의 반대편 끝에 사는 프랑스 민족도 마찬가지로 탁월하다. 전 세계 민족은 지금 (갈리아 수도) 파리에서 천명을 받은 예수회와 하비에르 아래에서 통합되려 하고 있다(80ʳ). 신의 계획은 투르크인이 그리스도교를 받아들이고, 전 세계가 프랑스 왕의 지배 아래 들어오게 됨으로써 그 신적인 천명을 깨달은 때에 실현되는 것이다."

위의 텍스트가 인용하는 "⋯내가 너와 함께 하여 네 자손을 동쪽에서부터 오게 하며 서쪽에서부터 너를 모을 것이며"는 「이사야」 43:5의 성구이다(이것은 우르바누스 2세의 십자군 궐기를 촉구하는 연설 '기록'에도 인용되고 있다. 전술 175 혹은 제7장 주 13 참조). 이 성구는 유대 신비주의 서적 『바히르의 서』에서도 매우 상징적으로 해석되고 있다. 포스텔의 해석도 기본적으로는 이것을 기준으로 삼았을 것이다. Scholem(Loewenson), 167-168; Postelliana, 86-87 참조. 또한 포스텔은 『바히르의 서』를 라틴어로 번역한다. 전술 334 참조.

또한 요아킴의 사상에서 ('동에서 서로' 향하는 창조 과정에 대응하는) 종말의 때에 구제 과정으로 '서에서 동으로'의 움직임 관념에 대해서는 전술 266도 보라.

7) 에비사와 아리미치海老沢有道, 243.

8) Lubac(1952), 33-48; 뒤용(히라카와 아키라平川彰), 8-11에 이들 대여행가들이 수집한 불교에 관한 정보가 정리되어 있다.

9) 이 텍스트는 Bernard-Maître(1953), 85-108에 교정 출판되었다. 전체 페이지 수, 장의

수에 대해서는 Atkinson(1935), 440; Lach, II-2, 267, n.72 참조.

10) '베끼다'의 원어는 *copie*. 이것은 이 문맥에서는 단순한 인용이라기보다는 '번역'의 의미도 포함하는 것으로 생각된다. 다음 '제8장'의 장제목도 참조.

11) 야지로의 이름은 Angero, Anjiró, Anger 등으로 표기된다(에비사와 아리미치海老沢有道, 228-230). 포스텔은 이 Anger의 n을 u로 잘못 읽어 이렇게 쓴 듯하다.

12) 이것은 포스텔 글에 자주 나타나는 특징인 '과대포장'에 의한 오기이다. 야지로는 성 바울학원의 원생 중 한 명으로 '원장'이었던 적은 없었다. 그리고 이 기술에서는 '오제'와 '폴'의 관계가 불명확하다.

13) 여기서는 졸고『고대신학』, 64-75의 번역 일부를 (부분적으로 고쳐서) 재수록한다. 참고한 문헌 등에 대해서는 이 논고도 함께 보기를 바란다. 또한 원문 해석에서 게이오 대학의 마츠바라 히데이치松原秀一 선생에게 몇 가지 가르침을 얻었다. 깊은 감사를 표한다. 하지만 문장에 대한 책임은 물론 전부 필자에게 있다. 번역한 부분은 *Merveilles du monde...*, 9ʳ, 10ʳ, 19ᵛ-23ᵛ=éd. Bernard-Maître(1953), 85, 86, 93-96에 해당한다.

14) 이러한 표기는 포스텔 자신이 그 후에 말한 것처럼 마르코 폴로에 따른 것이다. 마르코 폴로의 각종 사본에서 '지팡구' 표기에 대해서는 Pelliot, I, 608-609 참조. 포스텔은 포르투갈인이 '발견'한 '지아판 섬'을 마르코 폴로의 '지팡구'로 정한 최초의 인물이었는지도 모른다(갈반의『세계발견기』는 1563년에 출판되었다. 전술 제14장 주 8 참조).

15) 이것은 제2장에서 인용한 '철학의 이국기원 신화'를 전하는 알렉산드리아의 클레멘스의 텍스트(거기에서 그는 '주술로 구세주 예수의 탄생을 예언하고, 별의 인도로 유대의 땅에 도착한 페르시아의 마구스들'에 대해 이야기하고 있다)를 떠올리게 한다. 게다가 클레멘스는 이 텍스트에서 유럽의 문헌 중 최초로 부처의 이름을 언급한다(전술 61-62). 하지만 이것은 우연의 일치에 불과할 것이다. 르네상스의 '고대신학' 사상에서 페르시아의 마술사(마기)는 '동방 세 박사'의 갓난아기 예수에 대한 경배와 관련하여 늘 중요한 위치에 있었고 그것은 포스텔에게도 마찬가지였다(예를 들면 Chastel[1975], 158과 n.9; Id.[1982], 240-248; Postel, *Thresor des prophéties*, 188 이하 참조). 또한 포스텔이 라틴어로 번역한『야곱의 원복음서』에서도 동방의 세 박사가 예수를 예배한 이야기가 기록되어 있다(제21장, 번역 야기 세이이치八木誠一·이부키 다케시伊吹雄, 110-111).

16) 포스텔의 사상에서 '외면外面'의 중요성에 대해서는 전술 제15장 주 50 참조. 16세기 극도로 혼란스러웠던 서구의 정치-사회적 상황에서 '시민생활'의 질서는 가장 절실하게 추구된 가치의 하나였다.

17) 하비에르가 일본인은 "지금까지 발견된 국민 중 최고이며, 일본인보다 뛰어난 사람들은

이교도 사이에서는 찾아볼 수 없을 것이다"라고 쓴 것은 이미 본 대로이다(전술 324-325). 마찬가지로 발리니아노도 일본의 "사람들은 누구나 다 희고 매우 예의가 바르다. 그 사회에서는 일반 서민과 노동자도 경탄할 만한 예절을 갖춘 교양인으로 자라, 마치 궁정에서 일하는 사람처럼 보인다. 이 점에서는 동양의 다른 모든 민족뿐만 아니라 우리 유럽인보다도 뛰어나다…"라고 쓴다(발리니아노/마츠다松田 외, 5). 나아가 오르간티노는 "일본의 수도는 유럽의 로마에 해당하는데 그곳은 과학·식견·문명이 더욱 고상하다. … 신앙의 문제는 어찌 되었든 간에, 우리는 분명히 그들보다 열등하다. 나는 일본어를 이해하면서부터 세계적으로 이처럼 총명하고 명민한 사람들은 없다고 생각하기에 이르렀다. 일단 일본인이 그리스도교를 따르게 되면 일본 교회보다 뛰어난 교회는 없을 것으로 생각한다…"라고까지 쓰고 있다(1577년 9월 29일자, 예수회 총회장에게 보낸 서간『기리시탄서·배야서排耶書』, 531[에비사와 아리미치海老沢有道 원고「해설」을 인용).

18) 하비에르는 이 정보를 바탕으로 일본에 간 후, 처음에는 그리스도교의 '신'을 '대일大日'이라 부르고 포교하려고 했다. 후에 그는 그 잘못을 깨닫고 신을 라틴어로 '데우스'라고 부르도록 바꿨다. 졸고『고대신학』, 90, n.42. 하지만 일본 불교에서 '유일신'에 가장 가까운 개념이 '대일여래'인 것도 사실이다. '황신荒神'(일본어 발음으로는 '코진': 옮긴이) 또는 '삼보황신三寶荒神'은 일본의 민간 불교에서는 '여래의 권신權身'이라고 한다. 이 Cogi가 '황신'을 의미한다는 것은 Frank가 처음으로 지적하였다(Frank, 9-12). 곤잘레스 드 멘도사는 중국에도 머리가 셋인 신상(이것이 어떤 신인지는 미상)이 있다고 말하고 그것이 성 토마스의 포교로 중국에 전해진 그리스도교의 '삼위일체' 교의를 바탕으로 했을 것이라고 말한다. 곤잘레스 드 멘도사/초난 미노루長南実·야자와 도시히코矢沢利彦, 98-99; 또는 그림 106·107 또는 보충 그림 G도 참조.

19) 전술 제10장 주 30 참조.

20) 이하 '허구', '지어낸 말', '이야기'라고 번역한 fable은 라틴어 *fobulá* 그리스어 *mûthos*를 말하는 것으로, 가공의 이야기 전반을 의미한다(성경의 이야기가 fable이라고 불리지는 않는다). 전술 제3장 주 3 참조.

21) 전술 189-192 참조.

22) 전술 334 및 전주 15 참조.

23) 마르코 폴로의 사본 중 몇 개는 브라만brahman(brāhmaṇa)을 abraaman, abraiaman 등으로 표기한다(Pelliot, I, 102-103). 포스텔은 이것에 따라(*Merveilles de monde...*, 18ᵛ= éd. Bernard-Maître, 93) 브라만은 아브라함이 동방의 나라에 추방한 '첩들의 아들'(즉 주로 이집트 여자 하갈의 아들 이스마엘)의 자손이라고 한다(그들은 후에 '동쪽의 백성'이

라고 불리게 된다. 「창세기」 25:6, 29:1 등 참조). 포스텔에 따르면 아브라함은 그들을 추방했을 때 '자연의 규칙'(전술 350-352)의 깊은 뜻을 그들에게 건넸다고 한다. 따라서 그들은 마술과 특히 점성술에 뛰어나다. 세 사람의 '마쥬 왕'도 그 점성술로 그리스도의 탄신을 알게 되었고 또한 '지아판인'도 그런 까닭에 우수한 점성술을 알고 있는 것이다 (*Merveilles de monde...*, *loc. cit.*; *ibid.*, 28ʳ-28ᵛ=éd. citée, 100; 후주 34; *Thresor des prophéties*, 190). 한편 포스텔은 '이스마엘의 자손에게서 이슬람이 발생했다'고 하는 전통적 해석(전술 181 및 주 17)에 따라 이슬람을 '자연의 규칙'에서 파생된 것으로 여긴다 (Secret[1977], 64, 73). 무슬림을 '이스마엘의 후예인 반⁺유대인의 사생아'라고 부르는 (뒤의 인용 367 참조) 것은 그 때문이다.

하지만 같은 '아브라흐만'이라는 말은 (아마 아브라함의 자손이라는 의미로) 단순히 유대 백성을 나타내는 경우도 있다. 여기에서는 이 후자의 의미로 풀이해야 할 것이다(이상에 대해서는 *Thresor des prophéties*, 164, 206, 229도 참조). 이와 같은 말의 다의성도 포스텔의 상징주의적 세계관의 특징이다.

요셉을 '유대 또는 아브라흐만의 교회'라고 하는 것처럼 특정한 개인을 '교회'라고 부르는 예는 이미 살펴보았다. 전술 350 및 주 70의 가설적 해석을 참조.

또한 브라만이 아브라함에서 파생되었다는 설은 아랍권에도 있었다고 한다. 포스텔은 아랍과 관련된 전통에 정통한 '동양학자'였기 때문에 마르코 폴로보다 오히려 이러한 아랍의 설에 따른 것인지도 모른다. 18세기 초, 인도의 폰디세리에 체재했던 선교사 부셰는 프랑스의 유명한 '비교신화학적' 성서해석학자 다니엘 유에게 서간을 보내고, 그 속에서 "브라흐마 신은 아브라함의 이름이 와전된 것으로 사라스바티 여신은 (아브라함의 본처) 사라 부인 Madame Sara을 의미한다"라고 쓰고 있다. Filliozat, 4 참조. 게다가 19세기의 샤토 브리앙을 비롯한 일부 낭만주의 문학자들은 '와전'의 관계를 반대로 아브라함이 브라흐마에서 파생된 것으로 보고, 따라서 유대의 종교는 인도에서 왔다고 주장했다. Gérard, 74-74 참조.

24) 「마태복음」 1:20; 또는 「야곱의 원복음서」 14:2 참조.

25) 「창세기」 3:14-15 참조.

26) 플라톤, 『티마이오스』, 90A-B 참조.

27) 「마태복음」 28:18.

28) "Les Sines"는 「창세기」 10:17의 '신 족속' 또는 「이사야」 49:12에서 말하는 '시님'인 것일까?

29) 「시편」 19(18):4(5); 전술 455 제9장 주 21; 475 제13장 주 10; 481 제14장 주 2 등을

참조.

30) '압제자', '폭군'을 의미하는 *tyran*은 그리스어 *tyrannós*를 어원으로 한다. 이것은 원래 '왕권 상속의 정당성이 없는, 많은 경우 쿠데타로 일인지배자의 위치에 오른' **참주**僭主를 의미하고 그 통치의 옳고 그름과 상관없는 중립적인 의미의 단어였다. 하지만 아테네를 중심으로 도시국가의 민주제가 이루어지고 또한 페르시아와 적대관계가 정치의 중심 과제가 된 고전기에는 민주제의 근본인 '시민의 자유'가 지극히 중요한 가치로 여겨지는 한편 이민족(바르바로이Barbaroi)의 전제군주despotes제는 인민의 노예 상태라는 이미지와 직결되었고, 나아가 참주제와 겹쳐서 생각하게 되었다. 예를 들면 에우리피데스의『헬레네』에는 헬레네가 자신의 운명을 탄식하며 다음과 같이 말하는 장면이 있다. "나는 자유로운 부모에게서 태어났지만 (바르바로이의 나라, 여기에서는 이집트로 옮겨져) 여자노예로 전락했습니다. 왜냐하면 바르바로이에서는 한 사람을 제외하고는 전부 노예이기 때문에" (275-276). 오타 히데미치太田秀通가 기술한 대로 여기에는 "고대 오리엔트의 국가체제 아래에서는 자유인은 있을 수 없다는 인식이… 보인다. 헤겔의『역사철학』에서 말하는 세계사의 제1단계로서 '한 사람만이 자유로운 세계'의 원형을 본 듯하다." 에우리피데스의 『아우리스의 이피게네이아』에는 이피게네이아의 다음의 말이 있다. "바르바로이를 헬레네스(그리스인)가 지배하는 것은 합당하지만 바르바로이에게 어머니인 헬레네스를 지배하게 하는 것은 옳지 않습니다. 저쪽은 노예, 이쪽은 백성이니까요"(1271, 1400-1401). 오타 히데미치太田秀通, 75, 111-114 등을 참조.

'이민족'('유럽=서양'이 성립한 후에는 '동양') → 전제군주제=폭군제 → 노예국가…라는 도식은 이러한 '자유라는 진리'로 무장한 아테네의 제국주의─그것에 근거한 이민족 멸시(상동, 136-142 참조)─를 배경으로 태어난 것이었다. 몽테스키외부터 헤겔, 마르크스의 '아시아적 생산양식' 그리고 비트포겔의 '동양적 전제'에 이르는 관념의 역사는 이렇게 그리스로까지 거슬러 올라가야 한다. 포스텔이 여기에서 말하는 '압제자'는 이 관념의 역사 속의 경유점이라고 생각할 수 있다. 또는 *Merveilles de monde...*, 51ᵛ=éd. Bernard-Maître, 98의 "Orientales tyrannies"(동양적 압제)도 참조.

31) 대사제 가야바는 예수를 심판한 때의 예루살렘의 대사제.「마태복음」26:3-5, 57-66 등을 참조.

32) 불교의 오계는 첫째 '불살생계不殺生戒', 둘째 '불투도계不偸盗戒', 셋째 '불사음계不邪淫戒', 넷째 '불망어계不妄語戒', 다섯째 '불음주계不飮酒戒'의 다섯 개.

33)「마태복음」4:17, 3:2.

34) 예컨대 야지로(=란치로트)의 '보고서'가 일본의 주술사를 언급하며 "그 나라에는 또한

많은 주술사와 마술사가 있는데, 선량하고 현명한 사람들은 그들을 좋게 보지는 않는다"라고 쓴 것에 대해 포스텔은 다음의 논평을 덧붙인다. 〈우리는 경험으로 로마에서 (처음에는) 순교자의 피의 힘으로, 또 그 후에는 종교적·세속적 사법관의 힘으로 해서, 600년이나 걸려 겨우 우상숭배의 무리와… 악마(를 섬기는 자) 등의 망설과 종교가 타파되었다는 것을 알고 있다. 게다가 이들 사법관은 그리스도교도이고, 강대한 권한을 가졌음에도…(악한 종교를 타파하는 데에는 이만큼의 세월이 걸린 것이다). 이 일을 우리에게 숙고하도록 하기 위해 신은 이들 지아판 사람의 예를 우리에게 보여준 것이다. (말하자면) 그들 속에서는… 이러한 (마魔)술이 있는 것은 놀랄 만한 일이 아니기 때문이다. 왜냐하면 아브라흐만과 나체 철학자(귐노소피스트)의 이야기에서 볼 수 있듯이 동방에서는 선령과 악령에 대한 기도가 서방에서보다 훨씬 자연스럽게 행해져 온 (습관)이었기 때문이다. 이것으로 주 예수의 측량할 길 없는 광대한 위력이 분명히 드러날 것이다. (즉 지아판 사람에게 주 예수의 기억은) 이 정도로 조금밖에 남아 있지 않음에도 그 명예는 그대로 지켜가고 있다. 이것은 바로 주가 세계에서 사탄과 그 부하를 굴복시켰음을 보여주고자 했기 때문이다. … 사실 주는 ('만물 회복의 시대'가 시작될 때까지) 1550년 동안 그 이름조차 모르는 이 같은 민족을 단지 전승(의 힘)으로만 계속 다스리셨던 것이다. 이것은 주의 이름을 알고 '주여Domine, 주여Domine'라고 부르짖는 자가 아니라, 그 뜻을 행하는 자야말로 주가 그 "아버지, 어머니, 형제, 자매, 친구"(「마가복음」 3:35 참조)로 여기시는 자임을 보여주고자 하셨기 때문이다(*Merveilles du monde…*, 27ᵛ-28ʳ=éd. Bernard-Maître, 99: 방점 필자). 이 같은 주장은 이 텍스트 곳곳에서 볼 수 있다. 예를 들면 마야 부인Magabonin(처녀 마리아)에 대해 이 나라에서는 사탄이 인간의 기억에서 (그) 이름을 빼앗아버렸지만 그것은 주 예수가 만물 회복(즉 종말)에 있어 광대무변의 힘을 가지셨음을 보여주기 위해 허락한 일이었다. 또한 "…그런 까닭에 그들(지아판 사람)에게 Magabonin… 그리고 시아카에 대한 진실의 지를 밝히는 것 이외에는 그들이 이미 행하고 그리고 매우 진보한 (주의) 가르침에 이르는 지점에서, 신앙에서도 어느 시점에 접어들었기 때문에 이루어야 할 것은 무엇 하나도 없다. 왜냐하면 이 점에서 우리는 온갖 가능성을 초월한 신의 위대한 힘을 보았기 때문이다. 즉 신은 아들의 이름조차 전혀 알지 못할 만큼 그 땅에서 망각이 진행되는 것을 내버려두면서 (그럼에도) 그 이상 완전한 것이 없을 정도의 선량한 행위 속에서 동방(의 백성)을 보전해온 것이고, 그와 반대로 서방의 땅에서는 오늘날에 가능한 한, 복음의 가르침이 계속 군림하고 있음(에도 불구하고), 《의식 이외의》 그리스도교적 행위에 관해서는 남아 있는 것은 거의 없는 것과 마찬가지이다"(*Merveilles du monde…*, 37ʳ-37ᵛ, 38ʳ-38ᵛ=éd. citée, 106, 107 등등…).

35) 이 '그림자'는 물론—비슷한 모습이 이데아에, 육체가 정신에, 허구가 진실에 대응하는
    것과 같은 의미로—'빛'에 대응한다. 즉 포스텔의 우주신학은 전부 플라톤주의적 형이상학
    위에서 조립된 구축물인 것이다.

참고문헌에 대하여

포스텔 저작 『세계의 경이, 그중에서 특히 인도와 신세계에서의 경탄할 만한 것에 대하여』
전체에 대한 (필자가 알고 있는 한) 유일의 전문적 연구논문은 Secret(1966)이다. Lach,
II-2, 267-269도 이 책 전체를 간단히 소개한 것으로 도움이 되었지만, 포스텔의 사상을
깊이 있게 이해한 것으로는 보이지 않는다(또한 야지로=란치로트의 '보고서'를 하비에르의
1548년 1월 20일의 서간과 혼동하고 있는 것으로 보아 정확하지도 않다). 『세계의 경이,
그중에서 특히 인도와 신세계에서의 경탄할 만한 것에 대하여』의 일본에 관한 기술에 대해서는
Bernard-Maître(1942), 20-30에서 언급하고, 또한 (불교와 관련해서) Lubac(1952),
53-57에도 소개되고 있다(필자는 이것을 읽고 처음으로 포스텔 글의 존재를 알게 되었고,
이 일련의 문제에 흥미를 가지게 되었다). 그리고 필자의 은사인 프랭크 교수도 콜레쥬 드
프랑스 개강강연에서 야지로(란치로트)의 '보고서'와 포스텔의 비평에 대해 말하고(Frank/
이시이 세이치石井晴一, 2-8), '보고서'에서 말하는 Cogi가 황신荒岬(일본어로는 '코진': 옮긴
이)이라는 것을 명확히 했다(전주 18). 일본에서는 마츠다 기이치松田毅一·요릿센, 45-46에
간단한 언급이 있지만 너무 짧아서 당연히 충분하다고 할 수 없다.
    야지로(란치로트)의 '보고서' 그 자체도 지금까지 (활자화되지 못했다는 이유도 있고) 충분
한 연구가 진행되지 않은 듯하다. 이 텍스트를 정확히 이해하고 평가하는 것은 매우 어려운
일인데, 대항해 시대의 예수회에 속한 동아시아 선교 전문가, 기리시탄(일본에 처음으로 전래
되었을 무렵의 천주교, 또는 그 신도를 이름: 옮긴이) 학자, 불교학자, 일본 중세 불교-민속학
자 등 많은 분야의 전문가들이 협력하여 철저하게 연구하지 않는 한 그것의 충분한 의의를
밝히는 것은 불가능할 것이다. 게다가 포스텔의 번역·비평, 마세의 표절 등에 대해 정확하게
이해하기 위해서도 아직 많은 연구가 필요하다. 필자는 언젠가 이러한 포괄적이고 철저한 공동
연구가 이루어지기를 기대한다.
    본서에서 정리한 것과 같은 일련의 문제에 대해서 필자가 흥미를 가지게 된 가장 큰 동기는
포스텔의 『세계의 경이, 그중에서 특히 인도와 신세계에서의 경탄할 만한 것에 대하여』의 일본
에 관한 기술의 기묘함과 그 어떤 종류의 엑조티즘에 이끌려, 그 사상적 배경을 알고 싶다는
생각에서였다. 그런 의미에서 본서는 이 텍스트의 이해를 위한 '예비 연구'라는 성격도 있다—

다만 결과적으로 그 범위를 넘어선 부분도 있지만─는 것도 덧붙여두고 싶다.

에필로그. 두 개의 '이성'과 하나의 진리

1) 이 학회에서 발표된 논문은 나중에 *Guillaume Postel 1510-1581*이라는 제목의 논문집에 수록되었다. 전술 494 제15장 참고문헌에 대하여 참조.

2) 콘/에가와 츠루江河徹, 292.

3) 포스텔 신학에서 적어도 하나의 매우 중요한 측면은 '신의 성육신의 최종적-종말론적 완성'이라는 말로 요약해서 표현할 수 있을 것이다. 전술 제15장 주 50, 70 참조.

4) 이 텍스트는 구약외전「솔로몬의 지혜」 13:1-9와 매우 유사하다. Gilson(1948), 22-23은 "아우구스티누스에서 데카르트에 이르기까지 그리스도교 철학자로서 이 (바울의) 말을 근거로 하지 않는 자가 없었다"라고 쓰고 있다. 또는 전술 제4장 주 28도 참조.

5) 앞의 텍스트에서 비춰볼 때 "신의 창조로 그들의 마음에 새겨져 있다"라고 해석할 수 있을 것이다. 이 두 개의 텍스트의 중요성에 대해서는 Gilson, *loc. cit.* 참조.

6) Thomas Aquinas, *Summa Theologiae*, II-1, quest. 91, art. 3; "Great Books," XX, Thomas Aquinas, II, 209a-b(translated by Fathers of the English Dominican Province, revised by D. J. Sulivan)의 번역에 따름. 또는 아잘(노자와 教野沢協), 317 참조.

7) Bénichou, 27-28과 n.16의 인용에 따른 Thomas Aquinas, *Summa contra gentiles* (Bénichou는 Delacroix, *Histoire universelle des missions catholiques*, 4 vol., Paris, Grund, I, 1956, 318-319의 인용에 근거한다).

8) 그리스도교 이성주의의 가장 중요한 권위는 적어도 토마스 아퀴나스와 동급인 아우구스티누스라고 해야 할 것이다. 예를 들면 Gilson(1949), 39-47 등을 참조.

9) 넓은 의미로 해석하자면 모든 신에 대한 논의는 그리스도교 합리(이성)주의의 표현이라고 할 수 있을 것이다. 그 의미에서는 예를 들면 (17~18세기에 관해 말하자면) 유명한 라이프니치-클라크 논쟁도 그리스도교 합리주의 안 두 사상의 충돌로 생각할 수 있다. 나아가 '그리스도교 철학'이라는 개념 자체가 그리스도교 합리주의를 바탕에 둔 것이라고 말할 수 있다.

10) Gueroult(1970), 165-204(chap. X) 특히 174-175, 187-188을 참조.

11) 번역 다케이치 다케토武市健人, III, 191-192.

12) 미완의 『사탄의 종말』(*La Fin de Satan*) 따름. Amiot 특히 147, 150, 151에 따름.

13) 르 봉은 『민족 발전의 심리학』(*Les Lois psychologiques de l'évolution des peuples*, 1894)과 『군중심리학』(*La psychologie des foules*, 1895)의 저자. 이 저작들은 20세 초에 놀라운 성공을 거둔 세계적인 베스트셀러로, 베르그송에게 높은 평가를 받았고 프로이트가 많은 부분을 인용했으며, 조르주 소렐과 모리스 바레스의 사상 형성에 큰 영향을 끼쳤다. 그의 강렬한 영향력이 오늘날 부당하게 간과되고 있는 이유는 그가 무솔리니를 칭찬하고 또한 히틀러의 『나의 투쟁』의 많은 어구가 르 봉의 책에서 그대로 빌려온 것이었기 때문이다. Sternhell, 148-152 참조.

14) Darnton, 115-133 이하 참조.

15) 이상에 대해서는 Sternhell, 146-159 이하.

16) *Ibid.*, 155. 바셰 드 라푸지는 몽펠리에 대학 문학부 도서관의 부사서로, 그 대학에서 정치학 강좌를 개설했다. 발레리는 무덤에서 파낸 600개의 두개골을 계량하는 라푸지의 조수로 일한 적도 있었다. 라푸지에 대해서는 *ibid.*, 164-169 참조. 그의 수사법은 예를 들면 다음과 같은 문장에서 가장 잘 드러난다. "과학적 정치학은 정의·평등·우애라는 허구를 배제하고 힘과 법칙, 인종과 진화라는 현실을 선택한다. 아직까지 몽상 속에서 안일을 탐하는 민족에게 화가 있으라!"(Vacher de Lapouge, *L'Aryen, son rôle social*, Paris, 1899, IX; cf. Sternhell, 166과 n.2)

17) 슈타펠에 대해서는 J. F. Neurohr/야마자키 쇼호山崎章甫·무라타 우베에村田宇兵衛, 194-199 참조. 슈타펠은 히틀러의 권력을 탈취하기 위해 전력을 기울였음에도 1933년에 "앞으로는 국가가 진리의 관리인이 될 것이다"라고 선언했다. 1938년에 히틀러 정부는 그가 발행하던 잡지의 간행을 중지할 것을 명했다. 같은 책, 299.

18) W. Stapel, *Der christlich Staatsmann - eine Theologie des Nationalismus*, Hamburg, 1932, 254; J. F. Neurohr/야마자키山崎·무라타村田, 198의 인용에 따름. 이 신화의 출전에 대해서는 전술 168-170 및 제7장 주 8, 9; 215; 342-345 등을 참조.

19) 콘/에가와 즈루江河徹, 105와 n.3; 또는 Lubac(1978-1981), II, 382-384도 참조.

20) 물론 그 반대의 경우 즉 예컨대 절대 지의 추구가 새로운 '과학적 연구'의 출발점이 되는 경우도 있을 것이고 양자가 구별하기 힘들 만큼 뒤섞인 경우도 있을 것이다. 또한 이렇게 지에 의한 '동양'의 파악이 식민주의 등의 정치적 실천과 어떠한 관련성을 가지는지에 대해서도 여기에서는 살펴볼 여유가 없다. 어쨌거나 19세기 이래(즉 정치에서 '진보파'와 '반동파'의 구별이 명확해진 이래) '환상의 동양'이 대부분 언제나 강렬한 반동과 결합되어 온 것은 주목할 만한 사실이다. 이러한 문제에 대해서는 Schwab 및 Said를 참조하기

바란다. '동양' 또는 이문화의 '과학적 연구'에 대해서, 필자는 물론 이러한 모든 연구가 타자의 구체성을 박탈하는 것이라고는 생각하지 않는다. 하지만 어떤 조건 아래라면 그것이 정당할 수 있는가 하는 문제는 지극히 복잡한 것으로, 앞으로의 과제로 생각해보고 싶다는 것 말고는 지금은 아무것도 말할 수 없다(어차피 단순한 '해답'은 있을 수 없을 것이다). 다만—필자 자신이 그러한 연구의 한몫을 차지한 사람으로—그것이 근·현대의 상황에서 얼마나 중대한 위험을 안고 영위되고 있는가를 자각해야만 한다. 그것은 아무리 강조해도 지나치지 않다고 생각한다.

21) 마루야마 마사오丸山眞男, 15가 인용한 고바야시 모리토小林杜人가 편찬한『전향자의 사상과 생활』, 48-49.

22) 16~17세기에 특히 유행한 '세계 극장'이라는 진부한 표현은 12세기 르네상스의 솔즈베리의 존을 경유하여 플라톤에게까지 소급된다. Curtius(Trask), 138-144; 또는 다카야마 히로시高山宏(1985), 여러 곳 특히 제1장도 참조. 하지만 이 은유가 현실의 물리적 자연과 지리에 적용되었던 것은 16세기가 최초이지 않을까.

23) 정신분석은 우리 삶의 껍질, 외피의 안쪽에서 '벌거벗은 진실'을 파헤치는 기술을 가르쳤다(전술 제3장 주 26 참조). 이것이 바로 '생명의 알레고리화'가 아니고 무엇이란 말인가?

24) 드라마적 세계관에 대해서는 졸고『반정치의 정치』, 129-130도 참조하기 바란다. 거기에서 필자는 근대의 특징적인 '이념적 세계관'을 '객관주의적 세계관'과 '드라마적 세계관'의 두 개로 구분하고, 그 전자는 이미 꽤 명확하게 파악되었고 또한 비판되고 있지만 후자에 대해서는 그 전체상을 확인하는 작업이 아직 거의 손도 대지 않은 상태라고 썼다. 동시에 이 둘이 한쪽은 '합리적'이고 또 다른 쪽은 '비합리적'이어서, 언뜻 보기에 서로 관계없이 생겨난 것처럼 보이지만 실은 둘 다 거의 같은 뿌리에서 나온 것으로 생각된다는 것, 따라서 이 두 개의 모습을 만들어온 정신사의 해명이 '급선무'라고 말했다. **이 책을 쓰게 된 가장 큰 동기**는 이 거대한 과제의 한 끝에 조금이라도 빛을 쬐게 하려는 것이었다. 포스텔과 그 배경을 통해 드라마적 세계관의 모습과 그 원천이 얼마간이나마 빛을 보고, 또한 그것이 근대 이성주의와 깊은 연관 속에서 태어나 전개되어온 것이 분명해졌다면 필자의 목적 중 하나는 이룬 셈이다.

참고문헌에 대하여

여기에서는 Sternhell과 노이롤J. F. Neurohr/야마자키 쇼호山崎章甫·무라타 우베에村田宇兵衛의 두 저술만을 언급한다. 전자는 19세기 말부터 20세기 초두 프랑스의 '혁명적 우익'의 사상과 행동을 분석하고 현대 파시즘의 기원을 상세히 논하고 있다. 사회주의와 진화론, 반유대주의와 혁명적 생디칼리슴Syndicalisme(무정부주의적인 노동조합 지상주의: 옮긴이), 인종신화와 '무의식'의 개념 등 온갖 요소가 복잡하게 얽히면서 서서히 '슬로모션 영화를 보는 것처럼' 현대의 괴물이 태어나는 것을 보는 것은 거의 전율에 가까운 경험이었다.

　노이롤의 저서는 1918년에서 1933년에 이르는 독일 국가주의의 형성사이다. 온갖 형태의 반근대주의가 횡행하고 나치의 승리를 준비하고 있었던 이 시대의 독일 정신사는 이즈음 15년 정도의 일본 역사와 너무나도 닮아 있어 놀라움에 어안이 벙벙해질 뿐이다…. '70년 안보세대'의 인간에게 이만큼 교훈적인 책은 많지 않을 것이다. 그것과 동시에 이 두 책은 18세기 무렵까지의 종교적 이마지네르imaginaire(정신에 의해 위장된 이미지: 옮긴이)가 19~20세기에 걸쳐 정치적 이마지네르로 다시 태어난 것, 하지만 그 강박적 충격 자체는 조금도 사그라지지 않은 채, 오히려 세계적 규모로 광대·증식되어간 것을 여실히 보여준 것이기도 하다.

| 인 용 문 헌 일 람 |

1. 「성서」 그 외의 상용서 목록

『구·신약성서』의 인용은 특별히 거절당하지 않는 한, 모든 일본성서협회 발행의 문어역『구·신약성서』에 따랐다.『구약성서』에 관해서는 또한 Dhorme *et al.*의 프랑스역(간단한 주석이 첨부되어 있다)을 항상 참조했다(『구·신약성서』의 인용은 대한성서공회 성경전서 개혁개정 판에 따랐다: 옮긴이).

'구약성서 외전'에 속하는「솔로몬의 지혜」의 인용은『아포크리파(경외성경) - 구약성서외 전』(일본성공회출판부, 1968년)의 문어역에 따랐다. 그 이외의 '구·신약의 외전外典·위전僞典' 에 대해서는, 일본성서학연구소 편 '성서 외전·위전' 시리즈(敎文館)를 기초로 했다. 일본어로 된 문헌 리스트「제4에스라서」,「토마스 행전」,「야곱의 원복음서」를 보아라.

*

플라톤과 아리스토텔레스의 저작에 관해서는 이와나미쇼텡岩波書店 간행의 '플라톤 전집'과 '아리스토텔레스 전집'의 일본어역(또 플라톤에 대해서는 Platon(*Euvres Complètes*, trad. et notes par L. Robin, [Coll. Pléiade], 2 vol., Paris, Gallimard, 1950의 프랑스역)을 참고했다. 번역을 직접 인용한 것은,

플라톤/후지사와 노리오藤沢令夫 번역.『국가』('플라톤 전집' XI, 1976년).

플라톤/구사야마 교코種山恭子 번역.『티마이오스』('전집' XII, 1975년).

플라톤/모리 신이치森進一·이케다 미에池田美惠·가쿠 도시아키加来俊明 번역.『법률』('전집' XIII, 1976년).

플라톤/나가사카 고이치長坂公一 번역. "제2서간". (『서간집』 수록)('전집' XIV, 1975년).

아리스토텔레스/무라지 노주村治能就 번역.『천체론』('아리스토텔레스 전집' IV, 1968년).

아리스토텔레스/시마자키 사부로島崎三郎 번역.『동물지』상(전집 VII, 1968년).

또한 위僞 아리스토텔레스의『세계에 대하여』는 유럽 문헌 리스트 Pseudo-Aristote의 항을 보아라.

*

시리즈 속의 문헌에서 특히 많이 인용한 것은 이와나미쇼텡岩波書店 간행 '대항해시대총서'(제1 기 전12권, 별권 1, 1965-1970년: 제2기 전25권, 1979년-)이다. 일문 문헌 리스트의 아코 스타, 아즈라라, 이자와 미노루井沢実, 콜론, 곤잘레스 드 멘도사, 무명 기자, 린스호텐, 로드리 게스 I, II(이상 제1기), 알바레스, 나가시마 노부히로長島信弘, 바로스, 리치의 각 항을 보아라.

2. 사전, 백과사전류
(유럽문)

Bailly, *Dictionnaire Grec-Français*, Paris Hachette, s.d. (11ᵉ éd.)

Cross and Livingston, Cross, ed., second edition by Cross and Livingston, *The Oxford Dictionary of the Christian Church*, revised, Oxford U. Pr., 1958, 1974, 1983.

Dictionary of the History of Ideas, Studies of Selected Pivotal Ideas, Ph. Wiener, ed. in chief, 5 vol., New York, Ch. Scribner's Sons, 1968-1974.

Dictionnaire de Spiritualité ascétique et mystique, Paris, Beauchesne, 1937. (*DS.*라고 약칭 한다.)

Encyclopédie, L'Encyclopédie ou Dictionnaire raisonné des Arts et des Métiers, Paris, 1751-1780, reprint in compact edition, Pergamon Press. (New York, Paris).

Farmer, *The Oxford Dictionary of Saints*, Oxford U. Pr., 1978, 1982.

Littré, *Dictionnaire de la langue française*, 7 vol., Paris J.-J. Pauvert, 1956-1957, Hachette-Gallimard, 1957-1958.

(일문)
『아시아역사사전』(10권, 헤본샤平凡社, 1959-1962년, 1971년).
『이와나미岩波서양인명사전』(이와나미쇼텡岩波書店, 1956년).
『모치즈키望月불교대사전』(증정·보정판, 10권, 세계성전간행협회, 1954-1963년).

3. 유럽문 문헌

Ainsa, "De l'âge d'or à l'Eldorado. Métamorphose d'un mythe", in *Diogène*, No. 133, 1986, 23-44.

Amiot, "Les fondements théologiques de la révolution française dans *La Fin de Satan* de Victor Hugo", in *Philosophies de la Révolution française: Représentations et interprétations*, Paris, Vrin, 1984, 137-164.

Atkinson (1924), *Les Relations de voyages de XVIIᵉ siècle et l'évolution des idées*, New York, Burt Franklin, 1924, 1971.

Id. (1935), *Les Nouveaux horizons de la Renaissance française*, Genève, 1935; Slatkine reprint, 1969.

Aune, *Prophecy in Early Christianity and the Ancient Mediterranean World*, Grand Rapids (Michigan), W. B. Eerdermans, 1983.

Aurigemma, *Le Signe zodiacal du Scorpion*, Paris, La Haye, Mouton, 1976. [그림 80]

Babut, *La Religion des Philosophes grecs*, Paris, P.U.F., 1974.

Baltrušaitis (1960), *Réveils et prodiges*, Paris, A. Colin, 1960. [그림 34, 56, 57, 59, 61, 65, 75A-B, 76A-B]

Id. (1967), *La Quête d'Isis. Essai sur la légende d'un mythe*, Paris, Ol. Perrin, 1967. [그림 3, 4, 105(참조), 109]

Id. (1969), *Anamorphoses, ou magie artificielle des effets merveilleux*, Paris, Ol. Perrin, 1969².

Id. (1978), *Le Miroir. Essai sur une légende scientifique*, Paris, Elmayan-Le Seuil, 1978. [그림 21, 22, 24]

Id. (1981), *Le Moyen âge fantastique*, Paris, Flammarion, 1981².

Barnes, *Constantine and Eusebius*, Cambridge (Mass.), Harvard U. Pr., 1981.

Baslez, *L'Etranger dans la Grèce antique*, Paris, Les Belles Lettres, 1984.

Bayet, *La Religion romaine. Histoire politique et psychologique*, Paris, Payot, 1956, 1969, 1976.

Beckingham, I, II, etc., Beckingham, *Between Ialam and Christendom*, London, Valorium Reprints, 1983. (본서는 저자의 논문·강연 등을 그대로 베껴 복각한 것으로 페이지는 각 논문에 따라 다르다. 로마숫자는 각 논문의 번호).

Bénichou, "A propos d'une 《dette》 méthodologique", in Blanckaert, éd., *Naissance de l'ethnologie?*, Paris, Cerf, 1985.

Bernard-Maitre (1942), *Le japon et la France à l'époque de la Renaissance (1545-1619)*, Tientsin, Hautes Etudes, 1942.

Id. (1953), "L'orientaliste Guillaume Postel et la découverte spirituelle de Japon en 1552", in *Monumenta Nipponica*, IX, 1-2, Tokyo, 1953, 83-108. — cf. Postel, *Merveilles du monde…*.

Bidez-Cumont, *Les Mages hellénisés*, 2 vol., Paris, Les Belles Lettres, 1938, 1973.

Boismard, *L'Apocalypse*, traduite par Boismard, (La Sainte Bible), Paris, Cerf, 1950.

Bossuet, *Discours sur l'Histoire universelle*, Paris, Carnier-Flammarion, 1966.

Boyde, *Dante, Philomythes and Philosopher*, Cambridge, Cambridge U. Pr. 1981. [그림 46A-B(참조)]

Braudel, "Introduction", in Braudel, dir., *Le Monde de Jacques Cartier*, Montréal-Paris, Libre-Expression, Berger-Levrault, 1984. [그림 58, 60, 71, 73]

Bréhier, *La Civilisation byzantine*, Paris, A. Michel, 1950, 1970.

Buffière, *Les Mythes d'Homère et la pensée grecque*, Paris, Les Belles Lettres, 1956, 1973.

Burkert, *Lore and Science in Ancient Pythagoreanism*, transl. by E. L. Minar, Jr., Cambridge (Mass.), Harvard U. Pr., 1972.

Buschinger, "L'image du musulman dans le Rolandslied", in *Sénéfiance*, No. 11, *Images et signes de l'Orient dans l'Occident médiéval*, Université de Provence, Aix-en-Provence, 1982, 59-73.

Busson, *La Religion des Classiques (1660-1685)*, Paris, P.U.F., 1948.

Carozzi et Taviani-Carozzi, *La Fin des temps. Terreurs et prophéties au Moyen Age*, Paris, Stock, 1982.

Céard, "Postel et l'《étoile nouvelle》 de 1572", in *Guillaume Postel, 1581-1981*, Actes du Colloque International d'Avranches, 5-9 septembre 1981, Paris, G. Trédaniel, Ed. de la Maisnie, 1985, 349-360.

Certeau, *La Fable mystique*, Paris, Gallimard, 1982.

Champeaux et Sterckx, *Introduction au Monde des symboles*, Paris, Zodiaque, 1980[3]. [그림 23, 54, 55, 63, 64]

Chastel (1952 A-1978), "L'Antéchrist à la Renaissance", in *Fables, Formes, Figures*, I, Paris, Flammarion, 1978, 167-179.

Id. (1952 B-1978), "L'Apocalypse en 1500", *ibid.*, I, 180-197. [그림 83]

Id. (1975²), *Maricile Ficin et l'art*, Genève, Droz, 1954, 1975.

Id. (1982³), *Art et humanisme à Florence au temps de Laurent le Magnifique*, Paris, P.U.F., 1982. [그림 81]

Chenu, *La Théologie au douzième siècle*, Paris, Vrin, 1957; 영역 *Nature, Man, and Society in the Twelfth Century*, transl. by Taylor and Little, The Univ. of Chicago Pr., 1968, 1979.

Clément d'Alexandrie, *Les Stromates, Introduction de Mondésert*, trad. et notes de M. Castor, I, (Sources chrétiennes), Paris, Cerf, 1951.

Cloulas, *Laurent le Magnifique*, (Marabout Université), Paris, Fayard, 1982.

Cochrane, *Christianity and Classical Culture*, London, Oxford, New York, Oxford U. Pr., 1940, 1974.

Couliano (1984 A), *Eros et magie à la Renaissnce: 1484*, Paris, Flammarion, 1984.

Id. (1984 B), *Expériences de l'Extase*, Paris, Payot, 1984, chap. I: "Les iatromantes", 25-43.

Courcelle (1968), *Recherches sur les Confessions de saint Augustin,* Paris, Boccard, 1968.

Id. (1984), *Opuscula selecta*, Paris, Etudes Augustiniennes, 1984.

Cumont, *Les Religions orientales dans le paganisme romain*, Paris, P. Geuthner, 1929⁴, 1963.

Curtius (Trask), *European Literature and the Latin Middle Ages*, transl. by W. R. Trask, Princeton. Princeton U. Pr., 1963, 1973.

Dagron, I, *La Romanité chrétienne en Orient*, London, Valorium Reprints, 1984. (로마숫자 는 수록 논문의 번호)

Daniélou (1958), *Théologie du Judéo-Christianisme*, Desclée, Tournai (Belg.), 1958.

Id. (1961), *Message évangélique et la Culture hellénistique*, Desclée, Tournai (Belg.), 1961.

Darnton, *La Fin des Lumières*, traduit par Revellat, Paris, Perrin, 1984.

Delumeau, *La Peur en Occident*, XIVᵉ-XVIIIᵉ siècles, Paris, Fayard, 1978.

Deluz, "Le Paradis terrestre, image de l'Orient lointain dans quelques documents géographiques médiévaux", in *Sénéfiance*, No. 11, *Images et signes de l'Orient dans l'Occident médiéval*, Université de Provence, Aix-en-Provence, 1982, 143-161.

Des Places, éd. et trad., Numénius, *Fragments*, (Coll. des Universités de France), Paris, Les Belles Lettres, 1973(Leemans, *Studie over den Wijsgeer Numenius van Apa-*

mea met Uitgave der Fragmenten, Bruxelles, 1937은 누메니오스의 단편의 별도 교정
출판본).

Destombes, "Guillaume Postel cartographe", in *Guillaume Postel, 1581-1981*, Paris, 1985,
361-371.

Detienne, *Les Maîtres de vérité dans la Grèce archaïque*, Paris, Fr. Maspero, 1967, 1981.

Dhorme *et al.*, *La Bible. Ancien Testament*, 2 vol., (Coll. Pléiade), Paris, Gallimard,
1956-1959.

Diodorus of Sicily, with an English translation by C. H. Oldfather, I, Book I-II, 1-34, Loeb
Classical Library, 1933, 1968.

DK. Die Fragmente der Vorsokratiker, griechisch und deutsch von H. Diels, 8. Auflage her-
ausgegeben von W. Kranz, 3 vol., Berlin, 1956의 약호. 그리스의 소크라테스 이전철
학자 단편 집성. 본서에서는 사이토 닌즈이齋藤忍隨 및 야마모토 미츠오山本光雄의 일본어
번역을 인용했다(일문 문헌 리스트 참조).

Dodd, *The Interpretation of the Fourth Gospel*, Cambridge, Cambridge U. Pr., 1953, 1968.

Dubois, *Mythe et langage au seizième siècle*, Ducros, Bordeau, 1970. [그림 102]

Duby, *Le Temps des cathédrales*, Paris, Gallimard, 1976.

Dumézil, *La Religion romaine archaïque*, Paris, Payot, 1966.

Dupèbe, "Poursuites contre Postel en 1553", in *Guillaume Postel, 1581-1981*, Paris, 1985,
29-39.

Eliade, *La Nostalgie des origines*, (Coll. Idées), Paris, Gallimard, 1971.

Emmerson, *Antichrist in the Middle Ages*, Seattle, Univ. of Washington Pr., 1981. [그림 35]

Febvre (1928, 1968), *Un destin: Martin Luther*, Paris, P.U.F., 1928, 1968.

Id. (1942, 1968), *Le Problème de l'incroyance au XVIe siècle*, A. Michel, Paris, 1942, 1968.

Id. (1944, 1971), *Amour sacré, amour profane, Autour de l'Heptaméron*, (Coll. Idées),
Paris, Guillaume, 1944, 1971.

Id. (1968), *Au cœur religieux du XVIe siècle*, Paris, S.E.V.P.E.N., 1968[2].

Febvre et Martin, *L'Apparition du livre*, Paris, Albin Michel, 1958, 1971.

Festugière (1950, 1981), I, *La Révélation d'Hermès Trismés Trismégiste*, I, Paris, 1950,
Gabalda; 1981, Les Belles Lettres.

Id. (1967), *Hermétisme et mystique païenne*, Paris, Aubier-Montaigne, 1967.

Id. (1975), *Contemplation et vie contemplative selon Platon*, Paris, Vrin, 1975.

Filliozat, "La naissance et l'essor de l'indianisme", in *Laghu-prabandhāḥ: Choix d'articles d'indologie*, Leiden, Brill, 1974, 1-32.

Fischer, "Lafitau et l'acéphale: une preuve 《tératologique》 du monogénisme", in Blanckaert, éd., *Naissance de l'ethnologie?*, Paris, Cerf, 1985, 91-105.

Folz (1964), *Le Couronnement impérial de Charlemagne*, (Coll. Trente jours qui ont fait la France, 3), Paris, Gallimard, 1964. [그림 43, 45]

Id. (1967), *La Naissance du Saint-Empire*, Paris, A. Michel, 1967. [그림 44]

Foucault, *Les Mots et les choses*, Gallimard, Paris, 1966.

Frank, *Leçon inaugurale, Collège de France*, Chaire de Civilsation japonaise (le 29 février 1980), Paris, Collège de France, 1980.

일문 번역본, 이시이 세이치石井晴一 번역「종교와 문학이라는 거울을 통해 프랑스에서 바라본 일본 – 콜레주 드 프랑스 일본문명강좌 개강강연」,『문학』49 · 1(1981년). 또는 불어 원문과 일문 번역본 둘 다 일불회관日佛會館 간행물(도쿄, 1981년)로 출판되었다.

Frernch, *John Dee. The World of an Elizabethan Magus*, London, Routledge and K. Paul, 1972.

Garin, *Astrology in the Renaissance, The Zodizc of Life*, transl. by Jackson and Allen, revised by Robertson, London, Routledge and K. Paul, 1983.

Gérard, *L'Orient et la pensée romantique allemande*, Paris, Didier, 1963.

Gernet (Jacques), *Chine et christianisme. Action et réaction*, Paris, Gallimard, 1982.

Gernet (Louis) et Boulanger, *Le Génie grec dans la religion*, Paris, 1932, A. Michel, 1970.

Gilson (1948), *L'Esprit de la philosophie médiévale*, Paris, Vrin, 1948².

Id. (1949), *Introduction à l'étude de saint Augustin*, Paris, Vrin, 1949³.

Godwin (1979), *Robert Fludd. Hermetic Philosopher and Surveyor of Tow Worlds*, London, Thames and Hudson, 1979. [그림 87]

Id. (1981), *Mystery Religions in the Ancient World*, San Francisco, Herper and Row, 1981. [그림 14, 16, 17, 30]

Goppelt (Madvig), *Typos. The Typological Interpretation of the Old Testament in the New*, transl. by Madvig, Grand Rapids, Michigan, Eerdmans, 1982.

Gottschalk, *Heraclides of Pontus*, Oxford, Clarendon Pr., 1980.

Greene, M*oira: Fate, Good and Evil in Greek Thought*, 1944; Gloucester (Mass), Peter Smith, 1968.

Greive, "La Kabbale chrétienne de Jean Pic de la Mirandole", in *Kabbalistes chrétiens, Cahiers de l'Hermétisme*, Paris, A. Michel, 1979, 159-179.

Guenée, *Histoire et culture historique dans l'Occident médiéval*, Paris, Aubier, 1980.

Gueroult (1970), *Etudes sur Descartes, Spinoza, Malebranche et Leibniz*, Hildesheim, New York, G. Olms, 1970.

Id. (1984), Dianoématique, Livre I. *Histoire de l'histoire de la philosophie*, I, En Occident, des origines jusqu'à Condillac, Paris, Aubier, 1984.

Guillaume Postel, 1581-1981, Actes du Colloque International d'Avranches, 5-9 septembre 1981, Paris, G. Trédaniel, Ed. de la Maisnie, 1985. Céard; Destombes; Dupèbe; Laurant; Mignini; Secret (1985); Simmonnet; Vasoli 참조.

Guillermou, *St. Ignace de Loyola et la Compagnie de Jésus*, (Maîtres spirituels, 23), Paris, Seuil, 1960, 1975. [그림 89, 90, 91, 92, 93]

Guthrie, *A History of Greek Philosophy*, I, *The Earlier Presocratics and the Pythagoreans*, Cambridge, Cambridge U. Pr., 1962, 1980.

Hadot (1983 A), *Leçon inaugurale, faite le Vendredi le 18 février 1983, Collège de France*, Paris, Collège de France, 1983.

Id. (1983 B), *Annuaire du Collège de France, 1982-1983*, Paris, Collège de France, 1983, 459-474.

Halphen, *Charlemagne et l'Empire carolingien*, Paris, A. Michel, 1947, 1968.

Hartog, *Le Miroir d'Hérodote. Essai sur la représentation de l'autre*, Paris, Gallimard, 1980.

Heninger, Jr., *Touches of Sweet Harmony*, San Marino, California, The Huntington Library, 1974. [그림 15]

Jonas, *The Gnostic Religion*, Boston, Beacon Press, 1963², 1970. (이리에 료헤이入江良平 · 아키야마 사토코秋山さとこ 번역, 진분쇼잉人文書院)

Kantorowicz, *The King's Tow Bodies. A Study in Medieval Political Theology*, Princeton, Princeton U. Pr., 1957, 1981.

Kappler, *Monstres, démons et merveilles à la fin du Moyen Age*, Paris, Payot 1980. [그림 1, 5]

Klibansky, Panofsky and Saxl, *Saturn and Melancholy*, London, 1964; reprint, Nendeln (Liechtenstein), Kraus, 1979.

Kœstler, *Les Somnambules. Essai sur l'histoire des conceptions de l'univers*, trad. par

Fradier, Paris, Calman-Lévy, 1960; Le Livre de Poche, No, 2200.

Koyré, *Mystiques, spirituels, alchimistes du XVIᵉ siècle allemand*, (Coll. Idées), Paris, Gallimard, 1971.

Kristeller, "The Unity of Truth", in *Renaissance Thought and its Sources*, New York, Columbia U. Pr., 1979, 196-210.

Kurze, "Popular Astrology and Prophecy in the fifteenth and sixteenth Centuries: Johannes Lichtenberger", in Zambelli, ed., *'Astrologi hallucinati'. Stars and the End of the World in Luther's Time*, Berlin, Walter de Gruyter, 1986, 177-193.

Lacarrière (1968), *Hérodote ou la Découverte de la terre*, Paris, Arthaud, 1968. [그림 13]

Id. (1975), *Les Hommes ivres de Dieu*, Paris, Fayard, 1975.

Lach, *Asia in the Making of Europe*, vol. I in 2 books, Chicago, The Univ. of Chicago Pr., 1965, 1971; vol. II in 3 books, The Univ. of Chicago Pr., 1970-1977. [그림 99]

Lamotte, *Histoire du Bouddhisme indien*, Louvain, Institut Orientaliste, 1958, 1967.

Langlois, *La Vie en France au moyen âge*, III, *La Connaissance de la nature et du monde*, Paris, Hachette, 1927.

Laurant, "Postel vu par le XIXᵉ siècle occultisant" in *Guillaume Postel, 1581-1981*, Paris, 1985, 183-187.

Légende dorée (Roze), Jacques de Voragine, *La Légende dorée*, traduction de Roze, 2 vol., Paris, Garnier-Flammarion, 1967.

Le Goff, "L'Occident médiéval et l'océan Indien: un horizon onirique" in *Pour un autre Moyen Age*, Paris, Gallimard, 1977, 280-298.

Letts, *Mandeville's Travels*. Texts and translations by Letts, 2 vol., London, The Hakluyt Society, 1953.

Lévi, "Les études orientales, leurs leçons, leurs résultats", in *Mémorial Sylvain Lévi*, Paris, P. Hartmann, 1937, 85-93.

Lloyd, *Herodotus, Book II*, vol. I, Introduction (1975); II, Commentary 1-98 (1976); III, Commentary 99-182 (in preparation), Leiden, J. Brill.

Lovejoy, *The Great Chain of Being*, Cambridge (Mass.), Harvard U. Pr., 1936, 1964, 1978.

Loyola, *Exercices spirituels*, trad. du texte Autographe par Gueydan s. j. en collaboration, Paris, Desclée de Brouwer, Bellarmin, 1985.

Lubac (1952), *La Rencontre du Bouddhisme et de l'Occident*, Paris, Aubier-Montaigne,

1952.

Id. (1974), *Pic de la Mirandole*, Paris, A. Montaigne, 1974.

Id. (1979-1981), *La Postérité spirituelle de Joachim de Flore*, 2 vol., Paris, Lethielleux; Namur, Culture et Vérité, 1979, 1981.

Luneau, *L'Histoire du salut chez les Pères de l'Eglise, La doctrine des âges du monde*, Paris, Beauchesne et Fils, 1964.

Malraux (1951), *Les Voix du Silence*, Paris, Gallimard, 1951. [그림 49]

Id. (1954), *Le Musée imaginaire de la Sculpture mondiale*, III, *Le Monde chrétien*, Paris, Gallimard, 1954. [그림 47]

Marcel, *Marcile Ficin*, Paris, Les Belles Lettres, 1958.

Marrou (1954[4]), *Saint Augustin et la Fin de la culture antique*, Paris, Boccard, 1954[4].

Id. (1949, 1981), *Histoire de l'éducation dans l'Antiquité*, Paris, Seuil, 1949, 1981 (en 2 vol).

Masai, "Pléthon, l'averroïsme et le problème religieux" in *Le Néoplatonisme*, Colloque international du C.N.R.S., Royaumont, 9-13 juin 1969, Paris, Ed. du C.N.R.S., 1971, 435-446.

McGinn, *Visions of the End*, New York, Columbia U. Pr., 1979.

Mesnard, *L'Essor de la philosophie politique au XVIe siècle*, Paris, Vrin, 1977[3].

Mignini, "I limiti della concordia e il mito della ragione in G. Postel", in *Guillaume Postel, 1581-1981*, Paris, 1985, 207-221.

Mollat, *Les Explorateurs du XIIIe au XVIe siècle*, Paris, Lattès, 1984.

Momigliano (Roussel), *Sagesses barbares. Les limites de l'hellénisation*, trad. par Roussel, Paris, Fr. Maspero, 1980.

Id. (Tachet *et al.*), *Problèmes d'historiographie ancienne et moderne*, trad. par Tachet *et al.*, Paris, Gallimard, 1983.

Morsi, "Galatino et la Kabbale chrétienne", in *Kabbalistes chrétiens, Cahiers de l'Hermétisme*, Paris, A. Michel, 1979, 213-231.

Mottu, *La Manifestation de l'Esprit selon Joachim de Fiore*, Neuchatel, Paris, Delachaux et Niestlé, 1977.

Moule, *Christians in China before the year 1550*, London, 1930; reprint, Taipei, 1972.

Nock, Sallustius, *Concerning the Gods and the Universe*, ed., transl. by A. D. Nock, Cambridge, 1926; Hildesheim, G. Olms, 1966.

Oldenbourg, *Les Croisades*, Paris, Gallimard, 1965. [그림 48, 68]

Orcibal, *Saint Jean de la Croix et les mystiques Rhéno-flamands*, (Présence du Carmel, 6), Paris, Desclée de Brouwer, 1966.

Origen, *Contra Celsum*, translated by H. Chadwick, Cambridge, Cambridge U. Pr., 1953, 1980.

Pacaud, *La Théocratie*, Paris, Aubier, 1957.

Panofsky (1972), *Renaissance and Renascences in Western Art*, New York, Harper and Row, 1960, 1972. [그림 20]

Id. (Herbette et Teyssèdre), *Essais d'iconologie. Les thèmes humanistes dans l'art de la Renaissance*, Paris, Gallimard, 1967.

Pascal, (*Euvres complètes*, éd. par J. Chevalier, (Coll. Pléiade), Paris, Gallimard, 1954.

Pelliot, *Notes on Marco Polo*, 3 vol., Paris, Imprimerie Nationale, 1959-1973.

Pépin (1971), *Idées grecques sur l'homme et sur Dieu*, Paris, Les Belles Lettres, 1971.

Id. (1976[2]), *Mythe et allégorie*, Paris, 1958; Etudes Augustiniennes, 1976.

Id. (1982), "The Platonic and Christian Ulysses", in D. J. O'Meara, ed., *Neoplatonism and Christian Thought*, Norfolk, Virginia, International Society for Neoplatonic Studies, 1982, 3-18.

Id. (1986), VIII, IX, *De la philosophie ancienne à la théologie patristique*, London, Valorium Reprints, 1986. (로마숫자는 수록 논문의 번호.)

Pézard, Dante, *Œuvres compètes*, trad. et comm. par A. Pézard, (Coll. Pléiade), Paris, Gallimard, 1979[4]. [그림 46 A (참조)]

Pfeiffer, *History of Classical Scholarship*, Oxford, Clarendon Pr., 1968.

Phelan, *The Millenial Kingdom of the Franciscans in the New World*, Berkeley, Los Angeles, Univ. of California Pr., 1970[2].

Philostratus, *Life of Apollonius*, translated by Jones, ed. abridged and introduced by Bowersock, Penguin Books, 1970.

Poliakov, *Histoire de l'antisémitisme*, nouvelle éd. en 2 vol., (Coll. Pluriel), Paris, Calman-Lévy, 1981.

Pomian, "Astrology as a Naturalistic Theology of History", in Zambelli, ed., *'Astrologi hallucinati'*, Berlin, 1986, 29-43.

Popkin, *The History of Scepticism from Erasmus to Spinoza*, Berkeley, Los Angeles Univ.

of California Pr., 1979.

Postel, *Apologies et Rétractations*, éd. par Secret, Nieuwkoop, De Graaf, 1972.

Postel, *L'Interprétation du candélabre de Moyse*, éd. Secret, Nieuwkoop, De Graaf, 1966. (필자미상)

Postel, *Merveilles du monde…= Guillaume Postel, Des merveilles du monde, et principalement des admirables choses des Indes et du nouveau monde. Histoire extraicte des escripts tresdignes de foy tant de ceulx qui encores à present sont audict pays, comme de ceulx qui encores vivants peu auparavant en sont retournez. Et y est aussi monstré le lieu du Paradis terrestre*, Paris, J. Ruelle, 1553-in 16. 파리 국립도서관에 있는 포스텔의 자필로 써넣은 책은 *Rés D² 5267*번. 그리고 Bernard-Maître(1953)은 본서의 9ʳ-40ʳ을 교정 출판했다.

Postel, *Postelliana*, éd, par Secret, Nieuwkoop, De Graaf, 1981.

Postel, *Thresor des prophéties* = Guillaume Postel, *Le Thresor des prophéties de l'Univers*, éd. par Secret, La Haye, M. Nijhoff, 1969. —Secret (1969 B) 참조.

Pseudo-Aristote, *Du Monde*, in Aristote, *Traité du ciel*, suivi du Traité pseudo-aristotélicien *Du monde*, trad. et notes par J. Tricot, Paris, Vrin, 1949.

Puech, "Numénius d'Apamée et les théologies orientales au second siècle", in *En quête de la Gnose*, 2 vol., Paris, Gallimard, 1978, T. I, 25-54.

Reeves, *Joachim of Fiore and the Prophetic Future*, Harper Torchbooks, 1976, 1977. [그림 52]

Renan, *Marc Aurèle ou la Fin du Monde antique*, (Coll. Biblio. Essais), Paris, Le Livre de Poche, 1984.

Richard, XIII, *Croisés, missionaires et voyageurs*, London, Valorium Reprints, 1983. (로마숫자는 수록 논문의 번호)

Riché, "La Bible et la vie politique dans le haut Moyen Age", in *Le Moyen Age et la Bible*, sous la dir. de Riché et Lobrichon, Paris, Beauchesne, 1984, 385-400.

Rohde (Raymond), *Psyché*, trad. française par A. Raymond, Paris, Payot, 1928.

Roux, *Les Explorateurs au Moyen Age*, Paris, Seuil, 1967.

Said, *Orientalism*, New York, G. Borchardt, 1978. 에드워드 W. 사이드 지음, 이타가키 유조板垣雄三・스기타 히데아키杉田英明 감수, 이마자와 노리코今沢紀子 번역, 『오리엔탈리즘』(헤본샤平凡社, 1986년)이 본서 교정의 최종 단계에서 출판되었다.

Sarton, *A History of Science*, 2 vol., New York, The Norton Library, 1952, 1970.

Scholem (1979), "Considérations sur l'histoire des débuts de la Kabbale chrétienne", in *Kabbalistes chrétiens, Cahiers de l'Hermétisme*, Paris, A. Michel, 1979, 17-46.

Id. (Davy), *Les Grands courants de la mystique juive*, trad. par M.-M. Davy, Paris, Payot, 1968, 1977. 숄렘(야마시타 하지메山下肇 · 이시마루 쇼지石丸昭二 · 이노카와 기요시井ノ川淸 · 니시와키 마사요시西脇征嘉)은 본서 독일어 원서의 일본어 번역이다.

Id. (Loewenson), *Les Origines de la Kabbale*, trad. française par Loewenson, Paris, Aubier-Montagne, 1966.

Schwab, *La Renaissance orientale*, Paris, Payot, 1950.

Secret (1964), "Guillaume Postel, le Pantopaeon", in *Revue de l'Historie des Religions (=RHR.)*, CLXV, 2, 1964, 203-235.

Id. (1966), "Jean Macer, François Xavier et Guillaume Postel", in *RHR.*, CLXX, 1, 47-69.

Id. (1967), "De quelques courants prophétiques et religieux sous le règne d'Henri III", in *RHR.*, CLXXII, 1, 1-32.

Id. (1969 A), *L'Esotérisme de Guy Le Fèvre de La Boderie*, Genève, Droz, 1969.

Id. (1969 B), "Introduction" à Guillaume Postel, *Le Thresor des prophéties de l'Univers*, La Haye, M. Nijhoff, 1969, 1-38.

Id. (1970), *Bibliographie des manuscrits de Guillaume Postel*, Genève, Droz, 1970.

Id. (1977), "Guillaume Postel en la Place de Realte" in *RHR.*, CXCII, 1, 57-92.

Id. (1979), "Quand la Kabbale explique le 《Yi-King》, ou un aspect oublié du figuratisme du P. Joachim Bouvet", in *RHR.*, CXCV, 1, 35-53.

Id. (1964, 1985), *Les Kabbalistes chrétiens de la Renaissance*, Paris, Dunod, 1964; Neuilly sur Seine, Arma Artis, 1985². [그림 100]

Id. (1985), Postel et l'origine des Turcs", in *Guillaume Postel, 1581-1981*, Paris, 1985, 301-306.

Secret. — Postel, *Apologies et Rétractations*; Id., *L'Interprétation du candélabre de Moyse*; Id., *Postelliana*; Id., *Thresor des prophéties*도 보아라.

Simonnet, "La mère du monde, miroir de la pensée de Guillaume Postel", in *Guillaume Postel, 1581-1981*, Paris, 1985, 17-21.

Singleton, Dante Alghieri, *The Divine Comedy*, transl., comm. by Ch. S. Singleton, *Inferno*, II (Bollingen Series), Princeton, Princeton U. Pr., 1970, 1977.

Smally, *Historians in the Middle Ages*, London, Thames and Hudson, 1974. [그림 38, 39, 40, 41, 42, 50, 51, 62]

Sternhell, *La Droite révolutionnaire. Les orgines françaises du fascisme 1885-1914*, Paris, Seuil, 1978, 1984.

Strauss, ed., *Complete Engravings, Etchings and Drypoints of Albrecht Dürer*, New York, Dover, 1972. [그림 28]

Thomas Aquinas, *The Summa Theologica*, translated by Fathers of the English Dominican Province, revised by D. J. Sullivan, 2 vol., (Great Books, XIX, XX), Chicago, W. Benton, Encyclopædia Britannica, 1952.

Thorndike, *History of Magic and Experimental Science*, 8 vol., New York, Columbia U. Pr., 1923-1958.

Tocanne, *L'Idée de nature en France dans la seconde moitié du XVIIᵉ siècle*, Paris, Klincksieck, 1978.

Todorov, *La Conquête de l'Amérique. La question de l'autre*, Paris, Seuil, 1982. [그림 77, 78, 79]

Vasoli, "Postel, Galatino e l'Apocalypsis nova", in *Guillaume Postel, 1581-1981*, Paris, 1985, 97-108.

Verlinden, *Christophe Colomb*, (Coll. Que sais-je), Paris, P.U.F., 1972.

Vermeule, *Aspects of Death in Early Greek Art and Poetry*, Berkeley, Univ. of California Pr. 1979, 1981. [그림 8, 9, 19]

Vernant (1979), "Naissance d'images", in *Religions, histoires, raisons*, Paris, Fr. Maspero, 1979, 105-137.

Id. (1965, 1981), *Mythe et pensée chez les Grace*, 2 vol., (Petite Collection Maspero), Paris, Maspero, 1965, 1981.

Veyne, *Les Grecs ont-ils cru à leurs mythes?*, Paris, Seuil, 1983.

Vian, "Les religions de la Crète minoenne et de la Grèce achéenne" et "La religion grecque à l'époque archaïque et classique", in H.-Ch. Puech, dir., *Histoire des Religions*, (Encyclopédie de la Pléiade), I, Paris, Gallimard, 1970, 462-488; 489-577.

Walker (1958, 1975), *Spiritual and Demonic Magic from Ficino to Campanella*, London, The Warburg Institute, 1958; London, Univ. of Notre Dame Pr., 1975.

Id. (1972), *The Ancient Theology*, London, Duckworth, 1972.

Id. (1981), *Unclean Spirits*, Philadelphia, Univ. of Pennsylvannia Pr., 1981.

Wicki, comp. ed., *Monumenta Historica Societatis Jesu Documenta Indica*, Roma, 7 vol., 1948-1962. (필자미상)

Williams, *The Radical Reformation*, Philadelphia, The Westminster Press, 1962.

Willikurth, ed., *The Complete Woodcuts of Albrecht Dürer*, New York, Dover, 1927, 1963. [그림 66, 82, 85]

Wind, *Pagan Mysteries in the Renaissance*, Oxford, revised ed., 1968; Oxford U. Pr., 1980.

Witt, *Isis in the Greaco-Roman World*, London, Thames and Hudson, 1971. [그림 25, 26, 27, 29]

Wittkower, "Marvels of the East. A Study in the History of Monsters", in *Journal of the Warburg and Courtauld Institutes*, V, 1942, 159-197.

Yates (1964, 1977), *Giordano Bruno and the Hermetic Tradition*, London, Routledge and Kegan Paul, 1964, 1977. [그림 84]

Id. (1975, 1977), *Astraea, the Imperial Theme in the Sixteenth Century*, Peregrine Books, Penguin Books, 1975, 1977. [그림 104]

Id. (Arasse), *L'Art de la mémoire*, trad. par Arasse, Paris, Gallimard, 1975.

Yule, in *Encyclopœdia Britannica*, 9th ed., 1885, XIX, 714-718, s. v. Prester John.

Yule-Cordier (1914-1915), *Cathay and the Way thither*, 4 vol., London, The Hakluyt Society, 1914-1915; reprint, Taipei, 1972, in 2 vol.

Id. (1929³), *Travels of Marco Polo*, 3d ed., 2 vol., London, John Murray, 1929. [그림 10, 11, 53]

Zambelli, "Introduction: Astrologers' Theory of History", in Id., ed. *'Astrologi hallucinati'*, Berlin, 1986, 1-28.

Id., ed., *'Astrologi hallucinati'. Stars and the End of the World in Luther's Time*, Berlin, Walter de Gruyter, 1986. — Kurze; Pomian; Zambelli를 보라.

4. 일문 문헌

아우구스티누스/오시마大島·오카자키岡崎 번역.『아우구스티누스 저작집』XIV. (교분칸敎文館, 1980년).

아우구스티누스/오시마·오카자키 번역. '신국' IV. (교분칸敎文館, 1980년).

아우구스티누스/핫토리 에이지로服部英次郎. 『신국』(이와나미岩波문고, 1982년).

아코스타/마스다 요시로增田義郎. 『신대륙 자연 문화사』 1-2. ('대항해시대총서' 제1기, III-IV, 1966년).

아잘/노자와 교野沢協. 『유럽정신의 위기·1680-1715』(호세法政대학출판국, 1973, 1982년).

아스트라인/오이즈미 다카요시大泉孝. 『성 이그나티우스 데 로욜라 전』(도쿄, 츄오中央출판사, 1949년).

아즈라라/초난長南 번역·가와타川田 주석. 『기네 발견정복지』('대항해시대총서' 제1기, II, 1967년, 수록).

마르코 폴로/오타기 마츠오愛宕松男 역주. 『동방견문록』('도요東洋문고, 헤본샤平凡社, 1970-1971년, 2권).

아리에스/스기야마 미츠노부杉山光信·스기야마 에미코杉山惠美子. 『〈어린이〉의 발견』(미스즈쇼보みすず書房, 1980, 1985년).

아르바레스/이케가미池上 번역·나가시마長島 주석. 『에티오피아 왕국지』('대항해시대총서' 제2기, IV, 1980년). ─나가시마 노부히로長島信弘의 향도 참조. [그림 72]

이저/구츠와다 오사무轡田收. 『행위로서의 독서 - 미적 작용의 이론』(이와나미岩波현대선집, 1982년).

이이즈카 이치로飯塚一郎. 『대항해 시대의 이베리아 - 스페인 식민주의의 형성』(추코中公신서, 1981년).

이이즈카 고지飯塚浩二. 『동양사와 서양사의 사이』(이와나미岩波서점, 1963년). [그림 7]

예이츠/나이토 겐지內藤健二. 『마술적 르네상스』(쇼분샤晶文社, 1984년).

이에이리 도시미츠家入敏光 오드리코(외) 저, 이에이리 도시미츠家入敏光 번역. 『동양여행기』('동서교섭여행기 전집' II, 도겐샤桃源社 , 1966년).

이쿠타 시게루生田滋. '대항해 시대의 동아시아', 에노키 가즈오榎一雄 편. 『서구문명과 아시아』('동서문명의 교류' V, 헤본샤平凡社, 1971년)의 제1장.

이자와 미노루井沢実. '대항해 시대의 선구자 포르투갈 아즈라라, 카다모스트 『서아프리카 항해의 기록』('대항해시대총서' 제1기, II, 1967년)의 '해설'.

발리냐노(마츠다 기이치松田毅一 외). 『일본순찰기』('도요東洋문고', 헤본샤平凡社, 1973년, 1981년).

베르길리우스(이즈이 히사노스케泉井久之助). 『아이네이스』('세계고전문학 전집' XXI 『베르길리우스, 루크레티우스』 수록, 치쿠마쇼보筑摩書房, 1965, 1983년).

베르길리우스(가와츠 치요河津千代). 『목가·농경시』(미라이샤未來社, 1981, 1984년).

NHK · 루브르 미술관, V, 『바로크의 빛과 그늘』(다카시나 슈지高階秀爾 감수, 사카모토 미츠루版本満 책임편집, 일본방송출판협회, 1986년). [그림 88]

에노키 가즈오榎一雄 편저, 『서구문명과 동아시아』. 이쿠타 시게루生田滋의 항을 보라.

에비사와 아리미치海老沢有道. '야지로 고찰'. 『증정增訂 · 기리시탄 역사의 연구』(신진부츠오라이샤新人物往來社, 1971년) 수록.

오타 히데미치太田秀通. 『그리스와 오리엔트』('오리엔트 선서' XI, 도쿄신문출판국, 1982년)

『오디세이』. 호메로스, 구레 시게이치吳茂一 번역, 상 · 하. (이와나미岩波문고, 1971-1972년)

오리게네스. 유럽문 문헌 리스트 Origen 항을 보라.

가렌(시미즈 준이치清水純一). 『이탈리아의 휴머니즘』(소분샤創文社, 1960, 1981년).

기노 슈신紀秀信. 『불상도회佛像圖彙』(텐메이天明 3년=1783년 간행. 도서간행회, 1972년 복각).
    [그림 106]

『기리시탄서 · 배야서排耶書』(에비사와 아리미치海老沢有道, H. 치스리크, 도이 다다오土井忠生, 오츠카 미츠노부大塚光信 교정주석. '일본사상대계' XXV, 이와나미岩波서점 1970년).

『기리시탄의 세기』(오카다 아키오岡田章雄, 기무라 쇼사부로木村尚三郎, 이시이 겐지石井謙治, 후쿠나가 시게키福永重樹 편저. '도설圖說 · 일본의 역사' X, 슈에이샤集英社, 1978년). [그림 94, 96, 97, 98, 101, 108]

긴즈부르그(스기야마 미츠노부杉山光信). 『치즈와 구더기 - 16세기 一粉挽屋의 세계상』(미스즈書房, 1984년).

그리아손 '유럽의 유산'. C. 브라카, M. 로웨 편, 야지마 스케토시矢島祐利 · 야지마 후미오矢島文夫 번역. 『고대의 우주론』(가이메이샤海鳴社, 1976년)의 최종장.

크루셀(쇼주 게이타로尚樹啓太郎). 『문학에 나타난 게르만 대침입』(도카이東海대학출판회, 1974년).

구롯세(다치바나 사이로橘西路). 『십자군』(가도카와角川문고, 1970년).

구레 시게이치吳茂一. 『그리스 신화』(신초샤新潮社, 1969년).

클레멘스(알렉산드리아의). 유럽문 문헌 리스트 Clément d'Alexandrie의 항을 보라.

케레니이(우에다 가네요시上田兼義). 『그리스 신화 - 영웅의 시대』(츄코中公문고, 1985년).

고토 스에오後藤末雄, 야자와 도시히코矢沢利彦 교정. 『중국 사상이 서쪽인 프랑스로 전파』1-2. ('동양문고', 헤본샤平凡社, 1969년).

콜론. 하야시야 에이키치林屋永吉 역주. '크리스토퍼 콜론의 네 번의 항해'. 콜럼버스, 아메리고, 가마, 바르보아, 마젤란. 『항해의 기록』('대항해시대총서' 제1기 I, 1965년) 수록.

콜럼버스. 하야시야 에이키치林屋永吉 번역. 『콜럼버스 항해지』(이와나미岩波문고, 1977년).

콘(에가와 츠루江河徹).『천년왕국의 추구』(기노쿠니아紀伊国屋서점, 1978년). [그림 103]

곤잘레스 데 멘도사(초난 미노루長南実 · 야자와 도시히코矢沢利彦).『지나(중국: 옮긴이) 대왕국 지』('대항해시대총서' 제1기 VI, 1965년).

곰브리치(스즈키 도키코鈴木杜幾子).『아비 바르부르크의 일대기 - 어느 지적 생애』(쇼분샤晶文社, 1986년).

사이토 닌즈이斎藤忍隨.『지자知者들의 말 - 소크라테스 이전』(이와나미岩波신서, 1976년) —유 럽문 문헌 리스트 DK.항 참조.

사구치 도오루佐口透.『몽골제국과 서양』, ('동서문명의 교류' IV, 헤본샤平凡社, 1970년).

서던(오오에大江 · 사토佐藤 · 히라타平田 · 와타베渡部).『역사서술의 유럽적 전통』(소분샤創文社, 1977년).

서던(스즈키 도시아키鈴木利章).『유럽과 이스라엘 세계』(이와나미岩波현대선서, 1980년).

서던(모리오카森岡 · 이케가미池上).『중세의 형성』(미스즈쇼보みすず書房, 1978년).

하비에르(고노 요시노리河野純德).『성 프란치스코 하비에르의 모든 서간』(헤본샤平凡社, 1985 년).

살루스티우스. 유럽문 문헌 리스트 Nock의 항을 보라.

시오노 나나미塩野七生.『신의 대리인』(츄코中公문고, 1975년).

시오노 나나미塩野七生.『체자레 보르자 혹은 우아한 냉혹』(신초新潮문고, 1982년).

시마다 조혜鴫田襄平 편.『이슬람 제국의 유산』. 일문 문헌 리스트 모리모토 고세이森本公誠 항을 보라.

슈미트(나가오長尾 · 고바야시小林 · 아타라시新 · 모리타森田).『정치신학 재론』(후쿠무라福村출판, 1980년).

숄렘(다카오 도시카즈高尾利數). 『유대교 신비주의』('ST총서', 가와데쇼보신샤河出書房新社, 1975년).

숄렘(야마시타 하지메山下肇 · 이시마루 쇼지石丸昭二 · 이노카와 기요시井ノ川清 · 니시와키 마사요 시西脇征嘉).『유대 신비주의』('총서 · 우니베르시타스', 호세法政대학출판국, 1985년). 유럽문 문헌 리스트 Scholem(Davy)의 항 참조.

세키네 마사오關根正雄.『이스라엘 종교문화사』(이와나미岩波전서, 1952년).

세즈넥(다카다 이사무高田勇).『신들은 죽지 않는다 - 르네상스 예술에 있어 이교의 신』(미술출 판사, 1977년).

『제4 에스라서』. 야기 세이이치八木誠一 · 야기 아야코八木綾子 번역, 일본성서학 연구소 편.「성서 외전 위전」V,「구약위전」III (고분칸敎文館, 1976년) 수록.

대정신수대장경大正新修大藏經 · 도상. [그림 12, 107, 110]

다카다 오사무高田修.『불상의 기원』(이와나미岩波서점, 1967년).

다카하시 겐이치高橋憲一. 일문 문헌 리스트 베이컨(다카하시 겐이치高橋憲一) 항을 보라.

다카야마 히로시高山宏(1985).『눈 안의 극장 - 아리스 사냥**』(세도샤靑土社, 1985년).

다츠카와 쇼지立川昭二.『질병의 사회사』('NHK북스', 일본방송출판협회, 1971년).

다네무라 스에히로種村季弘.『산의 스승 칼리오스트로의 대모험』(츄코中公문고, 1985년).

다노카시라 야스히코田之頭安彦 · 다나카 미치타로田中美知太郎 편.『프로티노스 포르퓌리오스 프로크로스』(다나카 미치타로田中美知太郎 · 미즈치 무네아키水地宗明 · 다노카시라 야스히코田之頭安彦 역)('세계의 명저' XV, 츄오코론샤中央公論社, 1980년) —프로티노스 '에로스에 대하여' Enn, III, 5의 번역.

단테(야마카와 헤이사부로山川丙三郎).『신곡』(3권, 이와나미岩波문고 1952-1958년) 또는 유럽문 문헌 리스트 Pézard; Singleton의 항도 참조.

디오게네스 · 라에르티오스(가쿠 아키도시加來彰俊 번역).『그리스 철학자 열전』상(이와나미岩波문고, 1984년).

테스타스(기) · 테스타스(장) (안자이 가즈오安斎和雄).『이단심문』('문고 크세주', 하쿠스이샤白水社, 1974년).

뒤용(히라카와 아키라平川彰).『불교연구의 역사』(슌쥬샤春秋社, 1975년).

도손(사구치 도오루佐口透).『몽골 제국사』제2권('동양문고', 헤본샤平凡社, 1968년).

도즈(이타니 요시오井谷嘉男).『불안한 시대의 이교와 그리스도교』(일본그리스도교단 출판국, 1981년).

도즈(이와타岩田 · 미즈노水野).『그리스인과 비이성』(미스즈쇼보みすず書房, 1972년).

『토마스 행전』. 아라이 사사구荒井献 · 시바타 요시이에柴田善家 번역,「성서 외전위전」VII,「신약외전」II(고분칸敎文館, 1976년) 수록.

나가시마 노부히로長島信弘. 알바레스 저, 이케가미 미네오池上岑夫 번역, 나가시마 노부히로長島信弘 주석 · 해설.『에티오피아 왕국지』('대항해시대총서' 제2기 IV, 1980년)의 주석과 해설.

나슬(구로키 간쥬로黒木壽郎 · 가시와기 히데히코栢木英彦).『이슬람의 철학자들』(이와나미岩波서점, 1975년).

누마다 지로沼田大郎 편.『일본과 서양』. 일문 문헌 리스트 야나이 겐지箭内健次의 항을 보라.

누메니오스. 유럽문 문헌 리스트 Des Places의 항을 보라.

노이롤(야마자키 쇼호山崎章甫 · 무라타 우베에村田宇兵衛).『제3제국의 신화 - 나치즘의 정신사』

(미라이샤未來社, 1963, 1980년).

하시구치 도모스케橋口倫介. 『십자군』(이와나미岩波서점, 1974년).

파스칼(마에다 요이치前田陽一・유키 야스시由木康), 마에다 요이치前田陽一 편. 『파스칼』(마에다 요이치前田陽一・유키 야스시由木康 번역)('세계의 명저' XXIX, 츄오코론샤中央公論社, 1978년). 인용은 파스칼 『팡세』 번역 부분.

패치(구로세黒瀬・이케가미池上・오다小田・사코迫). 『이계異界』(산세도三省堂, 1983년).

파노프스키(나카모리中森・노다野田・사토佐藤). 『이데아』(시사쿠샤思索社, 1982년).

바로스(이쿠타生田・이케가미池上) 『아시아사』 1-2('대항해시대총서' 제2기 II-III, 1980-1981년)(이쿠타 시게루生田滋 주석, 이케가미 미네오池上岑夫 번역).

피코 델라 미란돌라(오오이데大出・아베阿部・이토伊藤). 『인간의 존엄에 대하여』('아우로라 총서', 고쿠분샤国文社, 1985년).

피레스(이쿠타生田・이케가미池上・가토加藤・나가오카長岡). 『동방제국기』('대항해시대총서' 제1기 V, 1966년).

필로스트라토스. 유럽문 문헌 리스트 Philostratus의 항을 보라.

프랑크(이시이 세이치石井晴一). 유럽문 문헌 리스트 Frank의 항을 보라.

프로이스(마츠다松田・가와사키川崎). 『일본사』(제6권 '분고豊後 편 1', 츄오코론샤中央公論社, 1978, 1981년).

프로티노스. 일문 문헌 리스트 다노카시라 야스히코田之頭安彦의 항을 보라.

베이컨(다카하시 겐이치高橋憲一). 『로저 베이컨』('과학의 명저' III, 아사히朝日출판사, 1980년)(다카하시 겐이치高橋憲一 번역・해설. 인용은 해설의 부분).

헤겔(다케이치 다케토武市健人). 『역사철학』 3권(이와나미岩波문고, 1971년).

헤로도토스(마츠다이라 센슈松平千秋). 『역사』 3권(이와나미岩波문고, 1971-1972년).

펜로즈(아라오 가츠미荒尾克己) 『대항해 시대』(치쿠마쇼보筑摩書房, 1985년).

폴리아코프(아리아주의 연구회). 『아리아신화 - 유럽에서의 인종주의와 민족주의의 원천』('총서・우니베르시타스', 호세法政대학 출판국, 1985년).

마에카와 세이로前川誠郎. 『뒤러』('미술가평전 총서' I, 이와사키비주츠샤岩崎美術社, 1970년).

[그림 86]

마에지마 신지前嶋信次. 『실크로드 99의 수수께끼』(산포産報저널, 1977년).

마크닐(시미즈 코이치로清水廣一郎). 『베네치아』('이와나미岩波 현대선서' 1979년).

마스다 요시로増田義郎(1971A). '신세계'에서의 유토피아', 『사상』(1971년 5월호, No.563), 27-42.

마스다 요시로增田義郎(1971B). 『신세계의 유토피아』(겐큐샤硏究社 총서, 1971년).

마스다 요시로增田義郎(1979). 『콜럼버스』(이와나미岩波신서, 1979년).

마스다 요시로增田義郎(1984). 『대항해 시대』('비주얼판·세계의 역사' XIII, 고단샤講談社, 1984
년) [그림 2, 67]

마츠다 기이치松田毅一. 『황금의 고아 성쇠기』(츄코中公문고, 1974, 1977).

마츠다 기이치松田毅一·E. 요리센. 『프로이스의 일본 각서覺書 – 일본과 유럽의 풍습 차이』(츄코
中公신서, 1983년).

마츠다이라 센슈松平千秋. 앞에 기술한 헤로도토스 번역서, 하, 해설 371-390.

마르코 폴로, 유럽문 문헌 리스트 Yule-Cordier(1929) 및 일문 문헌 리스트 오타기 마츠오愛宕
松男의 항을 보라.

마루야마 마사오丸山真男. 『일본의 사상』(이와나미岩波신서, 1961년).

맨더빌. 유럽문 문헌 리스트 Letts의 항을 보라.

무명기자(노노야마野々山 번역·마스다增田 주석). 『돈 바스코 다 가마의 인도 항해기』, 콜럼버스,
아메리코, 가마, 바르보아, 마젤란. 『항해의 기록』('대항해시대총서' 제1기 I, 1965년)
수록.

무라카미 요이치로村上陽一郎. 『과학사의 역원근법 – 르네상스의 재평가』('자연선서', 츄오코론
샤中央公論社, 1982년).

모리 마사오護雅夫. 『중앙아시아·몽고 여행기』(모리 마사오護雅夫 번역·해설)(도겐샤桃源社,
1979년).

모리모토 고세이森本公誠 '맘루크 왕조와 인도양·지중해 무역', 시마다 죠헤嶋田襄平 편. 『이슬람제
국의 유산』(동서문명의 교류', III, 헤본샤平凡社, 1970년).

모로즈미 요시히코両角良彦. 『동방의 꿈 – 보나파르트, 이집트 정복을 향해』(고단샤講談社, 1982
년).

『야곱의 원복음서』. 야기 세이이치八木誠一·이부키 다케시伊吹雄 번역, 「성서 외전위전」 VI, 「신약
외전」 I(고분칸教文館, 1976년) 수록.

야나이 겐지箭內健次 '일본과 서양문화의 만남', 누마다 지로沼田次郎 편. 『일본과 서양』('동서문명
의 교류' VI, 헤본샤平凡社, 1971년)의 제1장.

야마모토 미츠오山本光雄(번역, 편찬). 『초기 그리스 철학자 단편집』(이와나미岩波서점, 1958
년, 1981년). 유럽문 문헌 리스트 DK의 항 참조.

융(노무라 미키코野村美紀子). 『융에게 보내는 대답』(요르단 사, 1981년).

요세포스(요세푸스)(하타 고헤이秦剛平) 플라비우스 요세푸스 저, 하타 고헤이秦剛平 번역. 『유

대 고대의 기록』제1권, I-II(야마모토山本서점, 1982년).

라이프 '회膾의 초석', 예수회 일본관구・로겐도르프 편.『예수회』(엔델레 서점, 1958년) 수록.

라이프 '인간세계사'(타임라이프인터내셔널).

   II『로마제국』(원저 모제스 하다스, 편집 타임라이프북스 편집부, 일본어판 감수 무라카와 겐타로村川堅太郎, 1969년). [그림 32, 33]

   III『야만족의 침입』(원저 제럴드 시몬즈, 편집 타임라이프북스 편집부, 일본어판 감수 곤노 구니오今野國雄, 1969년). [그림31]

   VI『탐험의 시대』(원저 존 R. 헤일, 편집 타임라이프북스 편집부, 일본어판 감수 벳시 다츠오 別枝達夫, 1969년). [그림 74]

   XI『비잔틴』(원저 필립 제럴드, 편집 타임라이프북스 편집부, 일본어판 감수 와타나베 긴이 치渡辺金一, 1967년). [그림 36, 37]

라펠(소메다 히데후지染田秀藤).『카를 5세』('문고 크세주', 하쿠스이샤白水社, 1975, 1984년).

리치(가와나川名 번역・야자와矢沢 주석・히라가와平川 해설).『중국 그리스도교 포교사』1('대항 해시대총서' 제2기 VIII, 1982년).

린스호텐(이와오岩生・나카무라中村 역주・시부야渋谷 번역).『동방안내기』('대항해시대총서' 제1기 VIII, 1968년).

루파뉼(와타나베 요시나루渡辺義愛 감수・이마이 유미코今井裕美子・가토 유키오加藤行男 번역). 『산타크로스와 크리스마스』(동양서적, 1983년). [그림 18]

레온(하타 세츠오波田節夫).『유대인과 자본주의』('리브라리아 선서選書', 호세法政대학출판국, 1973년).

로스(하세가와長谷川・아즈미安積).『유대인의 역사』(미스즈쇼보ﾐｽず書房, 1966, 1983년).

로드리게스(사노佐野 외), I,『일본 교회사』상('대항해시대총서' 제1기 IX, 1967년)(사노 야스 히코佐野泰彦・하마구치 노부오浜口乃二雄 번역, 가미이 다다오土井忠生 역주, 에마 츠토무江 馬務 주석).

로드리게스(이케가미池上 외), II,『일본 교회사』하('대항해시대총서' 제1기 X, 1970년)(이노 우에 미네오井上峯夫・사노 야스히코佐野泰彦・초난 미노루長南実・하마구치 노부오浜口乃二 雄 번역, 이토 슌타로伊東俊太郎・가미이 다다오土井忠生 역주, 야부우치 기요시藪內清 주석).

와카쿠와若桑 미도리(1984).『장미의 이코놀로지』(세도샤青土社, 1984년). [그림 95]

와카쿠와若桑 미도리(1986). '시빌라(무녀) 연구(part 1) - 미켈란젤로가 그린 시스티나 예배 당의 시빌라에 대하여'.『지중해학 연구』IX(지중해학회, 1986년), 47-82.

와타나베 카즈오渡辺一夫(1972).『관용에 대하여』('치쿠마筑摩총서', 치쿠마쇼보筑摩書房, 1972

년).

와타나베 카즈오渡辺一夫(1971, 1977).『프랑스 르네상스의 사람들』, 7 '어느 동양학자의 이야
　　기(기욤 포스텔의 경우)'(『와타나베 카즈오渡辺一夫 저작집』 IV, 치쿠마쇼보筑摩書房,
　　1971, 1977년), 317-327.

와타나베 긴이치渡辺金一(1969). '8-9세기 초엽의 비잔틴제국과 프랑크왕국', 이와나미岩波강
　　좌.『세계역사』 VII('중세' I, '중세유럽의 세계' I, 이와나미岩波 서점, 1969년)의 제5장.

와타나베 긴이치渡辺金一(1980).『중세 로마제국 - 세계사의 재인식』(이와나미岩波신서, 1980
　　년).

와타나베渡辺 드로테아 '시간과 불교', 와타나베 사토시渡辺慧 · 와타나베渡辺 드로테아 저.『시간과
　　인간』('자연선서自然選書', 추오코론샤中央公論社, 1979년)의 제2부(1 '바그너와 부처 오
　　페라', 2 '니체와 시간개념', 3 '불교신자 쇼펜하우어').

5. 졸고(본서 저자의 문헌)

'동양에 대한 환상'.『본서』(1982년 10월호), 34-37.

'파이요와 팔불중도八不中道와 바나나피시(バイヨ と 八不中道 とばなうお) - 현상학적 정
　　신병리학의 한 관점에서'.『현대사상』(1983년 11월호, 특집 '정신의학의 현재'), 176-
　　191.

'순간과 순간 사이 - 웃는 아이를 둘러싼 단장断章'.『현대사상』(1984년 2월호, 특집 '웃음'),
　　84-99.

'반정치의 정치? -개별적인 것의 세계에서'.『현대사상』(1984년 4월호, 특집 '연극으로서의
　　정치'), 118-135.

'종말이 보이는 사막'.『현대사상』(1984년 11월호, 특집 '표류와 교통'), 150-171.

'〈역사〉의 발명-에로스적 인식론에서의 〈보편사〉와 〈개인사〉'.『유리이카』(1985년 8월호,
　　특집 '유대의 노마드들'), 188-205.

『고대신학』, '불교와 〈고대신학〉 - 기욤 포스텔의 불교이해를 중심으로'. 니타 다이사쿠新田大作
　　편.『중국사상연구논집 - 구미사상에서 비추어 본』(유잔가쿠雄山閣, 1986년), 51-96.

'일본의 〈사상〉과 〈비사상〉 - 기리시탄을 둘러싼 독백'.『현대사상』(1986년 10월 임시증간호,
　　총특집 '에도학江戸學의 권유'), 181-209.

6. 구전으로만 전해지는 출전

Smally. (A)

Palol *et al.*, *Early Medieval Art in Spain*, translated from the German by A. Jaffa, London,
   Thames and Hudson 1967. (B)

Baltrušatis (1960). (C, D, E, F)

Kircher, *China Illustrata*, Antwerp, 1667, (reprint Kathmandu, 1979). (G)

Kappler. (H, I)